U0928126

珍藏本
纪念版

汉译世界学术名著丛书

原始思维

〔法〕列维－布留尔 著

丁由 译

商务印书馆
SINCE 1897
The Commercial Press

2017年·北京

Леви-Брюль

ПЕРВОБЫТНОЕ МЫШЛЕНИЕ

(Под редакцией проф. В. К. Никольского

и А. В. Киссина, Атеист, Москва, 1930г.)

汉译世界学术名著丛书
（120年纪念版·珍藏本）
出 版 说 明

2017年2月11日，商务印书馆迎来120岁的生日。120年前，商务印书馆前贤怀揣文化救国的理想，抱持“昌明教育，开启民智”的使命，立足本土，放眼寰宇，以出版为津梁，沟通中西，为中国、为世界提供最富智慧的思想文化成果。无论世事白云苍狗，潮流左右激荡，甚至战火硝烟弥漫，始终践行学术报国之志，无改初心。

迻译世界各国学术名著，即其一端。早在20世纪初年便出版《原富》《天演论》等影响至今的代表性著作，1950年代后更致力于外国哲学和社会科学经典的译介，及至1980年代，辑为“汉译世界学术名著丛书”，汇涓为流，蔚为大观。丛书自1981年开始出版，历时三十余年，迄今已推出七百种，是我国现代出版史上规模最大、最为重要的学术翻译工程。

丛书所选之书，立场观点不囿于一派，学科领域不限于一门，皆为文明开启以来，各时代、各国家、各民族的思想与文化精粹，代表着人类已经到达过的精神境界。丛书系统译介世界学术经典，引领时代思想，为本土原创学术的发展提供丰富的文化滋养，为推动中国现代学术和现代化进程做出了突出的贡献。

为纪念商务印书馆成立120周年，我们整体推出“汉译世界学术名著丛书”120年纪念版的珍藏本，寄望既利于文化积累，又便于研读查考，同时向长期支持丛书出版的译者、编者和读者致以敬意。

两甲子后的今天，商务印书馆又站在了一个新的历史时间节点上。我们不仅要铭记先辈的身影和足迹，更须让我们的步伐充满新的时代精神。这是商务人代代相传的事业，更是与国家和民族的命运始终紧密相连的事业。我们责无旁贷，必须做好我们这代人的传承与创造，让我们的努力和成果不仅凝聚成民族文化的记忆，还能成为后来人可以接续的事业。唯此，才能不负前贤，无愧来者。

商务印书馆编辑部

2017年10月

目　录*

作者给俄文版的序……………………………………………… 1

绪论……………………………………………………………… 5

I. 集体表象的简明定义。本书的目的。本书与社会学家们的著作以及与当代心理学的关系。………………………… 5

II. 较早的理论。孔德及其关于高级智力机能的学说。以人种学、人类学(特别是英国人类学派)的观点看原始人的思维。……………………………………………………… 7

III. 一个用于一切的公设:人类的思维永远是和处处是同一类型。泰勒与弗雷泽及其学派的“万物有灵论”对这一公设的偏爱。 …………………………………………… 10

IV. 对这个学派的方法的批判。引自弗雷泽著作中的例子。1)只不过讲得通罢了。2)不顾所解释的现象的社会性质。这个学派对联想主义心理学的影响与赫伯特·斯宾塞的进化哲学。 …………………………………………… 13

V. 思维类型之间的不同与社会类型的不同一样。在确定这些差别方面缺乏文献证明,当代和较早的材料都不足。

* 俄文本各节无标题,标题是英文本加的。为便于检索,现将英文本各节标题译出,以供参考。——汉译者注

能够在多大程度上和用什么方法来弥补这个不足。 ………… 22

第一章 原始人的思维中的集体表象及其神秘的性质 ……… 28

I. 原始人的集体表象中所固有的情感与运动因素。动物、植物、人体的各部分、客体、土地、手工制品的形状所具有的神秘属性。这个形状的不变和形状的任何改变所引起的危险。原始人不像我们那样感知事物。我们的传统问题被颠倒了。 ………………………………………… 28

II. 原始人的知觉中神秘因素的优势；他们关于图像、肖像、名字、影子、梦的观念。 ………………………………… 41

III. 某些特权人物所特有的知觉。 ……………………………… 60

IV. 经验对原始人是行不通的。原始人感知的实在既是自然的又是超自然的。神灵无处不在。 ………………… 63

第二章 互渗律 ……………………………………………………… 70

I. 再现原始人的集体表象的关联是困难的。为我们的思维所陌生的关联的例子，对这些关联既不能用简单的表象联想来说明，也不能用儿童似的应用因果性原则来解释。 …… 70

II. 互渗律。互渗律概述。原始思维既是神秘的又是原逻辑的，这已为关于灵魂的集体表象所证实。泰勒的万物有灵论；对他的理论的批判。"灵魂"的概念是一个比较晚期的概念。 ………………………………………… 78

III. 互渗律决定社会集体关于它自身和它周围的人类群体与动物群体的观念。在阿龙塔人的英迪修马仪式中，在他们关于具有动物形状的神话时代的人的观念中以及一般的在他们关于人与动物之间的关系的集体表象中表现的互渗律。 ………………………………………… 95

IV. 在原始人关于人与物彼此产生的影响(通过接触、转移、亵渎、感应、占有等等)的观念中表现的互渗律。关于人格化的神灵的表象不应当被看成是一个最早的表象。 …… 103

第三章 原逻辑思维的运算和方法…… 112

I. 在原逻辑思维中,逻辑因素与原逻辑因素共存。这种思维本质上是综合的思维。 …… 112

II. 记忆在原逻辑思维中的作用;记忆的发展。地点感和方向感。 …… 117

III. 原逻辑思维所特有的抽象。 …… 124

IV. 原逻辑思维所特有的概括。 …… 131

V. 原始分类。关于邪气、瓦康、奥连达等等的观念和同类性质的其他集体表象都包含着互渗律。 …… 137

第四章 从原始人的思维与他们的语言的关系看原始人的思维…… 149

I. 原始民族的语言中的数:双数、三数和复数。 …… 150

II. 这些语言力求表现人和物的细部形状、位置和运动。 …… 157

III. 取自克拉马特族印第安人的语言中的一个例子。无穷的后缀和前缀及其用途。 …… 165

IV. 在许多不发达民族中间通行的用手势谈话的习惯。手势语言与有声语言的相似点。声音图画。 …… 172

V. 与原始人的抽象和概括方法相符合的原始语言的语汇的丰富或贫乏。 …… 184

VI. 言语的力量。特定环境或某些阶层专用的语言。神圣的语言。 …… 193

第五章　从原逻辑思维与计数的关系看原逻辑思维………… 201

I. 原逻辑思维在不能计算二或三以上的数时弥补缺陷的方法。 …………………………………………………… 201

II. 数最初不是与被计算的对象分开来的。数列有时随被计算的对象的等而变化。“分类者”。同一个词可以连续表示几个数。 ……………………………………………… 217

III. 原始人没有建立自己的计数法的基础，但他们有一个自然的基础。计数法决定于社会集体的集体表象和这些表象所包含的互渗。 …………………………………… 228

IV. 数的神秘力量。对乌节尼尔理论的批判。四、五、六等数的神秘意义。吠陀经文中的神秘的数。答反对意见。 ………………………………………………… 232

第六章　以受互渗律支配的集体表象为基础的制度(Ⅰ)…… 253

I. 狩猎。为引来猎物、使它麻痹或盲目而对它施行的神秘影响(如舞蹈、斋戒、念咒等)。对猎人施加的神秘影响，猎人及其亲属所应遵守的禁忌。为安抚被杀死的动物而举行的仪式。 ………………………………………… 254

II. 捕鱼。为确保鱼类群集并使之落网而施加的与上述类似的神秘影响。对渔人施加的神秘影响，渔人及其亲属所应遵守的禁忌。捕鱼后的谢罪和解仇仪式。 ……………… 266

III. 用于战争的类似仪式。 …………………………………… 272

IV. 以确保自然现象的规律性为目的的仪式。阿龙塔人的英迪修马仪式。图腾集团与其图腾的神秘联系。 ………… 273

V. 库瓦迭。孩子与双亲之间的互渗。关于怀孕、分娩和幼婴的风俗。互渗的持久性，即使在行成年礼时期互渗仍

未终止。 …………………………………………………… 285

第七章 以受互渗律支配的集体表象为基础的制度(II) …… 294

I. 疾病永远被认为是由各种各样的神灵引起的。为揭露肇事的神灵而作的诊断。本质上神秘的治疗,一类神灵对另一类神灵发生作用。契洛克人的处方。疾病的分类。 …… 294

II. 死从来不是"自然的"。死这个词的双重意义。用于发现对死亡负责的力量和何处可以找到这个力量的占卜仪式。接近这个,所以因为这个。 …………………………… 309

III. 占卜,用以发现潜藏的或隐秘的互渗的手段。游戏的占卜意义。感应巫术。 ………………………………… 322

第八章 以受互渗律支配的集体表象为基础的制度(III) … 338

I. 死人继续活着。这种继续活着的观念所包含的矛盾。死的几个阶段。 …………………………………………… 338

II. 紧接着死亡的仪式。过早的葬礼。在死亡与终结仪式之间的时期中死者的地位。死人激起的感情。 ………… 346

III. 结束丧期的仪式使死成为完全的死。举行了这个仪式就是义务的终止。尸体不腐烂的死人是特别有害的鬼。 … 355

IV. 死者私人财产的毁灭。在什么意义上说这些财产继续属于他所有。所有权是一种神秘的互渗。寡妇的地位。 ……………………………………………… 362

V. 生是死人转生。和死一样,生也是在不同的时间完成的。关于怀孕的神秘观念。白种人是已逝的土人转生。杀婴及其对原逻辑思维的意义。孩子的命名。 ………… 379

VI. 行成年礼前的孩子还没有与社会集体的生活互渗。成年礼仪式的神秘意义。假死与新生。 ……………… 391

VII. 巫医、巫师等人及秘密社团的成员的成年礼。他们所接受的仪式的神秘意义。 …… 398

第九章 原始人对自然原因的不关心 …… 404

I. 原始人认为任何事物的发生都是由神秘的和看不见的力量引起的。 …… 404

II. 疾病和死亡从来不是“自然的”——取自澳大利亚、南非、中非、西非和东非的例子。 …… 407

III. 偶然事件是没有的;灾难从来不是偶然的。 …… 413

IV. 这种思维怎样证明鳄鱼巫师的犯罪。 …… 422

V. 它怎样解释一切不平常的事。 …… 429

第十章 神秘的和看不见的力量 …… 432

I. 原始人的世界的特殊性。他的直接经验在某种意义上说比我们的丰富。看得见的世界与看不见的世界合而为一。 …… 432

II. 巫师的巫术、神灵、死人的魂所起的作用。 …… 435

III. 刚死的人是活人的祸根。 …… 441

IV. 为安抚死人而举行的仪式,象征性讨伐进军。朱鲁人的亚马东果。活人与死人之间的互助。 …… 447

V. 班图人中间的死人的经常活动。他们的需要。对他们的祷告。 …… 462

VI. 对原始思维来说,因果关系完全是神秘的和直接的。在原始思维中,时间和空间都不是均质的。 …… 466

第十一章 原始思维的基本特征 …… 475

I. 本质上神秘的原始思维很难于被理解,也难于用概念的

语言来表现。…… 475

II. 原始人怎样想象因果关系;以他们关于受孕和怀胎的观念为例。…… 482

III. 在某些场合下,原始人是讲求实际的和能干的。他们的机敏和灵巧。他们怎样在不利用真正的智力机构的条件下表现自己。…… 487

第十二章 向更高的思维类型过渡…… 493

I. 在最低级的社会中,互渗与其说是被想象到,还不如说是被感觉到。在大多数这样的社会中神话都很贫乏。…… 494

II. 在较进步的民族中间,互渗趋向于形成表象。神话与象征的发展。神灵的人格化。…… 497

III. 神话及其神秘的意义。神话所表现的互渗。怎样寻找解释。…… 501

IV. 从原逻辑思维中解脱出来并向逻辑思维前进的一般条件。随着逻辑的荒谬被感觉出来,经验行不通的情形有所减少。概念思维的发展。…… 507

V. 逻辑思维不能完全排挤掉原逻辑思维。它们在思维着的主体的表面统一中共存。现在仍然妨碍着对它们的关系和它们的冲突的清楚理解的观点和偏见。…… 513

附录…… 522

苏联"无神论者"出版社编辑部的话…… 522

马尔序…… 536

"原逻辑思维"——列维-布留尔的"工作假说"…… 540

专名译音对照表 …… 566

译后记 …… 571

作者给俄文版的序

“原始思维”一语是某个时期以来十分常用的术语。本版中提供给俄国读者的作品，在一定程度上有助于引起对这一论题的注意。在这里，用几句话谈一谈我所说的“原始思维”是什么意思，也许将不无裨益。

“原始”一语纯粹是个有条件的术语，对它不应当从字面上来理解。我们是把澳大利亚土著居民、斐济人(Fuegians)[①]、安达曼群岛[②]的土著居民等等这样一些民族叫作原始民族。当白种人开始和这些民族接触的时候，他们还不知道金属，他们的文明相当于石器时代的社会制度。因此，欧洲人所见到的这些人，与其说是我们的同时代人，还不如说是我们的新石器时代甚或旧石器时代的祖先的同时代人。他们之所以被叫作原始民族，其原因也就在这里。但是，“原始”之意是极为相对的。如果考虑到地球上人类的悠久，那么，石器时代的人就根本不比我们原始多少。严格说来，关于原始人，我们几乎是一无所知的。因此，必须注意，我们之所以仍旧采用“原始”一词，是因为它已经通用，便于使用，而且难以替换。但是，我们使用这个术语，只不过是指德国人所说的“自然

① 太平洋斐济群岛的土著居民。——汉译者注
② 在西太平洋，属印度。——汉译者注

民族”(Naturvölker)而已。

设如此,那么,是否存在着足够稳固的、与我们的思维有相当明确区分的“原始思维”,以至我们有权把它作为一种独立的东西来单独加以研究呢?我认为,在这一点上争论一下,是不无好处的。这部著作中叙述的事实足可以圆满的回答这个问题,只要我在书中所作的分析果然正确,只要的确可以承认这种思维有原逻辑的[①]和神秘的性质。

不管怎样,读者的误解是应当避免的。我的补充说明迄今未能阻止误解的出现,不论我怎样解释,误解总是层出不穷。人们把“原逻辑的”一语译成“不合逻辑的”这个术语,这不是为了要说明原始思维是非逻辑的,亦即与任何思维的最基本定律背道而驰的,它不能像我们的思维所作的那样去认识、判断和推理。其实,与此相反的说法倒是很容易证明的。诚然,原始人在安排自己的狩猎和捕鱼的活动中极为经常地表现了惊人的灵敏和巧妙。他们在自己的艺术作品中屡屡显示了机敏的才干和高超的技艺。他们所操的语言有时是十分复杂的,和我们的语言一样,常有精密的句法。而在教会学校里,印第安人的儿童也和白种人的孩子一样学习得又快又好。谁能够闭起眼睛不看这些如此明显的事实呢?

但是,另一些同样惊人的事实,又证明了原始思维在极大多数场合中不同于我们的思维。原始思维的趋向是根本不同的。它的过程是以截然不同的方式进行着。凡是在我们寻找第二性原因的地方,凡是在我们力图找到稳固的前行因素(前件)的地方,原始思

① 参看第二章,第 80 页。——汉译者注

维却专门注意神秘原因，它无处不感到神秘原因的作用。它可以毫不踌躇地认为：同一实体可以在同一时间存在于两个或几个地方。原始思维服从于互渗律①，在上述场合下，它对矛盾采取了完全不关心的态度，这是我们的理性所不能容忍的。这就是为什么在与我们的思维比较之下可以把它叫作原逻辑的思维。

“可以说，这一切事实在我们的社会中也能见到。”这一点，我根本不想争论。但是，我们的思维习惯在多数场合下不同于澳大利亚土著居民甚或班图(Bantus)黑人②的思维，因而，“原始思维”的研究在原则上不无根据，在事实上也非徒劳无益，这一点则是毋庸争辩的。即使根据下述观察，也能证明这一点。在我们研究的还只是可以作为西方民族的特征的人类智力的习见过程以前，我试图描写的那种思维结构是不能成功地揭示出来的，互渗律的结构仍是不能成功地得到阐释的。只有对原始思维的分析，才阐明了这种结构的本质特征。

然而，完全不应当由此断定，此种结构仅见于原始人。可以有充足的理由来证明相反的情形。至于我，我是始终注意到这一点的。在人类中间，不存在为铜墙铁壁所隔开的两种思维形式——一种是原逻辑的思维，另一种是逻辑思维。但是，在同一社会中，常常(也可能是始终)在同一意识中存在着不同的思维结构。

路先·列维-布留尔

于巴黎

---

① 参看第二章，第78-83页。——汉译者注

② 非洲南部和中部的基本居民。——汉译者注

绪论

I

所谓集体表象，如果只从大体上下定义，不深入其细节问题，则可根据所与社会集体的全部成员所共有的下列各特征来加以识别：这些表象在该集体中是世代相传；它们在集体中的每个成员身上留下深刻的烙印，同时根据不同情况，引起该集体中每个成员对有关客体产生尊敬、恐惧、崇拜等等感情。它们的存在不取决于每个人；其所以如此，并非因为集体表象要求以某种不同于构成社会集体的各个体的集体主体为前提，而是因为它们所表现的特征不可能以研究个体本身的途径来得到理解。例如语言，实在说来，虽然它只存在于操这种语言的个人的意识中，然而它仍是以集体表象的总和为基础的无可怀疑的社会现实，因为它是把自己强加给这些个体中的每一个；它先于个体，并久于个体而存在。

由此，直接产生了一个极为重要的后果，这后果得到了社会学家们有充分根据的强调，但它却常常为人类学家们所忽视。要理解社会制度的机构，特别是不发达民族的社会制度的机构，必须先要摆脱这样一种偏见，即相信一切集体表象，低等民族的集体表象也在内，似乎都服从于以个体主体的分析为基础的心理学规律。集体表象有它自己的规律，不能以研究“成年文明的白种人”的途径来发现这些规律，特别是牵涉到原始人。反之，无疑只有研究了不文明民族中的集体表象和这些集体表象之间的关联，才能对我们的范畴和我们的逻辑原则的发生作出某些阐明。杜尔克姆(E. Durkheim)及其同事已经提供了走这条道路所能获致的结果的若干榜样，这条路无疑会引向一种以比较方法为根据的新的实证的认识论。

这项艰巨任务只有通过整整一系列连续不断的努力才能完成。如果我们能够确定出不发达民族中集体表象所遵循的若干最一般的规律，则这一任务可能较易于完成。作为这部著作之对象的那一先决问题，就是要准确地研究原始思维的指导原则是什么，这些原则怎样表现在制度和风俗中。没有我的先驱者们——世界各国的人类学家和人种学家的著作，特别是没有我从刚提到的法国社会学派的著作中得到的那些指示，我无论如何不能指望解决这个问题，甚至即使是正确地把它提出来。只是这个学派对无数集体表象的分析，特别是对一些最重要的集体表象，如关于“神圣的东西”、关于“邪气”(mana)、关于“图腾”、关于巫术和宗教信条等等表象的分析，才使得对原始人的这些表象进行全面系统的研究的尝试成为可能。我可以根据这些著作来指出，“原始人”的智力过程，与我们惯于描述的我们自己的智力过程是不相符合的；我认为自己甚至能够发现它们之间的差别在何处，并能够确定出原始人的思维的最一般规律。

继瑞柏(Th. Ribot)之后力图指明和揭示情感与运动因素一般的在精神活动中乃至具体的在智力活动中的重要意义的为数众多的当代心理学家，对我也有很多帮助。瑞柏的《情感的逻辑》[①]，

① *Logique des sentiments*, Paris, 1905.

亨利·迈尔(H. Maier)教授的《情感思维心理学》[1](我们就指出这两部著作吧),突破了传统心理学在形式逻辑的影响下企图用来限制思想的活动的那些过分狭窄的框子。智力过程是极其灵活、复杂而微妙的,它所包含的心理活动因素比过于片面的"唯智论"所想象的不知要多多少。所以,瑞柏的心理学观察对我是十分有益的。然而,我所从事的研究,与瑞柏的研究又有深刻的差别。他的分析主要涉及从我们社会中取得的那些以情感、激情以至病理的观点看来感到兴趣的现象,而且他差不多没有涉及在其他民族中间见到的那些集体表象。相反的,我则力图确定在我们已知的一切文化最落后的民族中集体表象(也包括它们的情感与运动因素)所遵循的最一般的规律。

II

高级智力机能必须借助于比较方法来研究,亦即从社会学上来研究,此种见解已非新奇。奥古斯特·孔德(Auguste Comte)在其《实证哲学教程》(*Cours de philosophie positive*)中,在划分生物学与社会学之间的研究任务时,明白地表示了这种见解。他的著名公式——"不应当从人出发来给人类下定义,相反的,应当从人类出发来给人下定义",意味着如果把研究对象局限于个别的人,就不能理解高级智力机能。要理解高级智力机能,必须研究种族的进化。在人的智力生活中,一切不能归结为有机体对受到的刺激的简单反应的东西,必然具有社会的性质。

[1] *Psychologie des emotionalen Denkens*, Tübingen, 1908.

这个观念是卓著成效的。但它未能立见功效，至少，不论在孔德本人那里，还是在他的或亲或疏的继承人那里，都未能立见功效。在孔德那里，通向这一观念的道路，可说是被他的社会学堵住了，他认为他已经完整地建立起了他的社会学，但实际上，这不是社会学，而是历史哲学。孔德认为已经论证了的，是他的三阶段律[①]准确地反映了人类的总的智力进化，同样也反映了任何个别社会的智力演化。因此，他认为从比较研究各类人类社会的高级智力机能着手来建立高级智力机能的科学是多此一举。正如他在编制他的“大脑图”时一样，他不是以生理学为根据，反而臆断地相信生理学家们的研究一定能证实他的对各种机能的分类和部位的确定；正如他在创立高级智力机能的理论时的情形一样，他在自己的各种主要著作中满足于三阶段律，而其根据则是比较个别的定律必须纳入这一基本定律中去。同样，他按照地中海文明的发展图式来建立自己的学说，而且臆断地相信这样发明出来的定律适用于一切人类社会。但是，在某种意义上说，孔德仍然是关于智力机能的实证科学的创始人，应当承认他在理解和论证实证科学必须是社会学的这一点上有卓越的功绩。诚然，他没有从事过这门科学所要求的那种对事实的研究，当他写作自己的《实证政治学》(*Politique positive*)时，他无疑认为这种研究是完全无用的。

孔德视为无用的这种对各类人类社会中智力现象的周密细致

---

① 三阶段律是孔德提出的人类社会发展的普遍定律。孔德把历史唯心地理解成观念发展的结果，从而提出社会发展的三个阶段：神学阶段、形而上学阶段和实证阶段。他把实证阶段与资产阶级科学的统治联结起来，由此得出结论说，资本主义制度似乎是由于科学思维的胜利而产生的最合理的制度。——汉译者注

的研究,是由其他人开始的。许许多多的人坚持不懈地从事了这种研究,他们都不是以哲学家的身份来这样作,而是以专门学者的身份,仅仅努力于搜集事实材料并对它们进行分类。我指的是人类学家和人种学家们,特别是英国人类学派。1871年问世的、开创了人类学科学史中的划时代的《原始文化》(*Primitive Culture*)——英国人类学派首领泰勒(E. Tylor)的基本著作,给整整一大批勤勉努力而又极有素养的研究人员指出了道路,而他们的著作也完全无愧于其先驱者的典范。这些学者努力搜集了见之于所谓野蛮的或原始的民族中、并与那里占统治地位的集体表象有关的制度、风俗、语言方面的大批文献和事实材料。这样的著作也在德国和法国相继出现。在美国,斯密孙学院人种学研究室也发表了若干关于北美印第安人部落的杰出专著。

然而,文献和事实材料搜集得愈多,这些事实的某种相同性就愈加触目。随着研究家们在地球上最遥远的地方,有时是在完全相反的角落发现了,或者更正确地说研究了越来越多的不发达民族,也就在其中的若干民族之间发现了一些令人惊奇的相似点,有时竟至在极小的细微末节上达到完全相同的地步:在不同的民族中间发现了同一些制度、同一些巫术或宗教的仪式、同一些有关出生和死亡的信仰和风俗、同一些神话等等。比较方法可说是应运而生。泰勒在其《原始文化》中一贯地而且非常成功地应用了它。对于弗莱泽(James George Frazer)及其《金枝》(*The Golden Bough*)和这一学派的其他代表者,如哈特兰(Sydney Hartland)和恩德鲁·兰(Andrew Lang)也可以这样说。

在这些著作中,他们显示出自己是关于高级智力机能的实证科学的必不可少的先驱者和准备者。然而，与孔德一样，他们也没有给这门新科学奠定基础，尽管原因全然不同。应用了比较方法而又未能把他们引向这门实证科学，其原因何在呢？也许，这是因为他们没有提出具有普遍性的问题，是因为他们对各种原始民族作了比较之后没有把它们与我们自己进行比较？根本不是这样。相反的，英国人类学派追随着自己首领的榜样，一贯竭力指出“野蛮人”的思维与“文明人”的思维之间的联系；他们甚至竭力解释这种联系。然而，正是这种解释妨碍了他们前进。因为他们的解释早就预先准备好了。他们不是在事实本身中去找解释，而是用现成的解释去套事实。他们在原始民族中间发现了一些与我们大不相同的制度和信仰，但没有问问自己是不是应该为了理解这个差别而探究出若干假说。对他们说来，显然只能通过唯一可能的途径来解释事实。但是，他们研究的那些社会所固有的集体表象是不是和我们相同的高级智力机能的产物呢？或者说，这些集体表象是否应当与在某种程度上不同于我们的、需要另下定义的思维联系起来呢？在他们的心中，从来没有产生过这样的二者必居其一的观念。

III

我不来对这些学者们所用的方法和他们所获得的结果[①]进行批判讨论，我不打算来进行这种必须面面俱到而自己又不能做到的讨论，我只想稍费唇舌来指明，他们相信那种以逻辑观点看来永

① 关于这点，请参阅 *Revue Philosophique* 1909 年 1 月号和 2 月号杜尔克姆的论文：“Examen critique des systèmes classiques sur l’origine de la pensée religieuse”。

远是并且处处是完全相同的"人类思维"的相同性,会给他们的学说带来什么后果。这个学派把这种相同性视为公设,更正确地说是奉为定理。他们认为去证明这个相同性,或者即使正式地表述一下都是多余的,因为这是一个当然的原则,它太明显了,根本用不着去仔细研究。因此,我们有时觉得如此奇怪的原始人的集体表象以及这些表象的同样奇怪的相互关联,从来没有引起过这个学派的疑问,其实,解决这些疑问,本来可以使我们的"人类思维"的概念得到丰富或者改变。我们是预先知道了,原始人的思维与我们的思维并无不同。这个学派认为自己的主要任务,是发现那些与我们相同的智力机能怎样才能产生这些表象及其关联。于此,英国人类学派所珍爱的一般假说——万物有灵论就跃然登场了。

例如弗雷泽的《金枝》就出色地显示了万物有灵论怎样解释原始社会集体中几乎是俯拾即得的、在我们的社会中也还保留着许多痕迹的那些非常多的信仰和风俗。很容易看出,万物有灵论的假说包含两个连续的阶段。第一、原始人在梦中看见了死人和离别的人,和他们交谈,和他们厮杀,听见他们的声音,触摸着他们,他被梦中出现的这些幻象所惊吓,弄得心慌意乱,——他相信这些表象的客观实在性。因而,对他说来,正如那些在他梦中出现的死人和离别的人的存在一样,他自己的存在也是双重性的。于是,在同一时刻里,他既认为自己是作为一个有生命有意识的个人而实际存在着,又认为自己是作为一个可以离开身体而以"幻象"的形式出现的单独的灵魂而存在着。这应当是原始人的一个普遍的信仰,因为他们全都要受那个作为这信仰的基础的必不可免的心理幻觉所控制。第二、他们想要解释那些使他们惊慑的自然现象，亦即确定这些现象的原因，于是立即把他们对自己的梦和幻觉的解释加以推广。他们在一切生物身上，在一切自然现象中，如同在他们自己身上，在同伴们身上，在动物身上一样，统统见到了“灵魂”、“精灵”、“意向”。这是素朴的逻辑运算，但它是不随意的，是“原始”人的智慧所难于避免的，正如那个在这种运算之先并作为它的基础的心理幻觉一样是必不可免的。

由此，原始人不作任何智力的努力，通过与一切人相同的智力过程的简单作用，就产生了他自己的一种“哲学”，一种幼稚而简陋的但无疑完全是首尾一贯的哲学。这种哲学看不见它所不能立刻完全圆满解答的问题。如果发生了什么不可能的事，而我们祖祖辈辈在千秋万代中积累起来的全部经验突然失去了作用；如果我们也处在真正的“原始”人的地位面对着大自然，那么，我们也必然会去建立同样原始的“自然哲学”。这个哲学也会是宇宙万物有灵论，而以逻辑观点看来，它也会是完美无瑕的，因为它是建立在我们所拥有的那点儿微不足道的实证材料的基础上。

在这个意义上说，万物有灵论假说乃是英国人类学派的研究所遵循的那个定理的直接后果。在我们看来，正是这个定理妨碍了关于高级智力机能的实证科学的出现，而比较方法又似乎一定会把研究家们引向这门科学。英国人类学派在用这个假说来解释各种各类不发达民族中的制度、信仰、风俗的相似现象时，完全没有想到要去证明那个作为这一假说之基础的定理，即证明这些不发达民族的高级智力机能与我们的相同。定理本身代替了论证。在一切人类社会中都发现了一些与作为图腾崇拜之基础的东西

（如信神灵、信离开躯体和身外存在的灵魂、信感应巫术）相类似的神话和集体表象，——这个事实被认为是“人类思维”本身结构的必然结果。表象联想的各种规律、因果性原则的自然和必然的应用，似乎应当与万物有灵论一起来产生集体表象和它们之间的关联。这里，除了不变的逻辑机制和心理机制的自发作用，就什么也没有了。英国人类学派所指出的这个事实——我们的心理结构与不发达民族的相同，是最容易理解的了，如果真的可以承认这个事实。

然而，应当承认这样的事实吗？这个问题我倒想要研究一下。显然，从这个定理刚开始受到怀疑时起，以它为基础的万物有灵论就站不住脚了，因为它无论如何不能作为上述定理的证明。不陷入循环论证，就不能解释具有一定智力结构的“原始”人的万物有灵论如何自发产生；另一方面，也不能依据这种智力结构的自发产物，不能依据万物有灵论来证明原始人具有这种智力结构。定理及其推论不能相互证明。

IV

但是，还有希望：万物有灵论学说将得到事实的证明，在这个学说中将会找到对于原始民族的制度和信仰的令人满意的解释。泰勒、弗雷泽、恩德鲁·兰以及英国人类学派的其他许多代表者都为这个事业献出了渊博的学识和多彩的才智。没有读过他们的著作的人，很难想象他们引用来证明自己的论点的材料是何等惊人的丰富。但是，在他们详尽无遗的论证中，有两点是必须加以区分的。第一点：在大量类型相似而彼此相距遥远的民族中间存在着相同的制度、信仰和风俗，这是确证无疑的。由此，理应得出结论说，产生类似的表象的智力机制是相同的；非常明显，这种相似既然比比皆是，而且竟至丝丝入扣，那就不完全是偶然的。然而，对这一点起决定作用的大量事实材料，用到另一种场合上就没有那种作用了，这里必须证明，在万物有灵论的信仰中，在这个似乎是人类意识对经验的引力的最早反应的自发的"自然哲学"中，这些表象有其共同的根源。

当然，这样解释每个信仰或者每种风俗，一般都认为是讲得通的；随时都可以想象这种能使原始人产生一定的风俗或者一定的信仰的智力机制的游戏。但是，这种解释只不过讲得通罢了。其实，任何谨慎方法的第一条定则，难道不恰恰就在于永远不要认为那种仅仅讲得通的东西就是当然的东西吗？许许多多的事例应该让学者们记住，表面上正确很少就是真理。这种谨慎，不论对于语言学家还是物理学家，不论在所谓人文科学中还是在自然科学中，都是同样必要的。难道一个社会学家产生怀疑的根据就要少些吗？人类学家的语言本身，他们的论证形式本身，清楚地表明了，他们没有超出讲得通这一步，他们提供的事实材料的数量，对于他们的论断的说服力等于是毫无助益的。

在不文明民族中，销毁死者生前用过的武器、衣服、物品，甚至毁坏他的故居，这种风俗几乎是司空见惯的。有时候甚至杀死死者的妻子和奴仆。怎样解释这个风俗呢？弗雷泽说："这个风俗可能（着重点是我加的，——列维-布留尔）是由下述观念引起的，即死者会愤恨那些占据了他们的财产的生者……被毁的实物的灵魂会到阴间去与死者会合……这种观念并不怎么简单，所以大概（着重点是我加的,——列维-布留尔)它发生得也较晚。”①

当然,这个风俗可能是这样产生的,但它也可能另有来源。弗雷泽的假说并不排斥任何其他假说,他自己也承认这一点。说到弗雷泽所依据的那个他在稍晚些时候予以明确表述过的一般原则:“在思维的进化中,如同在物质的进化中一样,最简单的东西总是在时间上领先。”那么,这个原则无疑渊源于赫伯特·斯宾塞(Herbert Spencer)②的哲学,但是这并不能使他的原则更可靠。我怀疑能不能在物质方面证明这个原则。至于“思维”,我们已知的事实都说明了与它恰恰相反。大概弗雷泽在这里把“简单的东西”和“没有分化的东西”混为一谈了。然而我们看到,我们所知的一些最不发达的民族(澳大利亚土著居民、阿比朋人〔Abipones〕③、安达曼群岛的土著居民、斐济人,等等)所操的语言,又是极端复杂的。它们与英语比较,虽说“原始”得多,但并不“简单”多少。

再看看弗雷泽同一著作中的另一个例子吧。有个风俗历来在许多国家中非常流行,就是在死者的口里放进谷物,或者钱币,或者一块黄金。弗雷泽引述了可以证实这个风俗的许多材料。然后他给这个风俗作了如下的解释:“最初的风俗可能是在死者口里放进食物;以后用贵重的东西(钱币或者其他什么东西)来代替食物,

① “Certain Burial Customs as Illustrative of the Primitive Theory of the Soul”, *Journal of the Anthropological Institute* (henceforth J. A. I.), xv. p. 75 (note I), 1885.

② 赫伯特·斯宾塞(1820-1903年)是英国资产阶级哲学家和社会学家,实证论的创始人之一,社会学中的有机学派的主要代表。——汉译者注

③ 北美印第安人部族。——汉译者注

好让死者能够自己去买食物。”[①]这个解释是讲得通的。但是，对于像下面这种我们能够核查的事例来说，这种解释就显得不妥当了。事实上，这类风俗自远古以来就存在于中国，格罗特(J. de Groot)根据中国古籍的记载给我们引述了这个风俗的真正的由来。金和玉是非常坚固的物质。它们是天界的象征，“而天界又是坚不可摧、永恒不灭的……因此，金和玉(还有珍珠)能保证那些吞了它们的人的生命力；换句话说，这些物质能增强吞它们的人的灵魂或神，与天一样，灵魂属‘阳’，所以金、玉、珍珠可以防止死者尸体腐化，有利于他们转生。”[②]不但如此，“道家及其医学权威断言，吞了金、玉、珍珠有人不仅可以延年益寿，而且保证死后身体继续存在，免于腐化。这个学说得以存在的前提如下：根据这些作者的观念，因吞食这些物质而成为长生不死的‘仙’人，可以在死后继续利用自己的身体，甚至能使身体也升入长生不死的天国。这给古代和现代的人们共有的这个风俗(即给死者的口中或者身体的其他孔窍里放进三种贵重东西，以防身体腐烂)以新的解释：这是一种想要使死者成‘仙’的企图。”[③]在其他地方，也给死者钱币去到另一个世界中买东西，但不是把它放入口中。这里谈的是一个类似下述例子的信仰：有一个观念诱使中国人去寻找松柏之类坚硬的木料来作棺材，因为“这些树木极富于生命力，用它们作棺材，可以促使躺在这种棺材里的死者转生。”[④]这里，我们见到的是一些

① J. A. I., xv. pp. 77-9(note).
② J. J. M. de Groot, *The Religious System of China*, i. p. 271.
③ J. J. M. de Groot, *The Religious System of China*, ii. pp. 331-2.
④ J. J. M. de Groot, *The Religious System of China*, i. p. 294.

通过接触而达到互渗的例子，这样的例子是很多的。

毫无疑问，这两个例子已经足够了，尽管这样的例子还可以举出很多。英国人类学派的“解释”永远只是或然的，永远包含着随偶然事件而转移的某种可疑因素。他们认为已经确定的是，在他们看来自然要引向一定的信仰和风俗的道路，正是这些被发现的社会的成员们所走过的道路。没有什么比这个公设更冒险的了，在一百个例子当中，能够证实它的可能只有五个。

其次，要求解释的事实（即制度、信仰、风俗），主要是社会的事实。这些事实所拥有的表象和表象之间的关联，也必须具有这种性质。它们必然是“集体表象”。但是，在这种情形下，万物有灵论学说连同那作为这个学说的基础的公设，都成为可疑的了，因为不论是公设，还是以它为基础的学说，都只是运用个体的人的意识的智力过程。集体表象也如同作为它们的表现的制度一样，乃是社会的事实；如果说在现代社会学中有一个巩固确立的原理，那就是社会事实具有自己的规律，这些规律不是对个体本身的分析所能弄清的。因此，唯一地从个体身上见到的智力机能的作用出发（从表象的联想、因果性原则的素朴运用等等出发）来追求对集体表象的“解释”，这意味着是去实现一种预先注定要失败的企图。因为在这里忽视了问题的最重要因素，所以失败是不可避免的。能不能把一种不为任何经验所触及的个体的人的意识的表象也在科学中应用呢？值不值得下工夫去研究这种意识对它里面和它周围所发生的自然现象是怎样想象的呢？实际上，我们没有任何方法知道这种意识是什么东西。不论我们上溯到过去多么远，不论我们所考察的民族多么原始，我们处处都只能遇到社会化了的意识（如

果可以这样说)，这种意识已经充满了许许多多的集体表象，它是按照那起源于不可知的时代的传统来传达这些集体表象的。

关于不为任何经验所触及的个体的人的意识的表象，与关于前社会的人的表象一样，都是虚无缥缈的。它不符合我们可以理解和检验的任何东西，而以这种表象为前提的假说则只能是完完全全随意作出来的。相反的，如果我们从集体表象出发，如果从某种特定的东西出发，如同从一种应当是科学分析的基础的实在出发，那么，我们这里无疑地将不会有讲得通的诱惑人的“解释”，我们倒是能够使这些解释与英国人类学派的解释对立起来。一切定会显得大不简单。我们定会碰到一些复杂问题，我们往往会没有足够的材料来解决它们。我们要提出的解决多半也会是假定式的。然而在这种情形下，至低限度我们可以期望：对集体表象的实证研究定会引导我们逐渐去认识支配它们的那些规律，定会使我们能够对原始民族的甚至我们自己的思维达到更正确的解释。

下述例子或许能显露出英国人类学派的观点与我们所号召支持的观点之间的矛盾。泰勒写道：“按照这个最早的幼稚的哲学(在这个哲学中，人的生命好像是理解整个大自然的一把钥匙)，野蛮人的世界论给一切现象凭空加上到处散播着的人格化的神灵的任性作用。这不是一种自发的想象，而是一种结果导源于原因的理性的归纳，这种归纳导致了古时的野蛮人让这些幻象来塞满自己的住宅，自己的周围环境、广大的地球和天空。神灵简直就是人格化了的原因。”[①]没有什么比这种对极大量的信仰的“解释”更简

① *Primitive Culture* (4th edit.), ii. pp. 108-9.

单更可接受的了,只要可以和泰勒一起认为它们是“理性的归纳”的结果。然而,在这一点上是很难赞同泰勒的。在考察不发达民族中间那些包含了对于自然界中无处不有的神灵的信仰的集体表象时,在考察那些作为与神灵联系着的风俗之基础的表象时不能产生这样的印象,即这些风俗是理性求知欲在其对原因的探索中的产物。神话、葬礼仪式、土地崇拜仪式、感应巫术不像是为了合理解释的需要而产生的:它们是原始人对集体需要、对集体情感的回答,在他们那里,这些需要和情感要比上述的合理解释的需要威严得多、强大得多、深刻得多。

我绝不是说,这种对解释的需要根本不存在。如同其他许多由于社会集团的进步而随后得到发展的内部特性一样,这种求知欲将放出星星之火,甚至还会在这些民族的智力活动中略显身手。但是,如果我们在这种求知欲里看见了这个智力活动的指导原则之一和涉及大部分自然现象的集体表象的根源,那我们无疑会陷入与事实的矛盾中。如果说泰勒及其门徒满足于这种“解释”,这是因为他们是从与自己相同的个体意识的活动出发来推想这些信仰的。但只要注意一下这些表象的集体性质,就可以明显地看出这种解释的缺陷了。作为集体的东西,这些表象是硬把自己强加在个人身上,亦即它们对个人来说不是推理的产物,而是信仰的产物。由于一个民族愈是落后,集体表象的优势一般的也愈强,所以在“原始人”的意识中几乎不存在“怎样”或者“为什么”的问题。控制着原始人并在他身上引起一些其强烈程度我们简直不能想象的激情的集体表象之总和,与对事物的无私的默察是很难相容的,因为这种默察要求某种想要了解事物的原因的纯智力愿望。

这里，我不来详细讨论万物有灵论学说，我将在后面详细讨论它，我敢认为泰勒的公式（“神灵是人格化了的原因”）不足以解释原始人的集体表象中神灵是什么东西。至于我们，我们一开始就将对这些表象所依赖的心理机制不抱任何偏见地来分析这些表象，也许，正是这些“神灵”能帮助我们理解某些“原因”实际上是什么东西？也许，关于“动因”的概念本身（这对哲学家们来说是个难题），乃是关于硬加给神灵的神秘力量的表象的某种抽象的沉淀？然而，这是一种假说，我们不去研究它，无论如何，我们是不会信任过分绝对化的和一般化的公式的。英国人类学派带着它的至高无上的万物有灵论学说以及它的先入之见，永远能对它所搜集的事实材料作出一个至少是勉强讲得通的解释。假如出现了新的事实材料，这个学说也能够削足适履地、笼统地来给它们作出解释；全部事情都在于巧言善辩。这个学派在这些新的事实材料里见到了自己学说的某种证实。然而，这种证实所具有的价值，与一般的讲得通的“解释”相同，而且它还是这种讲得通的解释的一个新的例子。

毫无疑问，有人会问：像泰勒这样拥有如此惊人的洞察力，对个别事实的批评如此透彻的学者，为什么在一个总的理论上又不那么严整呢，在这个问题上，他的门徒怎么会走同样的道路呢？也许，在这方面应当看到当代英国哲学的影响，特别是关于进化的学说的影响。当《原始文化》问世和在其后的许多年中，联想主义[①]心理学大

① 联想主义的特别著名的代表者是赫特黎、詹姆斯·密尔、亚历山大·班因和乔治·路易斯。按照联想主义者们的学说，联想律在心理学中的地位，与万有引力律在物理学中的地位同样重要。——俄编者注

获全胜。曾经风行一时的赫伯特·斯宾塞的进化论,在那时迷惑了许多人的头脑。他们在斯宾塞的学说中看到了一个包罗最广的哲学综合的公式,一个能够同时适用于任何范畴的自然事实因而能够成为学术研究的引路线的公式。这个公式既适用于太阳系的历史,也适用于有机体或者智力活动的起源。应当料到这个公式还要推广到社会事实中去。斯宾塞毫不踌躇地这样做了。大家知道,他还采用了以联想主义心理学为基础的万物有灵论学说作为解释原始人的思维的指导性假说。

现在对斯宾塞的进化论的态度已经相当冷淡了。现在看来他的概括是草率的、自以为是的而且很少得到论证的。然而,大约三十年前,他的概括却可以认为是得到强有力的牢不可破的论证的。泰勒及其门徒认为他们在这个学说中找到了他们所表述的人类智力发展中的不间断性的保证。这个学说使他们能够把上述发展的过程叙述成不间断的进化,而进化的各个阶段,从“原始人”的万物有灵论信仰直至牛顿的宇宙概念,都很容易拟定出来。同时,泰勒在其《原始文化》中,特别是在结束语中,力图推翻这样一种理论,按照这种理论,“野蛮”民族实际上乃是一些退化了的民族,它们关于自然界的表象,它们的制度和信仰则是原初启示的差不多模糊不清但仍依稀可辨的残余。[①] 泰勒提不出任何比他认为是科学的学说的进化学说更好的东西来对抗这个神学的学说。进化学说使他能够合理地解释事实。凡一切已经显出是比较完全的先行状态的痕迹

① 现在的天主教神甫、人种学家威廉·施米特、威廉·柯伯斯及其他人企图借原始一神论的响亮名字来复活这个理论。——俄编者注

的东西，泰勒都以进化论的观点不费吹灰之力地把它们解释成一种后继的将要进行更大的分化的状态的初生幼芽。

最后，如果回忆一下万物有灵论的总的理论给大量事实所作的似乎是清楚明了的解释，我们就不会对这个理论与进化论共同分享的名望感到惊奇了，同样也不会对英国人类学派的极大多数至今仍然忠于这个学说感到奇怪。

V

许多社会事实彼此间都是紧密联系着并且相互制约着的。因此，具有自己的制度和风俗的一定类型的社会，也必然具有自己的思维样式。不同的思维样式将与不同的社会类型相符合，尤其是因为制度和风俗本身，实际上只是那些可说客观地受考察的集体表象的某种样式。这使我们意识到，对人类社会各种类型的比较研究，与对于这些社会中占统治地位的集体表象和它们之间的关联的比较研究是分不开的。

当自然科学家们继续保持着关于一切生物或者至少是一切动物的基本机能相同的观念，同时又敢于承认各基本类型之间的差别时，上述那样的见解不应当在他们那里获得优势吗？毫无疑问，营养、呼吸、分泌、生殖乃是在任何有机体内进行的一些基本上相同的过程。但是，这些过程可以在彼此不同的组织学、解剖学、生理学的条件的总和中进行着。普通生物学承认了不应当在人的机体中去寻求什么可以使海绵的机体更易于理解的东西(奥古斯特·孔德就曾这样认为)，它这样做是前进了一大步。从那时起，就停止了用一些生物从属于另一些生物的成见来阻碍真正的生物学研究，同时充分保留着关于类型繁衍之前共同原初形态存在的可能性的概念。

同样，也存在着一些为一切人类社会所共有的特征，一些使人类社会有别于其他动物社会的特征：在人类社会中存在着语言，存在着世代相传的传统，存在着或多或少具有稳定性质的制度；因而这些社会中的高级智力机能不能不处处具有某种共同的基础。然而即使如此，仍然不得不承认人类社会如同有机体一样，可能具有彼此间差异深刻的结构，从而也在高级智力机能中间具有相应的差异。这意味着，应当预先摈弃把智力机能归结为唯一的类型而不顾所研究的是怎样的社会的做法，应当预先摈弃用同一个不变的心理的和智力的机能来解释一切集体表象的做法。如果实际上存在着一些结构上彼此不同的人类社会，如像无脊椎动物与脊椎动物的不同那样，那么，对集体思维的各种类型的比较研究，其对于人类学的必要，并不亚于比较解剖学和生理学之对于生物学的必要。

这种比较研究正遇着暂时不能克服的困难，这还用说吗？在现今社会学的状况下，要去进行这种研究，那是连想都不能想的。确定思维的类型，与确定社会的类型一样困难，而且原因相同。我在底下力图作为一个引论来作的一切，不是别的什么，而是对于在文化落后的民族中，特别是在那些我们已知的最原始的民族中集体表象所服从的最一般规律的初步探讨。我所致力于确定的不是一个类型，而是一些彼此相近的类型所共有的特性的综合，再从这个综合中找出不发达民族所固有的思维的一些本质特征。

为了更好地阐明这些特征，我将把这种思维与我们自己的思维作比较，亦即与发展了唯理论哲学和实证科学的“地中海”文明的那些民族的思维作比较。这样来比较距离最大的两种思维类型，在比较研究的第一阶段上有显而易见的好处。这两种类型之间的本质差别最触目，因此我们可以少冒忽视它们的危险。此外，从这两种类型出发，我们较便于转入对中间的或者过渡的形式的研究。

但是，即使经过这样一番限制，我们的企图仍然无疑会显得太大胆和极无把握。我们的研究会冒不完整的危险，它所提出的问题无疑会比它所能解决的问题还要多，它会留下不少刚刚接触到的最重大问题得不到解决。我没有忽略这一切，然而，在分析那种我们如此模糊的思维时，我宁愿选取我认为最清楚的东西。另一方面，在涉及我们社会所固有的、只能作为比较的对象的思维时，我将把它看成是为过去和当代的哲学家、逻辑学家和心理学家们的著作所充分阐明了的东西，对于随后的社会学分析可能给他们迄今所获得的结论带进去的那些改变则不加讨论。这样一来，我的研究的直接任务就在于通过原始人的集体表象以研究那些支配着它们的智力过程。

但这些表象和它们之间的关联的本身我们只是通过不发达民族的制度、信仰、神话、风俗才能得知。这些材料是以什么形式提供给我们的呢？我们差不多总是从旅行家、海员、博物学家、传教士的叙述中得知这些材料的，简言之，总是从有关旧大陆和新大陆的人种志学著作里面搜集的叙述中得知这些材料的。对于这些叙述的价值，没有一个社会学家不抱怀疑：这是一个必须运用一切批判的常规来对待的根本问题，但我不能在这里涉及这个问题。无论如何我必须指出，企图对不发达民族进行科学的观察，进行那种以客观、精确而细密的方法为基础的观察，总而言之，即企图进行尽可能近似科学家们在自然现象方面所采用的一切办法那样的观察，这样的企图还是十分晚近以来才有的。然而现在，这样的企图开始出现了，而观察的对象本身却又遭到命运的捉弄，几乎荡然无存了。19世纪是一个对人类群体的比较研究有着不可挽回的损失的世纪。恰恰是那些具有为我们的科学最感兴趣的制度的民族，在地球上各个地方迅速地消灭了。而那些仍然保留下来的不发达民族又注定要很快灭亡，优秀的观察家们必须抓紧时机。

旧有观察的巨大数量根本不能补偿上述的损失。除少数例外，旅行家们在旅途中，在访问某个国家期间搜集的事实材料，都很少有价值。正如波威尔(J. Powell)少校所正确指出的那样，这些旅行家不论在关于部族民族社会的制度方面，还是在什么国家的植物群，什么地区的动物群，或者什么大陆的地质构造方面，都不能提供精确的描述。①

此外，最先看见这些不发达民族的人们，即使他们要在这些民族中间逗留很久，也往往忙于研究完全另一些事物，而不会去对他们所接触到的制度和风俗作精确、细致和尽可能充分的观察。他们只是记上他们认为最突出、最奇怪、最强烈地打动他们的好奇心的东西。这一切他们描写起来或多或少是成功的。但是，这样搜集来的观察，对他们来说则是一种附带的东西，进行这种观察，从来就不是他们要在这些民族中间逗留的主要原因。此外，这些观察者从来就是在描写事实的同时不客气地给事实以解释。批判审核的观念对他们完全是陌生的。他们岂能想到，他们那一切对事实的解释简

---

① *Report of the Bureau of Ethnology of the Smithsonian Institute*, Washington (henceforth cited as E. B. Rept.), iii. p. 62.

直就是无中生有和曲解，而“原始人”和“野蛮人”几乎永远是十分谨慎地隐藏着他们的制度和信仰中那些最重要最神圣的东西呢！

泰勒指出得好，根据我们现在已知的一切看来，这些旧观察中的大部分都是可以进行修订和作更清楚的阐明的。这些观察中的某一些是很宝贵的：例如某些传教士的观察就是这样，他们长期居住在他们给我们描写的那些社会中，差不多被这些社会的精神所同化，这样一来，我们就可以不太费力地把观察本身和渗进观察中去的成见区别开来。顺便指出，我们所说的是像天主教神父那样的观察者，他们最早与北美的印第安人部族交往（如 18 世纪的多布里茨霍菲尔〔Dobrizhoffer〕与阿比朋人的交际），与萨摩亚群岛[①]的土著居民交往（如退纳〔Turner〕），与美拉尼西亚人（Melanesians）[②]交往（如柯德林顿〔R. Codrington〕），等等。这些最老一辈的观察家们有一个好处，就是他们不知道任何社会学理论，他们对自己报道的东西越是不理解，他们的报道往往对我们越重要。可是这些报道在最重要因素方面又令人遗憾地不全面，甚而至于不着一字。

与这些准确性从来就不可靠、有时还被作者为了顺应时代的风尚而加以修饰或者改头换面了的速写相反，现代专业的人种学家们的观察却像优良的摄影。实际上，华盛顿斯密孙学院人种学研究室的研究员们以及一般说来现代的研究家们也都利用照相机和录音机作为必要的工具。我们正是乐于向这些清楚地了解自己任务的艰巨并掌握着最能保证成功地解决这一任务的方法的研究家们寻

① 太平洋的岛群。当地土著居民为萨摩亚人，属玻里尼西亚族。——汉译者注

② 太平洋西南美拉尼西亚群岛的土著居民。——汉译者注

求证据。但是,在对待他们的态度上,永远也不要忽略那些为批评所要求的预防措施;这些研究家中的许多人都是天主教或者基督教的传教士,他们像自己上世纪的前辈那样,完全相信野蛮人从上帝那里领受了某种自然宗教的种子,他们以自己最应该受责备的风俗来报答魔鬼。除此以外,这些研究家中的许多人都读过泰勒和弗雷泽的著作,并且成了他们的信徒。从此,他们就献身于寻求可以为自己的导师的学说辩护的新材料的任务,所以他们对一切的看法都抱有成见。当他们带着以这个学派的精神编制的详细问题目录而着手工作时,这个缺点则显得特别怵目。在这个时候,他们的眼睛好像被蒙住了,以至妨碍了他们去发现问题目录里没有提到的任何事实,而在他们关于所见事物的报道里,含有成见的解释又往往与所观察和描写的事实不可区分。

第　一　章

原始人的思维中的集体表象及其神秘的性质

I

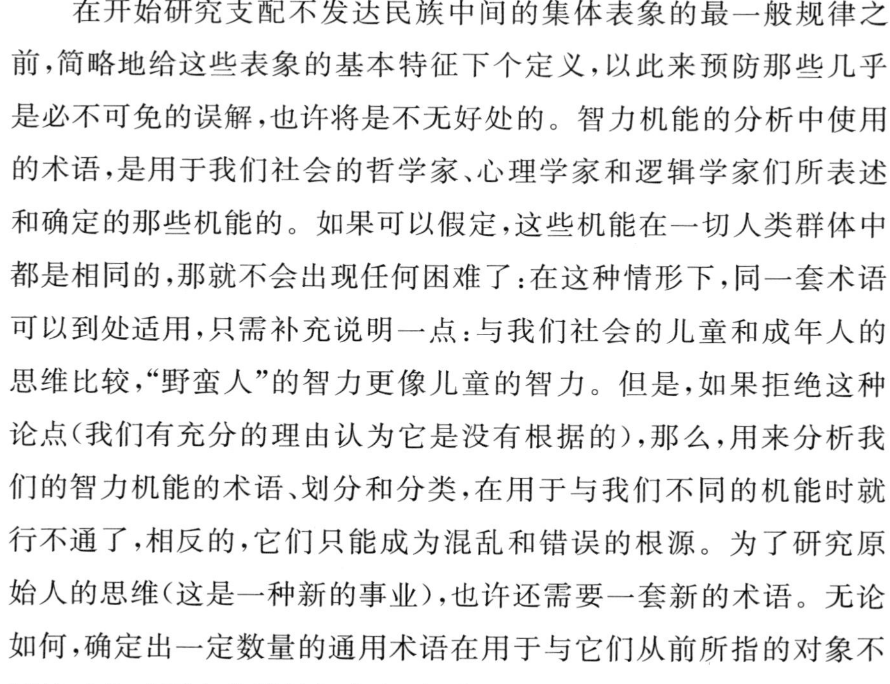

在开始研究支配不发达民族中间的集体表象的最一般规律之前，简略地给这些表象的基本特征下个定义，以此来预防那些几乎是必不可免的误解，也许将是不无好处的。智力机能的分析中使用的术语，是用于我们社会的哲学家、心理学家和逻辑学家们所表述和确定的那些机能的。如果可以假定，这些机能在一切人类群体中都是相同的，那就不会出现任何困难了：在这种情形下，同一套术语可以到处适用，只需补充说明一点：与我们社会的儿童和成年人的思维比较，“野蛮人”的智力更像儿童的智力。但是，如果拒绝这种论点（我们有充分的理由认为它是没有根据的），那么，用来分析我们的智力机能的术语、划分和分类，在用于与我们不同的机能时就行不通了，相反的，它们只能成为混乱和错误的根源。为了研究原始人的思维（这是一种新的事业），也许还需要一套新的术语。无论如何，确定出一定数量的通用术语在用于与它们从前所指的对象不同的对象时所应获得的新意义，是有必要的。

例如，“集体表象”这个术语就是这样。

通用的心理学语言有情感的、运动的和智力的现象的划分，在这种语言中，“表象”属于后一范畴。由于我们的意识简单地就是拥有什么客体的映象或心象，所以表象是被理解成认识的现象。通常，根本不排斥这种情况：在实际的智力活动中，每个表象都或多或少涉及个人的爱好，都力求引起或者阻止某种运动。但借助于抽象（在抽象中，对于大多数场合说来没有什么非规律的东西），我们忽略了表象的这些因素，只注意它与被认识的客体的基本联系。表象主要是智力方面的或者认识方面的现象。

完全不应当这样来理解原始人的集体表象。他们的智力活动的可分析性是太少了，以至要独立地观察客体的映象或心象而不依赖于引起它们或由它们所引起的情感、情绪、热情，是不可能的。正因为我们的智力活动是比较可分析的，而且我们又比较习惯于分析这种智力的机能，所以我们很难于只靠想象的努力来体会这样一个比较复杂的状态，在这种状态中，情感或运动因素乃是表象的组成部分。我们认为这种状态实际上不是表象。事实上，我们要保留这个术语，就应当改变它的意义。原始人智力活动的这种形式，应当理解成不是以纯粹的形式或者差不多纯粹的形式表现出的智力或认识的现象，而是一种更为复杂的现象，在这种现象中，我们本来认为是“表象”的东西，还掺和着其他情感或运动性质的因素，被这些因素涂染和浸润，因而要求对被表象的客体持另一种态度。

此外，个体往往是在一些能够对他的情感产生最深刻印象的情况下获得这些集体表象的。事情的确是这样，特别是在下述时刻传给原始社会的成员的那些表象，即当他成长为一个男子，成长

为社会集体的自觉的一员，当“成年礼”[①]的仪式使他经历一次新生[②]时，当他在那些作为神经的严酷考验的磨折中发现了该社会集体的生活本身所系的秘密时，这些表象的情感力量很难想象有多么大。它们的客体不是简单地以映象或心象的形式为意识所感知。恐惧、希望、宗教的恐怖、与共同的本质汇为一体的热烈盼望和迫切要求、对保护神的狂热呼吁，——这一切构成了这些表象的灵魂，使行成年礼的人对它们既感到亲切，又感到可畏而且真正神圣。加上各种仪式(在仪式中这些表象可说变成了行动)是定期举行，再加上我们同样熟悉的那个以表现这些表象的各种动作的形式来进行的情绪感染的效果，加上由疲劳过度、舞蹈、神魂颠倒和鬼魔迷惑的现象所引起的极度的神经兴奋，加上那可以加剧、加强这些集体表象的情感性质的一切东西，那么，当在各仪式之间的休息时间，在“原始人”的意识中浮现出这些表象之一的客体时，则他始终不会以淡泊和冷漠的形象的形式来想象这一客体，即使这时他是独自一人而且完全宁静的，在他身上也立刻涌起了情感的浪潮，当然这浪潮不如仪式进行时那样狂烈，但它也是够强大的，足可以使认识现象淹没在包围着他的情感中。其他集体表象也在较小程度上具有这种性质，例如，那些通过神话和童话世代相传的集体表象，那些支配着各种似乎最无所谓的风俗和风尚的集体表象。

① “成年礼”是许多部族对达到性成熟的男性少年举行的一系列仪式，是这些少年被确认为成年、成为部族的拥有全权的正式成员、参加秘密团体以及获得结婚许可的必经过程。在行成年礼期中，除严格遵守一系列禁忌外，有时还要经受各种宗教仪式的严酷考验，如鞭笞、割礼、火考验、敲掉牙齿等等。成年礼仪式一般都由部族的首领或老年人指导进行(参看本书第389-401页)。——汉译者注

② 参看本书第397页。

须知如果这些风俗是必须遵行的和受到尊重的，那就意味着与它们联系着的集体表象具有必须绝对执行的、命令的性质，这些集体表象不是纯智力的事实，而是某种根本不同的东西。

因此，原始人的集体表象与我们的表象或者概念是有极深刻差别的，这两者之间也不是势均力敌的。一方面，我们很快会见到，它们没有逻辑的特征。另一方面，它们不是真正的表象，它们表现着，或者更正确地说，它们暗示着原始人在所与时刻中不仅拥有客体的映象并认为它是实在的，而且还希望着或者害怕着与这客体相联系的什么东西，它们暗示着从这个东西里发出了某种确定的影响，或者这个东西受到了这种影响的作用。这个影响时而是力量，时而是神秘的威力，视客体和环境而定，但这影响始终被原始人认为是一种实在，并构成他的表象的一个主要部分。假如用一个词来标记那些在不发达民族的智力活动中占有如此重要地位的集体表象的这个一般特性，我就要说这种智力活动是神秘的。由于没有更好的词儿，我将使用这个术语，这并不是因为它与那个完全是另一种东西的我们社会的宗教神秘主义的联系，而是因为按最狭的意义说，“神秘的”这个术语含有对力量、影响和行动这些为感觉所不能分辨和觉察的但仍然是实在的东西的信仰。

换句话说，原始人周围的实在本身就是神秘的。在原始人的集体表象中，每个存在物、每件东西，每种自然现象，都不是我们认为的那样。我们在它们身上见到的差不多一切东西，都是原始人所不予注意的或者视为无关紧要的。然而在它们身上原始人却见到了许多我们意想不到的东西。例如，对属于图腾社会的原始人来说，任何动物、任何植物、任何客体，即使像星球、太阳和月亮那样的客体,都构成图腾的一部分,都有它们自己的等和亚等。因此,每一个人都有他特殊的亲族,他对自己的图腾、等和亚等的组成者拥有权力;他对它们有义务,他与其他图腾之间有一定的神秘关系,等等。即使在不存在图腾崇拜的社会中,关于某些动物的集体表象(如果我们的证据更充分,也许会证明这是扩及一切动物的),仍然具有神秘的性质。例如在回乔尔人(Huichols)[①]那里,"健飞的鸟能看见和听见一切,它们拥有神秘的力量,这力量固着在它们的翅和尾的羽毛上"。巫师插戴上这些羽毛,就"使他能够看到和听到地上地下发生的一切……能够医治病人,起死回生,从天上祷下太阳,等等。"[②]契洛基族(Cherokees)印第安人[③]相信鱼类生活的社会跟人类的社会一样,它们有自己的村庄,有自己的水下道路,它们的行为也像有理性的生物那样。[④] 他们还认为,疾病,特别是风湿病,其起源应归因于对猎人生气的动物所完成的神秘行动,这些印第安人的治病方法清楚地表明了这个信仰。

在马来亚以及在南非,鳄鱼(在其他地方是虎、狮、象、蛇)乃是这样一些信仰和风俗的对象;如果我们看一看旧大陆和新大陆的那些以动物为主人公的神话,就会发现:没有一种哺乳动物、鸟、鱼、甚至昆虫不带上最罕见的神秘属性。其实,几乎在一切原始民族中间必定伴随着狩猎和捕鱼的那些巫术行动和仪式,对野兽、野禽或鱼类杀生后举行的赎罪式,都足可清楚地说明神秘的性质和

① 墨西哥一部族。——汉译者注

② C. Lumholtz, *Unknown Mexico*, ii. pp. 7-8.

③ 北美印第安人的一族。——汉译者注

④ J. Mooney, "The Sacred Formulas of the Cherokee", E. B. Rept., vi. p. 375.

力量进入了关于动物的集体表象中。

在植物方面也有这样的情形：提一提斯宾塞和纪林（B. Spencer and F. Gillen）所描写的“英迪修马”[①]仪式——目的在于以神秘方法保证植物的正常繁育的仪式，无疑就够了；还应当指出在完全或部分地以土壤耕作获得生活资料的原始民族中间到处盛行的土地崇拜仪式（相当于狩猎和捕鱼仪式）的发展；最后，还可以指出在许多地区硬加给神圣的植物的那些非常神秘的特性，如吠陀印度[②]的苏摩或者回乔尔人的“希库里”（hikuli）[③]。

再看看人的身体又怎样呢？人体的每个器官都有自己的神秘意义，那些十分流行的食人风俗以及用人作祭祀的仪式（例如在墨西哥）说明了这一点。心脏、肝脏、肾脏、眼睛、脂肪、骨髓等等都被凭空添上一种能对那些吃它们的人发生这样或那样作用的能力。身体的孔窍、各种排泄物、毛发、指甲屑、胎盘、脐带、血液以及身体的其他液体组成部分，——所有这一切都被派上了某种巫术的用场[④]。集体表象给这一切客体平添上神秘的力量，而普遍流行的大量信仰和风俗又正是与这种力量联系着的。动物和植物的某些组成部分也同样具有特殊的属性。有时，一切活东西都拥有有害的神秘力量。在马来亚，“恶源被叫作巴地（badi）……像恶魔一

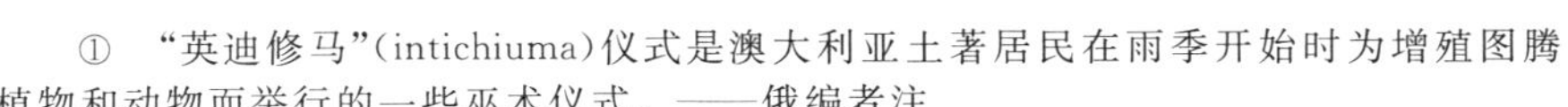

① “英迪修马”（intichiuma）仪式是澳大利亚土著居民在雨季开始时为增殖图腾植物和动物而举行的一些巫术仪式。——俄编者注

② 吠陀是古代印度文学和宗教文献。是公元前 6 世纪（佛教产生前）以前不同时期的著作选辑。吠陀中所说的苏摩是一种取自一种蔓草的麻醉性饮料，在祭祀中用作奠酒。——汉译者注

③ 一种人格化了的神圣植物。——汉译者注

④ K. Th. Preuss, “Der Ursprung der Religion und Kunst”, *Globus*, lxxxvi. p. 20; lxxxvii. p. 19.

样，恶源粘附在一切活东西的身上……封·德·瓦尔（Von de Wall）把这个巴地描写成'来源于什么东西的妖术的或者害人的影响：例如来源于从眼前一闪而过的老虎、必须靠近着走过的毒树、疯狗的唾液、伴随的人的行为。'"[1]

由于一切存在着的东西都具有神秘的属性，由于这些神秘属性就其本性而言要比我们靠感觉认识的那些属性更为重要，所以，原始人的思维不像我们的思维那样对存在物和客体的区别感兴趣。实际上，原始人的思维极其经常地忽视这种区别。例如悬崖和峭壁，因其位置和形状使原始人的想象感到惊惧，所以它们很容易由于凭空加上的神秘属性而具有神圣的性质。江、河、云、风也被认为具有这种神秘的能力。空间的部分和东南西北的方位也有自己神秘的意义。当澳大利亚的土著居民大批聚集在一起时，每个部落以及每个部落内部的每个图腾集团都占着自己固定的位置，这位置是根据他们与空间的这个或那个部分的神秘的血缘来划定的。这类事实也在北美发现。我不来赘述雨、闪电、雷了，它们的标记在朱尼人（Zuñi）[2]、澳大利亚土著居民以及那些常常被持续的干旱威胁着自己的生存的部族的宗教仪式中起着十分重要的作用。最后，土地对于罗安哥（Loango）[3]的巴菲奥蒂人（Bafioti）来说，"不但是他们表演人生的舞台，而且更有过之。在土地里居留着并从那里发出来一种生命力，它钻进一切东西的里面，它把过去和现在连结在一起……一切有生命的东西都从土地那里借

① W. W. Skeat, *Malay Magic*, p. 427.

② 新墨西哥的一个印第安人部族。——汉译者注

③ 中央刚果西海岸一古国的旧称。——汉译者注

来力量……他们把自己的土地看成是他们的神赐给他们占有的封地，……土地对他们来说是神圣的。”①

我们在北美印第安人那里也发现了这种信仰，他们认为耕地是亵渎神灵，耕翻土地意味着冒犯神秘力量，因而会给自己招来惨祸。

甚至人作出的日常使用的东西也有自己的神秘属性，也会根据不同场合而变成有益的或者有害的东西。这个事实是非常杰出的观察家喀申（Frank Cushing）发现的。喀申曾生活在朱尼人中间，被朱尼人收养为义子，他的非凡的智慧的灵活性使他终于能够像朱尼人那样来思维。他说：“朱尼人与一般的原始民族一样，把人制作的物品……不论是房屋，还是家庭用具，还是武器……都想象成有生命的东西……这像是一种静止的生命，但它十分强大，不仅能够顽强地、蔑视一切地表现自己，甚至还能通过秘密的途径来积极地行动，能够产生善与恶。由于他们所知道的生物，例如动物，都具有符合于它们的形状的功能（鸟有翅能飞，鱼有鳍能游，四足动物能跳能跑，等等）……所以，人的手制造出来的物品也根据它们所具的形状而具有各种功能。”由此引申出去，这些物品的形状中的最微小的细部也有自己的意义，这意义有时还会是决定性的。

“因此，兽掌下部构造中的差别会导致这样的结果：熊攫获了猎物时是把它掐死，而豹则是用自己的爪子刺进猎物的身子。同样的，这种或那种家庭用具、弓、箭、棍棒以及其他任何武器的‘能

① Dr. Pechuël-Loesche, *Die Loango-Expedition*, iii. 2, p. 194 et seq (1907).

力'都是与它们形状的每一细部联系着的:所以,这些细部仿制起来总是与原来的毫厘不爽。此外,物品的形状不但赋予它们以'能力',而且还限制这些能力的性质和大小。如果物品是按应有的那样作成的,就是说按照作这类物品时经常依照的那种样式制成的,那就可以放心地使用它们于应有的用途。鱼不能靠自己的鳍来飞,鸟也不能靠自己的翅来游,鸟要游必须有相应的爪子,即使是与鸭爪相仿的爪子;什么家庭用具,如具有固定的传统形式的器皿,同样也只能用于这类器皿经常用于的目的,在这种情形下,一点儿也不用害怕新形式可能具有的那些谁也不知道的'能力'。"①

喀申认为,用上述道理可以清楚地说明,为什么在原始民族那里,这些形状——其中包括他们用来美化自己的产品、自己的艺术品的装潢的最微小细部——非常稳定。例如英属圭亚那②的印第安人"在制作某些物品方面表现了惊人的灵巧,但他们从来不改进这些物品。他们准确地按照他们之前的历代祖先那样来制作这些物品。"③如我们所知,这不仅仅是这些民族所固有的风俗和保守精神的结果。这里,我们见到了这样一种积极的信仰的直接结果,这就是相信与形状相联系的物体的神秘属性,相信那些可以靠一定的形状来获得的属性,但如果在这形状中改变了哪怕是最小的细部,这些属性就不为人所控制了。看起来最微不足道的革新也会招来危险,它能解放敌对力量,招来革新者本人和那些与他有关的人的毁灭。

① F. H. Cushing, "Zuñi Creation Myths", E. B. Rept., xiii. pp. 361-3.

② 在南美东北部。——汉译者注

③ Bernau, *Missionary Labours in British Guiana*, p. 46(1847).

同样的，人的手带给土地状况的任何变动，什么新建筑、什么土方工程、修矿井、建铁路、毁坏了什么建筑物或者只不过对它的外表作了点改变、什么增建工程，——这一切都可能成为大灾大难的原因。格罗特说："如果有谁突然患病或者死去，则这个人的全家立即会诿咎于某个变动了东西摆放的既定秩序、在自己的家务中作了什么改善的人……可以举出很多这样的事例：病人或者死者的全家突然袭击被怀疑的人的住宅，毒打他，毁坏他的家具……所以中国人不修葺自己的住宅，任房子完全倒塌，这是毫不足怪的。"[1]在北京，天主教堂要修建一座钟楼，招来了居民方面的如此善意的反对，以至不得不放弃这件事。这种神秘的信仰是与中国人叫作"风水"的那种东西联系着的。在其他地区也见到了这种信仰。例如在尼科巴群岛[2]，"穆斯（Mus）、拉帕地（Lapati）和金买（Kenmai）等族的几位首领来见我，请求我等到他们的人从樵拉（Chowra）回来以后再修建我的望楼。原来是，据他们说，由于这个新工程以及由于多比先生在他们的海边坟场私伐树木，海大发脾气：它刮起了狂风，掀起了巨浪。这一切使他们担心他们的朋友似乎会淹死。"[3]

在罗安哥，"迁居到别的地方去的外国人不应当毁坏自己的房屋，也不应当毁坏种植场，他应当让这些东西照原样留下。所以，土人们反对欧洲人拆毁他们修建的住宅，把房料运到另一个地方去。至少各个角柱应该留在原地……运走砍下的树，为了地下工

---

① *The Religious System of China*, i. p. 1041.

② 在印度孟加拉湾。——汉译者注

③ Solomon, "Diaries Kept in Car Nicobar", J. A. I., xxxii. p. 230.

程挖沟等等也都禁止。如果收税人打算为自己的方便开辟一条新的小道，他就会招来很大的麻烦，即使这条小道比通行的那条更近便。”[①]这不是一种简单的保守主义，不是一种简单的厌恶违反习惯的改变。他们知道怎样使用旧路，但他们害怕由于废弃旧路和改用新路而引起不测的、可能是悲惨的后果。像世界上的一切东西一样，小路也有自己的神秘属性。罗安哥的土人们谈起废弃的道路时，都说它“死了”。这对他们来说和对我们来说都是一种比喻。但对他们来说，这个比喻是大有含义的，因为，如同住宅、武器、石头、云、植物、动物和人一样，一句话，如同在原始人那里有集体表象涉及的一切东西一样，道路这个“现存的东西”也有自己的秘密能力。菲律宾群岛的伊哥洛人(igorots)说：“一切东西都与有形的存在一样，也有无形的存在。”[②]

从这些事实以及我们可以引述的其他许多相似的事实中得出了下面一个结论：原始人丝毫不像我们那样来感知。同样的，如同他们所生活的社会环境与我们的不同(正因为它与我们的不同)，原始人所感知的外部世界也与我们所感知的世界不同。毫无疑问，他们也像我们一样拥有那些感觉器官(倒不如说他们的感觉器官一般比我们的更精细，尽管我们现行的信念正好与此相反)和与我们一样的脑器官的构造。然而，应当考虑到通过集体表象给他们的每一知觉带进去的那个因素。不管在他们的意识中呈现出的

① Dr. Pechuël-Loeshe, *Die Loango-Expedition*, iii. 2, pp. 209-12.

② Jenks, *The Bontoc Igorot*, p. 196(Manila,1905).

是什么客体，它必定包含着一些与它分不开的神秘属性；当原始人感知这个或那个客体时，他是从来不把这客体与这些神秘属性分开来的。

对原始人来说，纯物理（按我们给这个词所赋予的那种意义而言）的现象是没有的。流着的水、吹着的风、下着的雨、任何自然现象、声音、颜色，从来就不像被我们感知的那样被他们感知着，也就是不被感知成与其他在前在后的运动处于一定关系中的或多或少复杂的运动。物体的移动当然是靠那些与我们相同的感觉器官来感知的；熟悉的物体是根据先前的经验来认识的；简言之，知觉的整个心理生理过程，在他们那里也和在我们这里一样。然而在原始人那里，这个知觉的产物立刻会被一些复杂的意识状态包裹着，其中占统治地位的是集体表象。原始人用与我们相同的眼睛来看，但是用与我们不同的意识来感知。可以说，他们的知觉是由或多或少浓厚的一层具有社会来源的表象所包围着的核心组成的。然而，这样的比喻仍然是不确切的而且相当粗枝大叶的。问题在于原始人根本没有感觉到这种核心和裹住它的表象层的区分。这是我们作的区分，这是我们由于我们的智力习惯再也不能不作的区分。至于原始人，复杂表象在他们那里还是一种不分化的东西。

所以，即使在最平常的知觉中，即使在对最简单的事物的最寻常的知觉中，也表现了我们的意识与原始人的意识之间存在着深刻的差异。原始人的知觉根本上是神秘的，这是因为构成原始人的任何知觉的必不可缺的因素的集体表象具有神秘的性质。我们的意识至少在涉及我们周围大多数事物的时候不再是神秘的了。没有任何东西是被他们和我们一样感知的。用我们的语言讲话的我们环境的人，在企图理解原始人的思维方式时，会遇到不可克服的困难。欧洲人在原始人中间生活得愈久，与他们的智力样式愈接近，就愈会强烈地感到根本不可能完全适应这种智力样式。

因此，不应当像人们常说的那样，说原始人把一切使他们的情感或者他们的想象震惊的事物与神秘的力量、巫术的特性、某种类似灵魂或者生命的本原的东西联想起来，不应当认为原始人是被万物有灵的信仰堵塞了自己的知觉。这不是个联想的问题。客体和存在物的神秘属性构成了那个在任何所与时刻都显示出是复合的整体的原始人的表象的组成部分。后来，在社会进化的另一时期，我们叫作自然现象的那种东西显示了一个趋势，即变成除去任何其他因素的唯一的知觉内容，那时这些因素将具有信仰的面貌，甚至最终具有迷信的面貌。但是，在没有这种"分裂"以前，知觉仍保持着不分化的统一。像某些原始民族所用的语言的词那样，也可以把这种知觉叫作"多式综合的"[①]知觉。

同样，每次当我们用下面这样的话来提出问题时，我们就会走上绝路：原始人的意识对于这种或那种自然现象应该给予什么解释？这种问题的提法本身就要求先有一个不正确的假设。这种提法的前提是原始人的意识像我们的意识那样来感知现象。我们猜想它一开始就简单地感知了睡眠、梦、疾病、死亡、天体的升落、降雨、打雷等等现象，然后受因果性原则所促使，它又力求去解释这些现象。然而对不发达民族的意识来说，自然现象(按我们给这个

① 包括补语的动词形式及其他句子成分的语言(特别是北美印第安人的语言)叫多式综合语，这在很多场合中会造成语言中出现很长的词。——俄编者注

术语赋予的那种意义来理解的）是没有的。原始人根本不需要去寻找解释；这种解释已经包含在他们的集体表象的神秘因素中了。由此看来，必须以完全不同的方式提出这类问题。应当弄清的不是那借以实现现象的解释的逻辑运算，因为原始人的思维从来不是脱离开解释来看现象的；要求弄清的是：现象是怎样渐渐地从那个以前包括着它的复合体中脱离出来，它是怎样开始单独地被感知，那个起初作为组成因素的东西怎样在以后变成了“解释”。

II

集体表象在原始人的知觉中占有非常重要的地位，这种情况使他们的知觉带上了神秘的性质。同一个原因导致了不同的结果，所以他们的知觉的趋向与我们的不同。我们的知觉不论在把握什么东西或者放过什么东西的时候，第一个起决定作用的因素是我们相信我们能够期望在相同的所与条件下现象的经常再现。这样的知觉有助于达到最大限度的“客观”有效性的效果，因而，有助于排除一切可能成为有害于或者只不过无益于这种客观性的东西。从这一点上来看，原始人也不像我们那样感知。毫无疑问，在某些有直接的实用意义起作用的场合中，他们在区别一些十分相似的印象方面，在断定他们的生存或许生命所系的这个或那个事物或者现象的外部特征方面，他们又显得十分细心而且常常十分能干（例如善于判断他们要去采收的露水昨夜积在什么地方的澳大利亚土著居民的异常灵敏[①]以及其他这类事实）。但是，即使不

① Eyre, *Journals of Expeditions of Discovery into Central Australia*, ii. p. 247.

说这些精细的知觉应归功于训练和记忆力，我们仍然发现，在绝大多数场合下，原始人的知觉不但不抛弃那一切缩小它的客观性的东西，而且相反的，它还专注在存在物和现象的神秘属性、神秘力量、隐蔽能力上面，从而指靠那些在我们看来具有纯主观性的、但在原始人看来却不比其他任何东西更少实在性的因素。他们的知觉的这个特点可以使他们理解一定数量的事实，而以个体的智力的或逻辑的运算的唯一研究为根据的对这些事实的“解释”则显得不能令人满意。

大家都知道这样一个事实：原始人，甚至已经相当发达但仍保留着或多或少原始的思维方式的社会的成员们，认为美术像，不论是画像、雕像或者塑像，都与被造型的个体一样是实在的。格罗特写道：“在中国人那里，像与存在物的联想不论在物质上或精神上都真正变成了同一。特别是逼真的画像或者雕塑像乃是有生命的实体的 alter ego（另一个‘我’），乃是原型的灵魂之所寓，不但如此，它还是原型自身……这个如此生动的联想实际上就是中国的偶像崇拜和灵物崇拜的基础。”[①]格罗特为了加强自己的论点，引述了整整一系列故事，这些故事根本不近情理，但在它们的中国作者看来却是完全合乎自然的。例如，一个年青寡妇能够从她丈夫的泥土塑像那儿受孕生孩子；肖像变成活人；木制的狗可以跑；纸做的如马一类的动物能像活的动物一样行动；一个画家在街上看见了一匹某种颜色的、伤了一条腿的马，就认出了它是自己的作品……从这里很容易转到在中国极为流行的一些风俗，如在死者

① J. J. M. de Groot, *The Religious System of China*, ii. pp. 340-55.

的坟上供纸糊的兽像，烧纸钱，等等。

在北美，曼丹人（Mandans）相信凯特林（Catlin）画的肖像与它们的原型一样是有生命的，这些像从自己的原型那里借来了他们的一部分生命力。诚然，凯特林有点儿喜欢杜撰，他讲的故事不可全信。但是这一次凯特林描写的曼丹人的信仰和情感，与在其他地方的同样情况下发现的信仰和情感却是十分相像的。一个曼丹人说："我知道这个人把我们的许多野牛放进他的书里去了，我知道这一点，因为他做这事的时候我在场，的确是这样，从那时候起，我们再也没有野牛吃了。"[①]

凯特林写道："他们声称，我是世界上最伟大的巫医，因为我创造了活的存在物——他们说他们能看见自己的一些首领同时在两个地点活着（我画的首领肖像有点儿逼真），他们可以看见这些肖像的眼睛动，看见它们微笑和大笑；既然肖像能够笑，如果它们想要说话，大概也会说话的。这就是说，在它们里面一定有什么生命的成分。"[②]大多数印第安人都不让人给自己画像或者照相：他们确信这会使他们付出自己身体的一部分并使自己处于对掌握这些像的人的依赖地位。他们也害怕跟肖像在一起，肖像是个活东西，它可以产生有害的影响。

天主教传教士们说："我们把圣伊格纳特（St. Ignatius）和圣克萨维尔（St. Xavier）像挂在我们的教堂里。土人们惊讶地看着它们。他们相信这是活人。他们问，它们是不是'翁达客'（ondaqui）（'瓦康'〔wakan〕的复数，超自然的存在物），一句

①② Catlin, *The North American Indians*, i. pp. 122-3 (Edinburgh, 1903).

话，是不是他们认为超人的存在的那种东西。他们还问，教堂里的圣龛是不是它们的住处，这些翁达客是不是用教堂四周的那些饰物来穿戴。”①

同样，在中非，“我见到土人们拒绝走进那在墙上挂着肖像的房屋，因为害怕见到待在那里的‘马卓卡’（Masoka）（灵魂）。”②这位作者谈到一位首领让人给自己拍照，几个月以后就病了。按照这个首领的请求，底片寄到英国去了。“疾病被归咎于可能发生在照相底片上的偶然事件。”

由此可见，肖像能够占有原型的地位并占有它的属性。在罗安哥，一个著名巫师的徒弟们给自己的师父雕刻了一尊木像，给它引进“力量”，并用师父的名字来叫它。甚至可能是，他们请求自己的师父亲手制作一具代理他的像，以便他们在他生前和死后行巫术时使用。③ 在奴隶海岸（位于西苏丹），孪生子之一死去后，母亲“……给死了的孩子的魂灵修住宅，他的魂灵可以走进这住宅而不至惊扰活着的那个孩子，她还把一个七、八英寸长的、用木料做得很粗糙的、与死了的孩子同一性别的小木人和活着的孩子抱在一起。木人是裸体的，只是在它们的胯股上有一条用珍珠作成的小带，这也与活着的孩子一样。”④巴西的波罗罗人（Bororo）“最坚决地请求威廉不要让妇

① Ed. Thwaites, *Relations des Jésuites*, v. p. 256(1633).

② Hetherwick, “Some Animistic Beliefs of the Yaos”, J. A. I., xxxii. pp. 89-90.

③ Dr. Pechuël-Loesche, *Die Loango-Expedition*, iii. 2, pp. 378-9(1907).

④ A. B. Ellis, *The Yoruba-speaking Peoples*, p. 80.

女看见他画的 bull-roarers（祭神响板）[①]的图画，因为妇女们如果看见了这些图画，就像看见图画所根据的原型一样，她们必定死去。”[②]这类事实已被泰勒大量地收在《原始文化》中。[③]

应不应当像人们常作的那样，根据纯心理学的观点，借助于联想律来解释这些事实呢？应不应当和格罗特一道来断定，我们在这里见到的是没有区分简单的相似和同一的能力，或者假定原始人是受着与那种相信自己的洋娃娃似乎活着的儿童似的错觉所控制呢？首先，很难知道儿童是不是完全相信他的洋娃娃是活的。很可能，儿童的这种相信既是游戏，同时又是真诚的体验，正像成年人看戏时的情感一样，他们对戏中人物的不幸哭出了眼泪，但是又知道这些不幸根本不是实在的。然而相反的，丝毫不能怀疑我刚描写的原始人的那些信仰乃是完全真诚而严肃的；他们的行动说明了这一点。但肖像又是怎样“在物质上与精神上”和它的原型同一起来的呢？在我看来，这不是来源于对相似性的儿童似的信任，不是来源于智力的衰弱和混乱；我也不认为我们在这里见到的是万物有灵论的素朴的概括。这情形的发生，是因为传统的集体表象给肖像的知觉以及给原型的知觉带进去的是同一些神秘因素。

如果说原始人不像我们那样感知肖像，那是因为他们不像我们那样感知原型。我们在原型里面抓住的是一些客观的实在的特征，

① 祭神响板即用长绳拴起来的平木块，迅速旋转时发出低沉的嗡嗡声，在澳大利亚土人的一切巫术仪式中起显著作用。——俄编者注

按祭神响板亦译作“牛吼器”。——汉译者注

② K. von den Steinen, *Unter den Naturvölkern Zentralbrasiliens*, p. 386.

③ *Primitive Culture*, ii. p. 169 et seq.

我们也只是抓住这些特征:例如外貌、身材、体宽、眼睛的颜色、面部表情等等;我们发现在肖像中再现了这些特征,我们见到的仍然只是这些特征。对于知觉趋向不同的原始人来说,这些客观特征(如果他也像我们那样抓住了它们)绝不是详尽无遗的或者最本质的特征,它们多半只是秘密力量、神秘属性——为任何存在物特别是有生命的存在物所固有的属性的标记或媒介。因此,对于原始人来说,存在物的图像自然是我们叫作客观特征的那些特征与神秘属性的混合。图像与被画的、和它相像的、被它代理了的存在物一样,也是有生命的,也能赐福或降祸。这就是为什么我们见到,人所不知的存在物的图像,亦即能吓人的存在物的图像,常常引起一种异乎寻常的惊恐。恩聂平(L. Hennepin)神父叙述说:"我有一只放在三脚架上的狮子形的小壶,我们用它来在途中煮食物……野蛮人要是不用什么东西把手包起来,就不敢用手去碰它。他们使自己的妻子对这只壶产生了如此的恐惧,以致她们把它拴在树枝上。要不然,她们就不敢睡觉,甚至也不敢走进那放着这只壶的茅屋。我们想把它送给几位首领,但他们拒绝接受和使用它,因为他们相信好像壶里隐藏着一个能够把他们弄死的恶灵。"①大家知道,密西西比河谷的印第安人在那时候还没有见到过白种人,也没有见过狮子、壶。一个他们不知道的动物的形象在他们身上引起的神秘的恐惧,与这个动物本身(如果它出现了)所引起的一样。

因此,我们感到如此奇怪的那个同一在这里产生得完全合乎自然。它不是由于粗糙的心理错觉或者儿童似的表象混乱而产生

① L. Hennepin, *Nouveau Voyage de L'Amérique Septentrionale*, pp. 366-7.

的。当我们明白了原始人是怎样感知有生命的东西，我们会清楚地看到他们也完全是这样来感知它们的图像。当对原型的知觉不再是神秘的时候，则它们的图像也失去了神秘的属性。这些图像已经不再被认为是有生命的了，它们变成了我们认为的那种东西，亦即简单的物质再现。

其次，原始人把自己的名字看成是某种具体的、实在的和常常是神圣的东西。看看我们拥有的大量证据中的几条吧。

“印第安人把自己的名字不是看成简单的标签，而是看成自己这个人的单独的一部分，看成某种类似自己的眼睛或牙齿的东西。他相信，由于恶意地使用他的名字，他就一定会受苦，如同由于身上的什么部分受了伤一样会受苦。这个信仰在从大西洋到太平洋之间的各种各样部族那里都能见到。”[①]在西非沿岸，“存在着对人与其名字之间的实在的和肉体上的联系的信仰……使用人的名字，可以伤害这个人……帝王的真名始终保持秘密……看来是很奇怪的：只有生下时起的名字（而不是日常使用的名字）才被认为能够把个人的一部分转移到其他地方去……但是，问题在于土人们大概认为日常使用的名字似乎不是实在地属于人所有。”[②]

因此，在名字方面，采取一切预防措施是必要的。既不能说出自己的名字，[③]也不能说出别人的名字，尤其是不能说出死者的名字；甚至一些包含了死者名字的日常用语也常常废弃不用。涉及

① J. Mooney, “The Sacred Formulas of the Cherokees”, E. B. Rept., vii. p. 343.
② A. B. Ellis, *The Ewe-speaking Peoples*, pp. 98-9.
③ Rivers, *The Todas*, p. 627.

到谁的名字，就意味着涉及他本人或者涉及到起这个名字的存在物。这意味着谋害他，对他这个人施加暴力，强迫他现身，这可能成为一种巨大的危险。所以，不使用任何人的名字，是有重大理由的。“当散塔尔人(Santals)①在打猎时遇见了豹或虎，他们就喊说‘猫’，或者用这一类的什么名字来引起自己同伴对野兽的注意。”②在契洛基人那里也是这样，他们“谁也不说什么人是被响尾蛇咬了；谈起这个人时都说他是‘被刺花李刺破了’。当这些土人为仪式舞蹈之用而打死了一只鹰，他们宣称‘打死了一只雪鸟’。这样作是为了要瞒过响尾蛇和鹰的魂，因为它们能够听到人们说话。”③瓦拉孟加人(Warramunga)④在彼此交谈时，为了避免提到伏龙夸(Wollunqua)蛇的名字，而说它是乌尔库鲁纳包利马(Urkulu nappaurima)，“因为，据他们对我们说，如果他们过于常用蛇的真名来叫它，他们就会失去对它的控制力，它就会从地里爬出来，吃掉所有的人。”⑤

在进入自己一生的新时期时，例如在行成年礼时，个人获得一个新的名字，当他被接受参加一个秘密团体时，也获得一个新名字。城市也改变了自己的名称，以表明它开始了一个新的时代；例如江户变成了东京。⑥ 名字从来就不是无关紧要的东西；它永远

① 印度比哈尔邦的一个民族。——汉译者注

② Bodding,“On Taboo Customs amongst the Santals”, *Journal of the Asiatic Society of Bengal*, iii. p. 20(1898).

③ J. Mooney, *The Sacred Formulas of the Cherokees*, p. 352.

④ 澳大利亚一部族。——汉译者注

⑤ Spencer and Gillen, *The Northern Tribes of Central Australia*, p. 227.

⑥ Chamberlain, *Things Japanese*, p. 344 (1902).

要求着在它的所有者和它所由产生的来源之间具有整整一系列的关系。“名字意味着一种亲族关系，因而意味着一种庇护关系；恩惠和襄助取决于名字的来源，看这名字是不是来源于氏族或者在睡梦中道出了这名字的幻象。因而名字表明个人的亲族关系；它可说是把它的等级、它的社会地位固定下来。”[①]在英属哥伦比亚，“除诨名外，名字从来不是像在我们这里那样作为区别一个人和另一个人的简单称呼而使用的。在称呼名字的所有者时也不用这些名字。名字主要是亲族关系和出身的神秘性和历史性的表现。它们被保留下来，是为了用于专门的场合，用于仪式上。萨利斯族(Salish tribes)[②]的土著居民以及其他原始人在日常彼此谈话中是用一些可以表明长幼的词(如哥哥、妹妹等)来称呼的。”[③]在夸桂提尔(Kwakiutl)[④]部族中，“每个氏族拥有一定的有限量的名字，氏族中的每个成员一次只有一个名字。这些名字的拥有者组成了部族的贵族阶级。当氏族的成员从自己的岳父那里获得图腾，他也就获得了他的名字，而岳父则失去了这个名字，获得一个所谓‘老人名字’，这个名字已经不属于那些组成部族的贵族阶级的名字之列了。”[⑤]

最后，格罗特指出，中国人“有一种把名字与其拥有者等同起

① Dorsey, “Siouan Cults”, E. B. Rept., xi. p. 368.

② 英属哥伦比亚一部族。——汉译者注

③ Hill Tout, “Ethnology of the Statlumh of British Columbia”, J. A. I., xxxv. p. 152.

④ 加拿大西北一部族。——汉译者注

⑤ F. Boas, “The North-western Tribes of Canada”, *Reports of the British Association*, p. 675 (1898).

来的倾向，一种表现出与下述现象非常接近的倾向，即由许多事实确凿证明了的他们没有把图像或标记与它们使人想到的那些实体区别开来的能力。”①

我认为，这后一个类比似乎是完全正确的，和格罗特一样，我以为，同一个原因可以解释这两种倾向。但这原因绝不在于儿童似的表象联想。这原因是在于集体表象，集体表象是他们对存在物的知觉的组成部分，也是他们对作为这些存在物的表现的图像和名字的知觉的组成因素。图像的实在同样就是原型的实在，亦即这实在根本上是神秘的；名字的实在也是这样的一种实在。这两种情形彼此相似，只有一点除外：在前一种情形中是与可以看见的东西有关；在后一种情形中则是与可以听见的东西有关。在其他方面，过程都是相同的。名字的神秘属性与它们所标记的存在物的神秘属性是分不开的。在我们看来，人、动物、家庭、城市的名字只具有标签的纯粹表面的意义，这个标签可以让我们区别出这是什么人、这个动物属于哪一种、这是个什么家庭或城市，而不致发生任何混乱。在原始人看来，对于存在物或客体的这种我们认为只起着名字的唯一作用的标记，则是次要的、附属的东西：许多观察者都明确地指出，对原始人来说，名字的真正作用不在这方面。但是，它们又有一些为我们的名字所根本没有的极重要的作用：名字表现了、体现了个人与其图腾集团、与祖先（个人常常是祖先的化身）、与个人的图腾或者与那在睡梦中向他现身过的守护神、与保护着他参加的秘密团体的无形力量等等的亲族关系。为

① *The Religious System of China*, i. p. 212.

什么会是这样呢？显然，这是因为原始人的意识不是脱离开那些与他们的社会关系联系着的神秘属性来想象存在物和客体的。名字的属性是作为自然结果来源于存在物和客体本身的属性。名字是神秘的，正如同图像是神秘的一样，因为他们与我们对事物的知觉的趋向根本不同，为集体表象所指引的对事物的知觉乃是神秘的。

因而，也可以把我在关于物体的形状方面引述过的喀申的那些透彻的观察推广到名字方面来。名字制约着和限制着与它们互渗的存在物的秘密力量。由此也制约着和限制着名字所引起的情感或者恐惧和由这些恐惧所导致的预防措施。这样一来，问题不在于弄清简单的词是怎样跟那些在原始人的意识中决不能与这个词分开来的神秘因素"联想起来"的。提供给我们的恰恰是那个由名字表现出来的神秘性质的集体表象的总和。因此，真正的问题是在于弄清这些集体表象是怎样渐渐地削弱和分裂，它们是怎样具有了那些与名字的"联系"越来越少的"信仰"的形式，直到像我们在我们的社会中见到的那样，名字变成了只不过是区分的记号的时刻。

我们知道，原始人为自己的影子担心，也不亚于为自己的名字或者肖像担心。如果他失去了自己的影子，他就会认为自己这个人岌岌可危，难逃劫数。对他影子的任何侵害都意味着对他本人的侵害。如果他的影子陷入别人的控制中，他就应该对一切都害怕。世界各国的民俗提供了许多这类事实；我们只指出其中的几个。在斐济群岛的土著居民那里以及在大多数处于同一发展阶段的民族那里，踩了谁的影子，被认为是对谁的致命的欺侮。在西非，有时候是通过用刀子或钉子扎入人的影子的办法来实现“杀人”的；当场捕获的这种犯人立即处以死刑。报道了这个事实的金斯黎(Mary Kingsley)小姐还明白地指出，西非的黑人多么害怕自己的影子消失。她写道：“说来真使人觉得奇怪，只见人们在炎热的夏天的早晨那样愉快地穿过密林或者草地，但他们遇到空地或者村子的广场时，却是十分小心翼翼地绕着走，不径直穿过去，你很快就会发现，他们只是在中午，才这样走，这是因为害怕失去影子。有一次，我碰到一些特别注意保持这种谨慎的巴魁利人(Bakwiri)[①]，我问他们为什么当黄昏来临影子在周围的黑暗中消失时就不怕失去自己的影子呢？他们回答说，在黄昏时什么危险也没有，因为晚上所有的影子都要在‘大神’的影子里休息并采得新的力量。难道我在早晨没有看见，不管是人的、树木的甚至大山的影子是多么大多么长吗？”[②]

格罗特指出，在中国也有这种谨慎。“在棺材快要盖上盖的那一刻，大部分在场的人，如果他们不是至亲，都要稍稍退后几步；或者甚至退到耳房里去，因为如果一个人的影子被棺材盖盖住了，这对他的健康是十分有害的，对他的运气也有损。”[③]那么，影子是什么东西呢？它并不严格相等于我们叫作灵魂的那种东西；但它具有灵魂的性质，在灵魂是复数的地方，影子有时就是灵魂之一（据金斯黎小姐）。但是格罗特又说：“在中国的书籍中，我们找不到任

① 西非一部族。——汉译者注

② Mary Kingsley, *West African Studies*, p. 176.

③ J. J. M. de Groot, *The Religious System of China*, i. pp. 94, 210.

何肯定证实影子和灵魂等同的说法。”[①]可是另一方面，鬼又没有影子。所以格罗特得出结论说，“影子是个人的一部分，它对个人的命运有很大影响”，我们见到，这个结论也适用于个人的肖像或者名字。

因此，我把影子也归入同一种见解中。如果我们问自己：原始人是怎样达到把我们几乎无处不见的那些信仰与关于自己影子的表象联想起来的呢？那么，我们可以用一个在心理学上讲得通的巧妙的解释来回答这个问题，然而，这种回答是靠不住的，因为问题就不应当这样来提。这样提问题必须已经有一个先决条件，即在原始人那里，影子的观念与在我们这里相同，其余一切则是加在这观念上的东西。但根本不是这样。对影子的知觉，如同对身体、人的肖像或名字的知觉一样，乃是神秘的知觉；我们真正叫作影子的那种东西，即在光线照射下所投射的与存在物或客体的形状相像的形体的轮廓，只是其他许多因素中的一个。因而，问题不在于弄清这些那些表象是怎样表现出与影子的知觉并列起来或者联合起来的：这些表象是知觉本身的组成部分，这是可以从已有的观察中得到证实的。正因如此，我乐意于表示与格罗特所说的恰恰相反的见解。格罗特写道：“中国人至今还没有关于影子的物理原因的概念……应当想到他们在影子里看到的不是简单的光的否定，而是其他什么东西。”[②]我要说的正相反：中国人拥有与生命和可触实体的一切属性互渗的影子的神秘知觉，他们不能把影子想象成简单的“光的否定”。要在影子里看到纯物理的现象，必须具有

①② J. J. M. de Groot, *The Religious System of China*, ii. p. 83.

关于物理现象的概念，而我们知道，在原始人那里是没有这种概念的。在不发达社会中，没有什么东西是脱离开神秘性质和神秘属性来被感知的，难道影子就能成为例外？

最后，所有这一切理由也完全适用于另一类现象，适用于在原始人的生活中占有重要地位的梦。对他们来说，梦并不像我们所见的那样简单的是在睡眠中与一些或多或少连贯的表象并列着进行的心理活动的表现，对这些或多或少连贯的表象，做梦的人在醒来以后，由于缺乏为证实它们的客观实在性所必需的条件，是不会有丝毫相信的。绝不会不被原始人注意到的这后一个特征，在他们看来是丝毫不重要的。但是，对他们来说，梦同时又有一种对我们来说所没有的意义。他们首先把梦看成是一种实在的知觉，这知觉是如此确实可靠，竟与清醒时的知觉一样。但是，除此以外，在他们看来，梦又主要是未来的预见，是与精灵、灵魂、神的交往，是确定个人与其守护神的联系甚至是发现它的手段。他们完全相信他们在梦里见到的那一切的实在性。泰勒、弗雷泽和英国人类学派的代表者们归纳了最多种多样的原始民族的研究者们搜集的许多可以证实上述看法的事实。我也来指出其中的几个。在澳大利亚，“土人有时候梦见有人抓住了他的头发或者他的一点食物或者他的袋鼠皮围裙，一句话，抓住了属于他所有的什么东西；如果这种梦重复作了几次，他就毫不犹豫地信以为真，于是他把自己的朋友叫到一起，告诉他们：他如此经常梦见的‘那个人’大概手里掌握了属于他所有的什么东西……有时候土人们只是因为他们想起了梦中见到的东西，就知道他们身子里的脂肪（按指腰子外围的脂

肪，——汉译者）被掏走了。”①

在北美印第安人那里，自然的或者人为引起的梦，具有难以想象的巨大意义。“有时，这是有理性的神志在漫步；有时，这是能感觉的神志继续使身体有生命；有时，这又是守护神在对即将发生的事作解救的指示；有时，这又是梦见的那个东西的灵魂来拜访。然而，不论印第安人是怎样看待梦的，梦永远被视为神圣的东西，梦被认为是神为了把自己的意志通知人们而最常用的方法……梦常常被认为是精灵的命令。”②在列仁（Lejeune）的《新法兰西的故事》（*Relations de la Nouvelle France*）（1661-1662 年）上说梦是“野蛮人的神”；一个现代的观察者写道：“梦之于野蛮人，如同圣经之于我们一样，梦乃是神启的源泉，只有一点本质区别，就是他们可以借助梦在任何时刻获得这种启示。”③因而，印第安人会认为有必要立刻完成那在梦中命令他或者只不过指示他去作的一切。孟尼（J. Mooney）说：“在契洛基人那里存在着这样一种风俗：人梦见自己被蛇咬了，就应当受到真正被蛇咬时所施行的那种治疗（因为梦见被蛇咬，实际上就是‘蛇妖’咬了他），要不然，他的身上会起一种普通咬伤后所出现的浮肿和溃疡，即使这只是在几年以后才有的事。”④在上述列仁的著作中我们读到：“一个战士梦见他在战斗中被俘，为了预防那噩梦向他预示的命运，他采取了下述行动：醒

① Howitt, “On Australian Medicine-men”, J. A. I., xvi. I, pp. 29-30.

② Charlevoix, *Journal d'un Voyage dans L'Amérique Septentrionale*, iii. pp. 353-5.

③ A. Gatschet, *The Klamath Language*, p. 77 (Contributions to North American Ethnology, ii. I).

④ “Myths of the Cherokee”, E. B. Rept., xix. p. 295.

来后，他把自己的朋友叫到一起，央求他们帮助他消灾除难。他恳求他们作他的真正的朋友，像对待敌人一样来对待他。朋友们向他猛扑过去，扒去他的衣服，把他捆绑起来，吆喝着连打带骂地拖着他游街，甚至在结束时强使他走上断头台……这个战士向他们道谢，他相信这次想象的被俘会拯救他免于真正的被俘……另一个战士梦见自己的茅屋着火了，直到他真的看见它着火了，他才安下心来。还有一个战士认为要预防自己梦的恶果，仅仅烧掉自己的画像是不够的，他要求把他的脚放进火里，像对俘虏进行最后刑讯时那样……以后他不得不花整整六个月的时间来治疗烧伤。”①

沙捞越的马来人如果在梦中知道了自己与某种动物有亲族关系，他们就对这种关系深信不疑。“王某的高祖父变成了鳄鱼的同胞兄弟……王某好几次梦见这只鳄鱼。例如，有一次他梦见他好像掉进了有许多鳄鱼的水中。他费力地爬到其中一只鳄鱼的头上，那只鳄鱼对他说：‘不要怕’，接着就把他送到岸上。王某的父亲有一些护身符，据说是一只鳄鱼送给他的，他不管在什么情况下都不赞成杀死鳄鱼。王某本人显然把自己看成是一般鳄鱼的近亲。”②

简单说来，可以引用斯宾塞和纪林的一个特别成功的公式作为结束：“野蛮人在梦中体验的东西，对他说来，如同他在清醒时见到的东西一样是实在的。”③

---

① *Années*, pp. 46-8 (1661-2).

② Hose and Macdougall, “Relations between Men and Animals in Sarawak”, J. A. I., xxi. p. 191.

③ Spencer and Gillen, *The Northern Tribes of Central Australia*, p. 451.

为了解释这些事实，我们要不要依靠那个把它们看成是原始人所固有的心理错觉的结果的通行理论呢？这种理论说，原始人不能区别实在的知觉与纯想象的尽管也很强烈的知觉。在一切具有逼真的表象的场合中，原始人都相信这些表象的客观性。例如，死人幽灵的出现，迫使他们相信他是实际在场。当原始人梦见自己在行动着、旅行着、与处在远方或者已故的人们交谈着，他是相信做梦时灵魂真的离开了身体，去到他在梦中看见自己所在的那个地方。波威尔少校说："客观的东西和主观的东西的混淆，乃是不文明人思想中的极大的混乱。"

我不来对这里提出的这条心理学定律是否大体上正确进行讨论，但我要指出，这条定律对于原始人怎样想象自己的梦以及他们给这些梦赋予的用途，不能作出令人满意的解释。首先，他们对于在梦中获得的知觉和在清醒时获得的知觉区别得很清楚，不管这些知觉一般上多么相似。原始人甚至能区别梦的一些个别的范畴，给它们附加上各种意义。"奥基伯威人（Ojibbeways）[①]把梦分成几类，每一类起个专有的名字。杰出的巴拉加主教（Bishop Baraga）在他的奥基伯威人的语言词典中把印第安人对于坏梦、污秽的梦、噩梦以及好梦或者幸福的梦的名称作了分类。"[②]希达查人（Hidatsa）[③]非常相信梦，但通常他们都认为那些在祈祷、祭祀或

① 北美印第安人阿尔工金语系中人数最多的一个民族。——汉译者注

② Kohl, *Kitchi Gama*: *Wanderings round Lake Superior*, p. 236.

③ 北美印第安人部族。——汉译者注

者斋戒以后做的梦才是神启的梦。[①] 因此，原始人是完全自觉地、完全慎重地给予一个知觉范畴和另一个知觉范畴以同样的信任。且不说这种情况通常是怎样发生的——原始人相信他们在梦中感知的东西，尽管这只是梦；我要说他们之所以相信梦，正因为这是梦。“错觉说”[②]是不能令人满意的。为什么原始人深知梦就是梦，但又相信它呢？这是不能用个体的心理机制的简单游戏来解释的。在这里，也完全有必要考虑到集体表象，是它们把原始人的知觉和梦变成了一种与在我们这里根本不同的东西。

我们的知觉趋向于抓住客观的实在，并且只是这种实在。它摈除一切可能具有纯主观意义的东西，因而，它是与梦完全对立的。我们不理解我们在梦中见到的那种东西怎样能够与我们在清醒时见到的东西处于同等地位：当这种情况发生了，我们就被迫推测说这是极强烈的心理错觉的结果。然而，在原始人那里并不存在这种强烈的对比。他们的知觉具有不同的趋向，我们叫作客观的实在的那种东西，是与我们确定为主观因素的那些捉摸不到的神秘因素联合在和掺和在（常常也是从属在）他们的知觉中。一言以蔽之，这种知觉在这个意义上说是与梦同源的。或者，如果乐意这样说，原始人的梦乃是如同任何其他知觉一样的知觉。这是一种包含着同一些因素，激起同一些情感、甚至同样能推向行动的复合。因此，做了梦并由于相信这个梦而冒着生命危险的印第安人，根本就没有忽略这个梦和与之相似的清醒时的知觉之间的差别。

① Dorsey, “Siouan Cults”, E. B. Rept., xi. p. 516.

② 根据这种学说，原始人把错觉看成实在。社会学派的代表者们把万物有灵论学说叫作“错觉说”。——俄编者注

但是，由于清醒时获得的知觉与梦对他来说都是同样神秘的，所以这个差别对他意义很小。在我们看来，知觉的客观实在性乃是衡量它的实效的尺度；但在印第安人的眼里，这一点只起次要作用，或者不如说，他对这一点是不感兴趣的。

对我们来说是知觉的东西，对他来说则首先是和主要是与神灵、与灵魂的交往，与那些从各方面包围着他、决定着他的命运和在他的意识中占着比他的表象的经常可见和可触的因素大得多的地位的不可见和不可触的神秘力量的交往。因此，在这种场合下，在原始人那里是没有任何根据来把梦降低到一种不应当相信的主观和可疑的表象的地位。对他来说，梦根本不是低级而错误的知觉形式。相反的，这是一种高级的最佳的形式，在这种形式中，物质的和可触的因素的作用乃是最小限度的作用，而与看不见的神灵和力量的交往则是最直接最充分地实现着。

这一点可以解释为什么原始人信赖自己的梦，他相信自己的梦，至少不亚于相信自己寻常的知觉。这一点也可以解释为什么他们要谋求那些可以使人作神启的梦的手段，如在北美印第安人那里就出现了目的在于保证梦的真实性和有效性的一整套办法。例如一个年轻人在行成年礼前企图在梦中见到那个将作为他的守护神、他的个人的图腾的动物，就应当通过遵守整整一系列规定的办法来为这个目的进行准备。“首先，他要通过伊蒙匹（impi）（或曰蒸汽浴），斋戒三日。在这个时期他要避妇女，避开一切人而独处，他要用一切办法努力把自己的身子洁净到规定的程度，以便获得他所祈求的神启。”……然后，他要使自己受各种各样的折磨，

“直到神赐给他幻象或启示为止。”[①]

这一点还可以解释为什么他们对圆梦师、先知者、预言家、有时甚至对疯人怀着尊敬和虔诚。这些人拥有一种能与看不见的实在打交道的特殊力量，亦即拥有一种特殊的知觉。这一切众所周知的事实，自然都来源于那些在原始人中间占统治地位的并同时赋予“野蛮人”所处的现实以及他们对这个现实的知觉以神秘性质的集体表象的趋向。

III

原始人的知觉和我们的知觉之间的其他差别，也是来源于这种神秘性质。对我们来说，被感知的现象或存在物在同样的条件下被一切人同样地感知着，这一情况乃是了解知觉的客观有效性的基本标志。例如，假如有几个人在场，其中只有一个人重复听到什么声音或者看见什么东西，那我们就说这个人产生了错觉或者说他有幻觉。莱布尼茨(Leibniz)、泰尼(Taine)和其他许多人着重指出了感知着的主体之间的一致，是区别“实在的现象和想象的现象”的手段。在这一点上通行的见解完全符合哲学家们的观点。但是，在原始人那里，我们见到的却是一种根本相反的情形，在他们那里常常发生这样的事：某些存在物和事物只能为某些人发现，其他在场的一切人都不能发现。这不会使他们任何人感到惊讶，大家都认为这是完全自然的。例如豪维特(A. W. Howit)写道：

① Dorsey, “Siouan Cults”, E. B. Rept., xi. pp. 436-7.

“不用说，除了 Wirarap(巫医)，所有的人都看不见 Ngarang。”[1]一个年轻的巫医徒弟在叙述自己的成年礼时说：“受过这些考验以后，我看见了我母亲不能看见的东西……‘妈妈，那是什么东西？喏，像一个人在走呀！’——她回答我：‘那里什么也没有，我的孩子。’这是我第一次看到的 Jir(鬼)。”[2]斯宾塞和纪林观察过的澳大利亚土著居民，认为太阳在晚上是到它早晨升起来的那个地方去了。“巫医们能够在晚上巧妙地看见太阳在这个地方，普通人看不见它在那里，这个事实只说明普通人没有掌握必需的能力，根本不是太阳不在那个地方。”[3]在这些澳大利亚土著居民那里，如同在其他许多处于同一发展阶段的民族那里一样，巫医从自己病人的身体里取出一个只有施手术的人才能看见的小东西。“在长久的秘密的搜寻以后，他找到并割断了一根除他以外谁也看不见的绳子。但是，在场的人当中没有一个人对这事实的实在性有丝毫怀疑。”[4]在进行澳大利亚土著居民叫作“骨刺杀”的那种巫术行动时，要完成整整一系列谁也看不见的手续：“牺牲品的血以看不见的方式流向巫医，再从巫医那里流进盛血的容器；同时，骨或者巫石则循相反的方向无形地从巫师身上进到牺牲的体内，让牺牲得绝症。”[5]

在东部西伯利亚也存在着这样一些信仰。“在伊尔库茨克州

① Howitt, “On Some Australian Medicine-men”, J. A. I., xvi. i. p. 42.

② Howitt, “On some Australian Medicine-men”, J. A. I., vi. i. p. 50.

③ *The Native Tribes of Central Australia*, pp. 561-2.

④ *The Native Tribes of Central Australia*, p. 532.

⑤ W. E. Roth, *Ethnological Studies among the N. W. Central Queensland Aborigines*, N° 264.

阿辽尔斯克区……布里亚特人（Буряты）在孩子得了险症时……相信这个孩子的头顶是被一种貌似田鼠或者猫的小野兽（анокхой）咬了，……除了萨满，谁也不能看见这个小野兽。”[①]

在北美，在奥里根州的克拉马特人（Klamaths）那里，被叫去看病人的Kiuks（巫医）必须和某些动物的神商量。“只有那些完成了五年巫医术训练学程的人才能看见这些神，而且是这样清楚地看见它们，就像我们看见自己周围的东西一样清楚。”[②]“除了知道巫术秘密的人，谁也看不见那些矮子。”[③]塔拉胡马尔人（Tarahumares）[④]相信“河里生活着一些大蛇。这些蛇有犄角和巨大的眼睛。只有巫师能够看见它们。”[⑤]“大‘希库里’（一种人格化了的神圣植物）跟巫师一起吃东西，巫师本人能够看见他和自己的同伴在一起。”[⑥]在回乔尔人的一种仪式中，雌鹿的头和雄鹿的头并排放着，因为它们也是有犄角的，“尽管只有巫师才能看见这些犄角。”[⑦]

如果原始人的知觉的趋向的确与我们的不同，如果它不像我们的知觉那样首先关心我们叫作客观的东西的那些存在物和现象的特征，那么，这一切事实都是可以意料到的。对他们来说，这些存在物和客体的神秘力量、神秘性质才是它们的最重要属性。然

① V. Mikhailovski, *Shamanism in Siberia and European Russia*, analysed in J. A. I., xxiv. p. 99; cf. p. 133.

② A. Gatschet, *The Klamath Language*, p. xcviii.

③ *The Klamath Language*, p. xcix.

④ 墨西哥一部族。——汉译者注

⑤ C. Lumholtz, *Unknown Mexico*, i. p. 340.

⑥ *Unknown Mexico*, p. 372.

⑦ Id., *Symbolism of the Huichol Indians*, p. 68.

而，这些能力之一又恰恰是在于，它们能够根据环境而变成看得见的或者看不见的。或者说，这个力量是存在于那种行过必要的成年礼或拥有与高级存在物“互渗”的能力一类的感知着的主体中。简而言之，可以在某些存在物和某些人之间确定神秘的关系，因而这些人就享有感知这些存在物的特权。这是一些与梦完全相似的情形。原始人不仅不认为他所达到的神秘知觉是可疑的，而且还在这种知觉里面（如同在梦里一样）看见了与神灵和看不见的力量交往的更完美的因而也是更重要的形式。

IV

相反的，如果集体表象要求客体中有某些属性，那么，任何东西也不能使原始人相信它里面没有这些属性。对我们来说，我们感知不到客体中有那些属性，这个事实是确定无疑的；但对原始人来说，这个事实根本不证明客体中没有这些或那些属性，因为在他看来，这些属性本性上是能够躲开人的知觉或者只是在某些条件下才显露出来的。因而，我们叫作经验的东西和在我们看来对于承认或不承认什么东西是实在的这一点上有决定意义的那种东西，对于集体表象则是无效的。原始人不需要这种经验来确证存在物和客体的神秘属性：由于同一个原因，他们对待经验的反证也是完全不加考虑的。问题在于，受着物理实在性中作为稳固的、可触的、可见的、可把握住的东西的那一切所限制的经验，恰恰漏掉了对原始人最重要的东西，即神秘的力量。因此，还没有过这样的先例：如果什么巫术仪式进行得不顺利，会使那些相信它的人失去信心。李文斯通（D. Livingstone）报道过一次他与祈雨法师们长

时间的争论，他用下面的话来结束自己的报道："我没有一次成功地说服他们当中哪怕一个人相信他们论据的错误。他们对自己的'咒语'的信赖是无止境的。"[①]在尼科巴群岛，"所有村庄的土人们都举行了所谓'tanangla'(意即扶助或预防)的仪式。这个仪式的使命是要预防那和西北季风一起出现的疾病。可怜的尼科巴人！他们年复一年的这样做，仍然没有一点儿效验。"[②]

经验特别无力反抗对于能使人刀枪不入的那些"灵物"的神秘属性的信仰：永远能够在有利于这个信仰的意义上来解释任何事件。例如："一个阿散蒂人(Ashanti)[③]弄到了这种灵物，他急于试验它，于是让一粒子弹往自己手臂上射，子弹打断了他的骨头。巫师把这种情况解释得大家都满意，他声称受到亵渎的灵物刚刚向他说明了出事的原因。这个年轻人在禁日跟自己的妻子性交了。伤者承认这是实话，于是阿散蒂人们更加坚定自己的信仰了。"[④]杜·查鲁(P. B. Du Chaillu)写道："一个土人脖子上挂着铁项圈时，就认为自己是枪打不透的。如果护符没有表现出应有的功效，这也丝毫不能动摇他对它的信仰。这个土人会想到是某个居心叵测的妙手巫师做了什么强有力的'反符'，拿他作了这个'反符'的牺牲。"[⑤]他在另一处叙述道："我觐见皇帝回来，向一只蹲在树上的鸟开枪，没有射中。我不久前服了奎宁，手发抖。但是，站在周围的黑人们立即喊叫说这是一只我不能打死的神鸟。我又射了一

① *Missionary Travels*, pp. 24-5 (1857).

② Solomon, "Diaries Kept in Cap Nicobar", J. A. I., xxxii. p. 213.

③ 西非黄金海岸(即今之加纳)一部族。——汉译者注

④ Bowditch, *Mission to Ashanti*, p. 439.

⑤ *Exploration and Adventures in Equatorial Africa*, p. 338.

枪，还是没有中。在场的人们洋洋得意了。可是我……再一次退出弹药，用心瞄准，打死了鸟。瞬时的慌乱以后，黑人们解释说，我是白种人，灵物的戒律对我不完全有效；这样一来，我的最后一枪对他们来说是不算数的。"[①]在罗安哥也有这样的情形。柏惠尔-勒舍(E. Pechuël-Loesche)博士说："他们赠送给我一条用象尾毛织的漂亮领带，上面装饰着……海鱼和鳄鱼的牙齿，这些牙齿必定能保护我免于任何水险……常常有这样的情形，走过浅沙滩时，我好几次掉进水中，有一次我更是费了很大的劲才到达岸上。土人们慎重其事地断言说，我只是靠了鳄鱼的牙齿才得救的，因为我的游泳技术是不足以从强大的海浪中挣扎出来的。可是那时我身上没有这条灵验的领带呀。但土人们仍然相信它的效验。"[②]最后决定永远归灵物和巫医来作。

因而，原始人是生活在和行动在这样一些存在物和客体中间，它们除了具有我们也承认的那些属性外，还拥有神秘的能力。他感知它们的客观实在时还在这种实在中掺和着另外的什么实在。原始人感到自己是被无穷尽的、几乎永远看不见而且永远可怕的无形存在物包围着：这常常是一些死者的灵魂，是具有或多或少一定的个性的种种神灵。事情正是这样来解释的，至少大多数观察者和人类学家是这样解释的，他们使用万物有灵论的术语来解释事实。弗雷泽在《金枝》里搜集了大量证据，从这些证据中自然会得出关于上述事实在原始民族中间普遍存在的结论。[③] 要不要引

① *Exploration and Adventures in Equatorial Africa*, p. 179.

② *Die Loango-Expedition*, iii. 2, p. 352.

③ *The Golden Bough* (2nd edit.), iii. p. 41. et seq.

述其中的几个？“奥拉盎人(Oráon)①的想象战战兢兢地徘徊在鬼的世界中……没有哪座山岩、哪条道路、哪条河、哪座树林没有鬼。”……有时候那些地方也有“恶灵”。② 与散塔尔人、孟达人(Mundas)③和却塔-那格浦尔的奥拉盎人一样，“卡达尔人(Kadars)④认为自己是被许多看不见的力量包围着。其中一些力量是已故的祖先的精灵，另一些似乎只是山、河和孤寂的树林用来充满野蛮人的想象的那种不确定的神秘而可怕的感觉……它们的名字是无数的，它们的属性很难知道。”⑤在朝鲜，“鬼神布满了整个天空和每寸土地，它们在道路边、树林中、岩石上、山里、山谷里、河溪里窥伺着人。它们日夜不倦地跟踪着人……它们总是围绕着他，在他的身前身后乱舞，在他的头顶上飞，从地底下向他喊叫。甚至在自己家里，人也找不到逃避鬼神的避难所：它们在家里也是到处都有，它们隐藏在墙上的泥灰里，吊在屋梁上，粘在隔板上……它们的无处不在乃是对上帝的无处不在的变态的拙劣模仿。”⑥在中国，按照古代的学说，“宇宙到处充满了无数的‘神’和‘鬼’……每一个存在物和每一个客体都因为或者具有‘神’的精神，或者具有‘鬼’的精神，或者同时具有二者而使自己有灵性。”⑦在西非的芳人(Fang)那里，“到处都有神灵：在山岩里、树林里、河里。实际上

①③④ 属印度孟加拉邦境内的民族。——汉译者注

② Risley, *Tribes and Castes of Bengal*, ii. pp. 143-5.

⑤ Risley, *Tribes and Castes of Bengal*, i. p. 369.

⑥ G. H. Jones, “The Spirit Worship in Korea”, *Transaction of the Korea Branch of the Royal Asiatic Society*, ii. i. p. 58.

⑦ J. J. M. de Groot, *The Religious System of China*, iv. p. 51.

对于芳人来说，生活就是与肉体的和精神的神灵不断的斗争。"①金斯黎小姐也写道："非洲黑人在自己日常生活的一切行为中，表明了他是生活在一个宏大的、有威力的神灵世界中……在出发去打猎或者打仗以前，他用一种巫术的东西来擦自己的武器，以便使那些被关在武器里的神灵更强壮。同时，他跟它们谈话，他提醒它们，他是多么关心它们，他列举他给它们送的礼物，指出这些礼物的价值，他祈求它们不要在危险的时刻扔下他。还可以看见他俯身在水面上，对着河神念专门的咒语；他请求河神弄翻他的敌人的独木舟，或者把他淹死；他请河神把自己的诅咒顺流而下带到那个惹他生气的村庄去。"②

金斯黎小姐着重指出了非洲土人关于一切事物的表象的性质的相同性。"非洲人的意识天生就是以神灵的观点来看待一切事物的……，一切事物都是由于一个神对另一个神发生作用的结果才发生的。"③当医生用什么药，这就是"药神对病神发生作用"。离开神秘的作用，真正物理的作用是不能想象的。或者更正确地说，真正物理的作用是没有的；对原始人来说，只存在着神秘的作用。因此，要使原始人来对这些作用进行区分，几乎是不可能的，特别是涉及借助巫术来判决杀人罪一类的事情。这里有一个很有代表性的事例。纳骚（R. H. Nassau）说："我向我的土人交谈者解释，如果被告人借灵物崇拜仪式做出了什么致人于死的事，那我同意应当把他处死；但如果他只是运用了灵物，即使有谋杀意图，

① Bennett, "Ethnographical Notes on the Fang", J. A. I., xxix. p. 87.

② *West African Studies*, p. 110.

③ *West African Studies*, p. 330.

那他在这次暴死事件中是没有罪的，因为简单的灵物不能杀人。又如果被告人下了毒药，不论他用了灵物还是没有用灵物，他都有罪。”

纳骚继续说：“不管怎样，灵物和毒药之间的区别，在许多土人的意识中仍然是很不明确的。我叫作‘毒’的那种东西，对他们来说，只是灵物的力量的另一种物质形式；和灵物一样，毒药也只是由于里面有灵才起作用的。”①这意味着，对他们来说，简单的灵物也像毒药那样杀人，甚至比毒药还要灵验；因为毒药杀人只是由于它的神秘力量，而在某些条件下它是可能丧失这种力量的。关于那种对欧洲人的意识来说是如此清楚的毒的物理属性的概念，对非洲人的意识来说则是不存在的。

因此，我们有确实的根据来肯定，这种思维与我们的思维的不同，比起万物有灵论的拥护者们的术语所能让人想到的要大得多。当他们向我们描写那个在原始人看来栖满了鬼、神灵和幻象的宇宙时，我们立刻会想到，这类信仰在文明国家里也不是彻底绝迹的。且不用说招魂术，只要回想一下关于那些充满我们民间创作的无数鬼的故事，就会诱使我们认为在我们的和原始人的思维之间只存在着量的差别。我们社会里的这些信仰无疑可以看成是这样一种残余，它说明了曾经更为普遍地存在过一种比较古老的智力状态。可是要提防，不要把我们社会中残存的这些信仰看成原始人的思维的虽已削弱但仍准确的反映。对我们社会的即使是文化最低的成员说来，鬼神的故事乃是属于超自然领域中的东西：在

① *Fetichism in West Africa*, p. 263.

以这些鬼、魔力作用为一方和以由于普通知觉和日常经验的结果而认识的事实为另一方之间，存在着明确的分界线。相反的，对于原始人来说，这条线是不存在的。对原始人来说，一种知觉和作用的形式与另一种形式同样是自然的，或者更正确地说，对他来说是不存在两种不同的知觉和作用的形式。我们社会的迷信的人，常常还有信教的人，都相信两个实在体系、两个实体世界：一个是可见、可触、服从于一些必然的运动定律的实在体系；另一个是不可见、不可触的、“精神的”实在体系。这后一个体系以一种神秘的氛围包围着前一个体系。然而，原始人的思维看不见这样两个彼此关联的、或多或少互相渗透的不同的世界。对它来说，只存在一个世界。如同任何作用一样，任何实在都是神秘的，因而任何知觉也是神秘的。

第二章

互渗律

I

如果说原始人的集体表象以其本质上神秘的性质有别于我们的表象；如果说，像我试图指明的那样，他们的思维的趋向与我们的不同；那么，我们就应当假定，他们的表象之间的关联，也不是像在我们这里那样实现的。应不应当得出结论说这些表象服从于一种与我们不同的逻辑体系呢？这样说未免跑得太远了，因为这样的假设不大可能用事实来肯定。任何东西也不能证明集体表象的关联应当只决定于具有逻辑性质的定律。此外，这个与我们不同的逻辑的概念本身，对我们来说只是一种纯粹否定的和空洞的概念。但实际上，我们至少是能够竭力弄清表象是怎样在原始人的思维中关联起来的。我们懂得他们的语言，和他们打过交道，我们能够成功地解释他们的制度和信仰：这一切说明了他们的思维和我们的思维是能够交往的，彼此之间是有可行的沟通方法的。

虽有这一切补充说明，但是我们的思维和原始人的思维毕竟是彼此不同的。比较研究越深入，文献资料使这种研究推进得越远，这种差别就变得越明显。匆匆忙忙逛一逛不文明社会的研究者是没有时间来研究这个问题的；他甚至差不多从来就没有想到过这种问题。他从一个社会转到另一个社会，只是确认那些在似乎最不同的条件下发现的人类本性的某些特征的令人惊奇的稳定，他只好对那些起源和意义规避着他的思维和行动的方式表示自己的惊异。他提供给读者的是对于这些连续的印象怎样才能彼此协调的阐明，或者，他满足于传统心理学和逻辑学所作的一般"解释"，如果他对它们还有一知半解的话。

但是，当我们倾听那些与原始人一起生活得比较久，特别是试图深入他们的思维和感觉方式的观察家们的话，我们会听到完全不同的说法。不管谈的是北美印第安人（喀申、波威尔少校），是法属刚果的黑人（金斯黎小姐），是新西兰岛的毛利人（Maori）（艾尔斯顿·柏斯特〔E. Best〕），或者是其他什么"原始"民族，我们总是听到："文明人"永远不能指望看出原始人思维的趋向，也不能发现这种思维的过程。例如，艾尔斯顿·柏斯特说："毛利人的思维具有浓厚的神秘性质……我们听到过关于毛利人的信仰和毛利人的思维的许多奇谈怪论，但实际上，我们是既不理解他们的信仰，也不理解他们的思维，更糟的是，我们永远不会理解它们。我们永远不能知道土人思维的内在本质，因为要做到这一点，我们必须倒退许多世纪……倒退到那个在我们这里曾有过原始人意识的时代。通向这条神秘之路的大门早就关上了。"[①]

喀申实现了一种对朱尼人的智力"归化"[②]。他不满足于许多年居留在他们中间并过着他们那样的生活，求得了他们的宗教领

① Elsdom Best，"Maori Medical Lore"，*Journal of the Polynesian Society*，xiii. p. 219(1904).

② 即适应了他们的思维方式并掌握了他们的世界观。——俄编者注

袖把他收养为义子，还被接纳参加了他们的秘密团体；在朱尼人的神圣仪式中，他像他们的祭司一样，也充当一个角色，他努力扮演了这个角色。然而正是喀申发表的不多的一些著作，使我们感觉到了一种为我们的意识所永远不能准确适应的智力活动的形式。我们的思维习惯与朱尼人的距离太远。我们的语言（离开它，我们不能想象任何东西，也不能进行推理）所利用的范畴与他们的范畴不相符合。最后，特别重要的是，在朱尼人那里，以集体表象（在某种程度上说也包括语言）为其机能的周围社会现实，与我们所生活的那种社会环境也是大不相同的。

所以说，低等民族的思维虽然不是无法探知的（尽管它所服从的逻辑与我们的不同），但是，它对我们来说也不是完全能够理解的。我们可以这样来推测：这种思维不大服从于**我们的**逻辑定律，也不可能服从于完全逻辑的定律。对一些最有代表性的事实的分析或许能够阐明这一点。

观察者们常常搜集一些他们觉得奇怪和不能解释的议论，或者更确切地说一些表象的关联。我引述其中的几个。“在朗丹①，有一次旱灾被归咎于传教士们在祈祷仪式中戴上了一种特别的帽子：土人们说这妨碍了下雨，他们大声喊叫，要求传教士们离开他们的国家……传教士们指给土人的首领们看自己的种植园，要他们注意他们自己的庄稼也因为缺水快要枯死了，可以认为传教士们愿意毁了自己的收成吗？然而，没有什么能够说服土人们，直到

① 在下刚果。——汉译者注

下大雨以前，他们的骚动一直没有平息下来。”[①]柏惠尔-勒舍报道了一个完全相似的事实，其中同时发生了整整一系列类似的事件，这些事件能够让我们作出总结。“天主教传教士们登陆后，那里缺雨，庄稼开始受旱。居民们硬要把旱灾归咎于传教士，特别是他们的长袍，土人们从来没有看见过这种衣服。新近那里又有一匹白马卸到岸上，使一切交易一时陷于停顿，并引起了许多麻烦的交涉。一个承包商人用一根外来树作的笔直的桅杆替换了用当地树木作的一根升着旗帜的弯曲木杆，因而引起了许多麻烦。发亮的胶皮雨衣、奇怪的帽子、安乐摇椅、什么没有见过的工具，都能引起土人们忧虑重重的猜疑。所有的岸边居民在看到有新缆索的帆船或者烟囱比别的船上多的轮船时都可能惶惶不安。如果出了什么祸事，他们则是在不平常的现象中见到它的原因。”[②]

艾德费尔特(E. D. Edelfelt)说，在新几内亚，“当我和妻子居住在摩图摩图人(Motumotu)那里时，一种胸膜炎流行病在整个沿岸地带猖獗……他们自然要归罪于我们，归罪于我和妻子，说是我们把瘟神一起带来了，他们大声叫喊着要求把我们和同我们一起的玻里尼西亚学校的教师处死刑……应当指出流行病的直接原因。起初，他们责怪我从前的一只不幸的牡绵羊，为了使土人们安心，只得把它杀了；但是流行病仍然猖獗如故。土人们抓住我的两只山羊，但山羊终于被救出来了。最后，土人们的诅咒和指控又针对我们餐厅墙上挂着的维多利亚女皇的大幅肖像。在流行病发生

① Philips, “The Lower Congo”, J. A. I., xvii. p. 220.

② *Die Loango-Expedition*, iii. 2, p. 83.

前，土人们常到这里来，有时甚至是从老远的地方来看这幅肖像，而且几小时几小时地看着它……现在，我们女皇陛下的这个并无恶意的肖像竟变成了毁灭性的流行病的原因了……土人们要求我把这幅肖像取走，但我没有同意。”[①]

在塔纳岛(新赫布里底群岛)[②]，“几乎不能说在土人们那儿有任何真正的所谓表象的联想。假如，一个人在路上走着，看见一条蛇从树上掉到他面前，即使他明天或者在下星期才知道他的儿子在昆士兰[③]死了，他也一定会把这两件事联系起来。有一天晚上，一只乌龟爬到地面上来，在沙里下了一些蛋。正在这时候它被捉住了。在土人们的记忆中还从来没有过这样的事。他们立即作出结论说，基督教是乌龟在岸上下蛋的原因。因此，他们认为必须把乌龟献给那个把新的宗教带到这里来的传教士。”[④]

在北美，表象也是这样关联起来的。“有一天傍晚，当我们谈到国内的动物时，我想向土人们说明，在我们法国有野兔和家兔，我对着灯光用我手指的投影在墙上表演了这些动物的形状。由于纯粹的偶然，土人们第二天捕到的鱼比平时要多；他们断定，正是我给他们表演的那些影子形状是捕鱼丰收的原因。土人们请求我每晚上费点事来表演这个并教会他们作这个。我拒绝了，我不能奉陪他们去搞这种愚蠢的迷信。”[⑤]

① “Custom and Superstitions of New Guinea Natives”, *Proceedings of Royal Geographical Society of Australasia*, *Queensland Branch*, vii. p. 1 (1891-2).

② 太平洋中由火山质形成的群岛。——汉译者注

③ 在澳大利亚。——汉译者注

④ Gray, “Notes on the Natives of Tanna”, J. A. I., xxviii. p. 131.

⑤ Father Sagard, *Le Grand Voyage au Pay des Hurons*, pp. 256-7 (1632).

最后，在新几内亚，"一个土人去打猎或者捕鱼空着手回来了，他绞尽脑汁想用什么方法才能发现那个给他的武器或者鱼网施了妖术的人。如果他抬起眼睛，正好看见从邻近友好的村子来的一个土人去拜访什么人，他一定会想到这个人就是那个巫师。于是他会等待机会，突然袭击他，把他杀死。"①

对这些事实的通行解释如下：我们在这里见到的是原始人对因果律的不正确的应用，他们把原因和前件混淆起来了。这应当是一个以 Post hoc，ergo propter hoc（在这个之后，所以因为这个）的谬误而得名的极普遍的逻辑谬误。据他们说，原始人极少想到这可能是谬误。他们意识中表象的连贯性，就是这些表象彼此连结起来的足够保证：更正确地说，他们没有想到连结还需要什么保证。往往正是观察者们自己暗示了这种解释。柏惠尔-勒舍博士说："对土人来说，没有任何偶然的事情。那些在时间上接近的事件，即使是在彼此很远的地点发生，也很容易被他们认为是由因果关系联结起来的。"②

诚然，对原始人来说是没有任何偶然的东西（底下我们将看到这一点的原因）。但是，说到其他的东西，则这个解释即使不是绝对不正确，至少也是不充分的。毫无疑问，原始人也像文明人那样，或许比文明人更多地倾向于犯这种 Post hoc，ergo propter hoc 的错误。然而，实际上，在我列举过的可以作为数量极大的一类事实的简单例证中，却包含着某种更多的和某种不同的东西；这

① Guise，"Wangela River，New Guinea"，J. A. I.，xxviii. p. 212.

② *Die Loango-Expedition*，iii. 2. p. 333.

不只是因果性原则的素朴的和不正确的应用。这不只是那种把事件彼此联系起来的直接的时间上的先行。被感知或者被发现的事件连续性可以引起它们的关联，但是关联本身与这个连续性丝毫也不混淆。关联是包含在原始人所想象的和他一旦想象到了就相信的前件和后件的神秘联系中：前件拥有引起后件的出现和使之显而易见的能力。这样的结论是从柏惠尔-勒舍博士报道的那些事实中得出来的，只要我们是按照前面确定的关于存在物和客体的形状的神秘属性的那种东西[①]来考查这些事实。长袍、三烟囱的轮船、雨衣、升着旗帜的桅杆等等的神秘能力，总之，任何不平常的东西，难道不能引起什么后果吗？谁知道它们的出现会带来什么结果呢？斯宾塞和纪林说，“任何奇怪的东西都使土人害怕。”[②]在维多利亚女皇肖像事件中，要说是 Post hoc，ergo propter hoc 的谬误，显然是不恰当的。在流行病猖獗以前很久，土人们就知道这幅肖像了。他们只是在第四次，在连续不断归罪于传教士、他的牡绵羊和他的两只山羊以后才找了这幅肖像的碴儿的。如果说土人们要诿罪于肖像，这无疑是因为他们相信在这种不平常的东西里面附着巫术的力量。上面萨加尔（Fr. Sagard）报道的休伦人（Hurons）[③]的事件（见 74 页）也应当这样来解释。

因此，要理解这些事实并把它们归入一个共同的原则，必须回到不发达民族的思维中的集体表象及其彼此间的关联的神秘性质上来。时间上的连续性乃是这种关联的一个因素。但它并不经常

① 参看第一章，第 37-41 页。

② *The Northern Tribes of Central Australia*, pp. 31-2.

③ 北美印第安人部族。——汉译者注

是一个非有不可的因素，而且永远不是一个能满足一切的因素。如果说事情不是这样，那又怎样解释现象的那些最恒定、最明显的连续性又经常逃过原始人的注意呢？例如“雅鲁奥人(Ja-Luo)[①]相信太阳在晚上从天上回到东方去，隐藏在天后面。他们不能把白天的光和太阳的光联想起来，而把它们看成是两种绝对不同的东西，他们问，晚上的时候白天的光干什么去了？”[②]

多布里茨霍菲尔指出，阿比朋人常常不能理解原因和结果之间的那些直接的和不辨自明的关系。“梭镖刺成了一条宽大的伤口，已经没有生的希望了，死神即将来临。但是，如果伤者死了，他们实际上又相信他不是被武器杀死的，而是被什么巫师的杀人妖术害死了的……他们坚信，只要伤者一死，立刻就把他的舌头和心挖出来，放在火上烤熟了喂狗吃，这个巫师就会从活人中间被赶出去，就是抵偿了他们亲人的死。尽管狗已经吃了许多心和舌头，但他们从来没有见到哪个巫师是直接在这以后死去的，然而，阿比朋人还是严格地恪守着他们祖先的遗风，继续挖出男男女女大人小孩的舌头和心，只要他们一断气。”[③]

因此，不仅最触目的现象的连续性常常不为原始人的意识所觉察，而且他们还经常坚信那种得不到经验证实的连续性，因为经验既不能使他们放弃对什么的信任，也不能教会他们什么。在无穷无尽的事例中，如我们在上面见到的那样，在原始人的思维中，

① 东非一部族。——汉译者注

② Hobley, “British East Africa, Kavirondo and Nandi”, J. A. I., xxxiii. p. 358.

③ *An Account of the Abipones*, ii. p. 223.

经验是行不通的。因此，当土人们把旱灾的责任推到传教士的长袍上时，当他们把流行病的出现归咎于什么肖像时，这不简单是土人们的意识所觉察的并成为他们的因果关系的那种时间上的连续性的结果。智力过程在这里是不同的，更确切地说是更复杂的。我们叫作经验和现象的连续性的那种东西，根本不为原始人所觉察，他们的意识只不过准备着感知它们和倾向于消极服从已获得的印象。相反的，原始人的意识已经预先充满了大量的集体表象，靠了这些集体表象，一切客体、存在物或者人制作的物品总是被想象成拥有大量神秘属性的。因而，对现象的客观联系往往根本不加考虑的原始意识，却对现象之间的这些或虚或实的神秘联系表现出特别的注意。原始人的表象之间的预先形成的关联不是从经验中得来的，而且经验也无力来反对这些关联。

II

我们将不再试图用原始人的智力衰弱，或者用表象的联想，或者用因果性原则的素朴应用，或者用“在这个之后，所以因为这个”的谬误来解释这些关联，一言以蔽之，我们将拒绝把原始人的智力活动归结为我们的智力活动的较低级形式。我们最好是按照这些关联的本来面目来考察它们，来看看它们是不是决定于那些常常被原始人的意识在存在物和客体的关系中发觉的神秘关系所依据的一般定律、共同基础。这里，有一个因素是在这些关系中永远存在的。这些关系全都以不同形式和不同程度包含着那个作为集体表象之一部分的人和物之间的“互渗”。所以，由于没有更好的术语，我把这个为“原始”思维所特有的支配这些表象的关联和前关联的原则叫作“互渗律”

要立即用抽象的术语陈述这个定律是困难的。这一章里下面的叙述足可以给这一定律下个定义，尽管我们想要下定义的那种东西只能很勉强地装进我们思维的通常的框子里。然而，尽管缺乏完全令人满意的说法，人们还是可以尝试着去作出大致不差的定义。我要说，在原始人的思维的集体表象中，客体、存在物、现象能够以我们不可思议的方式同时是它们自身，又是其他什么东西。它们也以差不多同样不可思议的方式发出和接受那些在它们之外被感觉的、继续留在它们里面的神秘的力量、能力、性质、作用。

换句话说，一和多、相同或不同等等之间的对立，并不迫使这种思维必然承认上述这些项之一，而否认其另一，或者相反。对原始人的思维来说，这个对立只有次要的兴趣。有时候，这个对立被觉察到了，但常常又是没有被觉察到。它常常在我们认为如果不陷于荒谬就不能将之混同的各种存在的本质的神秘共同性面前完全隐藏起来。例如，“特鲁玛伊人（Trumai）（巴西北部的一个部族）说他们是水生动物。波罗罗人（邻近的一个部族）自夸是红金刚鹦哥（长尾鹦鹉）。”这根本不是说，他们死了以后就变成金刚鹦哥，或者金刚鹦哥变成波罗罗人，因此，它们值得同等看待。不是的，根本不是这样。封·登·斯泰年（Karl von den Steinen）无论如何不愿相信这种无稽之谈，但他终于不得不在他们坚定的断言面前让步，他说：“波罗罗人硬要人相信他们现在就已经是真正的金刚鹦哥了，就像蝴蝶的毛虫声称自己是蝴蝶一样。”[①]这不是他

① K. von den Steinen, *Unter den Naturvölkern Zentralbrasiliens*, pp. 305-6.

们给自己起的名字,也不是宣布他们与金刚鹦哥有亲族关系。他们这样说,是想要表示他们与金刚鹦哥的实际上的同一。封·登·斯泰因认为不可思议的是他们既可以是人,同时又可以是长着鲜红羽毛的鸟,但是,对于受“互渗律”支配的思维来说,在这一点上是没有任何困难的。一切图腾形式的社会都容许这样一些包含着图腾集团的成员个体与其图腾之间的同一的集体表象。

以物力说的观点看来,存在物和现象的出现,这个或那个事件的发生,也是在一定的神秘性质的条件下由一个存在物或客体传给另一个的神秘作用的结果。它们取决于被原始人以最多种多样的形式来想象的“互渗”:如接触、转移、感应、远距离作用,等等。在大量不发达民族中间,野物、鱼类或水果的丰收,正常的季节序代,降雨周期,这一切都与由专人举行的一定仪式有联系,或者与某位拥有专门的神秘力量的神圣人物的生存和安宁有联系。或者,再举一个例,一个新生婴儿会受到他父亲所作的一切、他父亲的食物等等的影响。印第安人在狩猎中或在战争中,其幸运或者倒霉,得看他的留在帐篷里的妻子吃不吃这种或那种食物,是否戒食某些食物,是否戒除这些或那些行为。在这种性质的关系中充满了这一类集体表象。我们叫作事件和现象之间的自然的因果关系的那种东西,或者根本不为原始意识所觉察,或者对原始意识只有微不足道的意义。各种神秘的互渗在他的意识中占首位,而且还常常占据他的整个意识。

因此,可以把原始人的思维叫作原逻辑的思维,就像将之叫作神秘的思维那样。与其说它们是两种彼此不同的特征,不如说是同一个基本属性的两个方面。如果单从表象的内涵来看,应当把它叫作神秘的思维；如果主要从表象的关联来看，则应当叫它原逻辑的思维。我们用“原逻辑的”这个术语，并不意味着我们主张原始人的思维乃是在时间上先于逻辑思维的什么阶段。曾经有没有过这样一些人类群体或者前人群体，他们的集体表象还没有服从过逻辑定律呢？这一点我们不知道。总的来说，这种可能性很小。至少那些不发达民族的被我叫作原逻辑——由于没有更好的叫法——的思维，是绝没有这种性质的。它不是反逻辑的，也不是非逻辑的。我说它是原逻辑的，只是想说它不像我们的思维那样必须避免矛盾。它首先是和主要是服从于“互渗律”。具有这种趋向的思维并不怎么害怕矛盾（这一点使它在我们的眼里成为完全荒谬的东西），但它也不尽力去避免矛盾。它往往是以完全不关心的态度来对待矛盾的，这一情况使我们很难于探索这种思维的过程。

正如上面已经说过的那样，这些特性只适用于集体表象及其关联。在不依赖于（如果这是可能的）集体表象的那种范围内被单个地来研究的原始人，往往将如我们所期待于他的那样来感觉、推理和行动。他要作的推理，恰恰会是我们也觉得在类似情况下完全合理的推理。例如，如果他打死了两只鸟，只拣到了一只，那他就会问自己那一只藏到哪里去了，并且他将千方百计地来找寻那一只。如果他出其不意地遇到下雨，使他感到不便，他会去寻找避雨的地方。如果他遇上了野兽，他会尽量躲开它，等等，等等。然而，尽管在这样一些场合下原始人能够像我们那样推理，尽管他们的行动将和我们的一样（须知道，动物中间最有理性的动物在这样一些比较简单的场合中也会这样行动的），但从这里绝不能得出结论说，原始人的智力活动经常服从于一些与我们相同的规律。事实上，原始人的智力活动，由于是集体的智力活动，所以也有它自己特有的规律，而其第一个也是最一般的一个就是"互渗律"。

这种智力活动所运用的材料本身就已经受到互渗律的作用了，因为我们要知道，他们的集体表象乃是与我们的概念大不相同的东西。我们知道，作为我们的逻辑思维运算材料的我们的概念，本身已经是先前的这种运算的结果了。一般的抽象术语的简单表现，如人、动物、有机体，实际上包括了大量的要求在许多概念之间有明确关系的独立判断。而原始人的集体表象则不像我们的概念那样是真正智力过程的结果。它们的组成部分包括了情感的和运动的因素，而且，尤其是它们暗示着我们的概念的包括或排除是被一些或多或少明确限定的、通常都能被鲜明感觉出来的"互渗"所代替。

例如，为什么一张画像或肖像对原始人来说和对我们来说是完全不同的东西呢？如在上面见到的那样，他们给这些画像和肖像添上神秘属性，这又作何解释呢？显然，任何画像、任何再现都是与其原型的本性、属性、生命"互渗"的。这种"互渗"不应当理解成一个部分，——好比说肖像包含了原型所拥有的属性的总和或生命的一部分。原始人的思维看不见有什么困难使它不去相信这个生命和这些属性同时为原型和肖像所固有。由于原型和肖像之间的神秘结合，由于那种用互渗律来表现的结合，肖像就是原型，如同波罗罗人就是金刚鹦哥一样。这意味着，从肖像那里可以得到如同从原型那里得到的一样的东西；可以通过对肖像的影响来影响原型。因此，假如曼丹人的首领们允许凯特林占有他们的肖像，他们躺在坟墓里时就会睡不安稳了。为什么？因为，由于不可避免的“互渗”，他们那交到外国人手里的肖像不管出了什么事，都要在他们死后被他们感觉到，为什么整个部落忧虑地想到他们的首领的逝世时，就会如此扰攘不安呢？显然是因为（虽然凯特林没有谈到这一点）部落的安宁、它的繁荣、甚至它的生存，都是由于神秘的“互渗”而取决于活着的或死了的首领们的状况。

这样的论点对于其他我们已经确证其神秘性质的集体表象，如关于人的名字和影子的表象，也是适用的。有一个表象我们必须专门详细地谈一谈，因为它是原始思维的完整理论的一个立足点。这就是那个作为以万物有灵论为名的学说的出发点的关于“灵魂”的表象。泰勒这样表述这个学说的原理：“看来，能够思维但还处于文化水平低级发展阶段的人们，对于两类生物学问题是深感兴趣的。第一，是什么引起了活的身体和死尸之间的差别？清醒、睡眠、梦、疾病、死亡的原因是什么？第二，那些在梦和幻觉中出现的人形又是什么？古代野蛮人哲学家们观察了这两类现象，大概初步做出了这样一个明显的结论，即每个人都有两种东西属他所有，这就是自己的生命和自己的幻象。这两类现象显然都处于与身体的密切联系中：生命使身体能够感觉、思想和行动，幻象则是身体的映象或者它的第二个‘我’。不管是生命还是幻象，都同样被感知成与身体分离开的东西，生命被感知成能够从无感觉或者死的躯体里脱离出来走掉，而幻象则被感知成能够向远离这个身体的人们现形。第二步……不过是生命与幻象的合并。既然它们同样属于身体，那为什么不能认为它们是彼此互属，难道它们不都是同一个灵魂的表现吗？……这无论如何是符合低等民族中间关于个人的灵魂或灵的实际概念的，这个概念可以用下面的话

来表示：灵魂是一种稀薄的没有实体的人形，本质上是一种气息、薄膜或影子；灵魂是它使之生的那个个体中的生命和思想的本原，它独立地占有它的从前或现在的肉体拥有者的个人意识和意志；它能够离开身体很远，并且还能突然在各种不同的地方出现；它往往是不可触和看不见的，但它能够表现物质力量，特别是能够作为一个脱离了身体的、与身体在外貌上相像的幻象而出现在睡着的或醒着的人们面前；它能够在这个身体死后继续存在并在人们面前出现；它能够钻进其他人、动物甚至物品的体中，控制着它们，在它们里面行动……这就是那些最好地符合了为十分彻底而合理的原始哲学所解释的人的感觉的明显证据的学说。”①

实际上，泰勒所珍爱的这个观念，是在于万物有灵论愈是接近我们所能观察到的那个根源，亦即它的形式愈原始，则它愈是彻底的、以逻辑观点看来愈是令人满意的学说。后来，当这个学说被一些新的因素弄得很复杂，当它试图去解决更难以捉摸的问题并试图使自己法则化，它就变得晦涩难懂和一团混乱了。最初，万物有灵论学说是十分清楚的，因为它可说是用事实本身来强迫“野蛮人哲学家”的素朴思维接受它，而本应为这个哲学家在自己的假设中找到的那种满足，却又为现代的大学者感觉到了，这位大学者断言这个假设是那个本质上永远相同的，而且（如在我们这位学者那里那样）也是由那种对于事实向人类智慧提出的问题作回答的需要所促成的智力活动的随意而一般的产物。

这个理论是极有诱惑力的。假如我们处在“野蛮人哲学家”的

① *Primitive Culture*, i. pp. 428-9 (4th edit., 1903).

地位，似乎我们也会像他那样来推理，亦即如我们把他想象成推理的人那样来推理。然而，什么时候存在过这些“野蛮人哲学家”呢？低等民族中关于灵魂的集体表象构成了一种学说，由于解决生物学问题需要而产生的一种学说吗？丝毫不像是这样。如果认为这些民族的思维具有与我们的思维根本不同的趋向，它们的集体表象首先具有神秘的性质，原始人一般都表现了对于事物的神秘属性比对于他们自己的思维的逻辑严整性更大得多的兴趣，如果认为确实是这样，那么，上面的说法就更可怀疑了。因此，关于灵魂的原始“哲学”显得越合理越彻底，我们越有理由担心：不管大量搜集的证据和解释这个哲学的那些人的技巧，这个哲学仍将表现出与它妄图解释的那种东西相距十分遥远。

而实际上，在调查进行得相当长久而细致的地方，几乎到处都必须抛弃那种作为“一方面是生命另一方面又是幻象”而表现出的“同一个灵魂”的可喜的素朴。集体表象给我们提供的是一种复杂得多而且大不容易“解释”的东西。

我们从艾利斯(A. B. Ellis)少校在西非沿岸发现的若干集体表象中举几个例子吧，这些集体表象完全不符合(他自己明确指出了这一点)上述泰勒确定的那个灵魂的观念。据艾利斯说，土人们是把克拉(Kra)和斯拉曼(Srahman)分开来的。“克拉是在人出生以前，大概作为一大串人的克拉而存在着的，人死后它仍将继续自己独立的存在，它或者是进入一个新生儿或动物的身体，或者将作为西萨(Sisa)或者作为没有住址的克拉而徘徊于宇宙间。按照通行的观念，西萨总是力求返回人体中，重新变成一个克拉，它甚至企图利用其他克拉暂时不在的机会以侵占它的地盘……克拉可以按照自己的愿望离开它所寄居的身体并且可以再度返回那里。通常，它只是在睡觉的时候才离开身体，土人们相信梦中的事件就是克拉不在的时候出去干的事情。斯拉曼或者鬼只是在肉体的人死了以后才开始自己的生涯，它只不过是在阴间继续死者生前保持的那种生活方式。因此应当单独地来考察：1）活人；2）内在的灵或克拉；3）鬼或斯拉曼，尽管这最后的东西只是以影子的形式作为第一种东西的继续。”

这样的区分适用于一切场合。“当一根灌木折了，开始枯萎了，则它的所谓克拉就进到那个实生的灌木里或者进到根里，而灌木鬼则到阴间去了。同样的，当杀死绵羊的时候，则这绵羊的所谓克拉就进到新生的绵羊羔里去，而绵羊鬼则到阴间里去为人鬼服务……阴间本身，它的山、森林、河流、用特西（Tshi）语族的黑人们的话来说，则是那些从前在我们世界上存在过的类似的自然地形的鬼。”

因此，克拉不是灵魂。“按灵魂这个词的公认的意义来说，它是一种‘有生命的、可分离的、活得更久的实体’，它是‘个体的个人存在的媒介’（泰勒）。这样看来，任何克拉都是许多人的内在的灵而且大概还将是更多的人的内在的灵。在某些方面，克拉与守护神相像，但它还不止于此。它与人的密切联系可以由下面的事实来证明：它在晚上离开身体以后出去干的奇事，在人睡醒以后能够回忆起来。人甚至在身体上也能感到自己克拉的行为给他留下的后果。当土人睡醒时感到衰弱无力，疲惫不堪，或者当他的四肢因肌肉风湿病而疼痛，他一定把这些症状归因于他的克拉和其他的克拉打了仗，或者去干了什么重活……克拉尽管无疑具有影子的形式，但它还有人的模样和神态，人的精神和身体感到自己受克拉的行为的影响，并记下这些行为的后果。

“当克拉离开它所居留的那个人的身体时，这个人就忍受不了任何身体上的损伤；人睡着时克拉走了，他是不知道的；当克拉在人清醒的时候走了，他只是通过打喷嚏或者打呵欠知道它已经离开。但是，如果灵魂这个‘个体的个人存在的媒介’离开了身体，身体就会陷入人事不省的状态；它凉下来了，脉搏摸不到了，显出垂死的样子。有时候灵魂失而复返（虽然这很少见），这就意味着这个人只是晕过去了或者失了神。然而，灵魂往往是不回来的，这时，人就是死了。”①

那么，应当怎样理解个人和他的那个根据艾利斯少校说无疑不是灵魂的克拉之间的关系呢？要说他的克拉就是他自己又不是他自己，这同样是不妥当的，克拉不是个体，因为它在个体出生前就已存在而且在他死后还活着；它也不是个人自己，因为个人在睡醒时回忆得起克拉在昨晚上干了什么和遭遇了什么。如果我们硬要竭力使这些表象服从于逻辑思维的要求，那我们就不仅不会在它们里面看到泰勒及其学派所料想的那个“彻底而合理的哲学”，而且它们在我们看来简直就是莫名其妙。相反的，如果我们把它们归入一个总的互渗律，我们就会在它们能够被“理解”的那种范围内理解它们。个人在活着的时候，与在他体内寄居的克拉互渗，亦即个人在一定程度上说就是克拉，同时他又不是克拉：这种实际上的矛盾不会使原逻辑的思维混乱起来。在死亡的时刻，这种互

① A. B. Ellis, *The Ewe-speaking Peoples*, pp. 15－21, 106. Cf. *The Tshi-speaking Peoples*, p. 149.

渗就停止了。[1]

在大多数不发达民族那里见到的正是这样一些纠缠不清的表象。由于这些表象根本不接受以逻辑思维的规则来评价它们的研究者所能接受的解释,所以他们常常假定原始人容许两个以上的灵魂存在,力图以此来预防陷入荒谬。这样来把那种无论如何不能与一个灵魂的存在相吻合的东西分成几个灵魂,就变成可能的了。例如,关于澳大利亚中部各部族,斯宾塞和纪林就好几次说到许多灵魂。[2] 海顿(A. C. Haddon)说到托列斯海峡[3]的土著居民时,也提到灵魂的部分。“他们那里存在这样一个信仰:马利(mari)的一部分在人死的时候离开了,而另一部分则继续留下,直到它被吓走为止。”[4]在北美,灵魂由复数组成被看成是个定则。“他们在一个身体里分成四个灵魂。不久前一个老人对我们说,某些土人有两个或三个灵魂;他自己的灵魂已经离开他两年,跟他死了的双亲一起走了;现在他只剩下一个肉体的灵魂,这个灵魂必须跟他一起进坟墓。这说明土人们猜想身体有一个自己的灵魂,有些人把这个灵魂叫作他们的种族(?)的灵魂,此外,身体还有其他一些灵魂,这些灵魂可以根据他们的想象或早或晚离开身体。”[5]

---

① 在希腊人那里也存在过这一类表象的痕迹,据罗德(E. Rohde)说,希腊人分出死后在冥府(地狱)里的生命的本原、灵魂或影子以及生前寄居在身体里但不论是疾病还是死亡都影响不到的另一个本原(*Psyche*, i. pp. 4, 6, 257; ii. pp. 141, 157, 183-4, 304-5)。

② *The Native Tribes of Central Australia*, p. 515; *The Northern Tribes of Central Australia*, p. 450.

③ 在东澳大利亚北端。——汉译者注

④ “The Western Tribes of Torres Straits”, J. A. I., xix. p. 317.

⑤ *Relations du Père Lejeune*, p. 146 (1630).

“某些希达查人相信每个人都有由四个灵魂合成的一个灵魂。他们用这一点来解释逐渐死的现象，例如，当意识还未消失时，四肢冷却了；他们认为四个灵魂是在不同时刻一个跟一个离开的。当完全死的时候，他们就说所有的灵魂都走了，到身体以外的什么地方再合起来。”①——“曼丹人相信每个人身上都有几个魂；其中一个是黑色的，另一个是褐色的，第三个是浅色的，其中只有最后一个才返回‘生命的主宰’那里。”②达科他人(Dacotans)③认为人有四个灵魂：“1)肉体的灵魂，与肉体同死；2)永远留在身体里或者留在身体近旁的灵魂；3)对肉体的行为负责的灵魂，一些人认为它是要到南方去，另一些人则认为它要归西；4)永远留在死者的一小束头发附近的灵魂，这束头发是亲属们保留着直到可以把它扔到敌人的土地上为止，它在那里变成一种带着疾病和死亡的游魂。”④某些西乌人甚至允许五个灵魂存在。在英属哥伦比亚，“土人们相信人有四个灵魂。主要的一个灵魂具有侏儒的模样儿，其他几个灵魂则是它的影子。当人患病，那些次要的灵魂或者那个主要的灵魂就离开身体。巫师很容易把那些影子召回，但对那个主要的灵魂就无能为力了。如果主要的灵魂离开了身体，患病的人就必定死。人死后，主要的灵魂到西方去生活。那些影子则变成鬼。它们来到死者生前常在的地方，继续像他生前那样行动。”⑤

① Dorsey, “Siouan Cults”, E. B. Rept., xi. p. 517.

② Dorsey, “Siouan Cults”, E. B. Rept., xi. p. 512.

③ 起源和文化相近的一些北美印第安人部族，属西乌语系。——汉译者注

④ Lynd, Cited by Dorsey, “Siouan Cults”, E. B. Rept., xi. p. 484.

⑤ F. Boas, “The North-western Tribes of Canada”, *Reports of the British Association*, p. 461 (1894).

这些报道(我们还可以举出很多)与关于各种灵魂的功能的一致性是有很大距离的。但是它们全都承认同一个个体里有几个灵魂和这些灵魂在功能上的差别。它们还指出,人死后,这些灵魂的命运各不相同,尽管指出得不太彻底和清楚。试想,这种灵魂的多数不是显然表明了研究者们不可能把"野蛮人"告诉他们的东西与他们自己关于灵魂的先入之见调和起来吗?极大的误解和矛盾是必不可免的。传教士们和研究者们使用了由于宗教、哲学和文学的长期进化而提炼出来的术语(灵魂、精灵、鬼等等);他们遇到的原来是本质上神秘的和原逻辑的、还不能归入概念形式的、极少顾到逻辑要求的集体表象。所以他们报道的几乎一切东西都需要校正和检查。通常,观察者的报道愈是容易符合我们关于灵魂的通行概念,就愈是靠不住。另一方面,这些观察又常常表现出特别模糊,甚至是一团混乱,这种情形乃是这些观察的作者们处境为难的确实反映。

我只举两个例子。"很难确切地说出斐济人是怎样想象人的不死部分的实质。'yalo'这个词有下面的意义。它与作为后缀的代词连用表示精神,如 Yalo-ngu。它与单个的物主代词连用则表示幻影或灵,Yalo-yalo 表示影子。从物主代词是后缀这一事实中我们可以推测:精神被认为是像人的手臂那样与人的身体紧密相联的,而灵则是什么可以分开的东西。"①在亚库梯人(якуты)②那里,"一般说,任何东西都有一个基本的灵魂伊西(ichchi),它似乎

① B. A. Thompson, "The Ancestor Gods of the Fijians", J. A. I., xxiv. p. 354 (note).

② 苏联亚库梯自治共和国的主要居民。——汉译者注

只不过表示它的存在这个事实，它与生物的灵魂苏尔(Sur)是不同的。呼吸(ty)开始的时候，就是生命的开始。因而，生物似乎有一个两重性的灵魂——伊西和苏尔；动物死的时候或者即使在患病的时候，失去了自己的苏尔，只保留着伊西，而伊西在死的时候也要逐渐消失。人(在动物中只有马)有三重灵魂：伊西、苏尔和库特(Kut)。人的库特很小，不超过一小块煤那么大；有时萨满可以从住房的左部(女部)的地下把病人的库特召来……库特有时候在人睡觉时离开他，到很远的地方去漫游。如果在这次漫游中它碰到了什么倒霉的事，它的所有者就要得病。库特好像是人的一个模糊的化身，好像是人的影子。正如影子有三个部分：一个大而苍白，一个小而较暗，中心一个完全是黑暗的，人也有三个灵魂。当他失去了一个，他感觉身体不舒服；当他失去两个，他就生病；当他失去三个，他就死。”[①]这个报道中的混乱和它的各个部分与所下定义显然不能协调，是有十分重要的意义：无论如何，它们能够帮助我们弄清这个虚构的灵魂的复数实际上是什么东西。

值得注意的是，柏惠尔-勒舍博士没有想到原逻辑的和神秘的思维，甚至根本没有研究过我心里想的那个问题，就在关于灵魂的复数方面得出了与我一样的结论。很遗憾，我不能在这里全部转述他对这个问题的有趣的讨论。他在结论中说：“假如我们草率地总结一下，我们是可以来谈对两个、甚或三个、四个灵魂的信仰。第一个应该是‘力量’(Potenz)、创造的本原(转到后裔们那儿去的

① Sieroshewiski, *Douze Ans Chez Les Yakoutes*, cited J. A. I., xxxi. p. 108 (note).

祖先的本质）、也许还有宇宙灵魂的一部分。接着是个人的或个体的灵魂；最后是梦魂、游魂或者野魂（Wildnisseele）。但这种概念是错误的。”[①]在我看来，不同的灵魂表现了那些难于归入逻辑概念中去的“互渗”，但对原逻辑思维来说，互渗又是世界上最自然的东西。这可以在金斯黎小姐叫作“丛林灵魂”的那个“野魂”方面得到明显的证明。

她说，卡拉巴尔[②]的黑人们认为人应当有四个灵魂：“1）死后还活着的灵魂，2）路上的影子，3）梦魂，4）丛林灵魂。丛林灵魂永远具有林中动物的模样，但从来不具有植物的模样。有时候，人患病了，这是因为他的丛林灵魂受到简慢而发怒的缘故。请来了巫医，他作了上述病因的诊断以后，开的方子是给被得罪的灵魂供奉什么牺牲……家庭的丛林灵魂常常就是男人和他的儿子们、母亲和她的女儿们的丛林灵魂……有时，所有的孩子共有母亲的丛林灵魂，有时，又共有父亲的丛林灵魂……”[③]“这个丛林灵魂可能是在一只野猪里面，也可能是在一只豹子里面，没有一个俗人能看见自己的丛林灵魂。绝不要把丛林灵魂想象成与一个种的所有动物连在一起，比如说与所有的野猪或者豹子或者其他动物连在一起，这里谈的永远是一个确定的野猪或者豹子或者其他什么动物的个体……当丛林灵魂死了，与它联系着的那个人也要死。所以，如果可以发现那个打死了丛林灵魂的猎人（除非巫医凑巧在惨祸发生时用他那职业的眼睛看见了这个丛林灵魂，否则是发现不了的），

① *Die Loango-Expedition*, iii. 2, pp. 296-300.
② 在西非，靠近几内亚湾。——汉译者注
③ *Travels in West Africa*, pp. 459-60.

……这个猎人就应当付给死者家庭以赔偿。另一方面，当那个属于某丛林灵魂的人死去时，这个丛林灵魂动物也应当死去。”[1]金斯黎小姐搜集了有关这个丛林灵魂的生病以及梦魂的生病和这些病所需的治疗的十分详细的资料。

在中美洲也有过与此酷似的观念。盖吉(Gage)叙述了下面一个关于危地马拉土著居民的离奇故事：“魔王哄骗许多人相信他们的生命决定于这个或那个动物的生命(他们宣称这动物是他们的守护神)。他们认为，如果这动物死了，他们也必定死；当这个动物被追击，他们的心跳得很厉害；当它疲惫不堪，他们也疲惫不堪……”[2]显然，这里谈的是一种丛林灵魂。

这样一来，我们在原始人那里就找不到严格符合单一灵魂的任何东西了，据泰勒的见解，单一灵魂是以生命的本原和幻象的双重形式出现的。毫无疑问，原始人处处都相信他们在梦中见到的那种东西的客观实在性，他们也处处相信死者的魂至少在某些时候会返回到这些死者生前住过的地方。但是，我们刚刚弄清了的东西，正好确凿地证明了在这一点上集体表象的起源并不归因于那种用单一“灵魂”的概念来解释这些幽灵的需要。相反的，我要说，最初(在这个词的可以允许使用的那种程度上)，在原始人那里是没有灵魂的观念的。代替它的是关于共存着和交织着但还没有融合成真正唯一个体的清晰意识的一个或若干“互渗”的通常都有极大情感性的表象。部族、图腾、氏族

① *West African Studies*, pp. 209-10.

② Bancroft, *The Native Races of the Pacific States of North America*, iii. p. 129.

的成员感到自己与其社会集体的神秘统一、与作为其图腾的那个动物或植物种的神秘统一、与梦魂的神秘统一、与丛林灵魂的神秘统一，等等。

这些在一定时刻（在祭神仪式、成年礼仪式上，等等）得到更新和加强的与神灵合而为一的感觉，丝毫也不彼此排斥。它们不需要用确定的术语来表现，不需要被深刻感觉，被集体的每个成员感觉。以后，当这些风俗和仪式渐渐成为不可理解从而不再实行的时候，则保留在风俗和神话中的这些互渗就可说是变成了“多重灵魂”的形式，正如在金斯黎小姐仔细研究过的卡拉巴尔的黑人那里发生的情形一样。最后，还要更晚，如希腊人的例子表明的那样，到接近我们的时代，这些多重灵魂又结晶成一个单一的灵魂，同时，生命的本原和身体的灵魂客人之间的差别还是可以看得出来。总而言之，这个作为泰勒理论的出发点，据泰勒认为是野蛮人的原始哲学的对象的真正的所谓“灵魂”，在我看来，只是在比较进步的社会中才出现的。如果说泰勒要把关于灵魂的观念引到如此遥远的过去，这不是因为他不知道事实，泰勒自己就引述过一些清楚地说明了灵魂的多重性的事例。然而，他对这些事实的解释可说是他的那个公设硬逼着他去作的，按照这个公设，低等民族的思维服从于与我们的思维相同的逻辑定律。让我们抛弃这个公设吧，在我们面前立刻会出现这种思维的神秘的和原逻辑的性质，同时也出现那个支配着集体表象的互渗律。然而在这种情形下，灵魂的概念只能被看成是已经相当进步了的思维的产物，看成是原始民族还不知道的东西。

III

很少有这样的情形:原始思维是以孤立的状态、脱离原始人通常被卷入的那些关系而获得它的集体表象的。集体表象所固有的神秘性质必然包含着他们思维的各种对象之间的同样神秘的关系。因而我们可以先验地假定,那个支配着集体表象的形成的互渗律也支配着集体表象之间的关联。要证实这个论点,必须研究人和物之间的基本相互关系在原逻辑的思维中实际实现的方式。

首先,在与构成社会集体的那些个体的存在的关系上说,社会集体存在的本身往往被看成是(与此同时也被感觉成是)一种互渗,一种联系,或者更正确地说是若干互渗与联系。在我们拥有十分详细而可靠的资料的一切原始社会中,这个特征是显而易见的。在斯宾塞和纪林的关于澳大利亚中部各部族的两部著作中,完全证明了这一点。在阿龙塔人(Aruntas)[①]那里,"每个个体都是'阿尔捷林加'(Alcheringa)(神话时代)祖先的直接化身,或者是某个阿尔捷林加动物的一小部分精灵……每个人的图腾被看成是……与这个人同一的东西。另一方面,每个图腾集团又应该拥有一种能直接控制其名称为该集团所冠的那些动物或植物数目的能力……"[②]最后,每个图腾都与一个明确规定的地区或空间的一部分神秘地联系着,在这个地区中永远栖满了图腾祖先们的精灵,这被叫作"地方亲属关系"(local relationship)。[③]

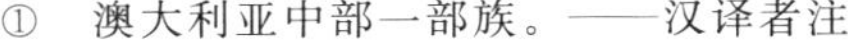

① 澳大利亚中部一部族。——汉译者注

② *The Native Tribes of Central Australia*, pp. 202-4.

③ *The Native Tribes of Central Australia*, pp. 303, 544.

在这里，集体表象与那使封·登·斯泰因感到震惊的情形完全相似，即与波罗罗人“硬要”说他们是金刚鹦哥，或者特鲁玛伊人声称他们是水生动物完全相似。每个个体在同一时间里是现在活着的某某男人或某某女人，又是在阿尔捷林加神话时代活过的某某祖先（他可能是人或者半人），同时他又是自己个人的图腾，亦即他是与他所冠名称的动物或植物种的实质神秘地互渗着。动词“是”（其实，在大多数不发达民族的语言中没有这个动词）在这里不像在我们的语言中那样具有普通系词的意义。它意味着某种不同的和更多的东西。它包含着存在于实有的互渗中的一种通过与实质的同一而实现的共生中的集体表象和集体意识。这就是为什么只有一定的图腾集团的成员们才有权举行那个目的在于保证一定种的动物和植物的正常繁殖的“英迪修马”仪式。[①] 这也解释了在如此众多的原始民族那里发现的、追求着同一个目的的那些表演、仪式、舞蹈（戴面具和不戴面具的、化妆的、穿特殊服装的、文身的舞蹈）——北美印第安人的野牛舞、墨西哥回乔尔人的鹿舞、朱尼人和蒲埃布洛人（Pueblos）[②]的蛇舞，等等。

至于澳大利亚各部族，我们可以说斯宾塞和纪林不仅当场发觉了那个同时是神秘的和实用的英迪修马仪式的重大意义，而且还发觉了在个体、他的图腾集团和图腾的种（植物或动物）之间的亲密关系，而且正因为这个彻头彻尾神秘的关系是包含在不能放进逻辑思维的框子里的互渗中，所以它不能用概念来表示。“初看

① *The Native Tribes of Central Australia*, pp. 169-70.

② 欧洲人对美国西南部和墨西哥北部一些印第安人部落的称呼。——汉译者注

起来，好像他们想要表现的一切就是模仿某些动物的身体动作，然而，这些仪式具有深刻得多的意义，因为其中每个登场人物都代表阿尔捷林加时代的一个个别的祖先……部族的每一个成员都是作为他们的半动物祖先之一的不朽的一小部分精灵的化身而降生于世的；因而，部族的每个男女成员生下来时必须用一个作为阿尔捷林加时代的祖先的化身或者后裔的动物或植物的名称来起名字。”[①]这样看来，仪式和舞蹈的目的，是要通过神经兴奋和动作的忘形失神（在较发达的社会中或多或少也有类似的情形）来复活并维持这样一种与实质的联系，在这种联系中汇合了实在的个体、在个体中体现出的祖先、作为该个体的图腾的植物或动物种。在我们看来，这里必定有三个单独的实在，不管它们之间的亲族关系多么密切。但对原始意识来说，个体、祖先和图腾则合而为一，同时又不失其三重性。

因此，仪式对图腾种类的作用是比较直接的：这种作用为仪式所内在固有。原始人怎能怀疑它们的效力呢？面对着那个如此生动并表现为行动的集体表象之伴生物的共生感，最雄辩的逻辑可靠性也要退避三舍。

这种互渗，更正确地说，这种与神灵合而为一的另一种形式，则表现在所谓珠灵卡（Churinga）的神圣的东西在阿龙塔人的个人和社会生活中所起的作用上。这些东西（椭圆形的木块或石块，通常都装饰着神秘的图案）极小心地保存在神圣的地方，妇女和儿童都不敢挨近这个地方。每个图腾集团有自己的珠灵卡。以逻辑思

① *The Native Tribes of Central Australia*, p. 228.

维的观点看来，很难准确地判定这些珠灵卡是什么东西和不是什么东西。这是一些个体的体外灵魂；是祖灵的媒介，也许还是这些祖先本人的身体；这是图腾本质的精华，是生命力的贮藏器，——珠灵卡依次是并同时是这一切。在行成年礼仪式的时期（底下我们将详细研究这些仪式的意义），[①]对它们的神秘力量的感觉达到了最大的强度。在这方面，我也可以根据斯宾塞和纪林的论断来指出珠灵卡受到的那些深深的宗教的尊敬，保藏它们时的那种小心翼翼的样子，触摸它们时的那种崇敬和谨慎的态度。“在参拜珠灵卡的整个期间（亦即在把珠灵卡借给邻近部族和迎回的时期中），珠灵卡的在场显然引起了虔敬的肃穆，正好像土人们的确相信这些珠灵卡所属的死人的灵是在这里的。在迎迓珠灵卡的整个时间中，除了耳语声，听不到任何一个在场的土人的任何声响。”[②]研究者的措词本身处处暗示了互渗的观念。“掌握珠灵卡，比如说蛇珠灵卡的人将要不停地用自己的手抚摩着它。他一面这样作，一面拖声延气地叙述起阿尔捷林加时代的蛇的故事，渐渐的，他感到在他和这件神圣的东西之间存在着一种特别的联系，一种彼此沟通的能力。”[③]因而，土人们要把珠灵卡想象成，或者更正确地说感觉成有生命的东西，这是不足为奇的。这根本不是一个木块或石块，而是完全不同的什么东西。它与祖先有内在的联系，它像我们那样有情感；用手抚摸它时，它可以变得柔顺，就像这样做能使

---

① 参看第八章，第 389-401 页。

② *The Native Tribes of Central Australia*, p. 303.

③ *The Northern Tribes of Central Australia*, pp. 277-8.

活人感到抚慰一样。[①]

从封·登·斯泰因与斯宾塞和纪林所描写的那种被直接想象和实际感觉的互渗，很容易转到不发达民族中间的一个十分普遍的信仰，即相信人和动物之间，或者更准确地说，一定集团的人们和某些特定的动物之间存在着密切的亲族关系。这些信仰常常在神话中表现出来。斯宾塞和纪林在阿龙塔人那里搜集了关于半人或半动物的生物的一些传说，这些传说证实了这两类生物之间的生命的转化。观察者们的用语常常也是极有意义的，例如，其关于一次图腾崇拜仪式的描写就说，"这个特定的老鼠人或者人老鼠——因为，如已经说过的那样，人的个体的相同性是淹没在和他联系着并作为他的出身来源的客体的相同性中，而仪式所涉及的老鼠人则应当到瓦里伊拉(Walyirra)那里去，他在那儿死，他的魂通常都是在那儿再与珠灵卡联系在一起。"[②]斯宾塞和纪林在这些神话观念中见到了"描写人怎样起源于各种形态的非人生物的朴拙意图；这些生物中的一些是动物，另一些是植物，但是，在一切场合中，我们必须把它们看成是从动物或植物祖先到冠上了这个作为其图腾的祖先的名字的人的个体转化中的一些中间阶段。"[③]

在比较发达的民族中间，关于这些神话动物的观念稍稍有点不同。图腾集团的祖先们根本不是与现存动物完全相像的动物，但是他们在自己身上却同时神秘地包含了动物的和人的本性。原始人把它们想象成构成社会集体与其图腾动物的统一的互渗。例

① *The Northern Tribes of Central Australia*, p. 265 (note).

② *The Native Tribes of Central Australia*, p. 231.

③ *The Native Tribes of Central Australia*, p. 392.

如，在英属哥伦比亚，“我试图从他（我的本地语助手）那里打听部族是不是起的‘水獭’的名字，他们是不是把水獭看成自己的亲属，是不是尊敬这些动物而不打死它们和猎捕它们。他微笑了一下，摇了摇头，作为对这个问题的回答。后来，他解释说，他们虽然相信他们的远祖是水獭，但他们并不认为是像现在生存的那种水獭。作为他们的远祖的水獭是一些水獭人，而不是动物，它们拥有把男人和女人的模样儿变成水獭的模样儿的能力。古时的一切动物都是这样的，它们不是普通的动物，的确不是的；它们也是人，它们可以凭自己的心意披上或者脱掉兽皮或动物的其他什么天然被覆而变成人样或者动物模样……东蒲逊（Thompsons）族印第安人[①]在自己的语言中有用以区别这些神秘生物与普通动物的专门术语。”[②]

因此，神秘的互渗也可以用来解释那些不管欧洲人研究者觉得多么可笑和荒谬，但却被低等民族认为是自然的和明显的亲属关系。杜·查鲁说，非洲的“昆桂查王谢绝食用给他进贡的肉食。‘它对我是隆大（禁忌）。’他解释说，牛肉对他一族是禁食的，他们讨厌它，因为在这以前好多代，这个族的一个女人生下一只牛犊。我笑了，但这位土王非常慎重其事地说，他可以指给我看其他族的一个妇女，她的祖母生过鳄鱼，因此，鳄鱼对这一族就成了隆大……在这一点上，他们表现了宗教的拘谨……很难找到一个人，任何食物对他都不是隆大。”[③]要去驳斥这样的信仰是徒劳无益

① 哥伦比亚一印第安人部族。——汉译者注

② Hill Tout, “The Halkomelem of British Columbia”, J. A. I., xxiv. p. 325.

③ *Equatorial Africa*, pp. 308-9; J. A. I., xxiv. p. 325.

的，因为它们非常普遍，而且在那些极罕见的场合中可能出现的经验也是无力反对它们的。印度王布鲁克(Rajah Brooke)谈到一个人，这个人有一只短吻鳄，尽管这个人与它有神秘的亲属关系，它还是把他的腿咬残废了。“我问他是不是后来报了短吻鳄的仇。他回答说：‘没有，我从来就不想杀死短吻鳄，因为我的祖先们的梦永远禁止这样作；我说不上短吻鳄为什么要袭击我，显然，它把我当成外人了，但是神灵们知道了这个原因，救了我的命。”①

一个社会集体或者单独的个人就这样认为自己与某种图腾动物有联系或者有亲族关系，它或他在自己与这个动物的实际关系中使这种互渗客观化，这是不是意味着动物种是被总地或者说抽象地看待了，或者种的全体成员被集体地看待了，或者某个动物被单独来看待了呢？对逻辑思维来说，这是一个带有单独的和互相排斥的假设的问题。逻辑思维必须在它们里面选择一个。但是原逻辑的思维却很难(除了像上面谈过的“丛林灵魂”那样的事例)分开上述那些假设，这正是因为作为这种思维的指导原则的互渗律使它毫不费力地同时在集体中思维个体的东西又在个体中思维集体的东西。这种思维想象在个别的熊和一般熊之间，在个别的野牛和一般野牛之间，在个别的鱼和一般的鱼之间有神秘的互渗，不论整个的种，还是其个体的单独存在，对原始人来说都没有对我们所具有的那种意义。

在为了保证对自己的亲善而为狩猎中被打死的野兽举行的隆重仪式中如此经常表示的敬意，是对这个动物的个体呢，还是对它

① *Ten Years in Sarawak*, i. p. 235.

的种的神？对原始人的思维来说，不存在这种二者必择其一的情形：敬意是同时地和不可分开地对这二者表示的。“有一次，一个法国人扔掉了一只被他捉住的老鼠，一个小姑娘拣去要吃它。孩子的父亲从她手里把老鼠夺过去，开始慈爱地抚摸着这只死老鼠……他说，‘我这样做，是为了要安抚鼠神，好让我的女儿吃了老鼠以后，不受它的折磨。’”[①]对这个守护神要用逻辑思维的概念来解释，就是一种实际上在逻辑思维的范畴中不能表现的关系：它是动物的个体与动物的集体之间的互渗关系的说明。这种互渗有自己的根据，如我们觉得的那样，这根据不在解剖学构造、生理机能和为经验所看清和确证的外部特征的相同上：这互渗如同任何一种为原逻辑思维所感知的实在一样，是“以神灵的形式”出现的并被感觉的。这种思维对动物身上特别感到兴趣的不是它的看得见的形状和性质（如果撇开从它获得食物的需要；但如果吃了什么动物的肉，那就首先意味着神秘地与它的本质互渗）；原逻辑思维感到兴趣的首先是以这个动物为表现的神灵，是那个决定着动物与一定的人类群体的神秘关系的神灵（这动物是不是被单独地或者集体地来看，是无关紧要的）。这个看不见、触摸不到的“神灵”同时存在于一切中和个别中。这个“许多存在”不会使原逻辑思维感到什么困难。

班克洛弗特（H. Bancroft）报道过一个他觉得奇怪、但却清楚地阐明了个体与种之间的神秘互渗的加利福尼亚人的信仰。“他

---

① Charlevoix, *Journal d'un Voyage dans L'Amérique Septentrionale*, iii. pp. 299-300.

们把这种鸟(秃鹰)叫作 Panes,每年一次举行以它为名的节日。这个节日的主要仪式是打死一只秃鹰,要不流出一滴血。接着把这鸟剥去皮,尽可能注意保持它的羽毛的完整……最后在一些老太婆的哀悼声中把鸟的尸体葬在神场中,老太婆们悲伤着,好像是她们失去了亲戚朋友一样,口头传说是这样解释这件事的:Panes 曾经是个女人,有一次,她在山上迷了路,忽然碰见了契尼契尼(Chinigchinig)大神,大神把她变成了一只鸟。但是,我看不出这与每年祭祀这只鸟和与这种祭祀相连的一定的离奇观念有什么联系;事实上,土人们相信,好像这只鸟每次被打死了都要返生;此外,他们还怀着一种坚如磐石的信念,就是每年节日期中,在大量彼此相距遥远的村庄被打死的所有的鸟,都是那同一只!"①

IV

到目前为止,我们在原始人的集体表象中考察的是那种主要以静止的观点看来可以叫作互渗关系的东西,亦即那些支配着客体、自然现象、个体、种的存在的关系。我们现在试一试用动态的观点,来考察一下存在物和客体彼此间产生的影响和支配关系。实在说,原逻辑思维的特殊特征之一正好是在于在极多的场合下,这两种观点之间的差别差不多是被抹杀了。我们常常不能判断影响是及物的呢抑或是内在的,不管我们多么难于想象我们认为矛盾的东西,但这影响既是此,同时又是彼。例如图腾集团通过英迪修马仪式来对作为它的图腾的动物或植物施加的影响,就是这样

① *The Native Races of the Pacific States of North America*, iii. p. 168.

的影响。再如，在北美，“风”图腾的成员们认为自己能够给大风雪施加专门的影响；当蚊子多得讨厌极了的时候，他们就请它降风[①]。在托列斯海峡，土人们认为，“属于乌迈依（Umai）集团（以狗作为自己的图腾）的人懂得狗的习性并拥有专门驱使它们的能力。”[②]在澳大利亚中部各部族那里，“euro 图腾的人给李子树图腾的人一个‘被念过咒的’珠灵卡，以帮助这人在狩猎中猎到这种动物。”[③]在凯迪斯（Kaitish）部族[④]那里，水图腾的首领必须很谨慎地不用尖棍子或尖骨片对着敌人，因为如果他这样作了，水就会变脏变臭。[⑤]

这些事实，如同其他还可以引证的许多例子一样，表明了原逻辑思维是怎样不知不觉地确立了施于自己的影响和施于自己以外的其他什么东西的影响之间的联系。当水图腾首领的什么举动使水不能饮用，则不能判断这个举动的影响是被想象成及物的呢还是内在的：原逻辑思维不能做这种区分。但是，我们在图腾集团与存在物、客体或作为其图腾的种的关系中所清楚觉察到的那种东西，也可以在同样被原逻辑思维想象成服从于互渗律的其他无数关系中通过对这种思维的深入细致的分析而得到揭示。例如，在每个图腾集团和固定给该集团的一定空间之间，亦即在这个图腾集团与一定的方位之间，就存在着神秘的互渗。东南西北的方位又通过神秘的互渗而与一定的颜色、风、神话活动联系着；而后者

① Dorsey, “Siouan Cults”, E. B. Rept., xi. p. 410.

② Haddon, “The West Tribes of Torres Straits”, J. A. I., xix. p. 325.

③ Spencer and Gillen, *The Native Tribes of Central Australia*, pp. 202-4.

④ 澳大利亚中部一部族。——汉译者注

⑤ Id., *The Northern Tribes of Central Australia*, p. 463.

又与河流或神圣的森林联系着，如此等等以至于无穷。例如，围绕着一定的集团、一定的部族或者部族的家族的大自然，在他们的集体表象中，都不是按照逻辑思维的规律，作为客体或者作为受一定法则支配的客体与现象的系统而出现的，而是作为以人、物、现象为媒介和表现的那些神秘的行动和关系的善于变动的总和而出现的，作为取决于集团，如同集团取决于它的那个总和而出现的。

与我们的思维趋向不同的、首先关心神秘的属性和关系的、以互渗律作为最高的指导与支配原则的原始人的思维，对我们叫作自然和经验的那种东西的解释必然与我们不同。它处处见到的是属性的传授（通过转移、接触、远距离作用、传染、亵渎、占据，一句话，通过许许多多各式各样的行动），这种传授可以在片刻之间或在多少较长的时期内使某个人或者某个物与所与能力互渗；而这些属性则拥有在什么仪式的开始和结束时进行神格化（使人或物变成神圣的）或非神格化（使他或它失去这种性质）的能力。[①] 下面，我将以形式的观点来考察一定数量的来源于上述观念并将显出是由这个对互渗的信仰所引起并维系的巫术和宗教仪式，以论证原逻辑思维的实际机能。关于各种各类**禁忌**（taboo）的信仰就可以归入这一类。当一个澳大利亚土人或者毛利人胆战心惊地想到他无意中吃了一点违禁的食物，会因违犯禁忌而死去，则这是因为他觉得自己由于受了那个随食物一起钻进他身体里去的无法消除的死因的影响而无可挽回地种下了祸根。食物的这个作用又是

① Cf. Hubert and Mauss, *Mélanges d'Histoire des Religions*, pp. 22-32, 66-7.

通过互渗得到的：例如一个倒霉的普通人无意中吃了首领吃剩的东西，就能发生这样的情形。

这样一些观念也是下面一种普遍的信仰的基础，即某些人每次披上动物（如虎、狼、熊等）的皮时就要变成这个动物。对原始人来说，这样的观念是彻头彻尾神秘的。他们对于人变成老虎时是否不再是人或者老虎重新变成了人是否就不再是老虎这个问题是不感兴趣的。他们感兴趣的首先是和主要是使这些人在一定条件下拥有同时为老虎和人所“共享”（哲学家马勒布朗士〔Malebranche〕语）的那种神秘能力，这样一来，他们就比那些只是人的人或者只是老虎的老虎更可怕。

可敬的多布里茨霍菲尔问阿比朋人：“你们每天在平原上毫不畏惧地打死老虎，为什么你们对村里的那个假想的老虎反而害怕呢？这是怎么回事呀？”阿比朋人微笑着回答说：“你们神父不明白这些事情。我们不怕平原上的老虎，我们常常打死它们，因为我们能够看见它们。我们害怕假老虎是因为我们既不能看见它们，也不能打死它们。”[①]同样的情形，回乔尔人头上插鹰羽，目的不仅是打扮自己，而且这也不是主要的。他是相信他能够借助这些羽毛来使自己附上这种鸟的敏锐的视力、强健和机灵。迫使他这样行动的又是那个作为集体表象之基础的互渗。

一般说来，原始人为达到预期结果而应用的方法，能阐明他们关于自然力、他们周围的生物和现象之产生的观念；因为我们可以说，他们是按照自己的想象来模拟这个产生过程，要不然就是把这

① Dobrizhoffer, *An Account of the Abipones*, ii. pp. 77–8.

个产生过程想象成他们自己的所作所为的象征。然而，如我们在底下的详述中将要见到的那样，这些方法本质上是神秘的，它们差不多永远包含着互渗的因素。因而它们关于周围自然界的力量的观念也具有这种性质。这提供了一个新的根据来拒绝这样一种讲得通的诱人的但不正确的理论，按这种理论，原始人由于自发的和必然的采用神人同形同性论类比，所以在自然界中处处看到了与他们自己相像的意志、神灵、灵魂。事实绝不允许我们归因于原始人对自己活动的预先深省和基于这种深省的结果的概括，事实不许我们给原始人硬加上那种无论如何在起源上必须是万物有灵论的合乎逻辑而又首尾一贯的自然“哲学”。

毫无疑问，应当重视泰勒、弗雷泽及其同事和弟子们搜集并予以分类的大量事实，应当假定，按照这些事实，我们不能在原始人的集体表象中发现任何东西是死的、静止的、无生命的。有足够的证据证明，所有的存在物和所有的客体，甚至非生物、无机物，甚至人的手制作的东西，都被原始人想象成能够完成最多种多样的行动并能受到这些行动的影响。马来人矿工相信地里的锡矿只能被一定的人发现，其他人不能发现；[①]我们还见到，如喀申所述，习见的手工制品形状的丝毫不差，对朱尼人有多么重大的意义。然而，绝不能由此得出结论说，锡矿或者家庭用具有一种被想象成与人的灵魂相似的灵魂。我们只可做出这样的结论：原始人关于存在物和客体以及与它们有关的一切东西的表象是神秘的，这些表象是受互渗律支配的。可能，在这种思维发展的一定阶段上，所与社

① Skeat, *Malay Magic*, p. 259.

会集体的成员会表现出下面一种并行的趋势，即一方面趋向于更明确地意识到自己这个人的存在，另一方面趋向于在自己以外，在动物身上，在树木里、山岩里等等，或者在神灵的身上来想象类似的个人的存在。但是，不论是这个表象还是这种概括的相似，都不是这种思维的最初的自然的产物。

柏惠尔-勒舍博士根据非洲西海岸的巴菲奥蒂人的情形对这个问题做了详细的研究。[①] 我们不能在这里转述或者即使摘要叙述他根据对土人们的信仰和风俗的极细致的观察而做出的对这个问题的论证。他得出结论说，"意志"、"灵魂"或者"神灵"这些词必须一概放弃不用。诚然，在他们看来，存在物和现象里面是有什么东西，但这不是灵魂，也不是神灵，也不是意志。如果一定要用什么术语来表现它，那么，最好是用"物力说"这个术语来代替"万物有灵论"。柏惠尔-勒舍引用了17世纪一个旅行家德柏尔（O. Dapper）的叙述，照他说，"这些民族既不知道神，也不知道魔鬼，因为他们还没有任何适当的名字来叫它；对一切他们在其中感知了隐秘力量的东西，他们都只限于用一个'mokisie'的名词来叫它。"他还指出巫师害怕死者的灵魂，并不亚于普通人。"如果问一问大名鼎鼎的恩甘加（nganga）（巫医），他是借助谁的灵魂或魂来发生作用的，他会满怀惊惧地沉默地看你一眼。他对这种东西从来就没有任何观念；这太可怕了……简而言之，巴菲奥蒂人不知道最基本的魂。在他们看来，一方面，到处存在着生命和力量的本原（现在它们被看成是来源于最高的神）；另一方面，是他们自己，而

① *Die Loango-Expedition*, iii. 2, pp. 356-7.

在他们和上述那些本原之间则存在着死人的灵魂。这就是一切。黑巫[①]及其对手白巫就是靠这些力量而不是靠灵魂或者神灵来行动的。”[②]

在南美最不发达的部族那里，也有同样的情形。“最原始的万物有灵论观念是在于认为自然界到处都有灵性（Allbeseelung）；这个观念根本不是关于人的灵魂的观念的派生，它是通过简单的类比与人的灵魂的观念同时形成的。”[③]传教士玖诺（H. A. Junod）十分恰当地表述了这个关于自然界的观念的性质。他说：“巴隆加人（Ba-Ronga）[④]与他们同种族的班图人一样是万物有灵论者。在他们看来，宇宙充满了神灵的影响，这些影响有时是善的，但恶的居多，这是必须予以防止的。他们对这些影响有没有清晰的观念呢？没有：他们的万物有灵论观念还是十分模糊的……但是他们却有两个或三个十分习惯的观念，这些观念清楚地呈现在他们的信仰的模糊背景上。这就是关于 khombo（不幸）、nsila（亵渎）和 yila（禁止的东西）的观念。”[⑤]

有时候，甚至那些属于泰勒和弗雷泽学派的研究者，在描写他们所见的东西时，也在我所指出的那个方向上使用了一些倾向于

① 黑巫和白巫不同，白巫依靠自然力量达到“奇迹的”效果，而黑巫则求助于魔鬼、恶灵、恶魔。巫的这种分法产生于中世纪，产生于信“鬼”的极盛时代。——俄编者注

简而言之，黑巫是驱使恶魔的巫术，白巫则是驱使天使的巫术。——汉译者注

② *Die Loango-Expedition*, pp. 276-7, 313.

③ P. Ehrenreich, *Die Mythen und Legenden der Süd-Americanischen Urvölker*, p. 19.

④ 南非一部族。——汉译者注

⑤ Junod, *Les Ba-Ronga*, p. 471.

改变他们的导师的理论的用语。例如，斯凯特（W. W. Skeat）就说过："马来人的风俗的基本观念大概是那个要求在人的身上和在自然界中存在某种共同的生命的本原（Semangat）的渗透一切的万物有灵论（all-pervading animism），由于没有其他更适当的词，我们在这里把这个生命的本原叫作'灵魂'。"①在婆罗洲，土人们"可说几乎给每种自然力和一切生物都平添上灵魂或者灵。"然而，应当怎样理解这个万物有灵论教义呢？"他们感到自己是被那些由实际的需要吸引着他们去注意的客体里集中的神灵力量从各方面包围着。如果使用心理学家们惯用的用语，则可说他们在神灵力量的整个连续（连续性的介质）里，以极不同的明确程度分出了许多神灵力。最不重要的神灵力表现得最不明确，但它们是被看成能够危害于人的东西。"②

爱丽西·弗勒捷尔（Alice Fletsher）小姐关于北美也几乎完全是用同样一些词句来描写这个先于确定的个体的神灵力量的连续（个体是这个连续的分化的结果）。她说："印第安人把一切存在物和客体、一切现象看成是浸透了一个不间断的并与他们在自己身上意识到的那种意志力相像的共同生命。他们把一切东西里面存在着的这个神秘力量叫作瓦康达（Wakonda）；一切东西彼此之间以及它们和人之间就是借助这个力量来联系的。在这个生命的连续的观念中，维持着看得见和看不见的东西之间、有生命的东西和死的东西之间以及什么东西的碎片和这个完整的东西之间的亲

① *Malay Magic*, p. 579.

② Hose and Macdougall, "Men and Animals in Sarawak", J. A. I., xxxi. p. 174.

族关系。"[①]用万物有灵论的语言，能不能使人比较彻底地感觉到那些服从于互渗律这个原逻辑思维的基础的神秘表象呢？最后，克雷特（A. C. Kruijt）在自己不久前的著作中，[②]也假定了，与传统的万物有灵论相反，原始人的思维首先想象到的是神秘力量的连续、不间断的生命的本原、到处都有的灵性，而个体或者个人、灵魂、神灵则表现出只占次要地位。

因此，可以认为，经过仔细检验的事实材料搜集得愈多，这些事实材料愈多地摆脱万物有灵论的解释（观察者们经常把这种解释强加给它们，甚至是不自觉地这样做），就会愈加清楚地表现出，作为神秘的思维的原始人的思维也必然是原逻辑的思维，亦即首先对人和物的神秘力量和属性感兴趣的原始人的思维，是以互渗律的形式来想象它们之间的关系的，它对逻辑思维所不能容忍的矛盾毫不关心。

① "The Signification of the Scalp-lock (Omaha Ritual)", J. A. I. , xxvi. p. 437.

② *Het Animisme in den Indischen Archipel*, pp. 1-2(1906).

第三章

原逻辑思维的运算和方法

I

要在原逻辑思维和我们的思维的推理运算①之间进行任何比较，或者要弄清这二者彼此相符到什么程度，那是徒劳无益的，因为这种相符的假设本身就是不能成立的。我们没有理由来臆断地假定原始人的思维和我们的思维使用的是同一个机制。我们的逻辑思维的推理运算（我们从心理学和逻辑学中熟悉了对它们的分析），要求大量具有范畴、概念和抽象术语的形式的复杂材料的存在和运用。它们还要求，真正的智力机能已经是极其分化的。简而言之，它们要求具有我们不论在什么原始社会集体中都不能找到的那些条件的总和。但是，如我们已经见到的那样，原逻辑思维也有它自己的、为其推理运算所必然服从的规律。

要确定这些运算是什么东西以及它们是怎样实现的，除了根据我们已经观察到的集体表象之间的直接关联来描写和分析它们外，别无他法。由于这些运算的性质本身，同时又由于我们拥有的

① 推理运算就是包含在以逻辑推理、特征和证据的串联为基础的概念和结论的形成中的思维运算。与推理认识相反的是直觉认识，亦即直接的、撇开固定而明确的概念的非逻辑的认识。——俄编者注

材料不足，这就变成了一个最困难的任务。因此，我要进行的尝试，其结果无疑将只能提供一个很不完全和极不完善的草图。但是，如果这种尝试能说明原逻辑思维的运算决定于互渗律，并且离开互渗律就不能得到解释，那也是不无益处的。

在着手分析这些运算以前，我们首先应当谈一谈关于矛盾律和互渗律的共存问题。可不可以假定，原逻辑思维的某些运算专门受矛盾律支配，而另一些运算则专门受互渗律支配呢？能不能认为，比如说，凡属于个人的表象的东西都是逻辑思维的产物，而集体表象则只服从于原逻辑思维所特有的规律呢？个人的表象和集体表象之间的这种不可逾越的鸿沟是不可想象的，即使是因为很难（实际上几乎不可能）在个人的表象和集体表象之间划一条明确的分界线。事实上，有什么东西能够比感性知觉更个人化呢？但是，我们仍然发现原始人的感性知觉在何种程度上被那些不能与它分开而且无疑具有集体性质的神秘因素所包围。原始人所体验的大多数情绪和他在看到这个或那个甚至极平凡的事物时几乎本能地完成的大多数动作，也是这样的情形。在原始社会中，个人的全部精神生活，和在我们的社会里一样，也许还要更强地达到深刻的社会化。

因而必须料到，互渗律的影响不仅在我们叫作集体表象的那种东西里面起着占压倒优势的作用，而且还能使人感到它在一切智力运算中都或多或少是强有力的。相反的，矛盾律的影响起初是在那些离开它就不能进行的运算中（计算、推理，等等），后来也在那些受互渗律支配的运算中或多或少强烈而经常地表现出。在这里，一切都是十分不稳定的，漂浮不定的。我们的任务的最大困难之一也在于此。在原始民族的思维中,逻辑的东西和原逻辑的东西并不是各行其是,泾渭分明的。这两种东西是互相渗透的,结果形成了一种很难分辨的混合物。由于在我们的思维中逻辑定律绝对排斥一切直接与它矛盾的东西,所以我们不能适应那种逻辑的东西和原逻辑的东西共存而且同时在智力机能中各显其能的思维。在我们的集体表象中仍然保留着的原逻辑的因素是太弱了,不足以使我们再现那种以原逻辑因素占统治地位但不排斥逻辑因素的智力状态。

首先使人惊异的是原逻辑思维很不喜欢分析。在一定意义上说,任何思维活动无疑都是综合的活动,但是谈到逻辑思维时,这种综合几乎在一切场合中都包含着先前已有的分析。只有在思维的材料预先消化了,得到了整理、分解和分类以后,各种关系才能借助判断表现出来。判断运用的是严格确定的概念,而概念本身就是先前的逻辑运算的产物和证明。在我们社会中,这个进行着和记录着大量连续的分析和综合的先前工作,是每个人刚刚学会说话,刚刚通过教育来与他个人的自然发展紧密结合的时候开始进行的;这种结合是如此紧密,以致使某些哲学家相信了语言的起源是超自然的。在这方面,逻辑思维的要求是通过社会环境的不间断的压力,通过语言本身以及那种以语言的形式表达出来的东西在每个人的意识中强行确立下来的。这是我们社会中任何人也不丧失、任何人也不想拒绝的遗产。因此,逻辑规则在我们这里是以不可抗拒的力量强制着任何个人的智力机能接受它。为智力所产生出的新的综合必须适合这个智力所运用的概念的定义,必须适合为先前的逻辑运算合法化了的定义。简而言之,在我们社会

中，个人的智力活动不管是以什么形式实现的，它都必须服从于矛盾律。

原逻辑思维进行运算时的条件则是根本不同的。毫无疑问，它也是通过社会的途径，即通过语言和概念来传达的，离开语言和概念，它简直是寸步难行的。原逻辑思维也要求一种预先完成的工作，要求一种世代相传的遗产。但是，这些概念与我们的不同，[①]因而这些智力运算也与我们的不同。原逻辑思维本质上是综合的思维。我是想说，构成原逻辑思维的综合与逻辑思维所运用的综合不同，它们不要求那些把结果记录在确定的概念中的预先分析。换句话说，在这里，表象的关联通常都是与表象本身一起提供出来的。原始人的思维中的综合，如我们在研究他们的知觉时见到的那样，表现出几乎永远是不分析的和不可分析的。由于同样的原因，原始人的思维在很多场合中都显示了经验行不通和对矛盾不关心。集体表象不是孤立地在原始人的思维中表现出来的，它们也不为了以后能够被安置在逻辑次序中而进行分解。它们永远是与前知觉、前表象、前关联紧密联系着，差不多也可说是与前判断紧密联系着；原始人的思维正因为是神秘的，所以也是原逻辑的。

但是，有人会反问：如果说不文明民族的智力运算在其机能样式上如此不同于逻辑思维，如果说原逻辑思维的基本规律就是那个先天的使前关联和无穷无尽而多种多样的互渗得以实现的互渗律，最后，如果说它是不受经验的控制，那么，在我们看来，它不成

① 参看第三章，第 134-7 页。

了不受任何规律节制的、完全随意的、为我们绝对不能理解的东西了吗？其实正相反，几乎在一切低等民族中间我们都见到了这种思维是稳定的、停滞的、差不多是不变的，不但在其本质因素上而且也在其内容上，乃至在其表象的细节上都是这样。这里，原因在于这种思维尽管不服从逻辑运算，或者更正确地说正因为它不服从逻辑运算，所以它绝不是自由的。这种思维的一致，反映了它所符合的社会结构的一致。原始社会的制度可说是预先 ne varietur（不可改变地）固定了集体表象的实际可能的组合。表象之间的关联的数量和它们进行关联时所用的方法是与这些表象一起同时被预先决定的。在这样确定下来的前关联中，特别显出了互渗律的优势和真正智力要求的劣势。

此外，集体表象通常还形成一部分神秘的复合，在这种复合中，情感的和激情的因素简直不让真正的思维获得任何优势。对原始人的思维来说，很难存在赤裸裸的事实和实在的客体。这种思维想象到的任何东西都是包含着神秘因素的：它感知的任何客体，不管是平常的还是不平常的，都引起或多或少强烈的情感，同时，这个情感的性质本身又是为传统所预先决定的。因为，除了那些纯粹个人的和依赖于有机体的直接反应的情感以外，在原始人那里，没有任何东西比情感更社会化了。同样，不发达社会的成员们所感知、感觉、体验的自然界，只要社会集体的组织制度不变，它也必然是先定的，一成不变的。这个神秘的和原逻辑的思维只是在集体表象的最初的综合、前关联渐渐分裂和分解时才开始进化的；换句话说，它是在经验和逻辑的要求对互渗律占上风的时候才开始进化的。只是在这时候，真正的所谓“思维”才服从着这些要求，开始分化、独立和解放。只是在这时候，稍稍复杂的智力运算才有可能实现，而思维所逐渐服从的那个逻辑机制则成为它的解放的必要条件和它的进化的必要工具。

II

记忆首先在原逻辑思维中起着比在我们的智力生活中大得多的作用，在我们的智力生活中，为记忆所惯常完成的某些机能是从记忆中排除出去的，或者具有了其他性质。我们的社会思维的宝库是以冻结的形式，通过彼此并列或从属的概念的系统来遗传的。在原始民族中间，这个宝库常常是由极大量的错综复杂的集体表象组成的。在这里，它差不多只是通过记忆来遗传的。在整整一生中，不管涉及神圣的东西还是世俗的东西，不论我们的积极意志如何，任何影响都要引诱我们去运用逻辑功能，但在原始人那里却唤起了一种限制行动的复杂而常常是神秘的回忆。原始人的记忆甚至具有一种特别的色调，这色调使它有别于我们的记忆。经常使用包含抽象概念的逻辑机制，对奠基于这个机制的语言的可说是自然的应用，要求我们的记忆优先掌握那些以客观的和逻辑的观点看来具有优势意义的关系。在原逻辑思维中，记忆具有根本不同的形式和另一些趋向，因为记忆的内容具有根本不同的性质。它既是十分准确的，又是含有极大情感性的。它通过极大量的细节来再现复杂的集体表象，而且永远是以这样一种次序来再现的，在这种次序中，集体表象按照本质上神秘的关系彼此间传统地关联着。因而它在某种程度上补充着逻辑功能，也以同样程度利用着逻辑功能的特权。例如，作为其他表象的结果而必然引出来的

另一表象，在原始人的意识中常常具有结论的性质。所以，如我们将要见到的那样，朕兆几乎永远被认为是原因。

那些在不文明民族的思维中占有如此重要地位的前关联、前知觉、前判断根本不要求逻辑活动；它们只不过依靠记忆来实现。因此我们应当指望原始人的记忆有非常高度的发展。实际上，观察者们的报道也证实了这个事实。可是，由于他们没有深思这个问题，推想了记忆在原始人那里完成着和在我们这里一样的功能，所以，他们常常显得非常惊讶和困窘。他们所见到的好记性的奇迹，其实只不过是这种记忆的正常的运用。斯宾塞和纪林在谈到澳大利亚土著居民时说："他们的记忆在许多方面都是非凡的。""土人不但能分清每种动物和每种鸟的足印，而且在查看了什么兽穴以后，能立刻按照最新足印的走向告诉你这里有没有动物……听起来也许奇怪……土人能认出他的每个熟人的足迹。"[①]澳大利亚的第一批研究者就已经指出了原始人的这种惊人的记忆力。例如，格莱(George Grey)告诉我们三个窃贼是根据他们的足印被发现的。"我遇见了一个聪明的土人，名字叫莫耶-艾-南，他陪我去看了那块马铃薯被窃的菜园。他发现那里有三个土人的足印，他运用着根据足印判断是谁走过的技能，告诉我这三个小偷是某土人的两个妻子和一个名叫达尔-贝-安的小孩。"[②]使埃尔(E. J. Eyre)感到震惊的是，土人们"对他们居住的那个地区的每个角落都了如指掌；下过阵雨以后，他们清楚地知道在什么山岩上可能留

① Spencer and Gillen, *The Native Tribes of Central Australia*, p. 25.

② Grey, *Journals of Two Expeditions of Discovery in North-western and Western Australia*, ii. p. 351.

下一点儿水，在哪个坑里水留存得最久……如果头天晚上降了大露，他们知道什么地方草会长得最高，他们可以从那里采到最多的露水……”①

罗特(W. E. Roth)也着重指出中昆士兰的西北部的土人们有“惊人的记忆力”。他听见他们“吟唱了整整五夜才唱完一支歌(在科罗波利〔Corrobories〕②演唱的一系列摩隆加〔Molonga〕曲)。如果想一想，相距 90 英里的两个地方的演唱者都能正确无误地用他们根本不知道的语言来演唱这同一支歌，这个事实就更显得奇妙了……整个部落都是用绝对不同于本族语言的语言来死记全部科罗波利的办法学会演唱这些科罗波利的，演唱者和听众没有一个人懂得一个词的意思。歌词记得非常准确，我在那些操各种语言、彼此住在相距一百英里以上的地方的部族演唱这些科罗波利时按发音记下的这些科罗波利，充分证明了这一点。”③

封・登・斯泰因在他的申古盆地④的调查中也报道了类似的经验。“每个部落都知道邻近部落的歌曲，但不确切懂得它们的意思，我不止一次地证实了这个事实。”⑤在北美的许多部族那里还发现宗教性质的世代相传的咒语，但不管是神职人员还是听众都不懂得这些咒语。在非洲，李文斯通也对某些土人的绝好的记忆

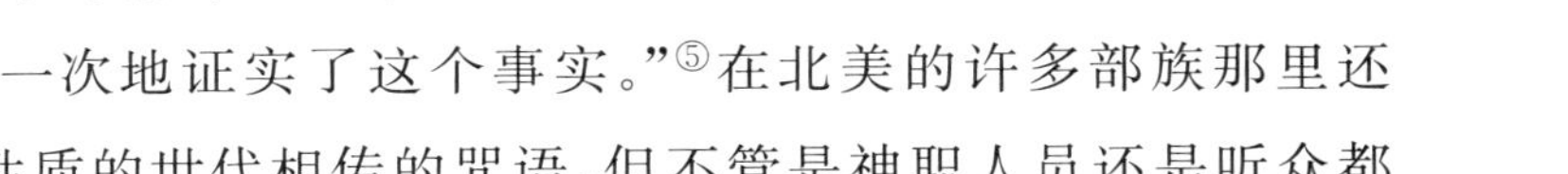

① Eyre, *Expeditions into Central Australia*, ii. p. 247.

② 澳大利亚中部土著居民的图腾崇拜性质的节庆，节期继续几个月，伴随着舞蹈和狂欢。——俄编者注

③ W. E. Roth, *Ethnographical Studies among the N. W. Central Queensland Aborigines*, Nos. 191,199.

④ 在巴西。——汉译者注

⑤ K. von den Steinen, *Unter den Naturvölken Zentralbräsiliens*, p. 268.

力感到惊奇。“这些首领的使者有非常好的记性。他们把口信带到很远的地方去，并且传达得几乎字字不差。通常，他们都是两个或三个人一起出发，他们在旅途中每晚上复习口信，以便牢牢记住原话。土人们反对学习书写的理由之一正是推说这些人能够把消息口传到很远的地方去，并不比书信差。”[①]

在原始人那里高度发展的这种记忆力的一个特别出色的形式，乃是能够记住他们走过的地方的地形的最微小的细节，能够怀着使欧洲人震惊的信心准确地记住回路。在北美印第安人那里，这种地形记忆“近似一种奇迹；他们只要在什么地方待过一次，就足可永远准确地记住它。不管多么大多么难通行的森林，只要他们判定了方向，就能穿行过去而不致迷路。阿卡的亚[②]和圣劳伦斯湾[③]的土人们常常坐着自己用树皮作的小独木舟到拉布拉多半岛[④]去……他们不用罗盘划行三、四十海里约[⑤]，准会正好到达他们要登岸的地点……即使是阴天，他们也可以毫无差错地根据太阳的方位行走好几天。”查理瓦（Pièrre Charlevoix）倾向于认为这是天生的能力。“他们生来就有这种天赋；这根本不是他们的观察或者长期习惯的结果；即使从来还没有走出过自己村庄的孩子也像那些走遍全国的人一样满有把握地走着。”像澳大利亚土人一样，“他们拥有一种能知道是否有人走过某个地方的惊人能力。他们能在矮草地上，在硬土地上，甚至在石头上发现足印，而且按照

① Livingstone, *Zambesi and its Trabutaries*, p. 267(1865).

② 加拿大那佛斯科的亚半岛的旧名。——汉译者注

③ 在加拿大。——汉译者注

④ 北美哈德逊湾与大西洋间的半岛。——汉译者注

⑤ 法国旧长度单位，1 里约约等于 4.5 公里。——汉译者注

足印的形状，按照它们的走向，按照它们彼此间的距离，分辨出各种部族的人的足迹，而且分辨出是男是女。”①

柏惠尔-勒舍博士研究了西非沿岸的同类事实，正确地区别出他叫作“地点感”（Ortssinn）和“方向感”（Richtsinn）的那种东西。我们叫作地点感的那种东西，只不过是对地点的记忆。这是一种后天的能力，它是奠基于极强的死记能力上，奠基于对无数细节的识记上，这种识记使人能立刻忆起那个地方……更优于这种地点感的是方向感或方向敏感（Richtungsgefühl）。这不是什么特殊的感觉，这是达到了高度完善的地点感，因而也是一种记忆的形式。谁获得了这种敏感，谁就永远不会迷路。毫无疑问，“他并不是经常能够正确无误地到达指定地点，但无论如何他总是在引向目的地的方向上走着……不论在野外，在雾中、在雨天、雪天、深夜。但是，我见到，在狂风暴雨中这种敏感就完全消失了……赋有良好的地点感的人可以免除晕船的痛苦。”②

这个分析可以帮助我们理解其他研究者报道的涉及原始民族中的某些个人的类似观察。例如，一个名字叫米亚果的澳大利亚土人，“能够在没有太阳、星星帮助的情况下立刻正确无误地指出我们要去的那个港口的准确方向。常常有人考问他，而且是在天气变化最大的时候考问他，可是说来也许奇怪，他总是答对了。这个能力尽管与我听说过的北美土人们所具有的那种能力很相像，但还是使我大为惊异，这还是在陆地上，至于在海上，在距离看不

① Charlevoix, *Journal d'un Voyage dans L'Amérique Septentrionale*, iii. p. 239.

② *Die Loango-Expedition*, iii. 2, pp. 28-9.

见的海岸很远的地方，这种能力就更是不可思议了，这无疑是不能解释的。”就是这个米亚果“准确地记得我们在航行期间访问过的所有地方；看来，他是把航船的踪迹绝对准确地保持在自己的记忆中了。”[1]

在火地岛[2]的土人们那里也见到了这种能力。“尼魁卡斯人(Niqueaccas)对47度与麦哲伦海峡[3]之间的整个沿海地带知道得这样清楚，以至在长久的航行以后，在离陆地很远的地方，把他带到不算高的高地上，他就能指出从这地方看出去目所能及的最好的停船地点和捕海豹的地点……十岁的小波布坐‘亚多涅亚’号船，来到海上，当船行到岸边，劳夫问他哪里可以找到海湾。一旦波布明白了这个问题(这对他可不容易，因为他那时英语懂得很少)，他就攀着缆索爬上去，神情不安地四下了望着。稍稍犹豫了一下，他指出了应该开向的地方，接着他来到测深锤跟前，让劳夫先生知道在接近岸边时什么时候该测深……这是这些野蛮人的知觉和记忆能力所达到的高度的一个惊人的证明。”[4]

这显然是一种充分发展的“地点感”，它达到了最高的程度，用柏惠尔-勒舍博士的话来说，它在这种程度上就变成了“方向感”；然而，这里面除了“罕见的”地形记忆外，是没有其他任何奇迹的。

封·登·斯泰因对类似的虽然不如上述那样惊人的事例给我们作了很好的描写。“安东尼奥(一个巴卡伊利人〔Bakairi〕[5]的名

① Stokes, *Discoveries in Australia*, i. pp. 222-3(1846).

②③ 在南美洲。——汉译者注

④ Fitzroy, *Narrative of the Surveying Voyages of the "Adventure" and the "Beagle"*, ii. pp. 192-3.

⑤ 巴西北部一部族。——汉译者注

字)看了一切,听了一切,在自己的记忆中积聚了一些最不重要的细节,他靠这些地形特征的帮助,表现了文明人叫作方向感的那种能力。如果我不是通过许多次的询问证实了这一点,我未必能相信有谁在单调的河上旅行过一次就能够不要文字记载而对流域的各种特点知道得这样详尽无遗。安东尼奥不但准确地记住一切河湾,而且每次当我问到他时,他都能正确地告诉我到某个地点以前还有多少河湾。他脑子里有这河流的一幅地图;或者更正确地说,他是在自己的记忆中按顺序保持住了若干表面看来不重要的事实,例如,这里是树,那里放了一枪,更远点地方有些蜜蜂,等等。"①

这种记忆,这种具体的、能够把感性印象的最微小细节按其出现的顺序正确地再现出来的记忆,它的这种惊人的发展,也在另一方面表现出来,即在原始人语言的词汇丰富和语法的复杂方面表现出来。然而,就是这些人,用这些语言说话并拥有这种记忆力的人(如澳大利亚或者巴西北部的土人),却不能数出多于 2 或 3 的数。只要是抽象的推理,不管多么简单,稍微费点脑筋,就会惹得他们讨厌,以至他们立刻就声称累了,于是不再推下去了。因而我们应当认为,如上面已经指出的那样,他们的记忆代替了那些在其他地方依赖于逻辑机制的运算(这无疑是很难的,但它是应当代替的)。在我们这里,在涉及智力机能方面,记忆只起一种从属的作用,一种记录概念的逻辑加工的结果的作用。但对于原逻辑思维来说,记忆则几乎完全是非常复杂的表象,它们是按照不变的次序

① K. von den Steinen, *Unter den Naturvölkern Zentralbräsiliens*, pp. 155-7.

一个跟着一个的，对它们来说，最基本的逻辑运算都是十分困难的（因为其语言本身就不适于这些运算），所以，很难假定传统会容许这些运算，会有个别人想到或者决定去进行这些运算。我们的思维，由于它是抽象的，所以能够一下子解决大量的、包含在一个唯一的表式中的问题，只要我们使用的词汇是足够一般和明确的。然而，原逻辑思维对这一点甚至是不能想象的，所以这种情况使我们难于再现这种思维的过程。一个一页接一页辛辛苦苦地抄写着他所朝思暮想的什么手稿的 11 世纪的抄写者，与几小时印几十万份的大报馆的滚筒机的距离，并不比包含着预先形成了表象的关联和几乎唯一地只使用记忆的原逻辑思维与拥有抽象概念的奇异机制的逻辑思维的距离更远。

III

那么，我们理当说正是在十分低级的社会集体中，这种思维完全不使用抽象概念啰？当然不能这样说。这些社会集体所使用的常常是极端复杂的语言，他们世代相传的制度，足可以说明相反的情形。但是，在这些社会集体中使用的概念大都与我们的不同。形成并使用这些概念的那个意识不只是原逻辑的，它实质上也是神秘的，像我们已经见到的那样，如果神秘的性质决定了原始人的知觉方法，那么，神秘的性质对于抽象和概括的方法，亦即对概念形成的方法，也会产生不小的影响。尤其是涉及真正的集体表象时，原逻辑思维往往是靠互渗律来达到它的抽象的。可以想象，要证明这点是极端困难的，因为观察者们所提供的证明，不可避免地被他们译成了他们所熟悉的并能容纳在我们的逻辑框子里的概念的语言。尽管如此，斯宾塞和纪林还是向我们报道了一些事实，可以使我们相当清楚地看出原逻辑思维是怎样进行抽象的。

“当问到土人这些图画表示什么意思……他们一定会回答，这些图画只是玩意儿，没有任何意义……但是……类似的图画，只要是画在什么神器上或者画在特别的地方，它们却又有十分确定的意义……同一个土人会告诉你，一幅特制的图画，画在某个地方，什么意义也没有；但如果它是画在其他地方，他又会完全确切地告诉你，这图画应当表示什么意思。这第二种图画永远是在那个我们可以把它叫作神场的地方出现的，这地方妇女不能走近。”[1]“努尔通涅（nurtunja）（神竿）是某种东西的象征，而且只是这种东西的象征，尽管在外表上和构造上它可能与另一个表示绝对不同的东西的努尔通涅完全相像。例如（这是在不久前的事），假定说一个大珠灵卡或者努尔通涅代表橡胶树，那么，在土人们的意识中它是如此紧密地与橡胶树联想着，以至根本不能把它想象成旁的什么东西；如果过了些时候，土人为了象征鸸鹋而需要珠灵卡或者努尔通涅，即使与前一个完全相同，也必须另外做个新的。”[2]相反的，同一个东西在不同的情况下也可能具有完全不同的意义。“梵宁加（waninga）（图腾动物或植物的神圣标记）的各个部分有完全不同的意义，但应当记住，同一个部分对一个图腾说来有某种意义，但对另一个图腾则有根本不同的意义。”[3]最后，关于在同一些澳大利亚土著居民那里搜集的形似几何图形的图样，斯宾塞和纪

① *The Native Tribes of Central Australia*, p. 617.

② *The Native Tribes of Central Australia*, p. 346.

③ *The Native Tribes of Central Australia*, p. 308.

林说："这些几何图的由来根本不知道，它们的意义（如果它们有意义的话）纯粹是约定的。例如，刻在什么珠灵卡的表面上的螺纹或者许多同心圆，可能表示橡胶树，但完全同样的图画刻在其他珠灵卡上则表示青蛙了。"①

这里，我们见到了我们将在底下叫作神秘的抽象的那种东西的一些十分清晰的例证，这种抽象虽不同于逻辑的抽象，但它是原始思维中的一个常用的过程。实际上，如果说排他性注意②是抽象的主要条件之一，如果说这种注意必然指向那些在主体看来具有最大兴趣和最大意义的特征，那么，我们要知道对神秘的和原逻辑的思维来说这将是些什么特征。这首先是这样一些特征，它们能确定可见的、可触的、具体的客体与包围着这些客体的不可见的和神秘的力量，与保证人和物的神秘属性和能力的神灵、幻象、灵魂等等之间的联系。与知觉一样，原始人的注意的趋向也与我们的不同。因此，他们的抽象也不是像在我们这里那样实现的，它是受互渗律支配的。

我们要有效地再现这种抽象是极端困难的。怎样理解上述斯宾塞和纪林的第一个观察中所报道的事实，即两幅完全相似但出现在不同地方的图画，一个表示了确定的东西，而另一个则什么也不表示呢？对我们来说，图画所表现的最重要关系是相似关系。当然，这个图画可能具有象征性的、宗教的意义，同时能引起一些伴随着强烈情绪的神秘观念：例如佛罗伦萨的圣马可修道院（St.

---

① *The Northern Tribes of Central Australia*, p. 697.

② 即用于选择和析出特征的注意。——俄编者注

Mark's)里安吉里柯修士(Fra Angelico)的壁画就是这样的图画。然而,这是一些由观念联想唤起的特征,而相似仍然是基本关系。相反的,首先使原逻辑思维感到兴趣的因素则是图画的外形(还有被画的客体本身)与在其中的神秘力量的联系。没有这种互渗,客体或图画的形状是无足轻重的。①

这就是为什么当图画是画在或者刻在神器上时它就是比图画本身要多的原因;它与这个东西的神圣性质互渗了,染上了它的力量。这也是为什么当同样的图画画在其他地方,即画在没有神圣性质的东西上时,它又是比图画本身要少的原因了。没有神秘意义的图画什么也不是。

凯特林关于他画的曼丹人的首领们的肖像的详细叙述,证实了这种见解。凯特林不厌其烦地描写了曼丹人在看到这些肖像时所引起的惊异和恐怖。但是,这些印第安人自远古以来就有在自

① 欧洲人观察者如果冒昧地去解释原始人的图画,几乎一定要碰钉子。封·登·斯泰因在巴西根据经验确信了这一点。巴金松(R. Parkinson)也说:"我们在这里碰到一个难题。'Mitteilungen'(德国一家人种学杂志)在这些图画里看出了蛇,的确,在这些图画里是可以看出蛇的头和身体;但是拜宁人(Baining)却肯定地说这是猪……接下去的一个图勉强可以看成是脸孔,但据土人们解释,它是粗棍子,虽然它跟粗棍子没有任何相似之点。当然,没有一个人,即使是天赋最荒唐最狂放的想象力的人也想不到这种解释……接下去是三个圆形的图画,我倾向于把它们看成是眼睛,但土人们马上驱散了我的错觉,他们肯定地告诉我眼睛不能画在图画上。还是拜宁人给我解释了这些图案。毫无疑问,画这些图画的人们是把一定的观念与这些图画联想起来了,尽管它们之间的关系几乎在一切场合中都是我们所不能看出的,因为图画与所画的东西之间没有任何相似之点。我们见到,我们要按照图画中表现的与我们所知的东西之间的相似来解释原始人的图案画是多么错误。拜宁人在这些约定的图画中看出了贝壳、树叶、人形,等等。这种观念在他们的脑子里确立得这样牢固,以至问到他们这些图画的意义时,准会在他们脸上看出一种莫名其妙的表情:他们不能理解大家怎么不能一下子明白这些图案的意义。"(Parkinson, *Dreissig Jahre in der Südsee*, pp. 621-7; cf. pp. 234-5.)

己的旗帜上画上他们历史上最惊人的事件和在这些图画中画上(诚然是十分粗糙地)自己领袖的容貌的习惯。那么,怎样解释凯特林画的肖像所引起的恐怖呢?是不是它们与原型太相像了?不是的,实际上是曼丹人见到了一些不寻常的画,这些画在他们看来包含新的神秘的互渗,因而它们也像一切没有见过的东西一样是非常凶险的。他们自己的图画也表现互渗,但这是一种完全确定的互渗,所以不会引起惊慌。而凯特林画的肖像则表现了根本不同的互渗,因为凯特林所用的方法在土人们看来是奇怪的,因为这些肖像“像活的一样”。因此,和在以前的例子中一样,在这个例子中,原逻辑思维也是以神秘的观点来进行抽象的。如果不感到神秘的互渗,那么,图画的形式就会不被觉察地放过了,或者,至少不能引起注意。这情况用欧洲人观察者的话来说,则是图画“绝对不表示任何东西”。这并不意味着原始人分不清图画,这意味着,如果他不神秘地进行抽象,他就根本不进行抽象。

关于努尔通涅的观察也是同样清楚的。阿龙塔人不能想象同一个努尔通涅起初可以表示树,以后又可以表示鸸鹋:他们宁肯不怕麻烦再作一个努尔通涅来表示鸸鹋,尽管与前一个完全一样。在这里,我们可以看到一个宗教仪式的定规,即同一个东西只能为宗教目的使用一次。但是,斯宾塞和纪林推翻了这种解释。他们明明说,阿龙塔人认为两件相似的东西有不同的意义。这是神秘的抽象的奇妙例子。两个努尔通涅中的一个与树的性质神秘地互渗,另一个与鸸鹋的性质互渗,只要它们根本不同,只要一件东西不能兼任另一件东西,这就够了。阿龙塔人对这些东西的形状相同是不感兴趣的，如同“Sang”（血）和“Cent”（一百）①这两个词的发音相同不会使我们感到兴趣一样。正如我们经常使用这两个词而不注意它们相同的发音一样，原逻辑思维对两件东西的形状相似也是不予注意的。它只注意那个赋予这两件东西中的每一件以神圣性质的神秘的互渗。

同样，一个图画在一件珠灵卡上代表橡胶树，而完全相同的图画画在另一件珠灵卡上则代表青蛙，因而观察者们断言，对澳大利亚土人来说，这些图画的意义纯粹是“约定的”。但是，在这个事例中却不应当说“约定的”，而应当说“神秘的”。图画使他们感兴趣，只是由于它实现了神秘的互渗。而神秘的互渗又只是决定于画着这图画的珠灵卡的神秘性质。如果珠灵卡不同，土人们很少关心它们上面的图画是不是一样。原始人对这些图画的相似的注意，并不比音乐家在读总谱时对不同调的不同音在乐谱线上占的相同的位置注意更大。斯宾塞和纪林自己也说过，图画各部分的位置，如果它的使用与某个图腾有关，它将表示某个东西，如果它的使用与另一个图腾有关，则将表示完全不同的东西。但珠灵卡与图腾具有相同的神秘性质，所以能够实现同一些互渗。

从上述第一个观察自然可以推定，人、物、肖像占的位置至少在某些场合中对这个人、物或肖像的神秘属性有决定性意义。反过来，一定的位置，正是这个位置，与在其中的客体和实体互渗，因而它们也拥有为这位置所特有的某种神秘属性。对原始人的思维

① 在俄语中，“коса”（发辫）和“коса”（镰刀）、“ключ”（钥匙）和“ключ”（泉）的发音相同可以作为例子。——俄编者注

来说，空间并不是什么单一的均质，不是与占有着它的那种东西没有关系，不是没有性质而且处处都是一样的东西。相反的，每个社会集体（例如澳大利亚中部各部族）都感到自己与它所占据的或者将要迁去的那个地域的一部分神秘地联系着；它不能想象其他集体可以占据这个地域或者它自己可以去占据其他集体的地域。土地和社会集体之间存在着的互渗关系，等于是一种神秘的所有权，这种所有权是不能让与、窃取、强夺的。此外，在这个确定的地域中，具有自己特殊的地貌和地形，自己特有的山岩、树木、泉水、沙丘等等的每个地方，又是与居留在那里的或者向人们显现出的各种看得见或看不见的存在物神秘地联系着，与在那里等待着转生的个人的魂神秘地联系着。在这个地方和这些存在物之间有一种交互的互渗：没有这些存在物的这个地方，没有这个地方的这些存在物，都不是它们本来是的那种东西。这就是斯宾塞和纪林用“地方亲属关系”（local relationship）[①]的名称来表示的那种东西，这也解释了他们如此兴致勃勃地描写的那些“图腾朝拜”。[②]

然而，如果是这样，我们就有新的理由相信原逻辑思维一般地绝不像我们习惯于做的那样去进行抽象。我们的抽象的条件乃是那个可以使概念组合起来的概念的逻辑同类性。同时这个同类性又是与关于空间的单一表象密切联系着的。相反的，假如原逻辑思维是把空间的各个区域想象成在质上不同的、通过它们与这些或那些人或物的群体的神秘的互渗而固定下来的东西，那么，我们通常

① *The Native Tribes of Central Australia*, pp. 14, 303, 544; *The Northern Tribes of Central Australia*, p. 29.

② *The Native Tribes of Central Australia*, pp. 249-255.

理解的那种抽象，对原逻辑思维来说，就显得非常困难了，我们将会发现，这种抽象是被那个作为互渗律的结果的神秘的抽象代替了。

IV

原逻辑思维所固有的原则和方法，在它进行概括时比它进行抽象时显得更突出更清楚。我谈的不是那些或多或少与我们的概念相似的、由语言的词汇证实其存在的概念，不是那些恰当地表现了所谓类概念的东西如人、女人、狗、树等等的概念。我们将看到（在下一章），这些概念的普遍性因素一般说来都是有限的，它们是以自己给存在物或客体的等所下的极特殊定义来弥补这种不足的。有了这个补充说明，这些概念就十分相当地符合我们的某些一般观念了。可是，在真正所谓原始人的集体表象中，特别是在那些与他们的社会制度和宗教信仰相联系的集体表象中，我们却发现了根本不同种类的概括，我们要再现这些概括是极端困难的，而分析这些概括或许能使我们当场发现原逻辑的和神秘的思维是什么东西。我们可以尝试着从某些神话和由仪式与典礼证实了的图腾崇拜的信仰之类出发去追溯这些概括。但是，如果可能，最好还是直接在构成它们的那些因素的组合中去了解它们。在鲁蒙霍尔茨（C. Lumholtz）关于神秘的墨西哥的杰出著作中，我们可以见到有关回乔尔族印第安人的观察，鲜明地阐释了原逻辑思维所特有的概括方法。

“玉蜀黍、鹿和‘希库里’（神圣的植物）在某种意义上对回乔尔人来说都是同一个东西。”[1]这种同一，初看起来似乎根本无法解

① C. Lumholtz, *Symbolism of the Huichol Indians*, p. 22.

释。为了使它易于理解，鲁蒙霍尔茨以实用的观点解释了它："玉蜀黍是鹿（作为一种食物），希库里是鹿（作为一种食物），最后，玉蜀黍是希库里……就它们是食物而言，它们被看成是同一的东西。"[①]这个解释是讲得通的，它无疑会随着回乔尔人的古老信仰的公式在他们的意识中渐渐失掉最初的意义而为他们自己所达到。然而，根据鲁蒙霍尔茨自己的说明看来，持上述见解的回乔尔人完全是从另一种角度来看待这件事的：正是这些我们看来如此不同的东西的神秘属性才使得回乔尔人把它们联合在一个观念里。希库里是一种神圣的植物，被指定去采集它并以整整一系列非常复杂的仪式来为此目的进行准备的男人们，每年都在举行了盛大典礼以后出发去采集它。它的采集是在遥远的地区以极端的辛苦和非常的艰难为代价进行的：回乔尔人的生存和安宁与这种植物的收成神秘地联系着。特别是他们的玉蜀黍的收成完全取决于这种植物的收成。如果希库里收成不好，如果它不是按照一切应有的仪式来采收，庄稼地就不会带来通常的收获。而且鹿在其与部族的关系中也赋有同样一些神秘的特征。在一定季节里进行的猎鹿，乃是一种实质上宗教的活动。回乔尔人的安宁和生存取决于在这期间打死的鹿的数目，正如同取决于希库里的收获量一样；这种狩猎也伴随着同一些仪式，也像神圣植物的采集一样，唤起同一些集体感情。我们见到他们屡次断言的希库里、鹿和玉蜀黍的同一即来源于此。

"在神殿外面，在进口的右边放上一捆玉米秸，在玉米秸上谨

① C. Lumholtz, *Symbolism of the Huichol Indians*, p. 22.

慎地放上一只鹿。对待鹿也像对待玉米秸一样，因为在印第安人的观念中，玉蜀黍就是鹿。按照回乔尔人的神话，玉蜀黍曾经是鹿。”[①]“对回乔尔人来说，玉蜀黍、鹿、希库里彼此联系得这样密切，以致回乔尔人认为喝了鹿肉汤和吃了希库里以后会产生同样的效果——使玉蜀黍获得丰收。所以他们在垦地以前，在开始日常工作以前先要吃希库里”。[②]

因而，在回乔尔人的集体表象中（我们知道这是些与强烈的宗教情感分不开的集体表象），希库里、鹿和玉蜀黍看来是与那些对部族有最重要意义的神秘属性互渗了；它们也就是根据这个原因被看成是“同一个东西”。回乔尔人感到的这种互渗在他们自己看来是不会引起混乱的，但在我们看来，不管我们使多大劲总是不能理解的。正因为他们的集体表象服从于互渗律，所以他们对什么东西都不觉得更简单、更自然、更必然。在这里，原逻辑的和神秘的思维不服从于逻辑思维的要求的支配，它毫不拘束、毫不费劲地发生作用。

然而，这还不是一切，鲁蒙霍尔茨会给我们说明我们刚在上面指出的那些互渗怎样与这一类的其他互渗相容并存。他写道：“我已经指出过，鹿被认为是与希库里同一，希库里与玉蜀黍同一，而某些昆虫也与玉蜀黍同一。把异种的客体看成是同一的这种同样的倾向还表现在下面一个事实上，即把彼此极不相同的东西都看成是羽毛。云、棉花、鹿的白尾、它的角、甚至鹿本身都被看成是羽

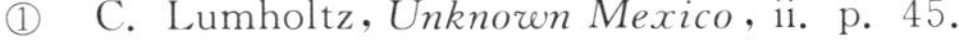

① C. Lumholtz, *Unknown Mexico*, ii. p. 45.
② C. Lumholtz, *Unknown Mexico*, ii. p. 268.

毛。土人们还相信所有的蛇都有羽毛。”[①]这样一来，已经是玉蜀黍和希库里的鹿也是羽毛了。鲁蒙霍尔茨不止一次地着重指出了这一点。“从鹿尾上拔下来的毛与鸟的羽毛分开绕着缠(宗教仪式用的箭)。回忆一下，不但鹿角，而且鹿本身都被看成是‘羽毛’，所以，鹿毛代替鸟羽和它们替换使用就是关于鹿的这个观念的明显解释。”[②]

同时，我们从另一节里知道在回乔尔人的观念中，羽毛赋有完全特殊的神秘属性。“鸟，特别是鹰……能听见一切。它们的羽毛也赋有这种能力；据印第安人说，它们的羽毛也能听见，也赋有神秘能力。在回乔尔人的眼中，羽毛是健康、生命和幸福的象征。巫师们靠羽毛的帮助，能听见从地下、从世界各地向他们说的一切话，他们借助羽毛来完成巫术的功绩。兀鹰和乌鸦的羽毛不算是羽毛。一切种类的羽毛都是宗教仪式用品的很合理想的装饰品；因而回乔尔人经常缺少羽毛。但是有一种具有特殊价值的毛，说来奇怪，这就是鹿毛。任何一个打死了鹿的印第安人都成为这种保证他的健康和幸福的珍贵的毛的所有者……在回乔尔人的意识中，不但鹿角，而且鹿的整个身体都是羽毛，正像把鸟叫作羽毛一样；我几次看见这样的情形：鹿尾的毛作为羽毛被缠在宗教仪式用的箭上。”[③]

这样一来，在鸟身上(也在它们的羽毛上)和在鹿身上(也在鹿尾的毛上)同时存在着的神秘性质，就使回乔尔人所说的“鹿是羽

---

① C. Lumholtz, *Symbolism of the Huichol Indians*, p. 212.
② C. Lumholtz, *Symbolism of the Huichol Indians*, p. 96.
③ C. Lumholtz, *Symbolism of the Huichol Indians*, p. 21.

毛”的话成为可以理解的了。鲁蒙霍尔茨把这种情形的造成解释成是由于“一种想要看出事物之间的相似的强烈倾向;而我们叫作不同类现象的那种东西则被他们看成是同一的东西。”①

但这实际上是个什么倾向呢?回乔尔人在鹰的羽毛、玉米粒、鹿角、植物希库里之间如果感知的不是神秘的相似,又会是什么相似呢?再说,这里谈的不仅是相似或者联想的问题,而且还是同一的问题。在这一点上,鲁蒙霍尔茨的论点太武断了:对回乔尔人来说,鹿是希库里,希库里是玉蜀黍,玉蜀黍是羽毛。——我们知道在其他地方大多数神和女神是蛇,那些居住着神的水池和水泉也是蛇;而神所用的神杖也是蛇。以逻辑思维的观点来看,这些“同一”始终是不可理解的。一个实体可以是另一个实体的象征,但它并不就是这另一个实体。然而,以原逻辑思维的观点看来,这些同一又是完全可以理解的,因为它们是互渗的同一。鹿是希库里,或者是玉蜀黍,或者是羽毛,如同波罗罗人是金刚鹦哥一样,如同图腾崇拜集团的一般成员都是自己的图腾一样。鲁蒙霍尔茨报道的事实是很重要的。由于互渗的作用,鹰的羽毛也赋有了鹰本身所赋有的那些神秘属性,而鹿的整个身体也赋有了鹿尾所赋有的那些神秘属性;由于互渗的作用,鹿也变成了与鹰的羽毛或者希库里同一的东西。

因此,不必继续列举证据,我们就可以看出一个为逻辑思维所难于理解但对原逻辑思维来说则是完全自然的概括的原则。它在我们看来乃是由于没有更好的术语而被我们叫作集体表象的前关

① C. Lumholtz, *Unknown Mexico*, ii. p. 233.

联的那种形式的概括，因为我们刚刚分析的那一类“同一”永远是与表象本身同时在每个人的意识中出现的。由此产生了这些“表象”与我们的表象之间的深刻差异，即使在遇到相当相似的极一般的概念的时候，这种差异也是存在的。当原始人，比如说澳大利亚土人或者回乔尔人想到“鹿”或者“羽毛”或者“云”的时候，他所想象的类概念则包含着与在同一些情况下在欧洲人的意识中出现的类概念绝对不同的东西。

我们的概念是被逻辑可能性的氛围包裹着。亚里士多德(Aristotle)也表示过这样的见解，他说过，我们从来没有想过个别的东西本身。当我想象苏格拉底(Socrates)这个人，我就同时想到作为人的苏格拉底。当我看见自己的狗或者自己的马，我当然是看见了它们的个别特点，但同时我又看到它们是属于狗和马的种。严格说来，只有当我不去注意它时，狗或者马的形象才能作为完全特殊的个体在我眼睛的网膜上映出来和在我的意识中显现出来。但是，一旦我感知了这个形象，它就成为与“狗”和“马”的词所包摄的一切分不开的东西了，亦即不仅与无穷量的和前一些相似的其他可能的形象分不开，而且也与我所拥有的那个同时关于自己、关于逻辑上有序的和可以想象的经验世界的持续意识分不开。由于我的概念中的每一个又可以分解成其他一些能够分析的概念，所以我知道，我可以通过特定的阶段(这些阶段对与我的意识相同的一切意识来说都是一样的)从一些概念转到另一些概念。我知道，逻辑运算，如果它们是正确的，如果它们的因素是像应有的那样取自经验，它们就会把我引到一些确定的结果，这些结果将在我能继续追求它们的那种程度上为经验所证实。简而言之，逻辑思

维或多或少有意识地要求一种以最好的方式在科学和哲学中实现的系统的统一。逻辑思维的这种统一部分地归因于它的概念的特殊性质，归因于它们的同类性和有序的规则化。这是逻辑思维逐渐创造出来的材料，而且没有这种材料，逻辑思维就不能发展。

可是，原始思维没有这种材料。诚然，它也使用语言，但这个语言的结构一般说来与我们的语言的结构是不相同的。虽说在实际上，它也包含了抽象表象和一般表象，但不论是它的抽象性还是它的一般性都不是我们的概念的抽象性和一般性。这些表象不是被逻辑可能性的氛围包裹着，它们可说是陷在神秘可能性的氛围中。在这里，表象的范围不是同类的，因此，对概念的真正逻辑的概括和逻辑的运算就成为达不到的东西了。一般性因素存在于存在物之间的神秘的相互作用和反作用或者彼此不同的存在物中的共同神秘作用的已经预先决定的可能性中。逻辑思维是与它所能够任意分析和综合的不同等级的一般概念的阶梯发生关系的。原逻辑思维则是忙于和集体表象打交道，这些集体表象是这样混杂，以致它们给人一种社会的印象，在这种社会中，存在物借助彼此互渗或排斥的神秘属性来不间断地进行相互作用和反作用。

V

既然对原逻辑思维来说抽象和概括就是这样，既然集体表象的前联想就是这样，那么，我们有时看来如此感到奇怪的原逻辑思维对人和物的分类，就不难解释了。逻辑思维是借助那些形成它的概念的运算来进行分类的。概念简言之就是为确定种和类而做的分析和综合的结果，而分析和综合又是按照在存在物里发现的性质的不断增长的一般性来安排存在物。在这个意义上说，分类乃是与分析和综合的或前或后的运算相同的运算。分类是与抽象和概括同时进行的：它可说是记录它们的结果，它的价值与这些运算的价值等同。它表现了概念之间的相互依存、并列从属的次序，表现了人与物之间的相互联系的次序，同时，它力求尽可能准确地符合这种联系的客观次序，以便使那些经过如此安排的概念正好符合实在的人和物。这是一个指导古希腊人的哲学思想的指导性观念，是一个在逻辑思维开始意识到自己并有意识地追求它最初自发地追求的那个目的的时候必然表现出来的指导性观念。

但是，原逻辑思维根本没有这种对可以检验的客观价值的压倒一切的关心。为我们所理解的那种意义上的经验所能觉察出来的属性，我们所说的客观属性，对原逻辑思维来说，只占次要的地位，或者只具有神秘属性的标记和媒介的意义。此外，这种思维并不以一定的次序来安排它的概念。它感知的是它从来不想去改变的集体表象之间的前关联；而这些集体表象又几乎永远是比真正的所谓概念复杂得多的东西。那么，原逻辑思维的分类又是什么呢？它们应当和前关联一起同时来下定义，应当和前关联一样服从于互渗律，而且应当具有同样的原逻辑的和神秘的性质。它们应当表现这种思维所固有的趋向。

上面引述的事实足可证明这一点。当回乔尔人由于受互渗律的影响而断言玉蜀黍、鹿、希库里和羽毛是同一的东西，这就是在他们的表象之间确定的一种分类，这种分类的指导原则是这些实体里面共同存在着的对部族来说极为重要的神秘力量，或者更正确地说，是这种力量在这些实体中间的循环。只不过这种分类不像我们的智力习惯所作的那样是分成一种比它所包含的客体的概念更为广泛的概念。要使事物被想象成和被感觉成是联合在集体表象的复合中，只要这个复合的情感力量以足够的甚至更大的程度来补偿那个以后将由一般概念的逻辑价值赋予一般概念的威信就够了。

这样，杜尔克姆和莫斯(M. Mauss)[①]要我们注意的那些分类，他们所着重指出的有别于我们的逻辑分类的那些分类的十分不同的性质，也可以解释了。在许多不发达民族中间，在澳大利亚，在西非，据不久前出版的邓尼特(M. Dennet)的著作[②]，在北美印第安人那里，在中国，等等，到处都发现了，自然界中的一切事物——动物、植物、星辰、方位、颜色、一般的客体，都被划分成或者最初被划分成像社会集体的成员那样的等；假如社会集体的成员被分成许多图腾，那么，树、河流、星辰等等也被分成许多等。某种树属于某一等，因此它应当专门用来制作那一等人的武器、棺材和其他物品。在阿龙塔人那里，太阳被认为是巴侬加(Panunga)的女人，亦即被列入这样一个亚等，其成员只能和普鲁拉(Purula)亚等的成员结婚。这里，我们见到了与我们在联想的图腾和地方亲属关系(local relationship)方面已经指出的情形有某种相似，见到了一种与我们的智力习惯根本不同的智力习惯，即主要是通过存在物的神秘的互渗来使它们接近和联合起来。这个在同一图腾或者同一集体的成员之间、在所有成员与作为他们的图腾的动物或

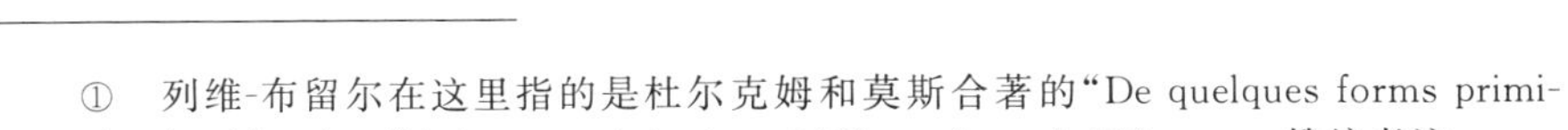

① 列维-布留尔在这里指的是杜尔克姆和莫斯合著的“De quelques forms primitives de classifications”(*Année sociologique* 1903，v. 6，p. 1-72)。——俄编者注

② *At the Back of the Black Man's Mind* (London，1906).

植物种之间被强烈感觉到的互渗，也在图腾集团与那些在空间中占据同样位置的人们之间被感觉到，尽管这无疑是在较小的程度上被感觉到的。我们已经在澳大利亚土人和北美印第安人那里见到了这一点的证明，在他们那里，在共同营地上，每个集团的位置得根据他们是从哪个方向来的，是从北方、南方或者其他方向而予以严格规定的。因而，这个互渗也在以图腾集团为一方和以方位之一为另一方之间被感觉到，从而又在以这个集团和与它互渗的一切为一方和以这个方位及与它互渗的一切如星辰、河流、树木等等为另一方之间被感觉到。

错综复杂的互渗就是这样确定的。要圆满解释这些互渗，必须深入了解社会集体的信仰和集体表象以穷其细微末节。它们起同等的作用，或者至少是符合于我们所知道的分类所起的那种作用，因为社会互渗是被每个人的意识最强烈地感觉到并且可说是其他互渗所集中围绕的核心。然而，这里没有任何与我们的逻辑分类相像的东西(除了表面的相像)。我们的逻辑分类要求一系列有确定内涵和外延的概念，这些分类构成了一个阶梯，阶梯的各级都是经过逻辑思维检验了的。原逻辑思维则不像这样使自然界客观化。我们不如说它是借助自己与自然界的互渗的感觉、到处都有的互渗的感觉来感知自然界的；它是以社会的形式来表现这些错综复杂的互渗的。只有在扩及一定的存在物的互渗中，在循环于存在物之间和在集体表象中把这些存在物联合起来和同一起来的神秘力量中，才能寻找一般性因素，如果这里有这样的因素的话。

因而，原始思维由于没有真正一般的概念，所以拥有了在一定程度上代替概念的集体表象。这些表象尽管具有具体的性质，但在它们不间断地被使用、很容易地适用于无数场合、符合于上面已经指出过的以这一观点看来范畴对于逻辑思维所应起的那种作用等意义上说，它们又是极端广泛的。然而，它们的神秘的和具体的性质常常使研究者为难。诚然，研究者们指出了它们的重要意义，他们不能不注意到它；但是，他们同时又感觉到，他们面对着的是与他们自己的智力习惯对立的思维方法。底下是对上面引述过的例子的几点补充，它们将有助于使我们了解这些一般的但无论如何又不是抽象的表象是什么东西。

赫特维克（Hetherwick）在瑶人（Yaos）[①]那里发现了一些他觉得不可思议的信仰。[②] 他不明白里佐卡（lisoka）（灵魂、鬼或魂）怎么能够同时是个人的东西又不是个人的东西。实际上，人死后里佐卡就变成穆隆古（mulungu）。穆隆古这个词有两个意义：一个意义是指死者的灵魂，另一个意义是"一般的阴界，或者更确切地说是所有死者的魂的总和"。如果穆隆古是表示由所有个人的魂的联合组成的集合的统一，这还是可以理解的。但这种解释是不能成立的，因为穆隆古同时又表示"什么物所固有的状态或者属性，如同生命或健康为身体所固有一样，此外，穆隆古还被认为是一切神秘的东西里面的有效本原。如果让瑶人观看什么不为他们所理解的东西，他们就会惊叫：'这是穆隆古！'"这是我们在这种性质的所有集体表象中发现的一个有代表性的特征：它们是被毫无

① 中非一部族。——汉译者注

② Hetherwick, "Some Animistic Beliefs among the Yaos of Central Africa", J. A. I., xxxii. pp. 89–95.

区别地用于标记一个人或一些人,或者用于表示一件事物的性质或属性。

为了摆脱困难,赫特维克划分了他的所谓“万物有灵信仰的三个阶段:1)在梦、谵妄等等中表现出的人的里佐卡或者鬼;2)被看成是穆隆古的这同一个里佐卡,乃是尊敬和崇拜的对象、尘世生命的主宰、决定人类命运的有效本原;3)穆隆古作为宇宙创造者和一切生命的伟大神力的表现,一切存在物和客体的源泉。”看来,赫特维克也像某个时期的新法兰西(加拿大)的传教士们一样,喜欢以自己的宗教信仰的精神来解释他所观察到的事实。不过他还是老老实实地作了补充说明:“然而,不能在这三个灵魂本性的概念之间划一条明晰的界线。在土人们的意识中,它们各自的特征是十分模糊的。没有一个人能把他在这些方面的信仰向你做出确切的说明。”

如果说赫特维克没有从瑶人那里得到他所中意的回答,这可能是因为瑶人不懂得他的问题,但多半还是因为他自己没有理解他们的观念。对瑶人来说,从个人生前或死后的灵魂过渡到非个人的灵魂,或者过渡到神秘属性——这是任何一种他们认为其中有什么神的、神圣的、神秘的东西(不是超自然的东西,因为与此相反,没有任何东西比这种神秘力量对原逻辑思维来说是更自然的了)的事物所固有的属性,这种过渡是感觉不到的。老实说,这里甚至没有过渡:这里有“受互渗律支配的同一”,如我们在回乔尔人的例子中见到的那样,它与逻辑的同一性根本不同。由于互渗律的不断的作用,在存在物之间循环着和传播着的神秘的本原,可能无差别地被想象成是一个人或者主体或者物所具有的性质或能力

(因而也是一种属性)。原逻辑思维没有想到这里有什么困难。

北美印第安人的情形也是这样,关于他们,我们拥有大量的而且精确的材料。爱丽西·弗勒捷尔小姐在描写叫作瓦康达的神秘力量时,描写了他们关于生命的不间断性的观念:"他们把一切存在物和客体形态、一切现象都看成是渗透了一种不间断的、与他们在自己身上意识到的那种意志力相像的共同生命。他们把这个存在于一切东西身上的神秘力量叫作瓦康达,这样一来,一切东西都是与人联系着和彼此联系着的了。这个生命的不间断性观念也确证了看得见的东西与看不见的东西之间、死的东西与活的东西之间以及某件物品的碎片与整个物品之间的联系。"[①]在这里,不间断性意味着我们叫作互渗的那种东西,因为这个不间断性存在于活的东西和死的东西之间,存在于人和他的指甲屑、唾液或者毛发之间,存在于某个熊或野牛与熊或野牛的种的神秘的总和之间。

此外,如同上面刚说过的穆隆古一样,瓦康达或者瓦康不但可以表示如弗勒捷尔小姐所说的"生命"的那种神秘的实在,而且还可以表示人和物的属性、特点。例如有一些瓦康人是经历过许多先前的存在的。"他们是以一种类似蓟那样的能飞的种子的形式为自觉的存在而生……到他们完全'瓦康化'以前,到他们准备好变成人以前,他们要经历各种等级的神的整整一系列启示。那时,他们就赋有了神的那些看不见的瓦康力量……"[②]同样的,白天和夜晚也是瓦康。一个印第安人对这个术语是这样解释的:"当白昼

① "The Signification of the Scalp-lock", J. A. I., xxvii. p. 437.

② Dorsey, "Siouan Cults", E. B. Rept., xi. p. 494.

继续着时，人可以做出许多稀奇事，他能够打死动物、人，等等……但是，人不能清楚地知道为什么有白昼，也不知道是谁制造或惹出光来的。所以人相信光不是手制造出来的，亦即不是由人的手制造出白昼来放光的。因此，印第安人们说白昼是瓦康。太阳也是瓦康……"由此看来，这里谈的实际上是事物所固有的性质、神秘属性。这个印第安人还补充说："当夜晚来临，就要出现鬼和许多可怕的东西！因此，夜晚也被认为是瓦康……"[①]多尔赛（A. Dorsey）引述过的一个较早的研究者就已经指出过："不可能用一个什么术语来表示达科他人的瓦康的完整意义。瓦康包括一切神秘的东西、秘密的力量和神……一切生命都是瓦康。一切表示力量的东西也是瓦康，不论是像风和天上的积云那样积极行动的力量，还是像路边的石子那样的消极忍耐的力量……瓦康控制着一切领域中的恐惧与崇拜；但是，许多既不是恐惧的对象、又不是崇拜的对象、只不过觉得奇异的东西也归在瓦康的名下。"[②]

可能有人会问我们：那么，什么东西不是瓦康呢？以要求严格确定的、有一定内涵和外延的概念的逻辑思维的观点看来，实际上是可以提出这样的问题的。但原逻辑的推理并不感到有这个需要，尤其是谈到那些既是具体的又是非常一般的集体表象时。瓦康乃是一种神秘的东西，任何东西可以视情况与它互渗和不与它互渗。"人自己可以借助斋戒、祈祷、梦想而变成神秘的。"[③]人并不一定是瓦康，或者不是瓦康，因而巫医的职能之一正是要在这一

① Dorsey，"Siouan Cults"，E. B. Rept.，xi. p. 467.

② Dorsey，"Siouan Cults"，E. B. Rept.，xi. pp. 432-3.

③ Dorsey，"Siouan Cults"，E. B. Rept.，xi. p. 365.

点上避免可以成为劫数的错误。可以把瓦康比之为一种循行于一切存在物中并作为一切生物的生命和力量的神秘本原的流质。“青年的武器是瓦康：妇女不应当碰到它。它们包含着神的力量……战士在作战那天向自己的武器祷告。”

如果记录这些事实的那个观察者立刻就来解释它们（他们几乎经常是这样），如果他不注意原逻辑的推理和逻辑思维之间的差别，那么，他就会一直走到神人同形同性论的万物有灵论上去。例如，关于同一些北美印第安人，查理瓦就是这样对我们说的：“如果相信野蛮人，则自然界中没有任何东西不具有相应的神灵，而且这里神灵又有不同的等级，它们不是全都拥有相同的力量。如果他们对什么事物不理解，他们就认为这里面有一种最高的力量，而且在这种场合下他们通常都要这样说：‘这是神灵’。”[①]也就是说，这东西是瓦康；正如瑶人说“这是穆隆古！”一样。

斯宾塞和纪林，尽管他们也是万物有灵论学说的拥护者，但他们是十分敏锐的观察者，所以不能不注意到这些使逻辑思维感到如此莫名其妙的集体表象。他们发现，某些词一时用作名词，一时又用作形容词。例如在阿龙塔人那里，阿龙魁尔塔(arungquiltha)表示“超自然的凶恶力量”。“一只瘦鸵鸟或鸸鹋是阿龙魁尔塔，或者有阿龙魁尔塔。这个名称不加区别地或者用于凶恶的影响，或者用于暂时或永久存在这个影响的客体。”[②]斯宾塞和纪林在另一个地方说阿龙魁尔塔时而是人格化的东西，时而又不是人格化的

① Charlevoix, *Journal d'un Voyage dans L'Amérique Septentrionale*, iii. p. 346.

② *The Native Tribes of Central Australia*, p. 548 (note).

东西。例如，作为蚀变的原因，阿龙魁尔塔具有人格化的性质。“阿龙塔人相信，日蚀的起源归因于那个想要住到太阳上去并永远扑灭它的光的阿龙魁尔塔定期对太阳的侵袭。只有巫医的力量才能赶走这个恶灵。”①即使被这些澳大利亚土人认为是神圣的生物以及根据某些观察看来还被认为是祖先个人的身体的珠灵卡，在某些场合下也变成了物所固有的神秘属性。斯宾塞和纪林明白地说：“珠灵卡在表示神圣的标志时作名词用，在表示某种‘神圣的’或‘秘密的’东西时作性质形容词用。”②

同样的，在托列斯海峡的土人们那里，“当什么东西以非凡或神秘的方式行动着，这东西就可以被看成是卓果(zogo)……雨、风、什么具体的东西、神龛都可能是卓果；卓果可以是人格化的，也可以是非人格化的；卓果一般属于一些特殊的土人集团，但它也是某些个人、某些卓果列(zogo le)的专有的属性，只有这些人知道一切与卓果有关的仪式，因而这些仪式必须由他们来举行……我找不到比‘神圣的’这个词更好的用语来翻译卓果，卓果这个词通常都作名词用，甚至在它应该用作形容词的时候也用作名词。”③

胡伯特(H. Hubert)和莫斯在其对柯德林顿所描写的美拉尼西亚人的关于邪气的观念和休伦人关于奥连达(orenda)的观念的精辟分析中，清楚地指出了它们与瓦康的观念近似④。因此，我们

① *The Native Tribes of Central Australia*, p. 566. Cf. *The Northern of Central Australia*, p. 629.

② *The Native Tribes of Central Australia*, p. 139(note).

③ *The Cambridge Anthropological Expedition to Torres Straits*, vi. pp. 244-5.

④ “Esquisse d'une théorie générale de la magic”, *Année Sociologique*, vii. p. 108 et seq. (1904).

刚刚谈过的关于瓦康的一切也适用于这些观念以及其他类似的观念，它们的例子很容易透过观察者们给它们所作的万物有灵论的解释而在其他地方发现。例如，在西非沿岸发现的关于翁(wong)的观念就是这样的观念。“翁是几内亚海岸的黑人们对灵物的通称；这些空中的存在物居住在作为神殿的茅棚里，享受着供奉，它们钻进祭司的身体里，使他们能通神意；它们是人们的健康和疾病的根源，它们执行着伟大的天神的命令。但是，它们全体，至少它们中的某一些也是与物质实体联系着的，所以黑人可以说：‘在这条河里，在这颗树上，在这个护符里有翁。’……因而，在翁的国度里还应当列进河流、湖泊、泉水、区划、白蚁巢、树、鳄鱼、猴子、蛇、象、鸟。”[①]这个解释是泰勒从传教士们的报道里抄袭来的。在这个报道里，不但不难发现赫特维克所指出的瑶人的“万物有灵论信仰的三个阶段”，而且也不难发现那个与瓦康、邪气、奥连达以及其他许多观念完全相似的集体表象。

这类性质的集体表象几乎在一切得到全面细致的研究的原始民族那里都有或多或少清楚的表现。正如胡伯特和莫斯所明确指出的那样，这些集体表象在他们的宗教信仰和巫术仪式中起统治作用。也许，通过这些集体表象能最好地说明原逻辑思维和逻辑思维之间的差别。逻辑思维遇到这些表象时总是伤脑筋。它们是本身存在的实在呢，抑或仅仅是作为十分一般的属性而存在的实在？我们遇到的是不是一个唯一的和万能的主体，一种宇宙灵魂或灵，或者是灵魂、灵、神的复数？其次，像许多传教士认为的那

① Tylor, *Primitive Culture* (4th edit.), ii. p. 205.

样，这些表象是不是同时要求一个最高的神和无数较小的力量？逻辑思维由于自己的本性要求对这些问题作出回答。它不能容许同时存在似乎彼此排斥的两可。相反的，原逻辑思维的本性是不顾这种需要的。本质上神秘的原逻辑思维在借助互渗来想象和感觉单数和复数、个体和种、彼此间最不一样的存在物之间的同一性方面，是不会有什么困难的。原逻辑思维的指导原则就在于此；正是用这个原则才能解释原逻辑思维所特有的抽象和概括，而且，我们正应当依据这个原则来解释我们在原始民族中间发现的那些特殊的活动形式。

第　四　章

从原始人的思维与他们的语言的关系看原始人的思维

我认为，所与社会集体的思维的本质特征应当在它的成员们所操的语言中得到某种程度的反映。集体的智力习惯终究不能不在它们的表现方法上留下自己的痕迹，因为这些方法也是社会事实，只不过它们是在极小的程度上受个人的影响，如果一般说来有这种影响的话。因此，结构上不同的语言也应当符合不同的思维类型。但是，不能根据这个一般原则作出冒进的结论。首先，我们不知道，即令在原始民族中间，是否有哪个民族是操着它自己的语言——也就是操着这样一种语言，这种语言按照上述假设完全符合于这个民族的集体表象所表现的思维类型。相反的，十分可能，由于各社会集体的迁徙、混杂和吞并，我们在任何地方都见不到上述假设所要求的那些条件。即使在有史时期，一个社会集体也常常采用另一个征服了它的或者被它所征服的社会集体的语言。因此，唯一地依据我们在某一类的所有集体的语言和思维中发现的那些特征，我们只能够可靠地确定语言的特征和相应的社会集体的思维的特征之间的非常一般性的符合。

其次，对原始民族的语言研究得还很差。在许多民族的语言

方面，我们只有一些极不完备的辞典。也许，它们能让我们有条件地把这些语言归入一定的语系，但是它们全都不适于用来作比较研究，而且，根据这一领域中最有权威的人们的意见，编写各种语系的比较语法又是办不到的。

最后，原始民族所操语言的结构除了表现这些民族的智力习惯所特有的东西外，同时还表现它们和我们的语言所共有的东西。如我们已经见到的那样，原逻辑的这个术语并不意味着反逻辑的。我们不能定下这样一条原则：这些语言必须有不同于我们的语法的特殊的语法。因此，我们不得不把这些太大的问题搁在一边不谈，而用一种更谨慎的办法来弄清对这些原始人的语言的研究可以在什么程度上证实我在上面说过的关于他们的思维的见解。我把真正的所谓语法搁在一边，首先来在这些民族的语言的句子结构和词汇中寻求能够说明他们的思维的东西。下面叙述中的例子主要采自北美印第安人的语言，这是“华盛顿学院人种学研究室”的研究人员专门研究过了的。但是，我也不放弃从其他可能属于根本不同的语系的语言中引用例子来进行比较。

I

北美印第安人所操的语言的一个最触目的特征，是它们特别注意表现那些为我们的语言所省略或者不予表现的具体细节。“朋卡族（Ponka）印第安人想要说：‘一个人打死了家兔’，就应当这样说：‘人，他，一个，活的，站着的（用主格），故意打死，放箭，家兔，它，一个，动物，坐着的（用受格）’，因为对这个场合来说，动词‘打死’的形式是从几个形式中挑选出来的。动词是通过词尾变化或者加接词的办法来改变自己的形式，以便表示人称、数、性（生物或非生物），以及坐着或卧着的性和格。动词的形式还表现'打死'的动作是偶然完成的呢还是故意完成的，是用射击的办法来完成的呢……如果是用射击的办法，又是用弓箭呢还是用枪……"[①]同样的，在契洛基人的语言中，"不是笼统地说'我们'，而是分别清楚地说：'我和你'、'我和你们'、'我和你们俩'、'我和他'、'我和他们'，等等；还有配合双数来表现的：'我们俩和你'，'我们俩和你们'，等等；或者配合复数来表现：'我、你和他或者他们'，'我、你们和他或者他们'，等等，等等。在叙述式现在时的简单变位中，包括主格和间接格的代词在内，有不下于70种形式……其他细微差别，动词的各种形式，则指明这物是生物呢还是非生物，所谈的人——不论是主动者还是被动者——是否听见这些话；至于双数或复数，动词的形式还要说明对客体的动作是否在集合意义上，如果只有一个客体或者每个客体必须单独来看，等等。"[②]

和我们的语言一样，这些语言知道数的范畴，但它们不像我们的语言那样来表现这个范畴。我们是把单数和复数对立起来：主语或补语要么是单数要么是复数。这种智力习惯要求迅速而熟练地使用抽象，亦即要求使用逻辑思维及其材料。原逻辑思维却不是这样行事的。盖捷特（Albert Gatshet）在其杰出的克拉马特语语法中说："对克拉马特族印第安人的善于观察的头脑来说，各种事物是在不同时间反复完成的，或者同一个东西是不同的人单独

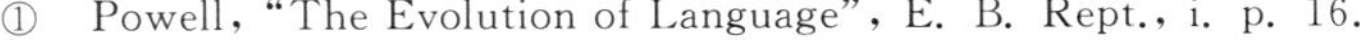

① Powell, "The Evolution of Language", E. B. Rept., i. p. 16.

② Gallatin, *Transactions of the American Ethnological Society*, ii. pp. 130-1.

作成的，这个事实比我们的语言所拥有的光秃秃的复数观念意义重大得多。”[①]克拉马特语没有复数形式，但它使用配分重叠法……每次当这个形式表示复数时，都仅仅是因为配分重叠法的观念与复数的观念相符。

“例如，nep 表示一般的一些手，同样也表示一般的一只手，或者这个手，或者这只手，但是，它的配分形式 nénap 则表示两只手中的一只或者作为单独的个人来看的每个人的手。Ktchō'l 表示一个星、一些星、一个星座或一些星座；但 Ktchóktchōl 则表示单独来看的每个星或者每个星座。pádshaī 表示：你瞎了一只眼睛，但papádshaī 则表示：你完全瞎了，亦即你的每个眼睛都不能用了。”[②]

这是不是说克拉马特语不表现复数呢？绝不是这样的；它是以不同形式来表现复数的。“句子主语的复数可以用不同方式表示：1)用分析的方法把数词或不定代词(少许、许多、全部、很多，等等)并入名词；2)用集合名词或者用表示人称(其复数有一定形式)的实名词；3)由于绝大多数实名词没有复数，所以借助配分形式用不及物动词来表示复数，小部分则通过一种也具有配分功能的专门形式用及物动词来表示；4)用双数表示某些不及物动词的 2、3 以至 4 的复数主语。”[③]

根据这些绝非例外的例子，可以认为，原逻辑思维最初之所以不使用复数形式，这是因为这种形式表现得不够清楚，原始思维不

① A. Gatschet, *The Klamath Language*, p. 419.
② A. Gatschet, *The Klamath Language*, pp. 262-3.
③ A. Gatschet, *The Klamath Language*, pp. 578-9.

需要使用专门的复数形式。这种思维需要把两个、三个、不多的或者许多的数的主语或补语区别开来，需要表示它们是在一起的呢还是分开来的。我们将在底下见到，这种思维对“树”、“鱼”也没有一般的用语，但它对每一种树或鱼又有专门的用语。因此，它拥有一种方法来表现不是纯粹和简单的复数，而是复数的各种形式。一般说来，我们在研究原逻辑思维一直占优势的社会集体的语言时，都能发现这个比较明显的特征。

事实上，在澳大利亚的各种语言中，在新赫布里底群岛和美拉尼西亚的各种语言中，在新几内亚的各种语言中，我们都能找到双数、三数、甚至应当叫作四数的那些形式与真正的所谓复数一起或脱离复数而使用。例如在基瓦伊岛的巴布亚语（Papuan language）中，“名词用的时候常常不指明数；但是当名词作动词的主语时，一般的都是借助后缀来表示数。单数用后缀 ro 表示，双数用 toribo 一词表示，三数用 potoro 一词表示。复数用 sirio 一词表示，放在名词前面；或者用 sirioro 一词表示，放在名词后面。单数的后缀 ro 通常都略去不用。potoro 也用来表示四个，因此，它的原义大概是表示‘一些’。在 potoro 和 sirioro 等词中的后缀 ro 大概就是单数后缀那个 ro，这使我们能推想到 potoro 表示三个，而 sirioro 则表示一群或者若干。”①

在这种语言中发现了大量简单的和复合的动词后缀，其作用是表现和指明在所与时刻有多少主体在对多少客体发生作用。我们来看看下面的一些后缀：

① *The Cambridge Expedition to the Torres Straits*, iii. p. 306.

rudo 指的是过去时的两个对许多发生作用。

rumo 指的是过去时的许多对许多发生作用。

durudo 指的是现在时两个对许多发生作用。

durumo 指的是现在时的许多对许多发生作用。

amadurudo 指的是现在时的两个对两个发生作用。

amarudo 指的是过去时的两个对两个发生作用。

amarumo 指的是过去时的许多对两个发生作用。

ibidurudo 指的是现在时的许多对三个发生作用。

ibidurumo 指的是过去时的许多对三个发生作用。

amabidurumo 指的是现在时的三个对两个发生作用,等等[①]。

我认为,对具体表示的需要是在涉及数时才相当清楚地表现出来的。因此我们可以说,这些语言拥有整整一系列复数形式。"在美拉尼西亚的各种语言中,除极少数词以外,双数以及所谓三数实际上不是真正单独的数,而是带有附加数词的复数形式。"[②]柯德林顿指出的这一点也完全适用于英属新几内亚的各种语言。他的见解可以归结为:这些语言是要尽可能表现确定的复数(即2、3、4,等等),而不是简单地表现复数。

这种现象常常在澳大利亚的各种语言中见到。例如,"在一切具有蒂亚特蒂亚拉(Tyattyalla)[③]语的结构的土语中都有四个数:单数、双数、三数和复数。三数在第一人称中又有两种形式(包括

① Codrington, *Melanesian Languages*, p. III, quoted in *the Cambridge Expedition to Torres Straits*, iii. p. 428.

② Codrington, *Melanesian Languages*, p. III, quoted in *the Cambridge Expedition to Tores Straits*, iii. p. 428.

③ 均为澳大利亚土著居民。——汉译者注

和除外的形式)。我在泰古伍鲁(Thaguwurru)[1]和沃依伍鲁(Woiwurru)[2]的语言中也发现了三数……三数的存在早就在亚涅迪乌蒙岛和太平洋的其他岛上发现,据图克费尔德(Tuckfield)的观察,它在一定程度上保留在沃多乌罗族(Woddouro)(维多利亚,澳洲)语言的代词中。"[3]"在布列巴族(Bureba)(墨累河岸,澳洲)的语言中,双数虽已通用,但三数仍常常出现。"[4]"在维多利亚土语中存在的三数,在性质上不同于在其他地区观察到的三数。例如在新赫布里底群岛,双数、三数和复数的示格词尾是独立的,并且在形式上彼此不同……但是在维多利亚的各部族那里,三数的构成是通过在复数词尾后加新的示格词尾的办法来实现的。"[5]据传教士劳斯(W. G. Lawes)报道,在摩图人(新几内亚)的语言中,代词的双数和三数是通过复数形式加前缀来构成的。柯德林顿也指出过这个事实。

在新梅克伦堡(属太平洋俾士麦群岛),在三数之上还发现四数(Vierzahl)形式。在恩高(属所罗门群岛),在阿拉加和塔讷岛(属新赫布里底群岛),也见到四数形式。它们与玻里尼西亚人的其实是三数的"复数"相符合。[6]

形式的多样并不妨碍我们在它们里面认出一个共同的趋向。

---

①② 均为澳大利亚土著居民。——汉译者注

③ Mathews, "The Aboriginal Languages of Victoria", *Journal of the Royal Society of New South Wales*, pp. 72-3(1903).

④ Mathews, "The Aboriginal Languages of Victoria", *Journal of the Royal Society of New South Wales*, p. 172.

⑤ Id., "Languages of the Kamitaroi", J. A. I., xxxiii. pp. 282-3.

⑥ P. W. Schmidt, *Anthropos*, ii. p. 905 (1907).

有时候，我们见到双数和三数好像是与真正的所谓复数并存的独立形式(在新赫布里底群岛)；有时候，这又是加上表数的后缀构成的复数(在美拉尼西亚和新几内亚的语言中和在某些澳大利亚语中)；有时候，配分重叠又放在真正的复数之前并代替了它；或者看起来没有复数，而其实是用各种方法来代替它。例如“在地尼丁杰人(Dènè-dindjié)[①]的语言中没有复数，要表示复数，就把副词‘许多’加在单数上……‘一些兔皮’和‘斜眼人’都用双数成分来构成复数，这种复数形式不加区别地使用。”[②]有时也可以见到各种复数形式。例如，在阿比朋人的语言中，“名词复数的构成对于初学者非常困难，因为它的变化是这样多，很难确定出它的构成规则……此外，阿比朋人有两个复数：多于一和许多。Joalei 是一些人，Joaliripi 是许多人。”[③]在闪语中也常见这种区别。在这一切里我们看到了语言用以表示各种计数法的不同方法(我们还没有完全列出这些方法)。这些语言不去表示一般的复数，而是具体地指出谈的是什么复数：是两个东西在一起呢还是三个。超过三，许多语言都是说“许多”。毫无疑问，由于这个原因，在我们已知的最原始的民族的语言中，见不到表示超过三数或者四数的专门的复数形式。随着智力机能渐渐改变，表象必然变成更少具体性，这时就会出现一种变多样的复数形式为简单复数的趋向。三数形式最先衰亡，接着是双数。玖诺指出了隆加(Ronga)语中孤立残存着双

① 加拿大一部族。——汉译者注

② Petitot, *Dictionnaire de la Langue Déné-dindjié*, ii. p. 1.

③ Dobrizhoffer, *An Account of the Abipones*, ii. p. 163.

数的形式。[①] 希腊语的历史也说明了意义重大的双数形式的逐渐衰亡。[②]

II

在原始人的语言中，不只是在数的范畴中才出现具体表现的需要。在这些语言中至少也有同样繁多的形式来竭力表现由动词表示的各种动作样式。例如，在恩鸠蒙巴族（Ngeumba）[③]的语言中，动词的过去时和将来时的词尾变化要表示：动作是刚刚完成的呢还是不久前完成的，还是在遥远的过去完成的，还是必须立刻完成的，还是在或远或近的将来要完成的；这动作在过去或将来是否重复或继续；此外，动词后缀还有其他一些变化。这些词尾用于单数、双数和复数各人称都是一样的。因而，这里有各种表现形式：

我将打谷（不定式）。

我将在早晨打谷。

我将一整天打谷。

我将在傍晚打谷。

我将在夜晚打谷。

我将重新开始打谷，等等。[④]

在卡弗尔人（Kafir）（南非）的语言中，可以借助助动词构成

---

① Junod, *Grammaire Ronga*, p. 135.

② Cuny, Le Duel en Grec, pp. 506-8.

③ 在澳大利亚新南威尔士的达令河流域。——汉译者注

④ Mathews, "Aboriginal Tribes of New South Wales and Victoria", *Journal of the Royal Society of New South Wales*, pp. 220-4(1905). Cf. ibid., pp. 142,151,166(1903).

六、七种命令式形式，每种形式都有不同的意义：

1. Ma unyuke-e-ntabeni——挺起胸来走上山去吧。

2. Ka unyuke-e-ntabeni——开始上山去吧。

3. Suka u nyuke ntabeni——振作起来上山去吧。

4. Hamb'o kunyuka——走吧，上山去吧。

5. Uz'unyuke e ntabeni——准备好，上山去吧，等等，等等。

虽然所有这些话都可以译成"上山去吧"，但是，第 1 种表现法要求改变所作的事情，第 2 种只能用于立即行动，第 3 种最好是对执行命令拖拖拉拉的人说，第 4 种是对上山以前还要走一段路的人说的，第 5 种表示在执行上可以稍作延缓的命令或请求，等等。①

大家知道，在北美印第安人的各种语言中，动词形式是极为繁多的。在印欧语系的各种语言中，动词形式也相当繁多。而动词形式最多的则是多布里茨霍菲尔所说的那个要算是"最可怕的迷宫"② 的阿比朋人的语言。在北亚，"用温尼亚米诺夫(Веньяминов)的话来说，阿留申语(Alèutian Language)的一个动词可以有四百多种词尾来表示式、时、人称，还不算借助助动词构成的时间。显然，这些众多的形式中的每一种，在最初的时候都必须符合某种确定的细微语义差别，从前的阿留申语就像现代的土耳其语那样非常灵敏地适应最细微的动词语义差别。"③

---

① Torrend, *Comparative Grammar of the South African Bantu Languages*, p. 231.

② Dobrizhoffer, *An Account of the Abipones*, ii. pp. 172–80.

③ V. Henry, *Esquisse d'une Grammaire Raisonnée de la Langue Alèute*, pp. 34–5.

如果说这种对具体表现的需要和表现动作或主体与客体的任何特点的形式的非常多样，的确是原始民族所使用的极大量语言的共同特征；如果说随着社会的进步这些特征趋向于削弱或消失；那么试问：在这些民族所固有的我们叫作原逻辑思维的那种东西里面，这些特征所符合的东西又是什么呢？原逻辑思维很少使用抽象，它的抽象也与逻辑思维的不同；它不像逻辑思维那样自由地使用概念。能不能更进一步在原逻辑思维所使用的材料（即这些语言的词汇）的考查中发现有关这种思维的机能样式的什么肯定的显示呢？

克拉马特语（可以作为语族非常多的北美语系的代表）有一个极为特出的倾向，这就是盖捷特所说的“绘声绘影的”倾向，也就是如画地描绘出说话人想要表现的那种东西的倾向。“按直线运动与向旁运动或向斜运动或在离说话人的某种距离上运动，其表现方法是不同的，这是我们操欧洲语言的人很难想到要去表现的一些情况。”[①]原始形式的克拉马特语尤其具有这个特征。那时候，“克拉马特语好像不论在动词里还是在名词里都忽视数的表现，而且数的确定似乎并不比性的确定更必要。这个语言对式和时的范畴注意得也很差，在所有这些方面达到的一切都是这个语言发展的较晚时期的事。最初只是对具体范畴予以注意；凡涉及位置、距离、一人或数人的一切关系都以最大的准确性表示出，甚至时间也是借助那些最初是位置格的接词来指出。”[②]

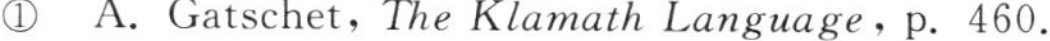

① A. Gatschet, *The Klamath Language*, p. 460.
② A. Gatschet, *The Klamath Language*, pp. 433-4.

简而言之，克拉马特语首先力求表现空间关系，表现那一切可以由视觉记忆和肌肉记忆把握住并再现出的东西，我们深入克拉马特语的历史愈远，就会愈加明显地看出这个特点。

像几乎所有原始民族的语言一样，克拉马特语也没有动词是。“代替是的动词 gi 实际上是指示代词 ge，ke(这个，这里的)的动词化的形式，这个采取了动词形式的指示代词表示的意义是：这里是，在这个或那个地方是，在这个或那个时刻是。”[①]一般说来，与时间有关的一切，首先是用那些早先用于空间关系的词来表现的。“在克拉马特语中，如同在其他许多语言中一样，只有两种形式来表示时间：一种表示完成的动作或状态，另一种表示未完成的……在动词里或者在某些名词里表现出的这两种形式，最初具有位置格的性质，尽管它们现在只表示时间距离。”[②]

这种空间因素的优势也在格的形式中表现出。如果撇开“三个纯粹的语法格(主格、直接受格和所有格)，则其他一切格，如工具格、内置格(inessive)、外置格(adessive)[③]等等，或者是位置格，或者来源于名词与动词的某种位置关系。”[④]甚至所有格最初也是位置格；表分格也同样来源于位置格，但它“是 ta 这个前缀的另一种形式，最初的时候，这两个格都是与直立的客体如人、动物、树等等有关，而后缀 i 则表示‘在什么东西之上’的位置。”[⑤]内置格的情

① A. Gatschet, *The Klamath Language*, pp. 430-1.

② A. Gatschet, *The Klamath Language*, p. 402.

③ 内置格表示“在什么东西里面有……”；外置格表示“在什么地方有……”。——俄编者注

④ A. Gatschet, *The Klamath Language*, p. 467.

⑤ A. Gatschet, *The Klamath Language*, p. 476.

形也是这样。“我把那个借助于 i、hi……等代词成分构成的格置于五个后置格之首。它或者作为示格词尾出现在名词的词尾变化中，或者被包括在如 ti，xēni，ēmi，kshi，ksaki……等其他一些词尾里。从它的最初意义在地上发展成下列各意义：在……里面，在屋里，在茅舍里，为了一个人或彼此的利益或损失；还发展成时间意义：当，当……的时候。”[①]最后，关于指向格，“这个后置格是作为大量接词的组成部分的两个代词成分 ta 和 la 的组合。这个格最常与表示运动的动词连用，在意义上相当于我们的向……，朝……方向。它还与东南西北的方位连用，并且……最初这个接词大概是指在远距离上看得见的东西。”[②]我们只好请读者参看盖捷特长篇的“位置示格词尾表”[③]了。

转到指示代词时，我们也将发现它们与极大量的得到最精确表现的空间特点分不开。克拉马特语不满足于区分这个和那个；它不论是在生物方面还是在非生物方面都有下述的区别：

这个(很近，可以触摸得到)

这个(近旁，就在这里)

这个(站在你面前)

这个(在场，看得见，在视线以内)

那个(看得见，尽管很远)

那个(不在了)

那个(不在了，离远了)

---

① A. Gatschet, *The Klamath Language*, p. 485.

② A. Gatschet, *The Klamath Language*, p. 489.

③ A. Gatschet, *The Klamath Language*, p. 479 et seq.

那个(在视线以外了)

所有这些形式都是用于主格和宾格。[①] 我们知道,这绝不只是克拉马特语特有的特点。在大多数原始语言中,人称代词或指示代词拥有极大量的形式,以便表现主语和补语之间的距离关系、相对位置、可见程度、在场或不在场,等等。我们只举真正不发达民族的语言中的一两个例子。在汪盖邦族(Wongaibon)[②]的语言中,指示代词数量极大,形式多样,它们表现那些由客体与说话人以及与方位点的相互位置关系所决定的意义上的种种差别。在地利甘族(Dyirrigan)[③]和约塔约塔族(Yotayota)[④]的语言中也有这样的情形。[⑤] 在火地岛的耶更人(Yahgans)那里,代词很多……它们有三个数,像名词一样有词尾变化。耶更人用代词,永远是指被说到的那个人的位置……例如,说到他或她时,则是就他或她与物的关系来说的,看这人是不是在小屋的顶上或者面对着门口;是不是在海湾或者在谷地的尽头;是不是在小屋的右边或是左边,是不是在小屋里面,是在靠门槛的地方还是在住宅外面。所有这些代词根据下列情况分成三类:它们是否与说话人的位置有关,或者与听人说话的那个人的位置有关,或者与被人们谈到的那个人的位置有关……指示代词的情形也是这样。[⑥]

在克拉马特语中,后置词非常多:它们差不多全都表示空间关

① A. Gatschet, *The Klamath Language*, p. 538 et seq.

②③④ 均为澳大利亚部族。——汉译者注

⑤ Mathews,"Languages of … Queensland, New South Wales and Victoria", *Journal of the Royal Society of New South Wales*, pp. 151,163,170(1903).

⑥ T. Bridges, "A few Notes on the Structure of the Yahgan", J. A. I., xxiii. pp. 53-80.

系。“我们的前置词中那些具有抽象性质的前置词，如关于、鉴于、为了、至于，等等，在这里是以附在名词或动词后面的变化的后缀来表示的，而我们在这里见到的所有后置词都具有具体的和位置的意义。甚至少数时间后置词也同时是位置后置词。”[①]在盖捷特的书中，有一个“主要后置词”表，共 43 个主要后缀。

“时间副词全都是由地点副词引申出来的，因此它们常常保持双方的意义……地点副词数量非常多，形式也极多样，这是因为在地点副词表里包括了几乎全部代词词根。”[②]盖捷特统计它们有 54 个，据他说，它们是最常见的。有专门的形式来表示“近旁”、“在前方”、“在旁边”，等等。

不必继续罗列证明材料（这些材料还可以举出许多），我们就能够认为盖捷特表述如下的结论是有充分根据的：“方位、位置和距离的具体范畴，在野蛮民族的观念中具有的重要意义，如同时间和因果关系的范畴在我们的观念中具有的意义一样。”[③]因此，任何句子只要谈的是具体的生物或非生物（在这些语言中不会谈到不具体的东西），就必定要表现它们在空间中的关系。这一点的必要性可以与我们的语言指出每个名词的性的必要性相比。波威尔少校说：“语言学者必须完全摆脱这样一种观念，即性只不过是性别的区分。在北美的各种印第安人语言中，”（也可能在班图语和印欧语中）“性通常都是最初把客体分成生物和非生物的分类方法。以后可能把生物分成雌雄，但是这种分法很少发生。采用这

① A. Gatschet, *The Klamath Language*, p. 554 et seq.
② A. Gatschet, *The Klamath Language*, pp. 562 et seq., 583.
③ A. Gatschet, *The Klamath Language*, p. 306.

些性时,一切客体常常是按照它们的形态所表现的或它们的构造所要求的特征来分类的。例如,我们可以见到生物和非生物的一个性或双性,它们被分成立着的、坐着的、躺着的……或者……被分成稀的、软的、土的、石的、木的、肉的。”①

例如,在克拉马特语中,“每当谈到生物或非生物的主语或补语在什么地方,不论是在门内或在门外,在附近,在下面,在中间,在某个人或某个东西的上面,在水中或在地上,都不用动词 gi (是),而副词观念则以某种不及物动词的形式变成动词化的东西,例如,‘在下面’就用 iutila 来表示,意即在或躺在下面、在……的下面。存在的方式也被明确限制在动词化的词上;要说明作为补语或主语的生物或非生物是立着的、坐着的呢抑或是躺着的、停留着的、活着的、睡着的。通常,停留着的和活着的观念与坐着的和睡着的观念相符合,与在一定地点躺着的观念相符合。”②在其他语言中,代词的修饰也要满足这种要求。例如,在阿比朋人那里,如果所谈的对象是——

		阳性	阴性
现在时	则说	eneha	anaha
假若是坐着的	则说	hiniha	haniha
假若是躺着的	则说	hiriha	hariha
假若是立着的	则说	haraha	haraha
假若是走着的和看得见的	则说	ehaha	ahaha

① Powell, “The Evolution of Language”, E. B. Rept., i. pp. 9-10.

② A. Gatschet, *The Klamath Language*, pp. 674-5.

假若是走着的和看不见的　则说　ekaha　akaha

如果对象只是——

坐着的　则说　ynitara

躺着的　则说　iritara

走着的　则说　ekatara

不在的　则说　okatara

立着的　则说　eratara[①]

由于这样的事实在我们现时已知的几乎所有原始民族的语言中都可以见到，所以我们可以认为有必要把它们看成是原始思维的本质因素的证明。

III

然而，原始思维并不只是要求表现物和人在空间中的相对位置以及它们彼此间的距离。如果不对有关客体的形状、大小、它们在可能置身的多种多样的环境中进行运动的方式等的详细情形另作专门的说明，它仍是不会感到满足的；但要做到这一点，就得采用极其繁多的形式。克拉马特语（又用它作为典型吧）主要依靠接词，它的接词多得惊人。只举少许例子就足可说明这种语言有多么繁琐。我们首先来看看前缀。

（1）指出球状和大小的前缀。

a——动词与名词前缀，表示棒、棍之类的高长物体；在谈到人的身材时也用于指人。a 与 tg，tk 不同，后者除了作为词根音节的

① Dobrizhoffer, *An Account of the Apipones*, ii. p. 166.

一部分指示直立着的主体的不动状态以外很少见到，a 则指出不一定是直立着的长物体。例如：

aggedsha——形容环绕运动（看守人的管理）。

akátchga——毁坏（棒和棍）。

alahia——指示（树）。

涉及头部运动时，前缀 a 也出现在起首音节 ai 或 ei 中，如 aika 表示头向前移动。

（2）表示与特定的对象发生关系的特殊方法的前缀。

iy，y——及物动词及其派生词的前缀，表示对许多细高个的人或细长的物体或者对集合来看的不是以不变的直立姿势立着的物体所完成的动作。但如果是一个物体，则前缀为 a，e，ksh，u……例如：

idsah——使之运动或带走（一个物为 éna）。

itpa——摇落，除去（一个物为 átpa）。

（3）表示按一定方向运动的前缀。

ki，ke，ge，k，g——及物和不及物动词及其派生词的前缀，指间接地、从侧面完成的行动，或者向客体作侧面运动。

kiápka——横躺（ipka——卧着）。

kimádsh——一只蚁（从旁边走或运动的任何东西）。

km 是由前缀 k（ki 的缩写形式）和 ma（缩写成 m）结合而成的前缀，ma 指曲线运动或曲线物体，因而 km 指的是绳、线或皱纹一类的东西的侧向、曲线或转折运动。

kmukóltgi——起皱（受潮的结果）。

（4）表示形状与运动的前缀。

l——加在动词和名词前的前缀，形容或指明圆形或橙形、圆柱形、平圆形或球形的物体或轮状物；也指容积大的东西；此外，还指用这种形状的物体完成的行动；或者指身体、臂膀、手或其他部分的圆形或半圆形的波状运动。因而这个前缀常常与云、天体、地表面的圆形斜坡、圆形或球形水果、石头和房屋（房屋通常呈圆形）连用。它还用于畜群、围场、社交聚会（因为集会通常都围成圆圈），等等。

（5）表示特定环境中的运动的前缀。

tch，ts——出现在专指水中和其他液体中见到的运动、在水中或水上游动的东西、液体本身的流动或运动的词中的前缀。

tchéwa——游动（来自 éwa，用于水禽）。

tchā'lxa——沉没（来自 élxa）。

（6）表示一定的运动或形状的复合前缀。

shl——由前缀 sh 和 l 复合而成的前缀，在名词中和在动词（几乎全是及物动词）中一样，指细长可屈的物体、叶状的东西，如亚麻布、斗篷、帽子、衣服或其他可以遮覆身体的东西；还指可以折叠的东西；甚至还指篓篮，因为它们是可屈的。

shlaniya——展开（例如兽皮）。

shlá-ish——席子。

shlápa——开（如花开）。

shlápsh——发芽。

盖捷特在总结中对克拉马特语的前缀作了扼要的说明，因为篇幅关系，我不能在这里引述了。但为了让我们在粗略地考查前缀的功用时易于看出说明空间关系、形状、运动和行动方法的功用所占的优势，至少我将指出下面几种最重要的前缀。

1. 与助动词、反身动词、使役动词、及物动词和不及物动词等等动词有关的前缀

2. 与数(单数、复数)有关的前缀

3. 与行为的主体或对象的形状和轮廓有关的前缀：1)圆形或球形或庞然大物的形状；2)平的、滑溜的、软的(如线等)；3)像叶子和身体的被覆物那样的形状；4)长的、细长的和高长的形状。

4. 与姿势和位置有关的前缀；如直立的、直线的、径直的。

5. 与运动有关的前缀：1)在空中；2)在下面；3)在外面，在水和其他液体中或在其上；4)斜面运动；5)Z 字形的地上运动；6)波状运动；7)头部运动；8)手臂运动；9)背部或足部运动。

6. 与由副词表示的关系有关的前缀；亦即位置前缀[①]。

后缀的数量及其功用的多样性远远超过前缀。我不打算深入到它们所表现的关系的细节中去。我只指出其中用于再现下述观念的那些细节：开始，继续，停止，折返，惯于作，常常作或者开始时作，经过，移动一段或长或短的距离，按 Z 字形或按直线运动，上升，在地上或地下，在空中作圆圈运行，走近或远离(看得见或看不见的行为主体或对象)，在茅屋内外，在水上或水面下改变某人的位置，最后还有无穷无尽的其他细节，其中许多是我们观察不到也表现不出来的，但它们很容易印入印第安人的头脑，不像我们那样难于掌握。[②]

① A. Gatschet, *The Klamath Language*, pp. 302-3.

② A. Gatschet, *The Klamath Language*, p. 305.

盖捷特指出前缀多少与形状的范畴有关，而后缀则更多地与行动方式、运动和静止的范畴有关。但从下面经我大加删节的后缀表中可以看出这种区分并不经常容易保持。下面引述的只是其中的一些标题。

1．描写运动的后缀：1）按直线或短距离运动；2）向地面运动；3）向其他某些对象或向行为的主体运动；4）在远处，离开；5）在某种东西的上面或下面运动；6）在地平面上运动；7）环行运动（在屋内或屋外）；8）围绕一个东西运动；9）转向或迂回运动；10）振动或摆动；11）向下运动；12）在水中运动。

2．表示逗留或静止不动的后缀：1）在茅屋的内部或其他围绕起来的场所中；2）在一定界限以外；3）在上或在表面上；4）围绕、包围着什么东西；5）在下面；6）在中间；7）离什么东西有相当距离；8）在树林或沼地中或在悬崖上；9）在水中；10）环水或临水。①

3．记述生物或其身体的部位所完成的行动的后缀：1）反复动作；2）重复动作；3）习惯性动作；4）在运动中的动作；5）在外面；6）在上，在表面上；7）在下面；8）用武器或工具；9）用身体或在身体上；10）用口；11）用背；12）临火或在火中；13）拿开；14）做手势；15）涉及某人的利益；16）叫某人姓名；17）用表示希望的动词；18）涉及动作完成的程度（开始，继续，只是部分完成，完全完成，最后完成）②。

几乎可以无止境地借助接词来实现这种详细说明所表现的行

① A. Gatschet, *The Klamath Language*, p. 396.

② A. Gatschet, *The Klamath Language*, pp. 397-8.

动或所指对象的细节的方法。我们来从克拉马特语中举一个例子吧。动词 galepka 意思是长高、登上。加上 h 就表示用手举起什么东西。因而,géhláptcha 表示在步行或旅行途中这样作;最后,géhláptchapka 表示某个人在远处这样作,其他人看不见。这最后一个词表现的是在夜间骑着马逃亡的囚犯的动作。① “带着孩子”可以用不同的方式来表现,主要区别在于孩子是不是用木板摇篮带着;是不是用手抱着或者背着;是不是在茅屋里背着或者在茅屋外背着,等等。② 我们认为根本不足道的那些细节却成为动词间细微差别的根据;这些动词在我们看来应当叫作同义词,但在印第安人看来则不是同义的。盖捷特告诉我们,他们用不同的动词来表现同一个动作或同一种状况,其根据常常不是由于这动作或状况不同,而是由于行为的主体和对象在形状、性质和数量上的不同……他们有8种用语来表现捕捉,12种表现分开,14种表现洗涤。还可以在这种语言中举出其他许多例子来说明知觉的细微差别和形容语的丰富。

然而我们知道,这种特点并不是克拉马特族印第安人所独有的。在邻近部族中也发现了这种特点,只是不太突出罢了。这个特点还是北美各部族的大多数语言所共有的。在休伦人的语言中,描写旅行的用语必须按照陆上旅行和海上旅行而有所不同。自动词随着可能完成的事情而相应地增加,例如,表现吃的动词就是随着所提到的食物的数量而改变的。动作及于生物或非生物时有不同的表现;看见一个人和看见一块石头,必须用两个动词。使

① A. Gatschet, *The Klamath Language*, p. 68.

② A. Gatschet, *The Klamath Language*, pp. 698-9.

用属于自己所有的东西与使用属于其他人所有的东西，必须用不同的动词来表现。[①] 在尼兹波尔西人(Nez-percés)[②]那里，动词的形式得按照行为的主体或对象的进或退而有所不同。[③] 在耶更人的语言中，动词有一万个，由于采用前缀和后缀来指出某人从哪儿来或到哪儿去，到北方、南方、东方、西方、上面、下面、外面、里面等等而使动词数量大大增加；我们知道，这些差别几乎是无穷无尽的，还不算位置副词。[④] 我们知道阿比朋人的语言中同义语的数量大得惊人，例如他们表示受伤，得看是人或动物的牙齿咬伤，还是小刀割伤，剑刺伤或者箭射伤而用不同的词；表现战斗的有矛战、箭战、拳战、舌战；还可以表现两个老婆为一个男人而争风吃醋之战，等等……加上不同的接词以确切表示所谈的主体的地点与不同的位置；在上、在下、在周围、在水中、在空中、在表面上，等等。例如动词"跟随着"就有许多不同的形式，人来人去，随手带着什么东西，提着或举在头顶上，注目地或留神地跟随着，或者跟随着其他人，全都可以表现。[⑤] 李文斯通在南非发现动词同样有表现细微意义差别的力量。"使旅行者迷惑不解的不是名称不够，而是太多，用词千差万别，以致老练的学者有时也不容易弄清题外的东西……我们听到过极多的表示不同步态的词——一个人向前或向

① Charlevoix, *Journal d'un Voyage dans L'Amérique Septentrionale*, iii. pp. 196-7.

② 北美太平洋岸一部族。——汉译者注

③ Bancroft, *The Native Races of the Pacific States of North America*, iii. p. 622.

④ T. Bridges, "Notes on the Structure of the Yahgan", J. A. I., xxiii. pp. 53-80.

⑤ Dobrizhoffer, *An Account of the Abipones*, ii. pp. 186-90.

后屈着身子走;左右摇摆着走;闲荡地或者机敏地走;大摇大摆地走;摇着臂膀走或者只是摇着一只臂膀走;低着头或者抬起头走或其他走法:这些步态的每一种都由专门的动词来表现……"[1]

IV

从这些事实以及其他许多能够引述的类似事实中,我们见到了原始民族的语言"永远是精确地按照事物和行动呈现在眼睛里和耳朵里的那种形式来表现关于它们的观念。"[2]这些语言有个共同倾向:它们不去描写感知着的主体所获得的印象,而去描写客体在空间中的形状、轮廓、位置、运动、动作方式,一句话,描写那种能够感知和描绘的东西。这些语言力求把它们想要表现的东西的可画的和可塑的因素结合起来。如果我们注意到这些民族一般的还要使用其他语言,而其他语言的特征又必然影响到它的使用者们的意识,影响到他们的思维方式,从而也影响到他们自己的语言,那么,我们或许能够理解他们的这种需要。事实上,这些民族至少在某些情况下是要使用手势语言的,而在已经不使用手势语言的地方,尚存的残迹也说明了无疑存在过这种语言。而且,它的使用常常不为研究者发现,这或者是因为土人们当着研究者的面不使用手势语言,或者是研究者没有注意这个事实。据罗特报道,有个研究者竟把这些手势误认为是共济会的暗号![3]

---

① Livingstone, *The Zambesi and its Tributaries*, p. 537.

② Schoolcraft, *Information*, ii. p. 341.

③ W. E. Roth, *Ethnological Studies among the N. W. Central Queensland Aborigines*, No. 72.

但是，在最不发达的民族方面，我们仍然拥有关于这种语言的存在的确凿证明。斯宾塞和纪林在澳大利亚见到过这种语言。“在瓦拉孟加人那里，有时禁止寡妇说话达12个月之久，在这整个期间，她们与别人交谈只能通过手势语言。她们使用这种语言达到了如此纯熟的程度，以致在没有必要这样做的时候她们也宁愿使用这种语言。往往有这样的情形：当一伙妇女聚集在帐篷里，她们中间笼罩着死一般的沉寂，同时，她们却借助手指，或者更正确地说，借助胳膊和手彼此间进行着十分活跃的谈话：连续地让手或手肘呈各种姿势就作出了许多符号。因此，她们谈得很快，要模仿她们的手势是非常困难的。”[①]“在北部各部族那里，死者的遗孀、母亲和岳母必须在整个服丧期内沉默不语，有时，妇女们甚至过了这个时期也仍旧不说话……在田南特克利克[②]的一个土人帐篷里，现在还活着一位很老的老太婆，她已经有25年多没有说过一句话了。”[③]在澳大利亚南部，“谁死了以后……老太太们可以两三个月不说话，而用手势来表示自己想要说的事情，这是一种特殊的聋哑人的语言，男人们也和妇女一样掌握得很纯熟。”[④]林肯港[⑤]区的人们也像库贝斯克利克[⑥]的土人们一样不出声地使用许多手势，这对他们的狩猎是十分必要的。他们利用手势，能够让自己的伙伴知道他们发现了什么

① *The Native Tribes of Central Australia*, pp. 500-1.

② 在中澳大利亚北部。——汉译者注

③ *The Northern Tribes of Central Australia*, pp. 525,527.

④ “On the Habits of the Aborigines in the District of Powell Creek, etc.”, J. A. I., xxiv. p. 178.

⑤ 在澳大利亚。——汉译者注

⑥ 在澳大利亚。——汉译者注

动物，这些动物的准确的位置在哪里……他们也有手势符号来表示一切种类的野兽野禽。[①] 豪维特搜集了库贝斯克利克的土人们在其手势语言中使用的一些符号。[②] 罗特给我们提供了一部这种语言的相当详细的词典，而且他能够证明，他所予以系统化的这种语言可以为昆士兰的整个北部的土著居民们所理解和使用。[③] 迪埃利族(Dieyerie)[④]"除了有声语言外，还有丰富的手势语言。一切动物，一切土人，男人和女人，天、地、行走、骑乘、跳跃、飞翔、游泳、食、饮以及其他许许多多的事物和动作，都有自己专门的手势符号来表示，所以这些土人不发一言就能交谈。"[⑤]

在托列斯海峡，手势语言同时在东部各岛和西部各岛被发现。海顿惋惜他没有辑成这种语言的符号。[⑥] 在德属新几内亚也见到这种语言。[⑦] 在非洲，我们只举一个例子："马萨伊人(Masai)有发达的手势语言，这是那个旅行过马萨伊国的菲雪尔(G. A. Fischer)告诉我们的。"[⑧]

在阿比朋人那里，多布里茨霍菲尔见到一个巫师为了不让

---

① Welhelmi, *Manners and Customs of the Natives of the Port Lincoln District*, quoted by Brough Smyth, *The Aborigines of Victoria*, i. p. 186.

② Welhelmi, *Manners and Customs of the Natives of the Port Lincoln District*, quoted by Brough Smyth, *The Aborigines of Victoria*, ii. p. 308.

③ *Ethnological Studies among the N. W. Central Queensland Aborigines*, Chap. iv.

④ 南澳大利亚一部族。——汉译者注

⑤ S. Gason, *The Dieyerie Tribes*, *in* Woods, *The Natives Tribes of South Australia*, p. 290.

⑥ *The Cambridge Expedition to Torres Straits*, iii. pp. 255-62. Cf. J. A. I., xix. p. 380.

⑦ Hagen, *Unter den Papuas*, pp. 211-2.

⑧ Dr. G. A. Fischer, quoted by Widenmann, "Die Kilimandjaro-Bevölkerung", Petermann's Mitteilungen, No. 129 (1889).

人听见，用手势跟别人秘密地谈话，在这些手势里，手、胳膊肘、头起了自己的作用。他的同行们也用手势回答，所以他们容易彼此保持接触。[①] 这种语言大概也在整个南美流行。各种部族的印第安人彼此不懂对方的有声语言，但他们能够用手势来相互交谈。[②]

最后，手势语言似乎很明显地在北美通用：只要提一提华盛顿学院人种学研究室的《报告》（*Reports*）第1卷上刊登的马列利（G. Mallery）上校的杰出专著《手势语言》就够了。我们在这里见到的是一种真正的语言，它有自己的词汇、自己的句法、自己的形式。一个研究者说："可以给这种手势语言编出一部厚厚的语法……即使根据下述事实也可以判断这种语言的丰富：不同部族的印第安人彼此不懂交谈对方的有声语言的任何一个词，却能够借助手指、头和脚的动作彼此交谈、闲扯和讲各种故事达半日之久。"[③]据博厄斯（Franz Boas）说，1890年在英属哥伦比亚内地，这种语言还是十分流行的。[④]

因此，在大多数原始社会中都并存着两种语言：一种是有声语言，另一种是手势语言。应不应当这样假定：这两种语言并存，彼此不发生任何影响；或者相反，同一种思维由这两种语言来表现，而这种思维又是这两种语言的基础？后一种看法似乎更易于被接

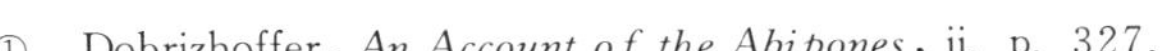

① Dobrizhoffer, *An Account of the Abipones*, ii. p. 327.

② Spix and Martius, *Travels in Brazil*, ii. p. 252.

③ Kohl, *Kitchi Gami*: *Wanderings round Lake Superior*, pp. 140–1.

④ F. Boas, "The North-western Tribes of Canada", *Report of British Association*, p. 291 et seq. (1890).

受，事实也确证了这个看法。喀申[①]着重指出了有声语言和由手的动作表现的语言之间存在的那些相互关系。他指出，东南西北的次序和配置、数词的形成，在朱尼人那里来源于一定的手的运动。同时，他以亲身的例子表明了他所使用的和由于他个人的天才（在这种场合下，天才这个词是不太有力的）以及他的生活环境而得到他非常成功地运用的那个方法的效果。

要理解"原始人"的思维，我们就应当尽可能地在自己身上恢复那些与原始人的状态相似的状态。这一点是大家都同意的。喀申在朱尼人中间生活过，和他们住在一起，爱他们，按照他们的仪式行了成年礼，参加了他们的秘密团体，使自己成为名副其实的他们中间的一员。然而，他完成的业绩还要大，他的方法的独创性也在于此。他以无限的耐力使自己的手恢复了原始的功能，使它们再去作它们在史前时期所作的一切，而且使用的材料和所处的条件就像是在这样一个时代中，**在那时，手与脑是这样密切联系着，以致手实际上构成了脑的一部分**。文明的进步是由脑对于手以及反过来手对于脑的相互影响而引起的。[②] 因此，要再现原始人的思维，就必须重新发现他们的手的动作，因为在这些动作中密切地结合着他们的语言和思维。那个大胆的而且意义极为重大的说法"手语概念"就是由此而来。说话离不开自己的手的帮助的原始人，也离不开手来思维。应用喀申提出的和用过的那个方法，有极

① "Manual Concepts", *American Anthropologist*, V. p. 291 et seq.

② 按俄文本此句译作："文明的进步是由手对于脑以及反过来脑对于手的相互影响而引起的。"（见《Первобытное Мышление》，Атеист，Москва，1930，стр. 106.）——汉译者注

大的困难。也许，只有他一个人或者那些赋有他那样的特殊的天赋和耐性的人，才能有效地使用这个方法。然而，毫无疑问，这个方法带来了宝贵的结果。例如，喀申说明了，我们在原始人的语言中到处见到的动词的极端专门化，原来是原始人智力活动中手的动作所起作用的自然后果。他声称，这里存在着语法必要性；他还说，在原始人的意识中，复杂的但是机械的系统化的思维表现、概念表现比同义的口语表现产生得更快，或者同样快。[①]

用手说话，这在某种程度上简直就是用手思维；因而，这些“手语概念”的特征必然在思维的口语表现中再现出来。这里，表现的一般方法是相同的：在其符号上差别如此巨大的两种语言（一种语言是由手势构成的，另一种是由分音节的声音构成的），但在其结构和表现事物、动作、状态的方法上则又彼此相近。因此，如果说口头语言描写和叙述位置、运动、距离、形状和轮廓无微不至，那么，这正是因为手势语言也是用的同一些表现方法。

在这方面，罗特给我们详细描写过的西北昆士兰的手势语言是最值得注意的。在这种语言中，如同在其他语言中一样，实在的、最重要的单位首先不是孤立的手势或符号，也不是孤立的词，而是句子，或者是以不可分开的方式表现了一个完整意思的或长或短的复合整体。手势的意义决定于“上下文”。例如，“飞去来标[②]的手势不但能表现这个东西本身，而且（根据‘上下文’判断）还能表现用它击中或打死了什么东西的观念，或者表现它的制作、

① “Manual Concepts”, *American Anthropologist*, pp. 310–1.

② 澳大利亚土著居民的武器，掷出后仍能飞还。——汉译者注

遇窃等等的观念。疑问手势引起关于问题的观念，但是这个问题的性质和内容又是决定于这个手势之前和之后的那些手势。”①

此外，用以表示人、物和行动的“会意符号”②，差不多总是运动的描写。它们表达的或者是四足动物、鸟、鱼等等生物的姿势，或者是它们的习惯动作，或者是捕捉它们时的动作，或者是制造或使用什么东西时的动作，等等。例如，为了表示豪猪、就用手的动作准确地描写它掘土和抛土的奇怪方法、它的刺、它竖起自己的小耳朵时的姿态。为了表示水，会意符号表示出土人怎样喝水，怎样舔吸捧在手心窝里的水。为了表示项圈，就用双手做出圈住脖子并从后面锁住的姿势，如此等等。用手势描写武器更是入微，这些手势与在使用武器时的动作相像。简而言之，用手势语言说话的人拥有大量现成的视觉运动联想供自由支配，而当人或物的观念在他的意识中出现时，这观念立刻就让这些联想发生作用。我们可以说，他是在描写它们的同时就想象着它们了。因而，他的分音节的语言也只能够这样来描写。在原始人的语言中，给轮廓、形状、姿势、位置、运动方法赋予的意义，总之，给人和物的看得见的特点赋予的意义，即来源于此；按物的姿势（立、坐、躺）来对它们进行的分类等等也来源于此。马列利上校告诉我们，作为语言的综合的不可分解的部分的印第安语言的词，在这方面乃是与作为手势语言的成分的手势严格相似的，而对于手势的研究，又为手势与词的比较所绝对必需。一种语言阐明另一种语言，如果这两种语

① W. E. Roth, *Ethnological Studies among the N. W. Central Queensland Aborigines*, No. 72.

② 直译应为观念、思维的“记录”、“符号”。——俄编者注

言中的任何一种对我们陌生，则另一种是不能得到很好研究的。[①]

马列利上校十分深入地研究了北美印第安人的手势语言并力图确定它的句法。我们在这里只转述马列利的结论中的那个能阐明操这种语言的人们的智力习惯同时阐明他们的口头语言的部分。口头语言必然是描写性的。甚至常常有这样的情形：口头语言要插入一些手势，它们不只是情绪的自然表现，而且是口头语言本身的必要因素。例如，在英属哥伦比亚的哈尔科麦利蒙族(Halkomelem)那里，"可以大胆地肯定，词和句的意思至少有三分之一是靠原始语言的这些'辅助'方法来表现的，是靠手势和声调中的差别来表现的。"[②]巴西的柯罗亚多人(Coroados)是用重音、发音的快慢、手或口作的某些符号以及其他手势来使句子的意思达到完整。假如印第安人想说他正向森林走去，那他就说："森林去"，同时用口的动作指出他要去的那个方向。[③]

甚至在一般属于相当发达的社会类型的各族班图人那里，本来是十分绘声绘影的口头语言也经常伴随着指示代词插进手的动作。诚然，这些动作已经不再像作为手势语言的组成部分的那些动作那样是名副其实的符号了；但它们是借助词来作出准确描写的辅助手段。例如，很少听到土人说类似"他瞎了一只眼睛"那样笼统的话；土人发现是哪只眼睛瞎了，他一定会指着自己的一只眼睛说："他瞎的就是这只眼睛。"同样的，他也不说两地之间有三小

---

① Mallery, "Sign-language", E. B. Rept., i. p. 351.

② Hill Tout, "Ethnographical Reports … Halkomelem British Columbia", J. A. I., xxxiv. p. 367.

③ Spix and Martius, *Travels in Brazil* ii. pp. 254-5.

时行程的距离，他一定这样说："如果你走的时候太阳在这里，你到达的时候太阳就在那里了，"同时指着天上的各个点。同样的，第一、第二、第三也不用词来表示；第一的概念是用代词这个来表现的，这时土人伸出小指，第二也是用代词这个来表现的，这时则伸出第二个手指，等等。[①]

描写的"辅助"手段绝不仅限于手势和身体的运动。土人可以通过德国研究者所说的 Lautbilder（声音图画），亦即通过那些可以借助声音而提供出来的对他们所希望表现的东西的描写或再现而达到对描写的需要的满足。魏斯脱曼（D. Westermann）说，埃维人（Ewe）[②]各部族的语言非常富有借助直接的声音说明所获得的印象的手段。这种丰富性来源于土人们的这样一种几乎是不可克制的倾向，即摹仿他们所闻所见的一切，总之，摹仿他们所感知的一切，借助一个或一些声音来描写这一切，首先是描写动作。但是，对于声音、气味、味觉和触觉印象，也有这样的声音图画的摹仿或声音再现。某些声音图画与色彩、丰满、程度、悲伤、安宁等等的表现结合着。毫无疑问，真正的词（名词、动词、形容词）当中的许多词都是来源于这些声音图画的。实在说来，它们不是形声词；它们多半是描写性的声音手势。用一个例子就可以最好地解释这些手势。

魏斯脱曼说："在埃维语中，也像在邻近各部族的语言中一样，有一种非常独特的副词形式……这些副词描写的只是一个动作、一个状态或事物的一个属性。因此，它们只适用于一个动词并只

① Torrend, *Comparative Grammar of the South African Bantu Language*, p. 218.

② 居住在非洲加纳及多哥的民族。——汉译者注

能与这个动词连用。许多动词，特别是那些描写通过感觉器官而传达印象的动词，拥有整整一系列这样的副词，它们最准确地表示由动词表现的那个行动、状态或属性……这些副词实际上是声音图画，是感性印象的声音摹仿……例如动词 zo（走）可以接下面一些副词，这些副词只能与这个动词连用，它们描写的是各种各样的走或者不同的步态[①]：

Zo báfo bafo——小个子人的步态，走时四肢剧烈摇动。

Zo bėhe behe——像身体虚弱的人那样拖拉着腿走。

Zo bia bia——向前甩腿的长腿人的步态。

Zo boho boho——步履艰难的胖子的步态。

Zo búla bula——茫然若失地往前行，眼前的什么也不看。

Zo dzé dze——刚毅而坚定的步伐。

Zo dabo dabo——踌躇的、衰弱的、摇晃的步伐。

Zo gōe gōe——摇着脑袋摆着屁股地走。

Zo gowu gowu——稍微有点儿瘸，头向前歪着走。

Zo hloyi hloyi——穿着宽大摇曳的衣服或带着许多东西走。

Zo ka kà——不多余地动身子，傲然直前地走。

Zo kodzo kodzo——头稍歪着的高个子人或动物的步伐。

Zo kondobre kondobre——与上一种步伐同，但衰弱迟钝。

Zo kondzra kondzra——挺着肚子，大踏步地走。

Zo kpádi kpadi——胳膊肘贴着肋走。

Zo kpō kpō——宁静地悠闲地走。

① Cf. *Livingstone's Observation*, quoted on pp. 157-8.

Zo kpúdu kpudu——小个子人的小快步。

Zo kundo kundo——意思与 kondobre kondobre 相同，但没有任何贬义。

Zo lûmo lûmo——鼠、大老鼠一类的小动物的急速步态。

Zo mõe mõe——与 gõegõe 一样。

Zo pla pla——小步子走。

Zo sî sî——走起来摇摇晃晃的小个子人的轻快步伐。

Zo taka taka——漫不经心地轻率地走。

Zo tyatyra tyatyra——急速的但僵直的步伐。

Zo tyende tyende——摆动着肚子走。

Zo tya tya——迅速地走。

Zo tyádi tyadi——一瘸一瘸地走或者拖着脚走。

Zo tyô tyô——个子极高的人歪着头的坚定的步伐。

Zo wúdo wudo——宁静的步伐（有褒的意思），尤指妇女。

Zo ẁla ẃla——急速、轻快、顺畅的步态。

Zo ẁui wui——急速的、敏捷的步伐。

Zo ẃẽ ẃẽ——僵直地向前移动的肥胖人的步伐。

Zo ẃiata ẃiata——以坚定有力的步伐向前迈进；特别指腿长的人而言。

上面引述的 33 个副词并不把那些用于描写步态的副词包罗无遗。此外，它们大部分都能以两个形式来使用：以普通的形式和指小的形式，视所谈到的人的身材大小而定。”①当然，对其他所有

① Dr. Westermann, *Grammatik der Ewesprache*, pp. 83-4.

的动作，比如说对跑、爬、游泳、骑乘、坐车等等，都有这样的副词或者声音图画。[①] 最后，假如这个动词首先表现的是一般的走的概念，然后才是由声音图画所表征的特殊走法，则这些描写性副词不与这个动词连用。其实，对我们所谈的这种意识来说，一般的走的概念从来不是孤立存在的；走永远是借助声音来描写的按一定方式的走。魏斯脱曼甚至指出，随着图画渐渐让位于真正的概念，专门的副词才趋于消失，它们的位置被其他比较一般的副词，如很多、大部分等等所代替。[②]

在班图语的各种语言中，也发现了这样一些描写性的辅助手段。例如，在罗安哥，“每个人都是按自己的方式来使用言语，或者……更正确的说，每个人都是按照说话时的处境和自己的心情而从嘴里吐出言语来。这样使用言语是与鸟发出声音一样自由而自然（我想不出更恰当的比喻）。”[③]换个方式说，在这里，词并不是什么凝固的和绝对不变的东西；相反的，发声的手势也像不发声的手势那样描写、描绘、图解地表现所谈的动作或事物。在隆加语中，有“一些词，班图语语法学家们一般都认为它们是感叹词或者拟声词。它们通常都是单音节的词。土人们借助这些词来表现由某种景象、声音或观念使他们引起的突然的直接印象，或者描写什么动作、幻影、闹声。只要听到几次黑人们的那种完全自由的、无拘无束的谈话，就可以发现他们拥有的这一类的词多得多么惊人。也许有人会说，这只不过是儿童的说话方式，不值得注意。然而，

① Dr. Westermann, *Grammatik der Ewesprache*, p. 130.
② Dr. Westermann, *Grammatik der Ewesprache*, p. 82.
③ Dr. Pechuël-Loesche, *Die Loango-Expedition*, iii. 2, pp. 91-5.

事实恰恰相反，正是在这种绘声绘影的语言中反映了种族的天性灵活而机敏的智慧。这个智慧能够借助这些词来表现种种细微的意义差别，这是比较拘束的语言所不能表现的。此外，这些短词还产生出许多动词，就因为这一点，也值得对它们注意……但是，应当承认，这些描写性的副词经常随着说话者个人的差异而有极大的变化。某些人用它们来装饰自己的言语，其变化之大使得没有行过成年礼的人不能听懂，它们甚至还发明新词。但是，这些词当中的许多词仍然实际上进入了每个人都懂得的语言中。”①

V

不论是口头语言还是手势语言，它们的可塑性和实质上的描写性，证实了我们在关于原始思维所固有的抽象和概括的特殊形式方面所说的话。原始人的思维拥有大量的概念，但这些概念与我们的概念根本不同：原始思维形成和使用概念的方式方法与逻辑思维不同。盖捷特说：“我们力求准确清楚地说；印第安人则力求如画一般地说；我们分类，他们则个别化。”②下面的例子明显地表现了这种差别。德拉华人（Delaware）③的 nadholineen 一词是由 nad——动词 naten（寻找）的派生动词、hol（来自 amochl——小船）和 ineen（第一人称复数动词词尾）组成的。这个词的意思是“给我们找一只小船吧。”这是动词命令式，它表现：我在为你、为他等等找小船。这个动词也像其他任何动词一样变位……但它永远用于特殊的意义。它

① Junod, *Grammaire Ronga*, pp. 196-7.

② A. Gatschet, *The Klamath Indians of Southwestern Oregon*, p. 98(1898).

③ 北美印第安人的一族。——汉译者注

永远表示：寻找这个小船；它表示非一般意义的动作；它不表示“寻找任何小船”。在古典语中，情形就不是这样了：拉丁语的动词 aedifico、belligero、nidifico 不表示“修建特殊的大厦”、“与特定的民族作战”、“作一定形式的巢”，…… 同样，*φιλουραμματέω*、*φιλουραφέω*、*φιλοδοζέω*、*φιλοδευποτεύομαι*、*φιλαυθρωπέω* 也不表示对一定的书籍、图画等等的偏爱。它们表示一般的爱好书籍、图画，等等。这些词在它们的某个遥远的历史时期是否具有特殊的意义呢？我们丝毫不知道这个时期，也没有什么东西能向我们说明这个时期。但是，我们知道，在美洲的各种原始语言的发展过程中，动词最早是表示特殊意义的，假如有谁需要把它们用于一般的意义，就给它们加上一个意为“时常”的副词性接词。[1]

同样，也不能否认，操这些语言的土人们有手、足、耳等等的概念。但他们的这些概念与我们的不一样。他们拥有我将叫作“心象-概念”的那种必然是特殊化了的东西。他们所想象的手或足永远是某个特定的人的手或足，这个人是与这个手或足同时被叙述出来的。波威尔少校告诉我们，在北美印第安人的许多种语言中，对眼睛、手、臂以及身体的其他部位和器官，没有专门的词来表示；表示这些东西的词永远是并入或附加在表示所有者的代词中来使用的。如我的手，你的眼睛，他的足，等等。假如有个印第安人在野战医院里发现了一只从手术台上掉下来的胳臂，他一定会说：“我发现了他的胳臂”（亦即某个人的），而这种语言学特点虽不是

① Gallatin, *Transactions of the American Ethnological Society*, ii. p. 136-8.

普遍的，但也是很常见的。[①] 这种特点也在其他许多种语言中出现。例如，巴西的巴卡伊利人不是简单地说"舌头"，而永远是加上物主代词说：我的舌头，你的舌头，等等；这条规则也适用于身体的其他部位。[②] 这对于那些常常极少单独使用的表示亲属关系的词如父亲、母亲等也同样是适用的。在马绍尔群岛[③]，"没有表现'父亲'的一般概念的词，这个词永远是作为复合词的一部分来使用，并用于一定的人称。母亲、兄弟、姊妹等词也是这样。"[④]

俾士麦群岛的加泽里半岛的土人们所操的语言，与大多数美拉尼西亚语以及某些密克罗尼西亚（吉尔柏特群岛）[⑤]和巴布亚语一样，物主代词作为表示亲属关系、身体各部位的实名词的后缀来用，还用作某些前置词的后缀。[⑥]

格利尔森（Grierson）指出，在印度的西北各邦，不与任何专门的名称连用、相当抽象地来看的这个一般概念的"父亲"一词从来就不单独使用，它永远与物主代词连用……同样的，手也只能想象成属于某个人的手，甚至当句中的所有格使物主代词变成不必要时，专门化的倾向仍然很强，以致他们还要加上物主代词说："我的母亲的她的手。"[⑦]在安加米族（Angami）[⑧]的语言中，"表示身体的

① "The Evolution of Language", E. B. Rept., i. p. 9.

② K. von den Steinen, *Unter den Naturvölkern Zentralbräsiliens*, p. 82.

③ 在太平洋，属美占。——汉译者注

④ Die Ebon-Gruppe im Marshall's Archipel, *Journal des Muséum Godeffroy*, i. pp. 39-40.

⑤ 在中太平洋。——汉译者注

⑥ Pakinson, *Dreissig Jahre in der Südsee*, p. 730.

⑦ Grierson, *Linguistic Survey of India*, iii. 3, pp. 16-17.

⑧ 印度西北部的民族。——汉译者注

部位或者表现亲属关系的名词一定要在前面加上物主代词。”[①]在谢马族(Semā)[②]的语言中也有这样的情形。[③] 这是一个十分普遍的特征,它可以帮助我们理解,为什么我们在原始社会中见到的亲属关系,其复杂程度常常使欧洲人觉得混乱和难于弄清。这是因为欧洲人试图 in abstracto(抽象地)来理解它们,而土人是从来不抽象地想象这些关系的。他从幼年时代就记熟了这些或那些人与其他某些人处于如此这般的亲属关系;他要记熟这一点,并不比他记熟本族语言的常常也是复杂的规则更费事。

所与社会集体的思维愈接近原逻辑的形式,心象-概念在它里面的统治地位就愈强。语言说明了这一点:在这些社会集体的语言中几乎完全没有符合一般概念的属名;同时,表示人或物的专门用语又非常丰富,而且只要说话人一提到他(它)们,则关于他(它)们的清晰准确的心象就在他的意识中显现出来。埃尔在澳大利亚土著居民方面已经指出过这一点。他说,他们没有树、鱼、鸟等等的属名,尽管他们有用于每种树、鱼、鸟等的专门用语。[④] 吉卜斯兰德区的泰伊尔湖[⑤]的土人们没有表示一般的树、鱼、鸟等等的词,但他们对每一个种,如鲷鱼、鲈鱼、鲻鱼等等却又分得很清楚。[⑥] 塔斯马尼亚人(Tasmanians)[⑦]没有表现抽象概念的词;他们

① Grierson, *Linguistic Survey of India*, iii. 2. p. 208.

② 印度西北部的民族。——汉译者注

③ Grierson, *Linguistic Survey of India*, iii. 2. p. 223.

④ Eyre, *Journals of Expeditions of Discovery into Central Australia*, ii. pp. 392-3.

⑤ 在澳大利亚的维多利亚。——汉译者注

⑥ Bulmer, quoted by Brough Smyth, *The Aborigines of Victoria* ii. p. 27.

⑦ 澳大利亚东南海岸附近的塔斯马尼亚岛上的土著居民。——汉译者注

虽然对每种灌木、橡胶树都有专门的称呼，但他们没有“树”这个词。他们不能抽象地表现硬的、软的、热的、冷的、圆的、长的、短的等等性质。为了表示“硬的”，他们说：像石头一样；表示“长的”就说大腿；“圆的”就说像月亮，像球一样，如此等等。同时，他们说话时总要加上手势，力图把他们想要用声音来表现的东西传达到听的人的眼睛中去。[①]

在俾士麦群岛，“没有名称来表示颜色。颜色永远是按下面的方式来指出的：把谈到的这个东西与另一个东西比较，这另一个东西的颜色被看成是一种标准。例如，他们说：这东西看起来像乌鸦，或者有乌鸦的颜色。久而久之，名词就单独作形容词来用……黑的用具用黑色的各种东西来表示，不然就直接说出个黑色的东西。例如，kotkot（乌鸦）这个词是用来表示黑的。所有黑色的东西，特别是有光泽的黑色的东西都叫 kotkot。Likutan 或者 Lukutan 也表示黑的，但多半是指暗黑的，toworo 表示烟煤烧焦后的黑色，Luluba 是长满栲树丛的沼地的黑色污泥；dep 是金丝雀树的树脂烧成的黑色；utur 是烧焦的槟榔叶掺和油料的颜色。所有这些词都是按不同情况用于表示黑色：对其他颜色，白的，绿的，红的，蓝的，等等，也有这样多的区别。”[②]

在巴西的柯罗亚多人那里也有这种情形。“他们的语言只适于表现直接围绕着他们的那些东西，而且常常用摹仿的声音来表现事物的主要性质。他们以极大的准确性来区分身体内外的部

① Bulmer, quoted by Brough Smyth, *The Aborigines of Victoria*, ii, 2, p. 413.

② Parkinson, *Dreissig Jahre in der Südsee*, pp. 143-5. Cf. *The Cambridge Expedition to Torres Straits*, ii. pp. 55-68.

位、各种动物和植物，而这些自然物之间的相互关系则常常以极富表现力的方式由词的本身表现出来。例如，各种猴子和棕榈树的印第安名称可以作为我们在研究这些动物和植物的类和种时的指南，因为几乎每个种都有自己专门的印第安名称。但是，要在他们那里寻找用于植物、动物、颜色、声音、性别、种等等的抽象概念的词，则是徒劳的。在他们那里，概念的这种概括只表现在动词不定式走、吃、喝、跳、看见、听见等等的常常使用上。”①在加利福尼亚，“既没有类，也没有种：各样橡树、松树、草都有自己单独的名字。”②

一切都以“心象-概念”的形式呈现出来，亦即以某种画出了最细微特点的画面呈现出来，——这不仅在整个生物界的自然种方面是如此，而且在一切客体、不论什么客体方面，在由语言所表现的一切运动或动作、一切状态或性质方面也是如此。因此，这些“原始”语言拥有极大量的为我们的语言所没有的词汇。词汇如此丰富引起了许多研究者的惊异。“澳大利亚土人几乎对人体的任何细小部位都有名称；例如，一个外国人问，臂用土人的话应该怎样说，他得到的回答，一个词是表示上臂，另一个词是表示下臂，第三个词是表示右臂，第四个词是表示左臂，等等。”③“毛利人对新西兰的植物有非常完整的名称系统。他们能够分出树的性别，对某些树的雄性和雌性有不同的名称。他们对那些在各个生长阶段

① Spix and Martius, *Travels in Brazil*, ii. pp. 252-3. Cf. *The Cambridge Expedition to Torres Straits*, ii. I, pp. 44, 64.

② Powers, *Tribes of California*, p. 419.

③ Grey, *Journals*, etc., ii. p. 209 (1841).

改变叶子形状的树也有各种各样的名称。在许多场合下，他们对树或灌木的花都有专门的名称……对于尚未长大的嫩叶和对于浆果也有不同的名称……koko 鸟或者 tui 鸟根据一年四季的不同而有四种名称（雄的两种，雌的两种）。他们对鸟、动物、鱼的尾有各种名称；对 kaka 鹦鹉的叫声有三种名称（愤怒的、受惊的和普通的）。”①

戈特什林（E. Gottschling）在谈到南非的巴文达族（Bawenda）的土人们时说：“在他们的语言中，每种雨都有专门的名称……他们对自己家乡的任何一种地理事实都有名称。甚至地质特点也逃不出他们的注意：他们对每一种土壤，对每一种石头或岩石都有专门的称呼……在他们的语言中，没有什么树、灌木或植物是叫不出名字来的。甚至每种草他们也能叫出不同的名称。”②贝专纳人（Bechuana）③语言词汇的丰富使李文斯通惊叹不已。“莫法特（Dr. Moffat）是第一个使他们的语言具有书写形式的人。他研究他们的语言至少有 30 年。因此，没有人比他更适合于把圣经翻译成贝专纳语。这个语言是如此丰富，以致莫法特在翻译这部书时竟没有碰见过不能译的词。”④至于印度，格利尔森说，“在库克钦族（Kuki-Chin）⑤的语言中，用于表达彼此相近的概念的用语数量之大，使人很难对各种土语的词汇进行比较。”他又说，“在卢舍人

① Elsdon Best, “Maori Nomenclature”, J. A. I., xxxii. pp. 197-8.

② E. Gottschling, “The Bawenda”, J. A. I., xxxv. p. 383.

③ 居住在南非。——汉译者注

④ Livingstone, *Missionary Travels*, pp. 113-4.

⑤ 居于缅甸西部及印度东部的民族，在缅甸被叫作钦族，在印度被叫作库克族。——汉译者注

(Lushei)的语言中,用于蚁名的有 10 个词,大概是表示蚁的各个变种;用于篓篮名的有 20 个词;有不同的词用于不同种类的鹿,但没有一个词用于鹿的一般概念。"①——北美印第安人"有许多用语用于云的常见的形状,用于天象的各种特征,这些用语几乎可以叫作科学术语,它们根本不能翻译,而且在欧洲人的语言中也找不到与它们同义的术语。例如,奥基伯威人对于从两朵云的间隙中辉耀着的太阳有专门的名称。对于有时出现在漫天乌云之间的一小片微弱的浅蓝色光辉也有专门的名称。"②——克拉马特族印第安人对于狐、松鼠、蝴蝶或蛙没有类的术语,但每一个种又有自己的名称。在他们的语言中,实名词多得几乎不可数计。③ ——拉伯人(Lapps)④有许多用于不同年龄的驯鹿的用语……他们有 20 个词表示冰、11 个词表示冷、41 个词表示各种形式的雪、26 个动词表现上冻和解冻,等等。他们从自己的语言转到在这方面大为贫乏的挪威语的过程是十分困难的。⑤ ——最后,闪语,甚至我们所操的语言,也曾经有过这样丰富的词汇。"我们应当照现代的立陶宛语的样式来想象印欧语系的每一种原始语言;现代立陶宛语缺乏一般用语,但表示一切专门的动作和一切熟悉的事物的细节的专门用语却很丰富。"⑥

---

① Grierson, *Linguistic Survey of India*, iii. 3. p. 16.

② Kohl, *Kitchi Gami: Wanderings Round Lake Superior*, p. 229.

③ A. Gatschet, *The Klamath Language*, pp. 464, 500.

④ 居住在北欧北部的萨阿米人的旧称。——汉译者注

⑤ Keane, "The Lapps: their Origin, etc." J. A. I., xv. p. 235.

⑥ A. Millet, *Introduction à L'Étude Comparative des Langues Indo-Européennes* (2nd edit.), p. 347.

也可以用这种倾向来解释个别事物、特别是地面上的一切最微小的特征的专门名称之所以浩如烟海的原因。在新西兰的毛利人那里,“每种东西都有自己的名字:他们的住宅、独木舟、武器以致衣服都各有自己特殊的名称……他们的土地、道路、海岛四周的海滩、马、牛、猪以致树……山崖和水源,全都有自己的名称。不论你走到哪里,就是走进显然人迹罕到的荒野,只要你问:这地方有没有名称?——这里的任何一个土人就会立刻把它的名称告诉你。”[①]在南澳大利亚,“每条山脉都有自己的名字;同样,每座山也有自己专门的名称;所以,土人们随时能够准确地说出他们是在向哪条大山脉的哪座山或者山头走去。我搜集了澳大利亚阿尔卑斯山的山名二百多个……甚至墨累河的每个河湾也有自己的名称。”[②]在西澳大利亚,土人们“对所有较亮的星、一切地形特点、每一处高地、每一个沼泽、每一个河湾等等都有名称,但对河本身却没有名称。”[③]——最后,为了不再赘述,我们指出,在三比西河[④]地区,“每座小山丘、小山、大山和山脉上的每座山峰,都有自己的名字;每条河道、小溪和平原也是这样。实际上,一个地方的每个部分、每种地形特征,都是由相应的名称区别得这样清楚,以致一个人必须花上整整一生的时间才能辨清它们的意思。”[⑤]

① R. Taylor, *Te Ika a Maui*, pp. 328-9.
② Quoted by Brough Smyth, in *The Aborigines of Victoria*, ii. p. 122 (note).
③ Quoted by Brough Smyth, in *The Aborigines of Victoria*, ii. p. 266 (note).
④ 在南非。——汉译者注
⑤ Livingstone, *The Zambesi and its Tributaries*, pp. 537-8.

VI

因而，从总的来看，原始人所操语言的特征是与我们指出过的他们的思维中的特征相符合的。这些作为一种画面的仅仅容许有限的概括和初步的抽象的心象-概念必然要求记忆的出色的发展，这也就引起了形式和词汇的丰富。逻辑思维占上风的地方，已获得的知识的社会宝藏是通过概念来遗传和保存的。每一代人培养着下一代，教他们分析这些概念，从它们里面吸取其中所包含的东西，认识并使用抽象推理的手段。但是相反的，在我们所谈的这些民族中间，这个宝藏则整个地或者差不多整个地以直观的形式表现在语言本身中。它是不能遗传的，因为儿童的摹仿实际上是用不着教，用不着智力的努力，而只是靠记忆来实现的。因此它是不容易进步的。假定这种社会集体的环境和制度不变，它的一般思维也不变，那么，它的心象-概念的丰富储存必定是不经巨大变化地世代相传着。但如果发生了其他变化，则这个储存也随之变化，而且这种变化往往导致这个储存的枯竭。

概念的和抽象的思维的进步，使得早先用于表现比较具体的思维的描写材料减缩了。印欧语系的各种语言在这个意义上说无疑是进化了。在英属哥伦比亚，“在沿海地区，土人们使用阳性和阴性冠词时，原来的名词就用于表示男性和女性的亲属。在性别之间根本没有语法区别的萨利斯族则是用各种单独的名词来表示性别。值得注意的是，有性别的语法区别的比尔库拉人（Bilqula）[①]只有很

① 加拿大西北一部族。——汉译者注

少一些单独的名词。这可以提示一个想法：使用语法性别的部族丧失了这些单独的形式。”[①]日益增长着的概念的一般性引导着这些单独的形式逐渐失去了那种在它们同时是和主要是心象、图画和声音手势的时候可以作为它们的特征的准确性，因而许多词不用了或者彻底消失了。维克多·亨利（V. Henry）说：“渐渐的，对意义的这些最精细差别的概念模糊起来了，所以，现在的阿留申人（Aleutian）[②]不加区别地把一个词形作几个意义用，或者把几个词形作一个意义用；问土人是什么促使他愿意用这个形式，而不愿用其他形式，他往往不能解释自己的这种偏好。”[③]

作为通则的这种储存的逐渐枯竭，清楚地说明了：在早先，专门化的名词的使用和对细节的无微不至的注意，并不是有目的和有意识的努力的结果，而只是表现的方式方法所促成的必要性的结果。心象-概念的表现和传达，只能是或者借助于某种画面，或者借助于真正的手势，或者借助于作为一种声音手势的口头表现（关于这种声音手势，“辅助的描写性副词”已经提供了十分鲜明的例子）。

当一般观念和抽象概念的发展使人们更易于表现这些观念和概念时，他们就用这样的观念和概念来表现，而不担心由此而来的图解准确性的丧失。实际上，比如说在同一个植物或动物种的各变种方面所感知到和表现出的区别的敏锐性、丰富性和精确性，绝

① F. Boas, “The North-western Tribes of Canada”, *British Association Reports*, pp. 690-1 (1890).

② 太平洋阿留申群岛（属美占）的土著居民。——汉译者注

③ V. Henry, *Esquisse d'une Grammaire Raisonnée de La Langue Aléoute*, p. 34.

不应当使我们想到，我们在这里见到的是在对客观实在的认识的趋向上与我们的思维相像的思维。我们知道他们的思维的趋向是不同的。如他们的集体表象暗示的那样，在人和物的实在中，神秘的和看不见的因素、隐蔽的力量、秘密的互渗所占的地位，简直不是我们所认为客观的因素所能比的。不需要另找什么证据，只要指出关于邪气、瓦康、奥连达、禁忌、亵渎等等观念所起的那种作用就能证明这一点。即使考察一下已确立的存在物的原始分类也就够了。在原始民族那里，分类的原则主要奠基于神秘的互渗，而把最触目的客观属性撇在一边。存在物的全部总和与社会集体的个体一样分类；树、动物、星辰属于这个或那个图腾或氏族或胞族。因此，不顾外表的明显性、显然没有类概念的原始思维，也没有种、族或变种的概念，尽管它善于在自己的语言中描绘这些概念。这是由行动和表现的必要性产生的某种纯粹实用的分类，它们与自我意识毫不相干。这仅仅在极小程度上说是一种知识，因为真正知识的形成，首先要求思维及表现的这个材料让位于另外的材料，同时作为一般的和个别的东西的心象-概念则必须被真正一般的和抽象的概念所代替。

语言也不得不失去它在原始民族中间必然具有的神秘性质。我们已经知道，对他们的思维来说，没有哪种知觉不包含在神秘的复合中，没有哪个现象只是现象，没有哪个符号只是符号；那么，词又怎么能够简单的是词呢？任何物体的形状、任何塑像、任何图画，都有自己的神秘力量：作为声音图画的口头表现也必然拥有这种力量。神秘力量不仅为专有名词所固有，而且也为其他一切名词所固有。此外，那些表现了十分专门化的心象-概念的名词与我们的专有名词倒是很接近，但与我们的普通名词则有较大的差别。

由此得出结论：词的使用对原始人来说不是无关紧要的；词的发音这个事实本身，如同图画的画出或手势的作出一样，可以确立或者破坏非常重要而又可怕的互渗。言语中有魔力的影响，因此，对待言语必须小心谨慎。在原始人那里，有只供某些等级的人用于某些场合的专门语言。例如，在极多的社会集体中间，可以见到男人和妇女使用不同的语言。弗雷泽在这方面搜集了许多例子。[①] 加拉丁(Gallatin)说："所有北美民族的一个共同特征，是妇女用于那些意义(表现亲属关系)的词与男人所用的不同；同时，在印第安人那里，男女之间在语言中的差别几乎总是限于这些词……和感叹词的使用上。"[②]在少年行成年礼期间，当他们变成享有与部族的其他成员同等权利的成员时，老人们常常教他们学一种秘密语言，这种语言是没有行过成年礼的人所不知道和不懂得的。"我已经多次报道过，在新南威尔士的某些部族那里，存在着一种只为某些男人在成年礼仪式中使用的秘密的或神秘的语言。当新行成年礼的人与部族的长者们一起住在远处的丛林里时，长者们要把周围的自然物、动物、身体的部位的神秘名称告诉他们，还要告诉他们一些通用的短语。"[③]也常常让秘密团体(它的存在乃是原始社会集体的一个共同的特征)的成员通晓那种只能

---

① J. G. Frazer, "Men's Language and Women's Language", *Fortnightly Review*, January 1900. Cf. Man, No. 129 (1901).

② Gallatin, *Transactions of the American Ethnological Society*, ii. pp. 131-2.

③ Mathew, "Languages of Some Native Tribes", *Journal of the Royal Society of New South Wales*, pp. 157-8 (1903). Cf. Webster, *Primitive Secret Societies*, pp. 42-3.

为他们所理解和使用的语言；他们加入秘密团体或者升到团体中相当高贵的等级，就授给他们使用这种神秘语言的特权。在阿比朋人那里，“升到贵族等级的人们叫作赫奇利(Hecheri)和尼里雷卡梯(Nelereycati)，他们与普通人甚至在语言上也有区别。通常，他们也使用同一些词，但是通过增添或插入其他字的办法把这些词改变到这种程度，以致看去它们好像是属于另一种语言……此外，有一些词是只属于他们所有的，他们用这些词来代替同义的通用词。”[①]

在狩猎中，必须细心地避免说出被猎捕的动物的名称，如同在捕鱼时避免说出想要捕到的鱼的名称一样。因而必须保持沉默不语或者使用手势语言，或者使用特殊语来代替被禁止(禁忌)的词。例如在马来群岛，土人们在收获樟脑时，在出发去捕鱼或者行军时，使用一种特殊的语言。在谈到帝王个人时，许多词都是禁忌：涉及帝王的吃、睡、坐等等时，不能用普通的马来语的词来表现；为此必须用专门的词。此外，当帝王死了，就不应当再说出他的名字[②]。我们知道，这个风俗在马达加斯加[③]十分流行。“有许多词以一定的意义用于王(或王后)，这些词不能以同样的意义用于普通人；特别是那些涉及活着的王的威严或健康的词……另外一些词只是王和首领们共用……王有权使某些词成为 fady，即暂时或永远禁止使用这些词。”[④]在许多原始社会中，岳母和女婿应当彼

---

① Dobrizhoffer, *An Account of the Abipones*, ii. pp. 204-5.

② Skeat, Malay Magic, pp. 35, 212, 315, 523. Cf. Skeat and Blagden, *Pagan Races of the Malay Peninsula*, ii. pp. 414-31.

③ 非洲东南海岛。——汉译者注

④ Last, “Notes on the Languages Spoken in Madagascar”, J. A. I., xxv. p. 68.

此回避并避免交谈。"在维多利亚中部和西南部各区和在南澳大利亚的东南端,仍然到处使用着一种混合语或者隐语,这种语言包含一些短音的暗语词,岳母当自己的女婿在场时可以用它来进行涉及日常生活事件的有限的谈话。"[1]

最后,下面一个十分流行的风俗也说明了词作为词所具有的神秘性质和力量,这是在巫术的甚至宗教的仪式中使用的为听众所不懂得有时连念诵的人也不懂得的歌曲和经咒。为了使这些歌曲和经咒能被认为是有效的,只要它们是按照传统用祭神的语言口传下来就够了。例如,斯宾塞和纪林指出,在澳大利亚中部各部族那里,"在祭神仪式的场合中,土人们通常都不知道词的意义,这些词是以不变的形式从阿尔捷林加时代的祖先那里传下来的。"[2]在神话故事中常常提到语言的替换。例如:"在这个地方,阿契尔帕人(Achilpa)(野猫图腾的祖先)用阿龙塔人的语言代替了他们自己的语言。"[3]部落的另一部分是"单独扎营,以后他们来到阿利尔塔,在那里用伊尔皮拉人(Ilpirra)的语言代替了自己的语言。"[4]"在塞依河以西的一个地方,翁蒂帕族(Unthippa)的妇女用阿龙塔人的语言代替了自己的语言。"[5]同样的,在斐济群岛,在班克斯群岛[6],在塔讷岛(新赫布里

① Mathews, "Aboriginal Tribes of New South Wales and Victoria", *Journal of the Royal Society of New South Wales*, p. 305 (1905).

② *The Northern Tribes of Central Australia*, pp. 286, 462, 460, 606.

③ *The Native Tribes of Central Australia*, p. 410.

④ *The Native Tribes of Central Australia*, p. 416.

⑤ *The Native Tribes of Central Australia*, p. 442.

⑥ 在太平洋。——汉译者注

底群岛)，在新几内亚，祭神仪式上唱的歌也是唱的人所不理解的。[①]

这类事实在整个北美都可以见到。杰维特(J. A. Jewitt)发现在努特卡桑德族(Nootka Sound)印第安人那里也有这样的事实，但是他不懂得它们的意义。他说："他们有许多歌曲用于各种场合中演唱：用于战争、捕鲸、捕鱼、婚礼、节日，等等。大多数歌曲的语言在许多方面都是与一般会话语言极不相同的，这使我想到，他们或者是有特殊的诗的语言，或者是从邻近部族那里借用来这些歌曲。"[②]凯特林完全理解它们的神秘意义。"每种舞蹈都有它特殊的步法，每个步法都有它的意义；每种舞蹈也有它特殊的歌曲，而且这歌曲常常是如此复杂，意义如此神秘，以至十个跳舞和唱歌的年轻人中间没有一个人懂得他们所唱的歌曲的意义。只能让巫医懂得这些歌曲；而且让他们知道这些秘密，也是对他们的那种要求极大的勤勉和努力的学习给予的崇高奖赏。"[③]"奥基伯威人的仪式的大部分用语都是一种废弃的古语，普通的印第安人不懂这种语言，秘密团体的许多成员也是常常不懂它。这种古语自然会使部族的普通成员产生深刻印象并认为它有重要意义，而巫师们也乐于拖声延气地念这些句子，这不仅是为了打动听众，而且也是为了抬高自己。"[④]在克拉马特族印第安人那里，"许多人……不懂得所有这些包含着许多古老的形式和古语的歌曲；巫师们自

① Sidney H. Ray, "Melanesian and New Guinea Songs", J. A. I. xxvi. pp. 436-45.

② Jewitt, *Adventures and Sufferings*, p. 97.

③ Catlin, *The North American Indians*, i. p. 142; ii. p. 181.

④ Hoffmann, "The Memomini Indians", E. B. Rept., xiv. p. 61.

己即使懂得它们的意义，也往往不愿给予解释。”[①]我们所说的词或形式的意义的那种东西，对他们来说是无关紧要的。原始人对这些歌曲有无穷的兴趣，因为自远古以来，它们的神秘能力和魔力是众所周知的。最精确明了的翻译也不能代替这些费解的歌曲，因为它们不能完成同样的作用。

① A. Gatschet, *The Klamath Language*, p. 160.

第五章

从原逻辑思维与计数的关系看原逻辑思维

用语言学的研究来论证我在上一章提出的理论，是完全可能的。但是，在下面的叙述中，我将限制在一个容易搜集到很多材料的个别的点上来论证这个理论。这就是：在各种民族那里，尤其是在我们所知的一些最低等民族那里是怎样进行计数的。计算和数、数的名称的形成及其使用的各种方法，也许能让我们看出原始人的思维在它特别不同于逻辑思维的地方是怎样实际上发生作用的。计数似乎可以作为我不能在这里详细转述的那些事实材料的一个范例。

I

在非常多的原始民族中间（例如在澳大利亚、南美等地），用于数的单独的名称只有一和二，间或也有三。超过这几个数时，土人们就说："许多，很多，太多"。要不然他们就说三是二、一；四是二、二；五是二、二、一。由此，常常有人得出结论说，土人智力的低劣或他们的极端懒惰，使他们不能去区分超过三的任何数。这个结论无论如何是太草率了。诚然，这些"原始人"不拥有四、五、六等数的抽象概念，但由此得出他们不计算二或三以上的数的结论则是不对的。他们的思维很不适于我们所习惯的那些运算，但是通过他们所固有的特殊方法，他们是能够在一定程度上达到与我们相同的结果的。由于综合表象是不可分析的，所以，原始思维更需要记忆。它不使用那种给我们提供真正的概念，特别是数的概念的概括的抽象，而使用一种能保持所与总和的特征的抽象。简而言之，他们是用一种在与我们相比之下完全可以叫作具体的方法来数数和计算的。

由于我们是借助数来计算，而且差不多不使用其他计算方法，所以我们认为，在那些根本没有三以上的数名的原始社会中，不可能计算三以上的数。可是，应不应当认为对物的确定的复数的理解只能通过一个途径来产生呢？原始民族的思维就不能用自己特殊的运算和方法来达到我们用计算法所达到的那种结果吗？事实上，假如什么确定的和相当有限的一群人或物引起了原始人的注意，他必定连同这个群的一切特征一起来记住这个群。在他的表象中，包含了这些人或物的准确的总数：这好像是这个群用以区别于其他在数量上多一个或少一个、多几个或少几个的群的一些特征。因而，一旦这个群在原始人的眼里再次出现时，他就知道它还是从前那个总数呢抑或比从前多了还是少了。

已经在某些动物那里，在十分简单的场合中发现了这种性质的能力。[①] 常常有这样的情形：家畜、狗、猿或象能在它熟悉的某种限定的客体总和中发觉某个客体不见了。在许多种动物那里，

① Ch. Leroy, *Lettres sur Les Animaux*, p. 123.

母畜能用绝对明确的表示来表明它知道它的一个崽子被夺走了。如果我们回想一下，用大多数的观察者的话来说，原始人的记忆是“惊人的”（斯宾塞和纪林语）、“奇迹般的”（查理瓦语），那就有更多的理由认为他们没有数词也能对付得了。由于习惯，他们所注意的每个总和在他们的记忆中保持得这样准确，以致使他们能够正确无误地认出这个或那个动物、这个或那个人的踪迹。只要在这个总和中出现缺额，立刻就会被他们发现。在这个如此准确保持着的表象中，人或物与其数还是不可分开的：没有什么东西能让数的存在得到单独的表现。而且，数是在性质上被感知的，或者说**被感觉到**的，如果乐意这样说的话。

多布里茨霍菲尔用阿比朋人的例子证实了这个事实。阿比朋人拒绝像我们那样来计算，亦即拒绝借助数词来计算。“他们不但不知道算术，而且还讨厌算术。在算术方面，他们的记忆大都不中用（因为人们想要迫使他们去进行他们所不习惯的运算）。他们忍受不了乏味的计算过程：因此，为了摆脱给他们提出的问题，他们随便伸出几个手指，这里面，或者是他们自己弄错了，或者是他们想要瞒过提问的人。常常在你问的数超过三的时候，阿比朋人为了免得用手指表示的麻烦，干脆就叫道：‘Pop’（很多）、或者‘Chicleyekalipi’（无数的）。”①

但是，他们仍然有自己的计数方法。“当他们猎捕野马或者屠宰家马回来，没有一个阿比朋人这样问他们：‘你带回家来多少

① Dobrizhoffer, *An Account of the Abipones*, ii. p. 170.

马?'而是问:'你赶回家来的一群马要占多大地方?'"[①]当他们收拾好去打猎,"一骑上马,就环顾一周,要是他们养的许多犬当中少了一只,他们就唤它……我常常奇怪,他们不会数数又怎么能够立刻说出在这样大一群猎犬当中少了一只哩。"[②]多布里茨霍菲尔指出的这最后一点是极有特征的。它解释了为什么阿比朋人和其他这类部族的成员没有数词也能对付,但初次教他们使用数词,他们就难于对付这些数词了。

同样的,瓜拉尼人(Guaranis)[③]所有的数词只到四为止(虽然他们有符合下述拉丁语的词:singuli,bini,trini,quaterni——按一个,按两个,按三个,按四个)。[④] "和阿比朋人一样,当问到瓜拉尼人数目在四以上的东西时,他们马上就回答:'无数的'。……一般说,我们教他们音乐、绘画、雕塑,要比教他们数数容易得多。他们全都会用西班牙语说出数目来,但是在用这些数来计算时,他们是这样容易出错而且常常出错,以至在这类事情中不能对他们太信任。"[⑤]计算法是他们不感到需要的也不知道应用的方法。除了他们能以自己的方法很容易地计算出的总和以外,他们用不着跟数目打交道。

然而,如果是这样,那就要问:是不是原始人只能表现和记住这些总和呢?是不是最简单的加减法都是他们力所不能及的呢?

① Dobrizhoffer, *An Account of the Abipones*, ii. p. 170.

② Dobrizhoffer, *An Account of the Abipones*, ii. pp. 115-6.

③ 南美印第安人,主要居住在巴拉圭。——汉译者注

④ 没有三以上数词的澳大利亚各部族,同样也有单数、双数、三数和复数的语法变化。

⑤ Dobrizhoffer, *An Account of the Abipones*, ii. pp. 171-2.

根本不是这样；他们是能够进行这些运算的。原逻辑思维在这里（如同一般在其语言中一样）是以具体的方式发生作用的。它依靠的是在原来总数中加或减个位数的运动的表象。在这方面，它拥有的手段，其效率比抽象的数低得多，其复杂程度又比抽象的数为大，但它能够进行简单的运算。这种思维把协调的一系列运动和与这些运动联系着的身体各部位同那些一个接一个的总和联想起来，这样，它在需要的时候重复这个系列，又能重新找到这些总和。比如说，需要决定一个日子，大量的部族必须在这一天集合起来共同举行某些仪式，这个日子应是几个月以后的某一天，因为需要很多时间来通知一切有关的人，同样，也需要很多时间大家才能在约定的地点集合起来。澳大利亚土人在这种场合下怎么办呢？“要规定部族集合的确切日期……必须计算途中将有的站数或宿营次数或者新月出现的次数。如果要计算的数目很大，土人们就求助于身体的各个部位，每个部位在这个计算法中都有一个公认的名称和明确规定的位置。从一只手的小指开始计算的这许多身体部位，就是按情况所要求的那样表示了同样多的站数、天数或月数。”（在计算时，起初从身体一边的各部位算起，如果需要，接着算另一边）。豪维特正确观察到，“这个计算法彻底推翻了那种认为澳大利亚各部族的语言中缺少数词，似乎是由于他们没有想象二、三或四以上的数的能力的见解。”[1]

实际上，在原始人那里缺少数词，是不是原逻辑思维所固有的

① Howitt, “Australian Message Sticks and Messengers”, J. A. I., xviii. pp. 317-9.

习惯呢？要知道，几乎凡是在缺少数词的地方（我们应当从数还没有与被计算的东西分开这点来考虑缺少的原因），我们都发现了这种具体的计数法。在墨累群岛[①]、托列斯海峡，“土人们只有 netat (1)和 neis(2)两个单数数词。这以上的数他们或者是使用重复法，如 neis netat=2,1=3；neis neis=2,2=4，等等；或者是借助于身体的什么部位。用后一种方法可以数到 31。数时从左手小指开始，接着转到各手指、腕、肘、腋、肩、上锁骨窝、胸廓，接下去又按相反的方向顺着右手到右手小指结束。这可以数到 21。然后，用脚趾数，再得 10。”[②]“吉尔(Wyatt Gill)博士说：‘托列斯海峡的岛民对 10 以上的数是用视觉[③]来数的：他们顺次轻轻摸一下每个手指，接着摸一下右手的腕、肘和肩，然后摸一下胸骨，然后摸一下左手的腕关节，也不忘记左手的手指。这样可以数到 17。如果还不够，他们就加上脚趾、足踝、膝和大腿（右和左）。这样再得出 16，一共是 33。这以上的数他们就只能用一束小棍来数了。’”[④]

海顿正确地看出，这里既没有数词，也没有真正的数，只不过是一种“帮助记忆”的方法，以便在需要时可以想起某个总数。他说：“也有另一个计算方法：从左手小指开始，从它转到无名指、中指、食指、拇指、腕、肘关节、肩、左胸，到右手小指结束（共得 19）。数的名称也就是身体各部位的名称，不是数词。我认为，这个方法

① 在澳大利亚。——汉译者注

② Hunt, “Murray Islands, Torres Straits”, J. A. I., xxviii. p. 13.

③ 这真是一个惊人的用语，它使我们想起原始人的语言，在他们的语言中，口语似乎是视觉和动觉心象的“复写”。

④ A. Haddon, “The West Tribes of Torres Straits”, J. A. I., xix. pp. 305-6.

只能像结绳记事那样作为一种计算的辅助手段来用，根本不是什么数列。肘关节(kudu)可以表示7或13，我不能弄清，kudu实际上是表示这两个数中的这一个呢抑或那一个，但在交易中，土人能记得他在计算物品时曾经数到自己身体的哪个部位，再算时，从自己左手小指开始，他总是能够重新找到他所要找的数。”[①]

同样，我们在英属新几内亚也发现了下列计数方法：

1. monou——左手小指；
2. reere——无名指；
3. kaupu——中指；
4. moreere——食指；
5. aira——拇指；
6. ankora——腕；
7. mirika mako——手肘之间；
8. na——肘；
9. ara——肩；
10. ano——颈；
11. ame——左胸；
12. unkari——胸；
13. amenekai——右胸；
14. ano——颈右边，等等。[②]

我们见到，同一个词ano表示颈的右半部或左半部，同时表示

① “The West Tribes of Torres Straits”, J. A. I. xix. p. 305.

② James Chalmers, “Maipua and Namau Numerals”, J. A. I., xxvii. p. 141.

10 或 14；如果我们在这里是与数和数词打交道，那就根本不可能见到这样的事。但是，这里却没有模棱两可的情形，因为在计算的时候本来就是指着身体的部位，而且是按一定顺序来指的，所以不会发生混乱。

英国科学考察团在托列斯海峡搜集的一些事实，完全证实了上述的一切。我只举出其中的几个。在马布亚，“通常都是用手指数数，从左手小指开始数起。”这里也有从左手小指开始按身体部位计数的方法：

1. kutadimur——小指；

2. kutadimur gurunguzinga——小指边的东西（无名指）；

3. il get＝中指；

4. klak nitui get（食指）——掷矛的手指；

5. kabaget——握桨的指（拇指）；

6. perta 或 tiap——腕；

7. kudu——肘关节；

8. zugu kwuick——肩；

9. susu madu——胸肉，胸骨；

10. kosa dadir——右乳头；

11. wadogam susu madu——另一边胸肉，等等；数另一边时各部位名称同前，但在每个名称前面加上 wadogam（另一边）一词；这个序列到右手小指结束……这些名称只不过是身体部位的名称，不是数词。①

① *The Cambridge Expedition to Torres Straits*, iii. p. 47.

墨累群岛的一个土人马鲁斯是按下述方式来数数的：

1. kebi ke——小指；

2. kebi ke neis——无名指；

3. eip ke——中指；

4. baur ke——投矛指（食指）；

5. au ke——大指（拇指）；

6. kebi kokne——小关节骨（腕）；

7. kebi kokne sor——背面的小骨（腕背）；

8. au kokne——大关节骨（肘内部）；

9. au kokne sor——关节骨背部（肘）；

10. tugar——肩；

11. kenani——腋窝；

12. gilid——上锁骨窝；

13. nano——左乳头；

14. kopor——肚脐眼；

15. nerkep——胸上部；

16. op nerkep——喉前部；

17. nerut nano——另一边乳头；

18. nerut gilid；

19. nerut kenani，等等，直到

29. kebi ke nerute——另一只手的小指。①

在英属新几内亚也是用列举身体一定部位的办法来数数的，

① *The Cambridge Expedition to Torres Straits*, iii. pp. 86–7.

其方法与上述稍有不同,但也是从左边开始,数完了还要数右边。在艾利马区是这样数的。

1. haruapu——小指;

2. urahoka——无名指;

3. iroihu——中指;

4. hari——食指;

5. hui——拇指;

6. aukava——腕;

7. farae——前臂;

8. ari——肘;

9. kae——臂;

10. horu——肩;

11. karave——颈;

12. avako——耳;

13. ubuhae——口;

14. overa——鼻;

15. ubwauka——眼;

16. avako kai——另一眼;

17. karave haukai——颈,另一边;

18. horu kai 等等,等等,直到

27. ukai haruapu(15 以后各数中的 kai、ukai、haukai 各词意思大概是另外的或者第二的。)①

① *The Cambridge Expedition to Torres Straits*, iii. p. 323.

最后看一看英属新几内亚东北部的巴布亚语中的一个例子。“按照威廉·马克格列高爵士(Sir William MacGregor)的说法，在穆查河流域一带的所有落后村落中，都发现了用身体部位计数的习惯。他们从右手小指开始数起，数完右手手指，继续数右边的腕、肘、肩、耳和眼，然后数左边的眼、肩并往下数左臂和手，直到小指。他们当中的许多人数到脸部时都数得很忙乱。这里是这种方法的一个例子：

1＝anusi——右手小指；

2. 3. 4. doro：右手的无名指、右手的中指、右手的食指

5. ubei——拇指；

6. tama——右手腕；

7. unubo——肘；

8. visa——肩；

9. denoro——右耳；

10. diti——右眼；

11. diti——左眼；

12. medo——鼻；

13. bee——口；

14. denoro——左耳；

15. visa——左肩；

16. unubo——左肘；

17. tama——左腕；

18. ubei——拇指；

19.
20. doro 左手的食指 / 左手的中指 / 左手的无名指
21.

19. doro——左手的食指
20. doro——左手的中指
21. doro——左手的无名指

22. anusi(左手小指)。"①

在这里，我们十分清楚地看到了所用的这些词不是数词。同一个词 doro，如果不由手势来加以区别，即说的时候由右手或左手的一个特定的手指来表示出，那怎能够既表示 2、3、4，又表示 19、20、21 呢？

如果以一定次序被列举的身体部位是与其他一些更易于计算的东西相联想，则用这个计算方法可以算到相当大的数目。这里是婆罗洲达雅克人(Dayaks)的一个例子。谈的是通知一定数目的被征服的起义者的村庄应付罚款的数额。在这种场合下，土人使者应当怎样完成他的任务呢？"他带来几张枯叶，把它们撕成碎片；我用一些更便于使用的纸片替换了这些树叶片。他在桌子上把纸片分开来摆好，利用手指数到 10。接着他把一只脚放到桌子上，数着每个足趾，同时指着一张纸片，这张纸片必须符合村名、首领名、党羽数目和罚款数目；当他数完所有的足趾，又回过头来数手指，数到我的单子的末尾时，已在桌上摆好了 45 张纸片。于是他请求我重复一次我的委托，我这样做了，这时，他又按以前的次序一面数足趾和手指，一面数自己的纸片。他说：'这是我们的一种文字；你们白种人是不像我们这样读的。'后来在傍晚，他顺次把

① *The Cambridge Expedition to Torres Straits*, iii. p. 364.

手指指着每张纸片，准确地重数了一遍，然后说：'如果明天早晨我还记得，那一切就好了；我们把这些纸片留在桌子上吧。'这以后，他就把所有纸片混成一堆。第二天一早，我和他就来到桌子跟前。他把纸片按昨天晚上的次序摆开，完全准确地重作了昨天作过的一切动作。将近一个月以后，他从一个村走到另一个村，远至海岛内地，一次也没有忘记各种不同的数目，等等。"①用纸片代替手指和足趾，这是特别值得注意的：它给我们提供了原逻辑思维所习惯的一个实际上仍然是具体的抽象的明显实例。

托列斯海峡的岛民，只有很少几个数词，但他们有"一个租赁独木舟期满三年即作为购买的习惯法，期满时必须付代价。这种购买方法要求相当复杂的计算方法和某些基本的数学计算②"。甚至没有 2 以上数词的澳大利亚土人，也有一种算加法的计算方法。"皮塔皮塔族(Pitta-Pitta)土人只有头两个数有名称……4 以上的数野蛮人一般都说：'很多''数目很大'。他们对更大的数目一定有一种视觉概念"(这个用语与上面引述过的海顿的用语相仿)，"我常常实地证实了这个事实，我请他算一算他有多少手指和足趾，要他把数目记在沙地上。开始算时他张开手，每次屈一屈这个手的两个手指，在沙上给每两个手指划出双道的记号……这些记号……是彼此平行的，计算结束时，他说每两个手指是 pakoola (2)。这种计数方法在全区通行，它常常被部族的酋长们用来查明

① Brooke, *Ten Years in Sarawak*, i. pp. 139-40.

② A. Hadden, "The West Tribes of Torres Straits", J. A. I., xix. pp. 316, 342.

营地现有的人数。”[1](着重点是作者加的。——列维-布留尔)

常常有这样的情形,观察者不是像上面刚刚引述的那样准确地描写具体的计数,但却能使我们在他们的报道里看出这种计数。例如,传教士乔梅尔斯(J. Chalmers)告诉我们,他在英属新几内亚的布吉来人(Bugilai)那里发现了下列数词:

1. tarangesa——左手小指;,
2. meta kina——无名指;,
3. guigimeta——中指;,
4. topea——食指;,
5. manda——拇指;,
6. gaben——腕;,
7. trankgimbe——肘;,
8. podei——肩;,
9. ngama——左胸;,
10. dala——右胸。[2]

从我们在上面刚刚引述过的事实中可以看出,更细致深入的观察定能表明,我们在这里见到的,与其说是数词,还不如说是用于具体计数的身体部位的名称。其次,随着名称(特别是头五个数的名称)在意识中引起的关于身体部位的表象渐趋衰弱,而那种趋向于脱离身体部位并变成可以附于任何对象的关于一定数的观念增强起来的时候,则这种计数可以不知不觉地变成半抽象半具体

① W. E. Roth, *Ethnological Studies Among the N. W. Central Queensland Aborigines*, No. 36.

② James Chalmers, “Maipua and Namau Numerals”, J. A. I., xxvii. p. 139

的计数。然而，没有什么能证明数词就是这样形成的。看来，1 和 2 两个数的形成常规恰恰还是循的相反的途径。

海顿在托列斯海峡西部各部族那里发现 1＝urapun，2＝okosa，3＝okosa urpun，4＝okosa okosa，5＝okosa okosa urpun，6＝okosa okosa okosa，他补充说："这以上的数他们一般都说 ras 或者'很多'。……我还在穆拉奴发现 5＝nabiget，10＝nabiget，nabeget，15＝nabikoku，20＝nabikoku nabikoku。get 的意思是'手'，koku 表示'脚'。"但海顿又补充说："很难说 nabiget 是数词 5 的名称，它只是表示所谈的东西与一只手上的指头一般多。"[①]换句话说，数还不是抽象的。

在安达曼群岛，尽管"语言词汇非常丰富，数词却只有两个：1 和 2。3 的意思实际上是'多一个'，4 是'多几个'，5 是'全部'，他们的算术止于此。但是在某些部族里，借助鼻子和手指却能数到 6、7，甚至可能数到 10。他们开始计数时用右手或左手的小指碰一下鼻子，同时说 1，接着用无名指碰一下鼻子，数'2'等等一直到 5，每次接着碰鼻子时都要说出一个词 anka（就是这个）。接着，继续用另一只手，数完后，两只手合起来表示 5＋5，同时用 ardura（全部）一词来结束数数。但是只有少数土人能数到这个数，通常，这种计数都不超过 6 或 7。"[②]

在能够追溯数词的最初意义的地方，常常显露出具体计数的事实，这种计数如果说不是相同至少也是类似于我们已经提供若

① "The Western Tribes of Torres Straits", J. A. I., xix. pp. 303-5.

② Portland, "The Languages of the South Andaman Tribes", J. A. I., xix. pp. 303-5.

干例子的那种计数。但是，计算时按上升的次序依次点数上身一边的各部位，接着转到另一边下降着数下去，这是一种与计算时手指进行的运动相联系的具体计数。这样就产生了喀申十分恰当地叫作“手语”概念的那些概念。喀申对这些概念进行了独创的、细致的甚至可说是实验的研究，因为他的方法的一个重要方面，就是强使自己准确地执行原始人在计算时所作的那些连续的动作，以此来再现他们的心理状态。下面就是朱尼人用于计数的一些“手语概念”（用于头几个数）：

1. töpinte——用于开始的手指；

2. kwilli——与前一个一起伸出的手指；

3. ha'i——把手分成两半的手指；

4. awite——除一个外，其余手指全伸直；

5. öpte——整只手；

6. topalïk'ya——在已数过的当中再加一个手指；

7. kwillik'ya——两个手指与其余的手指一同伸直；

8. hailïk'ya——三个手指和其余的手指一同伸直；

9. tenalik'ya——除一个手指外，全都伸直；

10. ästem'thila——所有的手指；

11. ästem'th la topäyathl'tona——所有手指伸直，再加一个手指，等等。①

柯南特(Conant)在其题为《数的概念》一书中也引述了类似“手语概念”的计数法。下面是取自巴拉圭的恰科的伦瓜族印第安

① *American Anthropologist*, p. 289 (1892).

人(Lengua Indians)的最后一个例子：

“Thlama(1)和 anit(2)显然是两个词根；其他数的表示决定于这两个词和两只手。3＝Antathlama(3)由 1 和 2 两个数联合成；4＝‘手的相同的两边’；5＝‘一只手’；6＝‘转到另一只手，一个手指’；7＝‘转到另一只手，两个手指’。10＝动作完结，两只手；11＝‘转到一只足，一个足趾’；16＝‘转到另一只足，一个足趾’；20＝‘动作结束，两只足’。

这以上的数就说‘很多’了，如果谈到很大的数，那就用‘头发’来算。”[①]但是应当注意，计数的情形是随着这些或那些部族所达到的发展程度而改变的。朱尼人至少可以数到 1 000，而且，对他们拥有真正的数词这一点是不能怀疑的，尽管在这些数词中还能看出昔日的具体计数来。相反的，巴拉圭的恰科的印第安人大概跟澳大利亚土人一样使用确定的一系列具体的专门名词，在这些名词中包含着数的意义，但是数还没有从这些名词中分离出来。

II

通常，人们都是不作任何预先的考查，就认为下述的东西是合乎自然的事实：计数是从 1 开始的，各种数是通过对先前的每个数连续加 1 的办法来形成的。实际上，这是逻辑思维在它开始意识到数的功能时所不能不接受的一个最简单的方法。

Omnibus ex nihilo ducendis sufficit unum(只要有 1，就能从

① Hawtrey, “The Lengua Indians of Paraguayan Chaco”, J. A. I., xxxi. p. 296.

无中引出一切)。然而,不拥有抽象概念的原逻辑思维却不是这样行事。原逻辑思维不能清楚地把数与所数的物区别开来。这种思维由语言表现出的那个东西不是真正的数,而是“数-总和”,它没有从这些总和中预先分出单独的1。要使这种思维能够想象从1开始的、按正确序列排列的整数的算术序列,必须使它把数从其所表示的那些东西中分离出来,而这恰恰是它所办不到的。相反的,它想象的是实体或客体的总和,这些总和是它按其性质及其数而得知的,数则是被感觉到和感知到的,而不是被抽象地想象的。

所以,海顿在谈到托列斯海峡的土人时说,“他们有按两个或成双来计数的明显倾向。”柯德林顿说:“在约克亲王岛,是以成双来计数的,他们根据双的数量给这些双起上不同的名称。玻里尼西亚的计算方法所用的数字不是意味着有多少单个的东西,而意味着有多少双;hokorua(20)应表示40(20双)。”我们可以在这个例子中再一次假定土人们是以2为单位开始计数的,可以有条件地把2看成是等于1。但是,柯德林顿又补充说:“在斐济群岛和所罗门群岛,有一些集合名词是表示十分随便放在一起的10个东西,它们表现的既不是数,也不是东西的名称(这就是我们刚说过的那些完全确定的但没有把数分离出来的‘数-总和’)。例如在佛罗里达,na kua是10个蛋,na banara是10篓粮食……在斐济群岛,bola是100只独木舟,koro是100个椰子,salavo是1 000个椰子……在斐济群岛,把4只驶行着的独木舟叫作a waqa saqai va,它从qai一词变来,意为行驶。在莫塔,张帆同行的两只独木舟叫作aka peperu(蝴蝶——两只独木舟)——这是由两张帆的样子而来的，等等。”[①]

由于这些“数-总和”能够变化无穷，所以原逻辑思维只拥有极少量真正的数词，但却拥有极大量的、多得惊人的、包含了数的意义的用语。例如，在美拉尼西亚的各种语言中，“在遇到特定情况需要计算人或物时，不是简单地使用数，而是把这个数包括在或多或少表征了这些情况的用语中。如果谈的是结伴同行的10个人，那就不说 o tanum sanaval，而说 o tanum pul sanaval，pul 表示紧密地结合在一起的意思；在独木舟上的10个男人则说 tanum sage sanaval；等等。”[②]

在这一点上，我们拥有关于新玻麦拉尼亚土人的十分值得注意的观察材料。“对他们来说，数10以上的数，比我们的孩子掌握‘一一得一，一二得二’的乘法表要更加困难。他们连足趾也不利用。作了许多次尝试以后，发现他们分不清12和20；这两个数都叫 salaul lua，亦即10+2与10×2的表示法一样。显然，他们感觉不到有在语言中作这种区分的必要，因为他们从来就不是抽象地计数，而只是与名词一起连用数词（数-总和）：例如，他们说12个椰子，20块芋头，而这20块又是以10个一堆作单位的。所以在这样的表示下，能够看出所谈的是10+2个椰子呢，还是两个10的堆。”[③]

常常给一些尽管数目相同但是由不同的东西组成的总和起上

① *Melanesian Languages*, pp. 241-2.

② *Melanesian Languages*, pp. 304-5.

③ Dr. Stephan, “Beiträge zur Psychologie der Bewohner von Neu-Pommern”, *Globus*, lxxxviii, p. 206 (1905).

各种名称。在这些场合下，语言必须拥有极大量的数词；但是应当注意，在这里，数与物不是完全分离的。柯南特在其十分有益的著作中搜集了大量这类的事实，我只引述其中的几个。

在加拿大西部的地尼(Dènè)方言之一的卡利埃族(Carrier)语言中，tha 一词表示 3 件东西；thane——3 个人；that——3 次，thatoen——在 3 个地方；thauh——用 3 种方法；thailtoh——3 件东西在一起；thahultoh——总起来看的 3 次。[1] 在英属哥伦比亚的井美辛语(Tsimshian Language)中，有 7 个不同的数列用于计算不同等级的客体。第一个数列是在谈到不确定的客体时用于计算的；第二个数列用于平面的物体和动物；第三个数列用于圆形物和时间划分；第四个数列用于人；第五个数列用于长形物，这个数列的数与 kan(树)一词配合使用；第六个数列用于独木舟；第七个数列用于度量。这最后一个数列好像还包括 anon(手)一词。博厄斯给上述 7 个数列的头 10 个数列了一个表(见 221 页)。

我们要指出，第一级，即一般的用于计算的词的一级差不多是与第二级等同的，只有 1 和 8 的词中有点细微的差别。因而可以认为，第一级不是与其他级同时形成的，或者说不依赖于其他级，相反的，用于客体的这个或那个范畴的专门数词是在开始简单地计算这些客体以前就存在的。这一点可以由对英属哥伦比亚的邻近各部族的语言的研究来加以证实。在这里，数词的序列几乎是“无限的”。 这里是海特萨克族(Heiltsuk)[2]方言中的几个数词序

① Morice, *The Dènè Languages*, quoted by Conant in *The Number Concept*, p. 86.

② 加拿大西北一部族。——汉译者注

	一般的计算	平面物体	圆形物体	人	长形物体	独木舟	度　量
1	gyak	gak	g'erel	k'al	k'awutskan	k'amaet	k'al
2	t'epqat	t'epqat	goupel	t'epqadal	gaopskan	g'alpēeltk	gulbel
3	guant	guant	gutle	gulal	galtskan	galtskantk	guleont
4	tqalpq	tqalpq	tqalpq	tqalpqdal	tqaapskan	tqalpsqk	tqalpqalont
5	kctōnc	kctōnc	kctōnc	kcenecal	k'etœntskan	kctoɔ̄nsk	kctonsilont
6	k'alt	k'alt	k'alt	k'aldal	k'aoltskan	k'altk	k'aldelot
7	t'epqalt	t'epqalt	t'epqalt	t'epqaldal	t'epqaltskan	t'epqaltk	t'epqaldeont
8	guandalt	yuktalt	yuktalt	yuktleadal	ek'tlaedskan	yuktaltk	yuktaldelont
9	kctemac	kctemac	kctemac	kctemacal	kctemaedskan	kctemack	kcteasmilont
10	gy'ap	gy'ap	kpēel	kpal	kpēetskan	gy'apsk	kpeont

列。

被计算的事物	1	2	3
生物	menok	maalok	yutuk
圆形物	menskam	masem	yutqsem
长形物	ments'ak	mats'ak	yututs'ak
平面物	menaqsa	matlqsa	yutqsa
日子	op'enequls	matlp'enequls	yutqp'enequls
㖊	op'enkh	matlp'enkh	yutqp'enkh
联合的	——	matloutl	yutoutl
群	nemtsmots'utl	matltsmots'ult	yutqtsmots'utl
满杯	menqtlala	matl'aqtlala	yutqtlala
空杯	menqtla	matl'aqtla	yutqtla
满箱	menskamala	masemala	yutqsemala
空箱	menskam	masem	yutqsem
载重的独木舟	mentsake	mats'ake	yututs'ake
独木舟及其船员	ments'akis	mats'akla	yututs'akla
全在岸上	——	maalis	——
全在房里	——	maalitl	——及其他[①]。

关于夸桂提尔人，博厄斯说："除了用于生物、圆形物、平面物、长形物、日子、㖊的等级后缀外，数词可以使用任何名词后缀……等级的数是无限制的。这里是数词与名词的简单的复合语。"[②]这形成了词的罕见的冗长，但如果我们回顾一下这些语言的一般性

① F. Boas, "The North-western Tribes of Canada", *Report of the British Association for the Advancement of Sciences*, p. 658 (1890).

② F. Boas, "The North-western Tribes of Canada", *Report of the British Association for the Advancement of Sciences*, pp. 655-6.

质,即很少抽象而是极端的“绘声绘影”,我们就容易理解这种现象了。数词不单独使用,是没有什么奇怪的。

这也说明了柯南特认为“十分值得注意的”北美米克马克(Micmac)语的一个特点。柯南特说,在这种语言中,数词实际上是用作形容词的动词,或者如我们偶尔见到的是用作名词的动词。它们在式、时、人称和数的一切形式中都是同根词。例如,naiooktaich——“那里有一个人”(现在时);naiooktaichcus——“那里曾有一个人”(半过去时);encoodaichdedou——“那里将有一个人”(将来时)。不同人称由下列词尾变化来表示:

现　在　时

第一人称　tahboosee-ek　我们是两个人

第二人称　tahboosee-yok　你们是两个人

第三人称　tahboo-sijik　他们是两个人

半过去时

第一人称　tahboosee-egup　我们曾是两个人

第二人称　tahboosee-yogup　你们曾是两个人

第三人称　tahboosee-sibunik　他们曾是两个人

将　来　时

第三人称　tahboosee-dak　他们将是两个人,等等。

这里也有否定变化:tahboo-seekw——他们不是两个人;mah tahboo-seekw——他们将不是两个人,如此等等,naiookt 意思是一个,而 tahboo 则是两个。[1]

柯南特解释这些形式说,数在这里是**动词**,它们是同根的。但

① Schoolcraft, *Archives of Aboriginal Knowledge*, v. p. 587, quoted by Conant, *The Number Concept*, p. 160.

如他刚刚恰当地说过的那样，也可说这些动词是数词，是数词化的动词。我们知道，原始语言不完全像我们的语言那样分成品词，最好认为它们是“起动词作用”的词，虽然在其他方面它们可能是名词、形容词等等，所以我们要简单地说，在我们所考虑的这种情形中，我们在自己的语言中叫作数词的那种词在这里则是“起动词作用”的词。

我们见到的这类事实不只是在北美才有。格利尔森在印度搜集了类似的例子。例如在藏缅语族的库克钦语组中，“数词就是用这个办法来限制其范围，以便适用于客体的某种特殊的种类。”他报道说，这些语言表现了“专门化和个别化的趋向”。[①] 例如，在伦克霍尔(Rāng Khōl)语中，前缀 dar 用在表金钱的数词中，而 dong 则用于表房屋的数词中。[②] 这些前缀还要随客体的形状而变化：“pūm 用于圆形物；pōrr 用于担或包。例如，mai pūmkat 意思是一个南瓜；thing pōrr kat 则是一担木柴。”[③]有时还有用于确定物类的专门前缀。“例如在计算人时用 sak，计算无生物时用 ge，计算动物时用 māng，计算树时用 bol。这些名词都放在数词的前头。Mānde sak gui 表示两个男人。前缀 ge 还用于简单的计数：gē sa、gé gui、gé gitam——1、2、3。20 以后则在十位与个位之间加上这些前缀。”[④]在藏缅语族的纳加(Nā-gā)语组的米基尔(Mikir)语中，普通前缀与数一起用，如：

用于人 ………………………………………………… hang

① *Linguistic Survey of India*, iii. 3, p. 19.
② *Linguistic Survey of India*, iii. 3, p. 184.
③ *Linguistic Survey of India*, iii. 3, p. 118.
④ *Linguistic Survey of India*, iii. 2, p. 71.

用于动物 …………………………………………………… jón
用于树和直立的东西 ……………………………………… rong
用于房屋 …………………………………………………… hum
用于平面的东西 …………………………………………… pàk
用于圆的东西 ……………………………………………… pūm
用于身体的部位以及环形、手镯和其他饰物 …… hong

最后，根据柯南特引述的观察材料，在阿芝特克人（Aztecs）[①]中间也“多少”有同样复杂的情形。日本人也是通行这样用数词，克劳福德（Crawfurd）发现14种不同的数类，还不是详尽无遗的。[②]

在我们看来，这些事实都归根于原始思维的一般趋向，因为这种思维的抽象化与其说是要进行概括，还不如说它永远是在进行专门化，当它发展到了一定程度时则形成数词，但这不是我们所使用的那种抽象的数。它们永远是人或物的一定种类的数-名称，而种类的划分又往往取决于客体的形态、形状、位置和运动。我们在上面已经见到，这些原始语言给客体在空间中的轮廓、相对位置和运动的表现赋予多么巨大的意义。常常可以发现，在口头的句子中，在把同样的东西传达给眼睛的画面中以及在通过动作来表现同一个实在的手势语言的句子中，词所表现的细节是彼此符合的。

我们可以用这一点来解释一个相当普遍的而且与前面的事实密切联系着的事实。在某些语言中，计数不仅包括或多或少脱离了所计事物的数词，而且还包括一些辅助的专门名词，把它们与某些数连用，以指出或划分出计数的阶段。英国或美国的作者们把

① 墨西哥原住民。——汉译者注
② *The Number Concept*, p. 89.

这些专门用语叫作“分类者”。波威尔少校说：“这些动词表现了一些计算方法并属于一种形式，亦即它们在每个场合中都代表着那个按10个一群计算着有特殊形状的客体的印第安人。”[①]博厄斯在英属哥伦比亚的各种方言中搜集了这一类的许多例子。它们清楚地说明了，这些辅助词的作用可说是要使算术运算的连续阶段成为看得见的。波威尔说：“附加的动词用作分类者，表示放置。然而，我们在印第安人的语言中却找不到像放置这个词那样有如此高度独立性的词。我们在这里见到的是一系列带有分别表示有条件地放置的动词和副词的词，例如，我放到上面，我靠着放，我站着，我站在附近，等等。”

因而，这些附加的动词乃是加倍特殊化的东西：这首先是在涉及进行计算的主体所完成的动作方面，其次是在涉及被计算的客体的形状方面。盖捷特说：“作为分类者的动词（在克拉马特语中）根据被计算的客体的形状而有所不同，但它们全都一致表示放置、放在……的上面。”[②]盖捷特补充说：“从1到9的个位数不附上这些专门名词，这个事实必须以印第安人的计算方法的特点来解释……头10个数过的东西（鱼、篓、箭，等等）在地上放成一行或列；从第11件开始放成新的一行……或新的一堆。”

此外，我们知道，“这些附加的动词既不用于10，也不用于10的倍数。这些后缀只是给10以后的个位或一些个位进行分类，而不是给10本身分类。这个细节阐明了使用辅助词的理由和来源。甚至紧跟着10或10的倍数的数，如11，31，71，151，等等，有时也附加着与从32到39，从72到79等等的数不同的分类者；因为在

① “The Evolution of Language”, E. B. Rept., i. p. xxi.

② A. Gatschet, *The Klamath Language*, p. 534.

前一种场合下分类者所涉及的是一件东西，而在其他场合下则涉及多数。当我说 21 个水果——láp ni ta unepanta nāśh lutish likla——时，我意指的是：我在 20 个水果上面放一个。当我说 26 个水果——lápĕna ta unepanta nádshkshapta lutish péula——时，我指的是：我在两次 10 个水果上多放 6 个。（likla 和 péula 二词只是在谈到球状物时才使用。）但是分类者不提上面数过的 20 个水果，它们只涉及由数表示的单位。分类的动词可以由不固定的用语'数过了的、算好了的'来表示；它前面的代词省略了，但在它的分词 liklato、péulatko 前面则不省略。简单的动词形式，绝对的或者区分的形式是在说话人或者其他人重数东西时使用的；以绝对的或区分的形式置于直接格或间接格中的过去分词，则是在这些东西早已被数过或者人们现在提起它们的数目时才被使用。”必须补充一点：这些附加的动词并不经常为印第安人正确地使用着，而且他们常常省略这些词。据盖捷特说，大概他们感觉到了这是“无用的和累赘的补充”。但这绝不是一个补充。没有什么东西能使我们认为原逻辑思维必定在计数时采用一些比在语言中表现其观念的总和时更为省事的方法。在这里，计数只不过是表现了我们在原始人的语言的一般结构中发现的那种极端专门化和“绘声绘影”的描写的同一种性质。

柯德林顿十分精细地研究了美拉尼西亚的各种语言中的计数。我在上面试着解释了他搜集的某些事实。在这里，我想来探讨下面的一点：同一个词可以连续不断地表示不同的数。柯德林顿想到的是那个可以叫作数-极限的东西，亦即计数所止于其上的那个数。他说：“用以表示计数终极的那个词本身（尽管我们不能追溯它的最初的意义），随着计数过程的进步也自然地升高了，进而表示大于它最初表示的那个数。例如在萨窝岛，tale 或 sale 表示 10，但在托列斯群岛则表示 100；在这里，无疑是同一个词。tini 可以表示 3，这是门公岛上的极限数；它在斐济群岛却表示 10；在毛利人的语言中甚至表示 10,000。这样一来，当计数不超过 10 时，tale 可以表示一种计数极限，它可以在萨窝岛上保持 10 的意义；但在计数进步以后，它却在托列斯群岛表示 100 了。'许多'一词在较晚时代中比在较早时代中表示的意义要多。gapra(10)一词只表示'许多'(在拉科纳岛)；在某几种语言中不确定地表示'许多'的 tar 一词，在另一种语言中表示 100，而在其他一些语言中则表示 1,000。"①

显然，这个数-极限在其最初的形式中不是一个数，而表示这个数的词也不是一个数词。这是一个专门名词，它包含了对于超过"数-总和"(原始人的思维对它拥有清楚而习惯的直观观念)的一群东西的比较模糊的理解。但是，随着计数的进步，这个专门名词变成了数，而且是越来越大的数。最后，当开始借助于像我们那样的抽象的数来进行计数时，数列就被想象成是无穷的，而极限的专门名词则消失。在这里，数已经最终地与被计算的东西分开来了，而原逻辑思维的方法则为逻辑思维的运算所代替。

III

从上述一切中得出的结论，似乎是要改变那些老问题，并采用新的方法来研究它们。例如，柯南特在收集了世界各地的许多原始民族使用的数词以后，对他所见到的计数法的如此繁多简直大惑不解。这些使用着的彼此相差极大的计数法的基础是从哪里来

① Codrington, *Melanesian Languages*, p. 249.

的呢？当人开始计算时，那个好像是暗示给他的，甚至是强迫他接受的以5为单位的计数法怎么就是一切计数法当中最合乎自然的呢？为什么这个计数法又不被普遍采用呢？这样多的以2、4、20为单位的混杂而不规则的计数法的根据是什么呢？人用手指数数，难道就一定不可避免地达到以5为基数的计数法吗？特别使柯南特大惑不解的是相当常见的以4为基数的计数法。人们能够数到5（借助手指）和5以上，却要回到4，以4作为自己计数法的基数，这在他看来似乎是不可思议的。他坦白地承认，这是他求解无门的一个谜。

然而，这个谜是人为的。这样表述这个谜，必须假定是那些与我们相似的个体意识（即具有相同的机能并习惯于同一些逻辑运算的个体意识）在用这些运算造成了计数法，而且这些个体意识必定为这个计数法挑选出一个最符合它们的经验的基数。但是，这种假设是没有根据的。事实上，计数法也和语言一样（不应当把它们与语言分开），乃是取决于集体思维的社会现象。在任何社会集体中，这种思维都是完全决定于该社会集体的类型及其制度。在原始社会中，思维是神秘的和原逻辑的；它在语言中得到表现，而在它们的语言中，实际上是不知道像我们所使用的那样的抽象概念。这些语言也没有真正的数词或者说差不多没有数词。它们使用的是一些“执行数的功能”的词，或者更正确地说，它们是求助于“数-总和”，亦即求助于一些具体表象，在这些表象中，数还没有与被数的东西分离开来。简而言之，下面一种说法不管看来多么离奇，但它是正确的，这就是原始人在拥有数以前的漫长时期中就会数数了。

如果是这样，那么，有什么根据可以认为这个或那个计数法的基数比其他任何基数都更合乎自然呢？须知每一个实际被采用的

计数基数都是奠基于社会集体的集体表象上。在几乎纯粹使用具体的计数的地方我们所能观察到的最低阶段上，根本就没有基数，也没有任何计数法。在从左手小指经左手各指上升到左边的腕、肘等等以及以相反的次序下降到身体的右边直到右手小指的连续动作，并不强调其中的任何一次动作。例如，它们并不在符合 2、5 或 10 的身体部位上停留得比在其他什么部位上更长久。所以，海顿说得很对：说出来的词是身体部位的名称，不是数的名称。只是在有规则的周期性开始让人觉察出数列时才出现了数词。

实际上，这个周期性往往是由手指和足趾的数来确定的：换句话说，以 5 为基数的计数法是最普遍的。然而不要相信，在我们见到这个基数的任何地方，它都正好具有这种我们觉得如此合乎自然的起源。几乎所有的原始人都利用手指来数数，而那些不知道以 5 为基数的计数法的人，常常与知道用这个方法的人一样能很好地利用手指。在这一点上，“手语概念”的研究是很有益处的。这里是地尼丁杰（Dènè-dindjie）族印第安人（加拿大）计数方法的一个例子。“他伸出左手，把手掌对着自己的脸，弯起小指，说 1；接着他弯起无名指，说 2，又弯一下指尖。接下去弯起中指，说 3。他弯起食指来指着拇指，说 4；只数到这个手指为止。然后，他伸开拳，说 5；这就是我的（或者一只，或者这只）手完了。接着，印第安人继续伸着左手，并起左手三个手指，使它们与拇指和食指分开，然后，把左手的拇指和食指移拢来靠着右手的拇指，说 6；亦即每边 3 个，3 和 3。接着他把左手的 4 个手指并在一起，把左手的拇指移拢来靠着右手的拇指和食指，说 7（一边是 4，或者还有 3 个弯起的，或者每边 3 个和中间 1 个）。他把右手的 3 个手指碰一碰左手拇指，这就成了两对 4 个手指，他说 8（4 和 4 或者每边 4）。接着，他出示那个唯一弯着的右手小指，说 9（还有 1 个在底下，或

者差 1 个，或者小指留在底下）。最后，印第安人拍一下手，把双手合在一起，说 10，亦即每边都完了，或者数好了，数完了。接着他又开始同样一番手续，说：全数加 1，数好的再加 1，等等。”①

这样看来，地尼丁杰人在用自己的手指计数时根本没有以 5 为基数的观念。他不像我们在其他一些部族那里见到的那样说 6 是第二个 1，7 是第二个 2，8 是第二个 3，等等。相反的，他说 6 是 3 和 3，又重新回到那个数完了手指的手上，把没有数过的手的两个手指移拢来加在那只手的拇指上。这说明，他在数 5 时，在数完“一只手”时，并不比在数完 4 或 6 的时候停留得更久。因此，在这种情形下以及在其他许多与此相似的情形下，周期性原则，即作为计数法的基础的那种东西，并不包括在计数法本身中，也不包括在这时完成的动作中。

基数可能是由于那些与计数的方便绝无任何共同之处的原因而产生的，同时，数的算术使用的观念在这里还根本谈不上。原逻辑思维是神秘的，它与我们的思维的趋向不同。它对待事物的最明显的客观属性常常采取不关心的态度，相反的，它关心的是一切种类的存在物的神秘的和秘密的属性。例如，4 这个基数和以 4 为基数的计数法，其起源可能归因于在所考查的民族的集体表象中，东南西北四方、与这四个方位互渗的四个方向的风、四种颜色、四种动物等等的“数-总和”起了重要的作用。因此，我们根本不必滥用我们的心理学洞察力去猜测为什么那些能够用自己手上的 5 个指头数数的人一定要去选择 4 这个基数。在我们见到使用这个基数的地方，这个基数不是被挑选出来的。它好像是先于自己而存在，就像数在那个还没有从被数的东西中分离出来、“数-总和”

① Petitot, *Dictionnaire de la langue Dènè-dindjie*, p. lv.

还占据着真正计数的地位的漫长时期里就先有了数一样。如果想象是“人类智力”为自己设计出了用于计算的数，那就错了，因为正相反，人们在想出数的本身以前先就以艰难而辛苦的方法进行着计数了。

IV

当数已经有了名称，当社会集体拥有了计数法时，还不能得出结论说数就因此而开始在事实上被抽象地想象了。相反的，它们大都仍然与关于最常被计算的事物的观念连接着。例如，约鲁巴人（Yoru bas）[①]就拥有相当出色的计数法，这可以从他们的减法使用上看出来。

11，12，13，14，15＝10＋1，10＋2，10＋3，10＋4，10＋5；

16，17，18，19＝20－4，－3，－2，－1；

70＝20×4－10；

130＝20×7－10，等等。

这个事实应当用约鲁巴人经常使用贝壳充当货币一点来解释：他们总是把贝壳放成5个一堆、20个一堆、200个一堆，等等。报道这个事实的观察者说：“在约鲁巴人的脑子里，数词有两种意义：其一是数，其二是约鲁巴人主要点数的那种东西，这就是货币（贝壳）……其他东西只是通过与贝壳的相等数比较的办法来点数，因为没有文字和学校的民族，根本就不知道抽象的数。”[②]这个结论用于所有处于同一发展水平的社会集体都是同样正确的。

① 西苏丹最大最发达的民族之一。——汉译者注

② Mann, “On the Numeral System of the Yoruba Nation”, J. A. I., xvi. p. 61.

数，尽管它也有名称，但仍然与主要作为计算对象的某一类东西的具体表象或多或少密切地联系着，而其他东西则只是通过一种可说与这些东西套叠的办法来计算的。

但是，假定说这种密切的联系渐渐断绝了，数不知不觉地开始被独立地来想象了，也绝不要认为数在某点上变成抽象的了，这恰恰是因为每个数都有了自己的名称。对原始民族来说，任何东西或者差不多任何东西都不是像我们认为合乎自然的那样被感知的。对它们的思维来说，不存在纯粹是现象的自然现象，不存在只是图像的图像，不存在完全是形状的形状。在这里，被感知的任何东西都同时包括在那些以神秘因素占优势的集体表象的复合中。同样，在这里也不存在简单地只是名称的名称，也不存在只是数词的数词。我们暂且不谈比如说原始人在计算他做了多少小时的工应得多少报酬或者他在某一天捕到了多少鱼时所给予数的那种实际应用。每当他想到作为数的数时，他就必然把它与那些属于这个数的，而且由于同样神秘的互渗而正是属于这一个数的什么神秘的性质和意义一起来想象。数及其名称同是这些互渗的媒介。

因此，每个数都有属于它自己的个别的面目、某种神秘的氛围、某种“力场”。因此，每个数都是特别地、不同于其他数那样地被想象（甚至可说是被感觉）。从这个观点看来，数并不构成一个同类的序列，因而，它们根本不适合于最简单的逻辑运算或者数学运算。每个数的神秘特性使它们不能进行加、减、乘、除。可以对这些数进行的唯一运算，乃是不像算术运算那样服从于矛盾律的神秘的运算。简而言之，我们可以说，在原始人的思维中，从两方面看来数都是在不同程度上不分化的东西。在实际应用中，它还或多或少与被计算的东西联系着。在集体表象中，数及其名称还如此紧密地与被想象的总和的神秘属性互渗着，以至与其说它们是算术的单位，还真不如说它们是神秘的实在。

应当指出，这样被神秘气氛包围着的数，差不多是不超过头十个数的范围。原始民族也只知道这几个数，它们也只是给这几个数取了名称。在已经上升到关于数的抽象概念的民族中间，正是那些形成了最古老的集体表象的一部分的数，才真正能够十分长久地保持着数的真义的神秘力量。但是，这些真义和神秘的力量根本不扩及它们的倍数，一般的也不扩及大的数。这一点的理由是显而易见的。为原逻辑的和神秘的思维所习惯的头几个数（大致到 10 或 12）是与这种思维的本性互渗的，它们只是在很晚的时代才成为纯粹算术的数。可能，甚至没有这样一个社会集体，在那里，这些数只是算术的数，如果不算数学家的话。相反的，在原始人的思维中，那些极少分化的较大的数从来就没有**与自己的名称一起**进入这个思维的集体表象中，它们从一开始立刻就是算术的数，除某些例外，它们就不是其他什么东西。

由此可见，我可以在什么程度上赞同乌西尼尔（H. Usener）的题为《论三》（*Dreiheit*）[①]的杰出著作中的一些结论。乌西尼尔详尽无遗地列举了能证明 3 这个数的神秘性质，特别是它自古以来所具有的神秘的意义和力量的证据以后，他和笛尔斯（Diels）一样，得出结论说，这个数的神秘性质起源于人类社会在计数中不超过 3 的那个时代。那时，3 必定表示一个最后的数，一个绝对的总数，因而它在一个极长的时期中必定占有较发达社会中的"无限大"所占有的那种地位。当然，在某些原始部族那里，3 这个数无疑可能享有这种威信。但是不能把乌西尼尔的解释看成是令人满意的。首先，事实上我们没有在任何地方发现计数的确止于 3 的

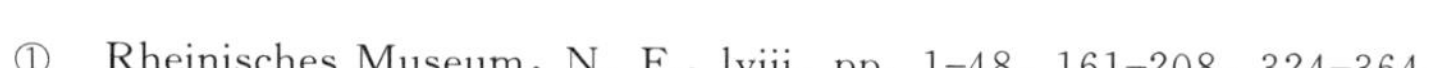

① Rheinisches Museum, N. F., lviii. pp. 1-48, 161-208, 324-364.

例子。甚至在那些只有1、2、偶尔也有3的数词的社会集体中(在澳大利亚、托列斯海峡、新几内亚),原逻辑思维也有自己的方法来使它数得更多。不论在什么地方,3都不是“最后”的数。此外,被使用的或者有名称的数的序列,从来就没有止于某个显然是最后的和表现了完整性的数上。相反的,搜集到的所有事实,其中不仅涉及上面提到的那些原始部族的事实,而且还涉及美拉尼西亚、南北美各部族、印度的德拉维人(Dravidians)等等的事实,统统说明了数列止于一个意为“许多”、“太多”的不确定的词上,这个词在后来又变成了5、6或者其他什么数的确定的数词。最后,正如莫斯所正确地指出的那样[①],如果乌西尼尔的理论是正确的,如果在许多世纪中人类智力一直停留在3这个数上,给这个数赋予了几乎是不可磨灭的神秘性质,那么,这个神秘性质就应当为一切人类社会中3这个数所共有。但是,我们在北美和中美各部族那里没有发现这种情形。在这些部族的集体表象中,经常见到4、5的数及其倍数,而3这个数在那里或者不起重要作用,或者根本没有任何作用。

这些反驳意见不仅针对乌西尼尔的理论,而且也是给做类似解释的任何企图的一击。例如,以对北美土著居民的观察为根据的马克吉(MacGee)的理论[②],其实是十分出色的,但它不能解释在其他原始民族中间搜集到的事实。所有这些理论的一个通病,就是对它们的拥护者所相信的在这个或那个环境中分析了的并被用来解释这些社会集体中某几个数所具有的神秘意义的心理过程加以概括。这种概括不能为事实所证明,这类“解释”无所用之。

① *Année Sociologique*, Vol. vii. p. 310 (1904).

② “Primitive Numbers”, E. B. Rept., xix. pp. 821-51.

由于原始民族的制度和这些民族的思维的一致，所以毋宁说原始民族的集体表象是原逻辑的和神秘的，那么，这些表象所包含的数能够不同于它们所包含的其他东西吗？这里，没有一个拥有名称并在这些表象中表现出来的数不具有神秘的意义。然而，就算是这样，也还有一个问题：为什么在这里恰恰是 3，而在其他地方又是 4 或 2 或 7 或其他什么数获得了优势的意义和完全特别的价值呢？原因不应当在纯粹心理的动机里面去寻找，因为，对一切人类群体来说，不管它处于什么状态，这些动机都是相同的；原因应当在我们所研究的人类群体或这一类的人类群体所固有的特殊条件中去寻找。在这一点上说，邓尼特在其题为《在黑人心灵的背后》（*At the Back of the Black Man's Mind*）一书中揭示的那些事实是最有益不过的。[1]

社会集体的类型分类还没有推进到足可以在这种场合下给我们提供一条切合需要的引路线的程度。然而，就是在现在，我们也能够确定，对这个或那个社会集体来说，在头十个数中，没有一个数不具有特别的神秘的意义。在这里，在头三个数方面引述证据，完全是不必要的。即使在最进步的民族中间，也还可以在宗教和形而上学中分辨出这种神秘性质的痕迹。“1”在一神教和一元论哲学体系中保持着自己的威信。“2”常常以自己对称的对立属性与“1”对立着，因为它表示的、包含的、产生的东西是与由“1”所表示的、包含的、产生的东西严格对立的。凡在 1 是善、秩序、完美、幸福的本原的地方，2 就是恶、混乱、缺陷的本原；2 是灾难之朕，不幸之源。[2] 许多语言仍然在自己的语汇中保留了这种对立的痕迹

① London, 1906.

② MacGee, “Primitive Numbers”, E. B. Rept., xix. pp. 821-51.

（如“双重灵魂”、“二重性”，等等）。我不来更多地谈3这个数的神秘属性；只要提一提上面谈到过的乌西尼尔的专著就足可使人回想到这一点。我将限于引述有关4这个数及其后的数的一些事实上。

这些事实自然不能在我们所知的最原始的民族中间找到，因为这些民族还没有给4这个数及其后的数起名称。大多数北美印第安人部族给4这个数赋予的神秘意义超过了其他一切数。“几乎在一切红种人印第安人部族那里，4及其倍数都具有神圣的意义，因为它们专门涉及东南西北四方和从这四方吹来的风，而且希腊人划各端相等的十字，也是4这个数的自然崇拜的标记和符号。”[①]在纳发觉人（Navajo）[②]的长篇史诗中，“所有的神都是4个一组地出现，他们全都按4个方位排列并被涂上每个方位所固有的颜色。这里可以见到4个熊神、4个豪猪、4个松鼠、4个身材高大的女神、4个年轻的圣徒、4只闪电鸟，等等。给主人公4天4夜来叙述他的故事，主人公的沐浴要4天时间，等等。”同样，在喀申所如此出色地解释了的朱尼人的神话中以及在史蒂文森（Stevenson）夫人所描写的他们的仪式和风俗中，到处都见到了4这个数的神秘作用的证明。“挑选4个年轻人，要不近女身、元阳未泄的处子……你们4个要陪伴他们……你们要绕祭台走4圈、为每个方位各走一圈、为每一方的风、每个季度各走一圈……他们带着定数的彩箭，数目是4支，相当于人的四肢。”[③]在苏兹人中间，“动力神塔库斯坎斯坎（Takuskanskan）被认为是住在四方的风中，四个

① Buckland, “Four as a Sacred Number”, J. A. I., xxv. pp. 96-9.

② 现住美国西南各州的一支印第安人。——汉译者注

③ F. H. Cushing, “Zuñi Creation Myths”, E. B. Rept., xiii. p. 442.

夜黑魔执行着他的命令……四方的风则是由‘某种运动着的东西’发遣下来的。”①在他们那里还有4个雷神，或者至少有“一个雷神的4种不同的外部表现，因为实质上它们是一个神(这里表现了互渗律的作用)。一个神是黑色的，另一个是黄色的，第三个是紫红色的，第四个是蓝色的。他们住在天边的高山上。他们的住宅是朝大地的四方开门的，每一方的门前站着一个卫兵：东方站着蝴蝶，西方站着熊，北方站着鹿，南方站着海狸。”②

按时兴的做法，对这一类不可数计的事实通常都给以心理学上的解释。在以4这个数为一方和以东南西北正好四个方位、从这四个方向吹来的风、在这四方的上面居住着的神、那里住着的神圣的动物、象征着四个方位的四种颜色为另一方之间被认为是确立了联想。但是要知道，原逻辑思维从来就不拥有这些彼此孤立的观念。它并不是一开始就想到这个作为空间方位的、东在其右和西在其左的北方，而随后又把关于冷风、雪、熊、蓝色的观念与北方联系起来……相反的，所有这些观念从一开始就包括在一个复合的表象中，这个表象具有集体的和宗教的性质，在它里面，神秘的因素遮盖着我们叫作实在的那些因素。在这些因素里也包括了神秘的互渗的媒介——4这个数，因而这个数具有极为重要的作用，这个作用很难为逻辑思维所再现，但它却是原逻辑思维所绝对必需的。当神秘的互渗已经不再被感觉到了，则这些到处都稍许保留着的联想就好像是那些互渗留下来的残渣。这时，它们实际上就只是一些联想了，因为把它们结合在一起的内部联系消失了：但是，最初的时候它们却不是联想，而是某种根本不同的东西。例

① Dorsey, “Siouan Cults”, E. B. Rept., xi. p. 446.

② Dorsey, “Siouan Cults”, E. B. Rept., xi. p. 442.

如在中国广为流行的东南西北四方、一年四季、四种颜色等等之间的联想关系就是这样的东西。格罗特给我们提供了下述的例子：

东	春	蓝	龙
南	夏	红	鸟
西	秋	白	虎
北	冬	黑	龟[①]

许多例子表明了在北美各部族的观念中通过4这个数实现着神秘的互渗。凯特林告诉我们，在曼丹人那里，“在帐篷的地上放着四件非常重要的、极受崇敬的东西。这是四只各装着三、四加仑水的皮囊……是一些迷信崇拜的对象，制造这些东西很费事，做得很精巧，……缝成仰躺着的大乌龟的形状，用一束鹰羽粘在后面当尾巴……这四只水囊的样子很古老。巫医对我的问题一本正经地回答说‘这四只龟保存着取自东南西北四方的水，从开天辟地之时起这些水就装在这里了。’”凯特林觉得这个解释非常可笑。他还告诉我们，野牛舞（目的在于迫使野牛接近猎人）头一天跳4次，第二天跳8次，第三天跳12次，第四天跳16次，也就是第一天给每个方向跳一次，这时巫医就把烟斗的烟吹向这一方；第二天则是给每个方向跳两次，第三天三次，第四天四次。[②]

我们知道，在契洛基人的巫术经咒中，4这个数也具有这种神秘性质。孟尼在这一点上谈得很详细。他说：“印第安人永远认为4是主要的神圣的数，还有一个稍许次于它的数也是神圣的。契洛基人的两个神圣的数是4和7……4这个神圣的数是与4个方位直接有关的，而7除了4个方位以外，还包括‘在下’、‘在上’和

① J. J. M. de Groot, *The Religious System of China*, i. p. 317.

② *The North American Indians*, i. pp. 185-6.

‘这里，在中间’。在许多部落的仪式中，‘颜色（有时则是性别）分属于每个方位。在契洛基人的经咒中，东方、南方、西方、北方各神分别相当于红、白、黑、蓝。每种颜色也有其象征意义。红色表示力量（战争），白色表示和平，黑色表示死亡，蓝色表示失败。”[①]孟尼也谈到“他们的医生对 4 和 7 这两个数的崇敬。他们说，自从人被安置在大地上以后，就规定要用 4 天 7 夜来治好人体的各种疾病……”[②]

在英属哥伦比亚，在斯台特鲁蒙赫（Statlumh）部族那里，4 这个数也是最重要的神圣的数。“分娩后，母亲和婴儿至少要留在帐篷里 4 天，如果气候允许，这个时期还要拖长到 8、12 或 20 天，也就是拖长到萨利斯族印第安人的神秘的数 4 的各倍的天数。”[③]在温哥华岛，[④]在举行巫医的成年礼时，“他站起来以后，必须向左边转四圈。接着他必须向前伸足四次，但不走出一步。在走出门去以前，他必须照样走四步……他必须使用特别的水壶、盘子、匙子和杯子。这些东西只属他一人所有，用了四个月以后就扔掉……吃饭时，每口不能嚼过四下，等等。”[⑤]

4 这个数大概也是北美的南部和西部以及中美出现的复杂而扑朔迷离的数的神秘主义的基础。“在仪式继续期间的 9 天……各有名称，这些名称使人想到 4 天一组共两组的划分……根据这

① “Myths of the Cherokee”, E. B. Rept., xix. p. 431.

② Heywood, quoted by J. Mooney, “The Sacred Formulas of the Cherokee”, E. B. Rept., vii. p. 322.

③ Hill Tout, “The Ethnology of the Statlumh of British Columbia”, J. A. I., xxxv. p. 140.

④ 在加拿大。——汉译者注

⑤ F. Boas, “The North-west Tribes of Canada”, *Reports of the British Association*, p. 618 (1890).

一点，我们见到，经常在蒲埃布洛印第安人的宗教仪式中出现的4这个数，也在蛇崇拜仪式的天数规定中占优势。我还要请大家注意这个事实：9天的仪式加上4天的狂欢，合成了13这个神秘的数。还应当记住，图查安人(Tusayan)的最讲究的仪式的理论上的持续时间——20天一期，也是墨西哥其他较文明民族的特征，而13套仪式，每套20天，总计为260天(一年)——这又是马雅人(Maya)[①]及其有关民族的仪式的持续时间。"[②]我不在这里讨论这个复杂的问题，只要指出4这个数在这里占有的地位，与在契洛基人的土地崇拜仪式中所占的地位相等就够了。[③]

最后，我再举出赫维特(Hewitt)关于易洛魁人(Iroquois)[④]的一个神话(谈的是四个孩子——两个男孩和两个女孩)的评语。"这里，4这个数的使用是值得注意的。看来，把两个女孩引进故事中，只不过是为了保持4这个数，因为她们在神话的事件中不起任何作用。"[⑤]

因此，神秘的数获得了一种范畴的面貌，在这个范畴中必须包含集体表象的内容。这个特征也在远东明显地表现出来。钱伯兰(Chamberlain)说："欧洲人的语言中有'大善有四'或'七恶不赦'一类的成语；但像从印度起向东去的各民族那样按照不变的风俗来把几乎一切看得见和看不见的东西划分成数的范畴的智力趋向，在我们这里却是没有的。"[⑥]在北美，这个"范畴"好像是与四个方位或者空间部分十分紧密地联系着。但是，不应当认为原逻辑

① 原中美洲的印第安人，有高度文化。——汉译者注

② Fewkes, "Tusayan Snake Ceremonies", E. B. Rept., xvi. p. 275.

③ J. Mooney, "Myths of the Cherokee", E. B. Rept., xix. p. 423.

④ 北美印第安人。——汉译者注

⑤ Hewitt, "Iroquoian Cosmology", E. B. Rept., xxi. p. 233 (note).

⑥ *Things Japanese*, pp. 353-4.

思维多少总可以抽象地想象这些方位或部分，不应当认为它是根据关于这些方位或部分的观念来把4这个数提出去作神秘的应用。这里，如同在一切地方一样，原逻辑思维服从于互渗律；它只是以这样一种神秘的复合来想象空间方向、四个方位及其数，对这种神秘的复合来说，4这个数依靠的是一种神秘的范畴，而不是逻辑的范畴。“按照朱尼人的观点，神呼出的气——云，在北方染成黄色，西方染成翠绿色，南方染成红色，东方染成银灰色。”[①]

在这个复合中自然也包括社会来源的因素。空间区域的划分符合于部族群体的划分。杜尔克姆和莫斯认为，部族群体的划分决定于空间区域的划分，这也就是他们叫作分类的那种东西的一般原则。[②] 他们引证了从澳大利亚土人、中国人和北美蒲埃布洛人那里、特别是从朱尼人那里观察到的事实。我已经在上面详细谈过斯宾塞和纪林叫作 local relationship（“地方亲属关系”）的那种东西，即由居住地的共同性和群体与一定空间部分之间的互渗所决定的亲属关系。比如说，某个部族在某个地方临时或永久居住时，各个氏族或图腾不能随意选择一个地方来居住。每一个氏族或图腾都有自己预先规定好的位置，这位置是由氏族或图腾与方位之间的神秘联系来决定的。我们在北美也见到了这类事实。在其他一些观察材料中也表现了这种神秘的联系。例如，多尔赛告诉我们，从前堪萨部族（Kansa）有一个风俗，就是把被杀死的敌人的心挖出来扔到火里，以此来向四方的风献祭。雅塔（Yata）男人们，即那些住在部族的圆圈形村落左边的氏族的成员们必须举

① Stevenson, “The Zuñis”, E. B. Rept., xxiii. p. 23.

② *Année Sociologique*, vi. pp. 1–72.

起左手来，顺次向东、南、西、北各方的风弯一下左手。[①] 仪式的程序是由存在于这些氏族与它们所占有的空间位置之间的神秘联系来确定的。多尔赛继续说，每次当奥萨吉（Osage）和堪萨部族在永久性的村落定居下来时，在允许部族的成员布置自己的房屋以前，要举行住宅的祓除仪式，这个仪式是与对四方的风的崇拜联系着的。“在我参加过或听印第安人说过的一切仪式上，经常出现达科他人的土地的象征——U-ma-ne。这是一块肥沃的泥土，它代表土地的不可替代的生命或力量……它是正方形或者长方形，每个角尖上突出一条锋，这总是被解释成有四种风吹向土地的象征。带直角或斜角的十字架也象征四方的风或者四个方位。”[②]

在北美各部族那里，5、6、7 几个数有时也有神圣的性质，尽管不像 4 这个数那样经常有这种性质。例如，盖捷特写道：“在这里，我们也发现 5 这个数是个神圣的数，它经常出现在俄勒冈[③]各部族的口头传说、神话和风俗中。”[④]“许多被崇拜为神的动物都是集体出现的（五兄弟、十兄弟、五姊妹），有时候也和自己的老双亲一起出现。”[⑤]方位或空间部位的数目不一定是 4；在北美各部族那里，这个数有时也是 5（包括天顶）、6（再加上天底），甚至 7（还包括中心或者数数的那个人所占的位置）。例如，在曼丹人那里，巫师“拿起烟斗，接着把烟管伸向北方、南方、东方、西方，最后伸向他头顶上的太阳……”[⑥]——在西亚族（Sia）印第安人那里，“祭司站在

① Dorsey, “Siouan Cults”, E. B. Rept., xi. p. 380.
② Dorsey, “Siouan Cults”, E. B. Rept., xi. p. 451.
③ 美国西北部一州。——汉译者注
④ *The Klamath Language*, p. 86.
⑤ *The Klamath Language*, p. 101.
⑥ Catlin, *The North American Indians*, i. p. 258.

祭坛前面，摇了一会儿祭神响板，然后摇着它绕着祭坛转圈。他重复这个动作六次，是给空间的六个方位……圆圈表示全世界的一切云神都被召来湿润土地……向各方位洒水的动作重复四次。”[①]——“俄马哈族（Omaha）和朋卡族常常在抽烟的时候把烟斗向六个方向伸去：向四种风的方向，向地面和上界。”[②]——“蛇族的首领用神粉铺成一个直径大约 20 英尺的圆圈……他用这种粉在圆圈里划了六条与空间的六个方位相符的半径。”[③]最后在契洛基人那里，4 这个神圣的数表示四个方位，但是，7 这个神圣的数也表示方位，那就是在前四个上再加天顶、天底和中心。[④]

我们发现 5、6、7 这些数也像 4 那样包括在复杂的神秘的互渗中。史蒂文森夫人在朱尼人中间搜集了有关 6 这个数的若干例子。我们只举其中的一个。“这些原始的庄稼人做了极大的努力来使谷类和豆类带上符合空间六个方位的颜色：北方是黄的，西方是蓝的，南方是红的，东方是白的，天顶是花的，天底是黑的。”[⑤]

如果不谈印欧和闪族各民族，类似的事实在整个远东都可见到。在中国，包括数在内的对应和互渗的复杂程度达到无穷无尽。而这一切又是错综复杂甚至互相矛盾的，但这丝毫不扰乱中国人的逻辑判断力。在爪哇，土人的一个星期包括五天，爪哇人相信这五天的名称与颜色和地平面的划分有神秘的联系。“第一天的名称表示白色和东方；第二天——红色和南方；第三天——黄色和西方；第四天——黑色和北方；第五天杂色和中心……在古代爪哇的手写文

① Stevenson, “The Sia”, E. B. Rept., xi. pp. 79, 93.

② Dorsey, “Siouan Cults”, E. B. Rept., xi. p. 375.

③ Fewkes, “Tusayan Snake Ceremonies”, E. B. Rept., xvi. pp. 285, 295.

④ J. Mooney, “Myths of the Cherokee”, E. B. Rept., xix. p. 431.

⑤ Stevenson, “The Zuñis”, E. B. Rept., xxiii. p. 350.

件里，由五天组成的一个星期是画五个人形来表示的：两个女的和三个男的。”[1]在印度，5 这个数是福是祸得视地区或所涉及的是什么特殊的互渗而定。“1817 年，在贾索尔，大规模地流行着可怕的霍乱病。疫情是在八月份开始猖獗的，当时立即发现这年的八月份有五个星期六（星期六这个日子是处在不吉的沙尼〔Sani〕的影响之下）。由于 5 这个数属于破坏神湿婆（Siva）所有，所以，神秘的联系立即确定了，怀疑这种联系的致死的效果，就是亵渎神灵。”[2]在其他地方，5 这个数则又有善的力量。“农民用自己的铲掘五个土团。5 是幸福的数，因为它比 4 多四分之一……接着他用神圣的芒果树枝溅水，给一条沟轻轻地洒五次水……然后，一个选定的人用犁犁五条沟……在米扎普尔，只有对着喜马拉雅山的田地的北头才在五个地方用芒果树的尖木棍掘土。”[3]这一类的土地崇拜仪式和风俗屡见不鲜。

7 这个数首先是在中国人或亚述巴比伦人的信仰发生影响的地方带上了特别神秘的性质。[4] 在马来亚，“人们认为，每个人……有七个灵魂，或者更确切地说，有七重灵魂。也许，这个‘统一中的七重性’有助于解释马来人的巫术中给 7 这个数赋予的那种惊人而巩固的意义（七根桦树枝，从身体里抽出灵魂要念七次咒语，七根扶留藤，给灵魂七个打击，收割时为稻谷的灵魂割下七枝谷穗）。”[5]斯凯特的这个理论显然是那个贯串了他的研究的万物

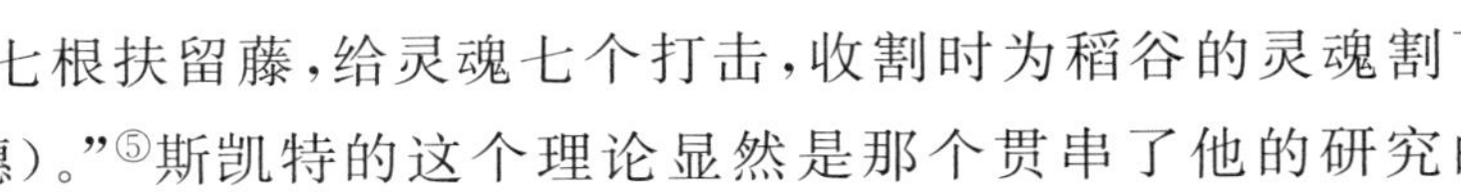

① Skeat, *Malay Magic*, p. 545 (note).

② Crooke, *The Folklore of Northern India*, i. p. 130.

③ Crooke, *The Folklore of Northern India*, ii. p. 288.

④ Vide Von Adrian, “Die Siebenzahl im Geistesleben der Völker”, *Mitteilungen*, pp. 225-271 (Vienna, 1901); W. H. Roscher, “Die Siebenzahl”, *Philologus*, pp. 360-74. (1901).

⑤ Skeat, *Malay Magic*, pp. 50, 590.

有灵论暗示给他的。我倾向于认为，这个理论完全是本末倒置。马来人之所以到处使用7这个数，并不是因为他们给每个人赋予七个灵魂或者七重灵魂。相反的，这是因为7这个数在他们眼里具有巫术的力量，以至这个数在他们那里变成了一种不仅能规定他们的巫术仪式而且也能限制他们的观念(其中也包括关于灵魂的观念)的“范畴”。事情确实是这样，以至斯凯特自己也补充说：“这七个灵魂是什么？如果没有更多的证据，是不可能来给它们下定义的。”既然七个灵魂中的每一个是如此少有独立性，以至能够以同等权利说它是一个七重灵魂，那就很难假定一般的7这个数所具有的意义其来源应归因于这个观念。

“当印度教徒焚烧死者以后收灰的时候，他们就在焚尸的地方写上49这个数。梵学家是这样解释这个风俗的：用北印度语写上的这个数与贝壳或者毗湿奴神[1]的轮子相像；或者说这是召天上的49种风来清扫大地。但是，最可能的是，这个仪式是奠基于下述观念，即7这个数拥有某种神秘的用途，这和世界各地都能见到的迷信一样。”[2]——“在印度，在灯节之夜，从七口井里打水来给不妊的妇女洗澡，这被认为是治疗不妊症的方法……在印度的整个北部，恐水病的疗法是连续到七口井前往里瞧。”[3]——“天花女神西塔拉(Sitala)只是那些被认为能引起一切长脓疱的疾病的七姊妹中的大姐……同样，我们在更古老的印度教神话中也见到了七个母亲、七大洋、七个利西(Rishi)、七个阿地蒂亚(Aditya)和达纳瓦(Dānava)、太阳的七匹马以及这个神秘数的其他许多组

① 印度教三大神之一。——汉译者注

② Crooke, *The Folklore of Northern India*, ii. p. 51.

③ Crooke, *The Folklore of Northern India*, i. pp. 50-1.

合。”[①]“在日本，7 这个数和一切包含 7 的数（如 17、27，等等）都是不吉之数。”[②]同样，在亚述巴比伦人那里，第 7、14、21、28 这几天都是不吉的日子。[③] ——在印度教徒那里，如同所有的一般巫术经咒一样，医方也由于数的神秘属性而给数添上了巨大的意义。例如，“方符是一种最受欢迎的符，这是以特殊方式排列起来的某些数。比如说，为了治疗不妊症，最好的办法是在一块面包上写一系列的数，这些数两两相加等于 73，拿这块面包喂黑狗……医肿病最好是画个十字形的图，中间三个数，四端各一个数。这个符应当在星期天制作，要戴在左臂上。”克鲁克（W. Croke）补充说：“这些符多得不可胜数。”[④]这种情形不但在印度是如此。在古希腊罗马，在阿拉伯，在中世纪，在欧洲以及在拥有数词的一切民族的巫术和医学里，可以见到无数类似的护符。民间创作的研究提供了这方面的许多证明。

在大数字已经通用的较发达的民族那里，有神秘意义的数的某些倍数是与这些数的特殊属性互渗的。例如，在印度，“当新月出现时逢星期一，虔诚的印度教徒就要绕着它（无花果树）走 108 圈。”[⑤]可能，108 作为 9 和 12 的公倍数，所以具有特殊的力量，而 9 和 12 又是 3 和 6 的倍数。在印度的西北各邦，84 和 360 这两个数有特殊的意义。例如，Chaurasi（84）是区的辖村数，总计有 84 个村庄。“然而，不只是在涉及行政区划时，84 和 360 这两个数才享受特别优待。这两个数进入了印度教、佛教和耆那教的整个结

① Crooke, *The Folklore of Northern India*, i. p. 218.

② Chamberlain, *Things Japanese*, p. 439.

③ Jastrow, *The Religion of Babylonia and Assyria*, p. 377.

④ Crooke, *The Folklore of Northern India*, i. pp. 159-60.

⑤ Crooke, *The Folklore of Northern India*, ii. p. 100.

构中，进入了宇宙起源说、仪式和神话故事中。十分明显，这两个数不是偶然地、随意地取来用的，而是因为它们符合了想要在普通用语下隐藏某种遥远的暗示的企图。”①佛教徒使用这两个神秘的数比印度教徒更经常。

这个事实也许可以这样来解释：84 同时是 7 和 12 的倍数，而 360 则是 4、6、9、5 和 12 的倍数。这样一来，在 84 和 360 两个数里实现着以它们为倍数的各个数的所有属性的互渗。

柏尔根（A. Bergaigne）屡次着重指出吠陀诗中神秘的数的本性和对这些数的神秘的运算。在这里，乘法的运算似乎主要是通过把起初用于整数的除法来用于整数的各部分。例如，对宇宙除以 3——天、地、大气的算法，可以是对这 3 种世界的每一种重复除以 3——3 个天、3 个地、3 种大气，一共是 9 个世界。各种除法用于宇宙以后，其中两种方法所求得的数又可以互乘，例如：3×2＝6 个世界，3 个天和 3 个地。② 或者，为了形成新的神秘的数，就给所与的神秘的数加 1：3＋1，6＋1，9＋1，等等。“这样做的目的是要把关于看不见的世界的观念引进某种宇宙体系中去，或者把关于种类相同但因被神秘气氛包围而又不同于其他的人或物的观念引进某一群人或物中去。”③例如，7 这个数可以具有独立的神话意义；但是利西无疑是用 6＋1 合成的（即用 6 个世界加 1 的办法）。这些神话的数的属性来自它们与空间各部分的神秘关系：例如，分世界为七分（7 个世界，即 6＋1）是与神话的七分（7 个地方、7 个种族、7 大洋、7 条河，等等）相符合的。

① Elliot, *Memoirs of the Races in the North-west Provinces of India*, ii. p. 47 et seq.

② Bergaigne, *La Religion Védique*, ii. p. 115.

③ Bergaigne, *La Religion Védique*, ii. p. 123 et seq.

在这些已经系统化了的集体表象中发生作用的原逻辑思维，可以由那个使“一”和“许多”等同的方法来证实。例如，用柏尔根的话来说，“大多数神话生物群或物群可以归结为一个具有许多面貌、把群作为统一体来表现的生物或物。因而，每一群的组成部分则是那个唯一本原的同等数量的表现；而这些表现的复数则由世界的复数来解释……7 种祷告只是一种祷告的 7 种形式，从统一中来看，同时又从不同的表现中来看，这一种祷告就成了 7 项祷告或赞美歌……祷告的主人的 7 头母牛自然就是由他的 7 张嘴念出来的 7 种祷告……阳性的生物有 2 个或 3 个母亲、2 个或 3 个妻子，等等。”[①]

由此导致了一个初看起来觉得奇怪的结果：各种不同的数又是相等的数。“同时地、无差别地使用 3 和 7……只说明了它们的意义完全相同……如我们已经见到的那样，不同的数之所以彼此代替着用，是因为它们在各种划分方法中全都表示宇宙各部分的总和，因此，这些不同的数可以用一种彼此并列的重叠形式来使用。实际上也往往如此。这样一来，3 就是 7 或者是 9。”逻辑思维所视为荒唐的这种相等，则是原逻辑思维所认为理所当然的，因为这个首先对神秘的互渗感到兴趣的思维，并不是从这些数与其他数的抽象关系上，也不是从它们与所由产生的算术定律的关系上来看待这些数的。原始思维把这些数中的每一个都理解成一种实在，它不需要把这种实在看成和规定成其他数的功能。因而，每个数都有它自己的不可侵犯的个性，这种个性使它能够准确地符合其他也有同样不可侵犯的个性的数。“梨俱吠陀[②]的大部分神话

① Bergaigne, *La Religion Vedique*, ii. pp. 147-8.

② 印度最古经典四吠陀之一。——汉译者注

数，特别是 2、3、5、7 不只是简单地表示一个不确定的多数，而且还表示一个总数，这个总数又是在原则上符合世界的总和。”[①]例如，只要看一看神话的公牛吧，它有“4 只角、3 条腿、2 个头、7 只手；被捆 3 圈的公牛在吼叫，等等”（这里是 2、3、7 个世界，4 个方位）。描写中的各种细节暗示着世界划分的各种方法，全都力图表现所谈的主人公是无处不在的。[②] 我们已经从其他方面知道，无处不在或用莱布尼茨的话来说“在许多地方存在”的观念，乃是原逻辑的和神秘的思维所十分熟悉的。

最后，柏尔根在完成对这些神秘的数的评述时继续说：“3 和 7 必须在吠陀神话的总体系中看成是预先定出的框子，它们并不依赖于那些可以装进其中去的个别的东西。”[③]预先定出的框子——用上述钱伯兰的话来说，就是有关这些数的范畴。要弄清这些神秘的数和用于算术运算的数之间的差别，是不可能的。客体的数量不是使数依赖于被感知或被想象的客体的实际数量，相反的，而是靠预先确定的神秘的数来确定的，并从这个神秘的数那里获得自己的形式。数的属性可说是预先决定了集体表象中复数的属性。

可能有人会问：数的神秘性质怎么不以最大的明显性表现在集体表象的神秘性最深的地方，亦即表现在我们所知的最原始的民族中间呢？为什么在已经发展了逻辑思维的地方，在逻辑思维已经知道用真正的算术的方法来使用数的地方，例如在北美或远东一些民族那里，反而最明显地表现了这种神秘的性质，而在澳大

① Bergaigne, *La Religion Védique*, ii. p. 156.
② Bergaigne, *La Religion Védique*, ii. p. 151.
③ Bergaigne, *La Religion Védique*, iii. p. 99.

利亚土著居民或在南美或印度的原始人那里，数的这个神秘的性质却又没有表现出来呢？初看起来，我们的理论不能解释这些事实，因而必须采用其他原则，而不是采用集体表象中以数为媒介的互渗原则，才能解释数所带有的神秘属性。

可以提出下面两点理由来反驳这种反对意见：1）在仍然完全原始的民族中间，数（超过 2 或 3）还是与被数的东西分不开的，因而它们在集体表象中不是作为真正的数而出现的。由于它们不是抽象化的对象，也不是原逻辑思维所固有的那种孤立的、非概括的抽象化的对象，所以它们从来不被想象成数的本身。特别重要的是，它们没有名称，所以它们不能起到在更发达的民族的集体表象中所起的那种神秘属性的“凝结器”的作用。

2）然而，也许正是在这种不可分的和无名的状态中，数的神秘效能才特别巨大。社会集体划分为图腾、氏族、胞族，而它们本身又有划分，尽管它们没有数的表示，但却包含了一定的数的意义；同时我们见到，包含了数的意义的这些划分是推广到一切被想象的实在上去的，是推广到动物、植物、无生物、星辰、空间中的方位上去的。制度、信仰、宗教和巫术的仪式，一贯要求在这些划分中，在这些“分类”中以暗示的形式来拥有数。但是，正因为神秘的和原逻辑的思维在这里也是像在它最如意的环境中一样发生作用，所以我们是很难再现它的。不管我们做什么努力，那种可以感觉到但不能想象到的错综复杂而又不能分出的数，仍然是我们所不能想象的东西。数，如果是我们不能想象的，那对我们来说就不是数；而当我们能够想象它时，我们又是连同它的名称一起来逻辑地想象它的。当然，数一旦有了名称，我们就可以或者是以抽象思维的观点来想象它，亦即把它想象成丧失了性质、与其他的数完全同类的数；或者是把它想象成神秘属性的神圣的媒介。我们的宗教，有时也有我们的形而上学的体系，还能够告诉我们这样一些数，而我们的神话、传说、民间创作也使我们习惯于这些数。可是，要返回到那个没有名称的数并分清它在原始民族的集体表象中所实现的功能，那是万分困难的。

第　六　章

以受互渗律支配的集体表象为基础的制度(Ⅰ)

绪　　论

我们对原始人中间的集体表象及其内部关联的研究，引导了我们得出下面的结论，即这些民族拥有神秘的和原逻辑的思维，这种思维在许多重要之点上不同于我们的逻辑思维。这个结论似乎已经由我们对原始人所操的语言和他们所使用的计数法本身的某些特征的分析来加以证实了。但是，无论如何，还需要补充证明。我们必须证明：如在本书中已经分析的那样，原始人的行为方式的确符合他们的思维方式；他们的集体表象（我们已经指出过它们具有神秘的和原逻辑的性质）在他们的制度中得到了表现。这种证明不仅能对我的理论做出宝贵的论证，而且还能引导我们对他们的制度做出比屡见不鲜的心理学的和只不过讲得通的“解释”更好的解释，因为这个解释首先必须考虑我们研究的那些社会集体所固有的思维。

我挑选了一定数量的制度作为例子，我宁愿选取那些或者是最简单的制度，或者是就我们的知识的现有水平看来似乎是最适于弄清原逻辑思维的本性的制度。但是，我绝不企图提供“解释”，也不把这些例子归入一个可以同时解释一切事实的总原则中。这些风俗或制度中的每一个都需要一部详尽的专著才能“解释”得清。用不着说，在这里，连详尽的专著的概述也会见不到的。我的目的根本不同，我的目的要一般得多。我只想说明，要理解这些制度和风俗，必须看到它们与原始人所固有的、我已经在上面尝试着确定其主要规律的那个原逻辑的和神秘的思维的关系。就算是这些规律已经确定出来了，学者们仍然应当追索所与社会中每一个特殊的制度和风俗的出现和存在的条件，但是，从今以后他至少将有一条他的先驱者们经常缺少的、可以使他在这些研究中不至迷失方向的引路线。

I

我们首先来看看社会集体借以谋取食物的那些行动，更具体地说，来研究一下狩猎和捕鱼。在这里，成功决定于若干客观条件：某个地方是否有野物或鱼类，为了在接近它们时不至于把它们惊走而采取的必要的预防措施，圈套和陷阱设置的地方是否合适，使用什么投射工具，等等。可是，对于原始人的思维来说，这些条件虽是必要的，但绝不是足够的。还需要其他条件。如果这些其他条件没有得到满足，那么，不管猎人或渔人有多么灵巧，不管使用什么工具和方法，仍然不能达到目的。在原始人看来，这些工具和方法必须拥有巫术的力量；在对它们举行了特殊的仪式以后，它们必定是赋有了神秘的力量，因为原始人所感知的客观因素是包括在神秘的复合中。没有这番巫术的行动，最有经验的猎人和渔人也会碰不到野物或鱼；即使碰到了，它们也会避开他的圈套、陷阱或鱼网、钓钩。或者是他的弓箭失灵，枪击不中。即使击中了猎

物，猎物仍然不会受伤；或者即使受了伤，也会隐失得让猎人找不到它。这些神秘的行动，不只是狩猎或捕鱼的前奏，如同圣胡柏特(St. Hubert)(天主教的猎人的保护神)的弥撒之类，但就后者来说，狩猎的本身仍然被认为是最重要的。相反的，对原逻辑思维来说，这一点则不是最重要的；神秘的行动才是真正最重要的，这个行动的本身就能够保证猎物的在场和捕获。不经过这个行动而去进行狩猎或捕鱼，那甚至等于是无的放矢。

这一类的行动真是五花八门，而且常常是内容复杂。为叙述清楚起见，我将分别来研究那些必须在狩猎或捕鱼之前、中、后完成的行动，以及为了使猎人或渔人一定能取得好成绩而对他(或对他的集体的成员)施加的行动，最后研究那些涉及猎人和渔人的捕获物的行动(其目的或者是防止它逃脱或自卫，或者是安抚它和取得它对于把它杀死一举的饶恕)。这样一来，我们就会看到，原始人的行为是受一定的神秘关系的总和支配的，这些神秘关系决定于社会集体的集体表象，它们和集体表象本身一样又都是受互渗律支配的。

1. 在狩猎中，第一个最重要的行动是对猎物施加巫术的影响，迫使它出现，而不管它是否愿意，如果它在远处，就强迫它来到。在大多数原始民族那里，这个行动都被认为是绝对必需的。这个行动主要包括一些舞蹈、咒语和斋戒。凯特林详细描写了北美野牛舞，“跳这种舞的目的是要迫使‘野牛出现’……大约5个或15个曼丹人一下子就参加跳舞。他们中的每个人头上戴着从野牛头上剥下来的带角的牛头皮(或者画成牛头的面具)，手里拿着自己的弓或矛，这是在猎捕野牛时通常使用的武器……这种舞蹈有时要不停地继续跳两三个星期，直到野牛出现的那个快乐的时刻为止(舞蹈表演捕获和屠宰野牛的情景)。当一个印第安人跳累了，他就把身子往前倾，做出要倒下去的样子，以表示他累了；这时候，另一个人就用弓向他射出一枝钝头的箭，他像野牛一样倒下去了，在场的人抓住他的脚后跟把他拖出圈外去，同时在他身子上空挥舞着刀子；用手势描绘剥野牛皮和取出内脏的动作。接着就放了他，他在圈里的位置马上就由另一个人代替，这个人也是戴着面具参加跳舞……用这种代替办法，容易把舞蹈场面日夜保持下去，直到所希望的效果达到，即野牛出现为止。”①

这是一种戏剧，或者更正确地说，是描写野物和它在落到印第安人的手里时的遭遇的哑剧。由于原始人的思维不把形象看成是纯粹的简单的形象；——对他来说，形象是与原本互渗的，而原本也是与形象互渗的，所以，拥有形象就意味着在一定程度上保证占有原本。这种神秘的互渗也构成了上述行动的效力。

在其他地方，这种互渗则采取稍微不同的形式。要确保动物出现，最重要的是必须获得它的好感。例如，在苏兹人那里，“熊舞……在出发去打猎以前一连不断地跳几天……所有的参加者都唱一支歌，这支歌是对‘熊神’唱的，他们认为，熊神是看不见的，不知住在什么地方。在出发去打猎以前，如果指望获得某种成功，就必须请教这个熊神，使它对自己发生好感……主要巫师之一在身上罩一整张熊皮……其他许多参加跳舞的人都在脸上戴一个熊头皮的面具。大家都用手准确地模仿熊的各种动作，或者是熊跑，或

① Catlin, *The North American Indians*, i. pp. 127-8.

者是熊用后掌撑地坐着，垂下前掌环顾四周，看是不是有敌人接近。”[①]有时候，这些动作得到某种抽象的简化，但透过这种简化仍能清楚地看出它们原来的性质。“为了迫使鹿在需要的地点出现，巫师在一根立于适当位置的杆子顶上升起某位著名的猎人和巫师的画像。画像具有这个人的力量，而系在画像上的各种饰物必须有助于控制这动物的行动。”[②]——纳骚说，在西非，土人们为了在狩猎、战争、贸易、恋爱、捕鱼、植树、旅行等等事情中获得成功，就求助于自己的灵物。“一个猎人或一些猎人各自带上一个灵物出发，这个灵物挂在腰带上或者拴在肩上……如果有几个人参加有组织的狩猎，则巫医或者猎人们自己一定要念临时的咒语。白劳恩(W. H. Brown)也描写过马绍纳兰德(在西非)的这一类狩猎前的预备仪式，”[③]大概，仪式的目的也是要迫使野兽出现。相反的，某些行动则被禁止。因为它们可能产生相反的效果。“在狩猎期间，只要一个‘鹿’字说出口就是犯马里(Mali)或禁忌。当我说了这个字，土人们立刻就认为再继续狩猎是没有用了……他们在狩猎时或捕鱼时笃信凶兆，从来不说出野兽或鱼的名称，因为害怕神们会告诉野兽或鱼有人在猎捕它们。”[④]在英属哥伦比亚，“如果一个青春期的姑娘吃了生肉，她的父亲以后打猎就永远不会顺利。野兽再也不让他打死自己了；因为按照一般的信念，野兽如果自己不愿意，它是不会被打死的，实际上，印第安人认为自己的一切食

① Catlin, *The North American Indians*, i. pp. 245-6.

② Turner, "The Hudson Bay Eskimo", E. B. Rept., xi. pp. 196-7.

③ Nassau, *Fetichism in West Africa*, p. 173.

④ Brooke, *Ten Years in Sarawak*, ii. pp. 90-1.

物，不论是动物食物还是植物食物，都是动物和植物的'神'根据自己善良的意愿送给他的礼物。他认为自己的日常生计完全仰仗于神们的善良意愿。"①

2. 对猎人自己施行的巫术行动，目的是在保证他对猎物的神秘权力。这些行动常常是持续很久而又复杂的。在加拿大，"猎人们要遵守一星期的斋戒，在这期间他们不能咽下一口水……整个白昼他们要不停地念咒……许多人要在自己身体的不同部位割一些口子……作这一切全是为了让神们告诉他哪里可以找到许多熊……为了这个目的，他们向那些在以前的狩猎中被他们打死的动物的魂灵许愿……在出发去打猎以前，所有的人或者至少大部分人都必须梦见熊在同一个地方出现……接着，不管什么天气，他们都要洗澡，这以后猎人首领大排筵宴，在宴席上，首领一点儿东西也不吃，只是畅谈自己的狩猎伟绩。这以后，又对死了的熊的魂灵们念咒。最后，猎人们把自己涂成黑色，像去打仗一样的装备起来，在全村人送别的呼喊声中出发了。"②尼古拉·贝罗(Nicolas Perrot)也是这样叙述的："在这次盛大宴会以前，一定有一个星期的斋戒，斋戒期中，猎人不吃不喝，这是为了使熊能够对他和他的同伴们发生好感，亦即为了使猎人能够发现并打死熊，而不受到任何伤害……当出发去打猎的那一天来到时，打猎队的首领把全体猎人召集在一起，他们也像他那样用炭把脸涂黑；全体斋戒到黄

① Hill Tout, "The Ethnology of Statulumh", J. A. I., xxxv. p. 136.

② Charlevoix, *Journal d'un Voyage dans L'Amérique Septentrionale*, iii. pp. 115-6 (1721).

昏,黄昏时分进餐,但吃得很少。”[①]

几乎在所有原始民族中间,猎人在临近出发的日子里必须戒房事,必须留意自己的梦,必须净身,持斋,或者至少只吃某些食物,必须以一定方式来装饰自己和给自己的身体涂色;这一切都是能够对他所希望捕获的猎物产生神秘影响的行动。博厄斯说:“猎捕山羊的猎人要吃斋,并连续几夜沐浴。接着,他在大清早把自己的下巴涂成红色并在额上划红线,差不多一直划到鼻子尖,他在自己的头发里插上两只鹰尾羽。土人们认为,这些装饰能使猎人爬山省劲。猎大角鹿的猎人把自己的头发涂成黑色、红色,并用鹰羽来装饰自己,等等。”[②]这一类装饰的专门目的是要讨好猎物。一个猎熊的猎人要博厄斯相信他是亲自从一只熊那里得到关于自己应当穿戴什么的指示的。

孟尼描写了契洛基人对狩猎的巫术准备,并在解释这些准备时转述了能揭示它们的意义的经咒。他告诉我们说,在出发去打猎的头一天晚上,猎人“向水边走去”,并念着适当的经咒。早晨他上路了,仍不终止斋戒,在整个白天的行军途中也是不吃不喝。日暮时,他又向水边走去,并念着自己的经咒。这以后,他就扎营,升起火,吃自己的晚餐,接着用灰烬擦了自己的胸膛,以后就睡觉。第二天早晨,他开始寻找猎物了……在一切狩猎行军中,日落前完全不吃食物,是一个定规,而且差不多可说是一个宗教禁令……猎人对着火念祷告,从火那里得出兆头,他向他用来作箭的芦苇祷

① *Mémoire sur Les Mœurs ...de L'Amérique Septentrionale*, pp. 66-7.

② F. Boas, "The North-west Tribes of Canada", *Reports of the British Association*, p. 460 (1894).

告，向野兽的大王朱尔卡拉（Tsúlkala）祷告，最后，他在歌中向他打算要杀死的那些野兽祷告。[①]

在英属圭亚那，"印第安人出发去打猎以前，必须完成一个或几个奇怪的仪式，以保证成功。他在自己住房的四周栽上各种'beena'，通常是 caladiums，他认为，这些植物能像符咒一样起一种保证捕到野兽的作用。他用这些植物来喂他的狗，让它们吃根嚼叶。有时候，这些可怜的畜牲还得忍受更痛苦的炮制……猎人自己也要受折磨……他让有毒的大蚂蚁咬自己……用刺激皮肤的毛虫来擦身子，等等。"[②]最后，不管是武器还是狩猎装备也都要通过巫术行动来使它们具有特殊的力量。我们不举许多例子，只指出在西非的芳人那里的一种风俗："在出发去打猎以前要制作 biang nzali（武器的护符），并把武器放在它上面：这能使武器瞄得准。"[③]

3. 现在假定说这一切行动都已经完成了，野兽也出现了：是不是就可以立即向它袭击，把它打死呢？绝不是这样的；就在这时仍然是一切取决于巫术仪式。例如，在苏兹人那里，"当野牛群出现时，猎人们就向自己的马恳切地谈话，夸它们，奉承它们，给它们叫亲爹，叫兄弟，叫叔叔，等等……在接近野牛群以后，他们停下来，好让那个拿烟斗的猎人来完成一种被认为是为成功所必需的抽烟仪式。这个猎人点燃烟斗，垂头片刻，把烟管转向野牛群。然

① J. Mooney, "The Sacred Formulas of the Cherokee", E. B. Rept., vii. pp. 370, 372, 342.

② Im Thurm, *Among the Indians of Guiana*, pp. 228-31.

③ Bennett, "Ethnographical Notes on the Fang", J. A. I., xxix. p. 94.

后，他开始抽烟，连续不断地把烟吐向野牛群，吐向大地和四个方位。”[①]这个仪式的目的显然是要确立动物和猎人以及防止野牛躲藏的四个方位之间的神秘的联系。这是一种巫术的魔法，目的是要把它们弄到手。我们在马来亚也发现了某种类似的情形。“当鹿的隐匿处被发现时，坎朋族(Kampong)的所有年轻人聚集在一起，举行下面的仪式。……土人们相信，不举行这个仪式，这次打猎就要失败，套索的绳子就会显得太弱，不能套住鹿……”[②]在南非也有同样的情形。李文斯通谈到他手下一个人，因为通“象医”而被认为是猎队的首领。他走在其他人的前面，窥察着动物，一切都由他决定。“如果他决定袭击象群，其他人就勇敢地跟上去；如果他拒绝袭击象，谁也不敢冲上去。他有权利得到规定的一块象胴……”[③]最后，南澳大利亚土人绝不认为在狩猎中发现了鸸鹋的所在地就够了；还必须借助巫术行动来使鸸鹋发呆。“在石坑里可以见到一些大小与鸽子蛋差不多的石子，土人把它叫作‘鸸鹋蛋’。他们用羽毛和油脂把这些石子包起来。猎人们在接近鸸鹋几百码的地方，就开始把这些石头向鸸鹋所在的方向扔去。他们认为，这些石头有魔力，能够防止鸸鹋逃跑。”[④]

在新南威尔士，“土人出发去打猎时，随身带着一个用死人的臂骨磨尖了的骨头作尖的有魔力的沃米拉(Wommera)或投枪。尸体的脂肪掺树胶，用来胶在这种武器的尖上。当猎人一发现鸸

① Dorsey, “Siouan Cults”, E. B. Rept., xi. pp. 375-6.

② Skeat, *Malay Magic*, p. 172.

③ Livingstone, *Missionary Travels*, pp. 599-600.

④ Gason, “Manners, Customs, etc., of the Dieri, Auminie Tribes”, J. A. I., xxiv. p. 172.

鹋、袋鼠、火鸡或其他什么野物，他就举起自己的沃米拉来‘看见’野兽，这以后，野兽就着魔了，不能跑了……当机警的猎人跟踪追击野兽，比如说追击袋鼠，他跟着足印走去，一路上对着足印说话，以便把巫术注入这个留下足印的动物。他顺序列举足的各部，接着数到它的腿，再转到它的背。当他叫到它的脊背时，这动物就会发呆了，成了猎人容易捕到的猎物……”或者，再举一个例，“猎人在一只小口袋里放进死人身上的一点脂肪或者一块皮或一小块骨头。然后，他就向丛林中鸸鹋、袋鼠等等常常出没的地方走去……他在那里挑选一棵属于相应胞族的树，把口袋挂在这棵树的伸出去的树枝上。当动物落进这个‘巫炮’的‘有效射程’以内，它就变得懵头转向，不知其所以然地徘徊起来，等着猎人用矛来扎它。”再举一个例，“当猎人发现了鸸鹋和袋鼠，他们就开始咀嚼人的头发，向这些动物所在的方向吐去，同时念着巫术的咒语。这是想要使野兽着魔；使它发呆，不能动弹，好让猎人偷偷赶来把它捉住……如果猎人在追踪鸸鹋或袋鼠或野狗等等时，偶尔在动物的足印上撒下热的木炭，那他这样做就是要使动物热得喘不过气来，使它疲乏，或者是为了迫使它向追踪者的方向转回来。”[①]同样，在林肯港附近，“土人们的迷信无知极明显地表现在他们的狩猎方法中……自远古以来，他们就从祖先那里继承了一定数量的、由两句短诗组成的经咒，现时只有成年人才知道这些经咒了。当他们追踪着动物或者向它投矛，他们就不停地飞快地重复念这些经咒。他们完

① Mathews, “Aboriginal Tribes of New South Wales and Victoria”, *Journal and Proceedings of the Royal Society of New South Wales*, Vol. xxxviii. pp. 254-7. (1905).

全不知道这些经咒的意义，也根本不能对它们做任何解释……然而他们坚信这些经咒有一种力量能够使被追踪的动物迷惑，或者能够使它产生一种无忧无虑的安全感，以致使它不能发现敌人，或者能够使它衰弱到不能逃脱的程度。”①这些事实是很有意思的。它们清楚地说明了狩猎在本质上是一种巫术的行动。在狩猎中，一切不是决定于猎人的灵敏和膂力，而是决定于神秘的力量，是这个神秘的力量把动物交到猎人的手里。

在许多民族那里，成功还决定于一定的戒律，这些戒律是猎人不在时那些没有跟他一道出去的人，尤其是他们的妻子所必须遵守的。例如在印度支那，“老挝的猎人……在上路以前，训示自己的妻子，在他离家时要绝对禁欲；他们禁止她们剪头发，擦香膏，禁止她们把舂米的臼和杵放在后门外，不准她们对丈夫不忠，因为这些行动会损害打猎的效果……如果捕获的象反抗，居然推倒了那些应当能困住它的设备，那是因为留在家里的妻子不忠于自己的丈夫，如果拴象的绳子断了，那一定是她剪了头发；如果绳子滑掉了，象跑了，那一定是她擦了香膏。”②“在出发去打猎的前一刻，他们用米饭、烧酒、鸡、鸭来祭奠捕象用的结了活套的长绳的神灵。而且猎人们还嘱咐妻子不要剪头发，不要招待异乡人。如果不照这些嘱咐办，捕获的动物就会跑掉，盛怒的丈夫回来以后就有权跟妻子离婚。猎人自己方面必须绝对不行房事，而且按照印度极流行的一种风俗，他必须对一切日用的东西叫暗名，结果创造了一种

① Wilhelmi. “Manners and Customs of the Australian Natives, in Particular of the Port Lincoln District”, *Royal Society of Australia*, v. p. 176 (1860).

② Aymonier, *Voyage dans Le Laos*, i. pp. 62-3.

专门的'猎人语言'。在猎场，首领要念一些父子相传下来的经咒。"[①]同样，在回乔尔人那里，在对他们有头等意义的猎鹿期间，"最重要的是主祭的酋长和妇女不能违反斋戒法。他们一直想象地跟踪着猎人们，他们祈祷火、太阳和其他一切神把那个应当给大家带来幸福的成功赐给猎人们……其中一些持斋的人时而站起来，高声地祷告着，那样热情奋发，引得其他所有的人都热泪盈眶。"[②]斯库尔克拉弗特(H. R. Schoolcraft)也说，如果有哪个印第安人在狩猎中遭遇不幸，他立刻就认为一定有人违反了他们的戒律。[③]

4. 然而，就是在野兽被打死了并捡起来了，也不是一切都完了。还必须用新的巫术行动来完成狩猎之初开始的那些巫术行动的整个循环；这里，也像在胡伯特和莫斯所指出的祭祀中那样，收场的仪式与开场的仪式是首尾相符的。这是两类行动，但有时很难把它们分清楚。开场的仪式的目的是要防止动物同时也防止那个体现着和代表着该种的一切动物的神的报复。对于受互渗律支配的原逻辑思维来说，个体与种的实质之间是没有明确区别的。收场的仪式的目的则是要安抚牺牲者(或其魂灵)。动物的死如同人的死一样，并不导致它们完全消失。相反的，它们继续活着，也就是与它们的群的生存互渗着，尽管是在稍许不同的条件下；和人一样，它们也是注定要再生的。所以，和它们保持友好关系是极为重要的。

① Aymonier, *Voyage dans Le laos*, i. p. 311.

② C. Lumholtz, *Unknown Mexico*, ii. p. 43.

③ Schoolcraft, *Information*, etc., ii. p. 175.

孟尼告诉我们，契洛基人有一些用于安抚打死的野兽的经咒，而且猎人在返回营地时，一路上在自己的身后点着火，好使鹿的首领不能跟踪到他的家门[①](也不能使他罹病，特别是风湿病)。在加拿大，“在狩猎中打死熊时，猎人把长烟袋锅塞进它的嘴里，并从烟袋嘴吹气，以便让烟充满熊的嘴和喉咙，他向熊的魂灵念咒，恳求它不要因为它的身死而对他怀恨在心，并且不要妨碍他今后的每次打猎。”[②]——在努特卡桑德族的印第安人那里，“对在狩猎中被打死的熊，要洗掉它身上的污泥和通常都要粘上的血迹，接着把它抬进去，让它坐在王的对面，给它戴上镂花的首领帽子，并且给它的毛上撒些白绒毛。在它面前摆上一盘食物，周围的印第安人用口头和手势邀请它进餐。”[③]对狩猎中被打死的动物表示礼节是一种最为普遍的风俗。有时候，这种礼仪具有秘密的性质，它不能当着异教徒举行。例如，纳骚说，在西非，“猎人的母亲宣称我的在场是绝对不能允许的。(但猎人本人并不反对我留下来。)河马起初是被砍头，这以后是割掉四肢并取出内脏，接着，猎人光着身子爬进河马肋骨下的体腔内，跪在体腔的血洼中，用血和粪便的混合物来沐浴自己的全身。同时祷告着恳求河马的生魂不要因为他杀死了它而对他怀着恶意并因此而妨碍他生儿养女，请求它不要唆使其他河马来反对他，袭击他的独木舟，以此来进行报复。”[④]杜·查鲁显然也注意了这些仪式，他写道：“在宰杀曼加(manga)(海牛的一种)以前，巫医举行了一

① J. Mooney, “The Sacred Formulas of the Cherokee”, E. B. Rept., vii. p. 347.

② Charlevoix, *Journal d'un Voyage dans L'Amérique Septentrionale*, iii. p. 118.

③ Jewitt, *Adventure and Sufferings*, p. 133.

④ Nassau, *Fetichism in West Africa*, p. 204.

些仪式，我没有见到这些仪式，而且在宰杀曼加时是不准任何人看见的。”[1]在回乔尔人那里，这种仪式是公开举行的，而且非常复杂。“放置野兽时要让它的腿对着东方；在它面前摆着几碗 tesvino 和其他各种食物。每个人依次走到鹿跟前，用右手抚摩它，从鼻子一直摩到尾，同时感谢它让自己被打死。‘安息吧，大哥！’(如果是雌的就叫大姐)巫师可以对死兽发表一套长篇讲话……‘你给我们带来了羽毛，我们深深地感谢你。’”[2]我们知道，在这里，鹿角是与羽毛等同的。借助这些仪式，再一次恢复了猎人所属的社会集体与被打死的野兽所属的群体之间的正常关系。杀生之罪已赎。现在再也不怕报复了，今后可以再去打猎了，而今后打猎又将伴随着同一些神秘的仪式。

II

以捕鱼为主要生活来源的原始民族与那些靠狩猎来获取食物的民族一样具有同一些风俗。他们借助舞蹈来对鱼施加巫术影响，这些舞蹈与我刚刚引述过的十分相似。“托列斯海峡岛民的舞蹈是在晚上举行的，这些舞蹈的目的是保证狩猎和捕鱼的成功。在这些场合下使用了奇怪的龟甲面具，我认为，这种面具的形状与他们从事的专业有关；例如，在以保证捕鱼成功为目的的舞蹈中，面具是呈鱼的形状，等等。”[3]在尼科巴群岛，“土人们整天忙着准

---

① *Equatorial Africa*, pp. 402-3.

② C. Lumholtz, *Unknown Mexico*, ii. p. 45.

③ C. H. Read, “Stone Spinning Tops from Torres Straits”, J. A. I., xvii. p. 87.

备几-亚拉赫(Ki-alah)仪式用的火把，这个仪式的目的是要保证'海中鱼的繁殖'。这以后，他们就在晚上出发去捕鱼。"[①]

渔人也像猎人一样，必须预先斋戒、沐浴和禁欲，简而言之，必须预先进行神秘的准备，"当男人想要去捕海龙，他就持斋，并在一个月内远避妻子。他把自己的尿盆放在门背后，老是往里撒尿，不准任何人动它。快满一个月时他就去打鹰，打死了鹰，割下它的爪子，在爪子上系一朵规定的花。然后他制作一只小巧的独木舟，舟上画着图案，这些图案在他本人或许还有他的同伴们看来是他本人在瞄准海龙。他把鹰爪紧紧地系在独木舟的顶端上，以便能更准确地瞄准和打中海龙。最后，他终于出发了，当他接近海龙时，他就对着它撒尿。这可以使它发慌，因而就会向渔人这方游过来。有时，他在鹰爪上系一块木头，为的是使海龙在水中像浮标一样地浮着，这样就容易击中它。"[②]"去捕鲟鱼的渔人清早要在池塘里洗澡。"[③]杰维特说，在努特卡-桑德族印第安人那里，"王必定独自一人在山上度过一整天，他大清早上山去，直到黄昏很晚才回来。他到山上去唱歌，祈祷自己的神把成功赐给即将开始的捕鲸工作……接着两天里，人们见他心事重重，愁眉不展，他差不多不和任何人谈一句话，并且遵守着最严格的斋戒……此外，在捕鲸开始前的整整一个星期中，他和他船上的全体人员都遵守着斋戒，吃得很少，每天都要到水中去泡几次，唱歌，用贝壳划破自己的脸和身

① Solomon, "Diaries Kept in Car Nicobar", J. A. I., xxxii. p. 218.

② Swanton, "The Tlingit Indians", E. B. Rept., xxvi. p. 447.

③ F. Boas, "The North-west Tribes of Canada", *Reports of the British Association*, p. 460 (1894).

子……在这个时期,他们还跟自己的妻子断绝任何接触。”[①]

有时候,神秘的仪式集中在一个人身上,因而这个人可说是变成了在人类社会集体与鱼的群体之间确立的巫术联系的媒介。我们在新几内亚的土人那里可以找到这种互渗的极好例子。“捕海牛和海龟的准备是极为复杂的,准备工作在出发去猎捕以前两个月就开始了。预先决定一个首领,从这时起这个首领就变成贝拉加(belaga)(神圣的)了。这次猎捕的成功取决于这位首领严格遵守海牛网的各种规矩。他的生活完全与家庭隔离,只准他在日落以后吃一两个烤香蕉。每天傍晚白昼将尽时,他来到海边,在海牛常常游近的滩头洗澡……他不时抛出一些没拉-没拉(mula-mula)(一种使海牛着魔的药)。当首领在受这些苦时,村里其他所有成年人就准备船……和网。”[②]

在育空河[③]岸的亭纳族(Ten'a)印第安人那里有一个迷信:在捕鱼季节开始前,巫医要到冰下有大群鲑鱼过冬的地方去,他这样做的目的显然是要获得它们的好感。[④] 同样,在休伦人那里,“通常,每个渔家茅舍里都有一个‘鱼讲道’,他的使命是以讲道来劝告鱼类;如果他们是些技艺精巧的人,就会受到更大的尊敬,因为休伦人相信,技艺精巧的人的劝告具有诱鱼入网的力量。我们这里曾有一个人被认为是最好的‘鱼讲道’中的一个;看他动口动手的讲着道是怪有趣的;他在每天晚饭后做这件事,先吩咐大家保持安

① Jewitt, *Adventure and Sufferings*, pp. 154-5.
② Guise, “Wangela River Natives”, J. A. I., xxviii. p. 218.
③ 在北美。——汉译者注
④ Fr. Jetté, “On the Medicine-men of the Ten'a”, J. A. I., xxxvii. p. 174.

静，每个人都围绕着他直挺挺地仰躺在自己的位置上……他的讲道的主题是：休伦人从来不烧鱼骨头。接着，他以最感人的声调继续劝告鱼儿，恳求它们出现，落到网里来，鼓起勇气来，不要怕，因为它们要碰到尊敬它们而且从来不烧它们的骨头的朋友……为了保证顺利地捕鱼，有时他们还烧鼻烟，同时说一些我不懂的话。他们还把鼻烟撒在水里，撒给那些似乎统治着那里的什么神，或者更确切地说是撒给水的灵魂（因为他们相信好像任何物质的和无感觉的东西都有一个能听的灵魂），他们央求这灵魂按照自己的习惯鼓起勇气来，帮助他们捕到更多的鱼。”①

和他一样，渔人的独木舟和全套渔具也必须具有保证成功的巫术力量。在马来人那里，“每只出海的船都要进行‘巫术的加工’；土人们采用咒语和其他巫术仪式……每次捕鱼后，巫医就用一把树叶‘扫’船，树叶是通过一定的巫术仪式扎成一把的，并且专门把它放在船头。”②与猎人向马和武器祷告一样，渔人也要恳求自己的网对他亲善。“有一次，当我在帐篷里打算把土人送给我的一只松鼠的皮放在火上烧，休伦人不让我这样做，但允许我到外面去烧，因为这时帐篷里有几张鱼网，他们说，我若是在这儿烧，鱼网就会把这件事告诉给鱼。我对他们说，网是什么也看不见的，但他们回答我说，网看得见，它们能看还能吃东西……有一次，我因为孩子们的坏行为而责骂了他们，第二天土人们捕到的鱼很少；他们把这件事归咎于我的责骂，是网把我的责骂转告给鱼了。”③

① Fr. Sagard, *Le Grand Voyage au pays des Hurons*, pp. 257-9 (1632).

② Skeat, *Malay Magic*, p. 193.

③ Fr. Sagard, *Le Grand Voyage au pays des Hurons*, p. 256.

许多研究者还认为，捕鱼器具的形状也遵循着与上述仪式同样的目的。“在托列斯海峡，大部分独木舟船尾上刻着的图像很显然具有巫术的意义……这些图像描绘的是军舰鸟的头或海鹰的头或王鱼的尾……所有这些动物都是吃鱼的。同样，用以猎捕海牛的大鱼叉头上的头像……无疑也具有巫术的意义。”①博厄斯说，在英属哥伦比亚，“我见到过的差不多一切棒槌都呈海狮或大海豚的形状，这是因为这两种海生动物引起他们最大的恐惧，他们就是用这种棒槌来打那些动物的。印第安人们企图这样来给自己的武器赋予符合其用途的形状，并且，借助这形状保证它具有更大的效用。”②

在契洛基人那里，“渔人必须先嚼一小片捕蝇草，然后把它吐到鱼饵和鱼钩上。接着，他脸朝顺水方向站着，念着咒语并把鱼饵挂在鱼钩上……这个方法应当使鱼钩具有引诱并钓住鱼的能力，如同捕蝇草能捕捉昆虫，把它缠在自己的萼片里一样……咒语是直接对鱼念的，按照土人们的观念，鱼是有家有户定居着的。”③

在捕鱼的时候，也必须完成巫术的仪式，这些仪式完全相当于苏兹人在看见野兽时所完成的那些仪式。例如，在巴干达人(Baganda)那里，“当网撒进水时，渔人的首领拿出几根从穆卡萨(Mukasa)的祭司那里得到的并被保存在一个专门的器皿里的草，放在陶制烟斗里抽燃；他把烟斗的烟向水面上吐去，这样做是为了

① *The Cambridge Expedition to Torres Straits*, v. p. 338.

② F. Boas, “The North-west Tribes of Canada”, *Reports of the British Association*, p. 679.

③ J. Mooney, “The Sacred Formulas of the Cherokee”, E. B. Rept., vii. p. 83.

使鱼向网里游来……储草的器皿有专门放置的地点；土人们认为，它是有生命的东西，假如不把它放置在它的荣誉的位置上，而是随便放在什么地方，它就会发怒，就会让鱼漏网来施加报复……土人们还用鱼给捕鱼的独木舟上供。”[①]——在新西兰，“有关捕鱼的宗教仪式是极其特殊的。出海前一天，土人们把自己所有的钓钩摆在一堆粪便的周围，念着不能重复的卡拉吉亚(karakia)(巫咒)。在这天的黄昏，他们又念新的咒文……来到海上后，他们适当地摆放好所有的钓钩，一个叫托洪加(tohunga)的专门指定的人就开始祷告……他站起来，伸开双臂……头一批捕获的鱼，在对它们念了巫术的经咒以后就把它们放回海去，据认为，这能吸引更多的鱼来上钩。”[②]

最后，在捕鱼完了以后，如同在狩猎完了以后一样，巫术仪式也是必要的，这些仪式的目的是要安抚动物(及其种族)的“灵”，平息它的愤怒，重新获得它的友谊。博厄斯说：“每捕一条鲟鱼，渔人立刻唱歌，用这支歌来安抚那跳动着随后屈服了并让自己被杀死的鲟鱼。”[③]希尔·陶特(C. Hill Tout)对萨利斯族和其他部族的研究，使他得出结论说，这些仪式永远是安抚性的。“它们的目的是要安抚鱼(或植物或水果，等等)的灵，以便能保证丰足的食物储备。仪式不是感谢的祷告，它的目的是要保证所求之物的丰足；因为如果仪式不是一丝不苟地和怀着虔敬地来完成，就会冒取罪于

① Roscoe, “Manners and Customs of the Baganda”, J. A. I., xxxii. pp. 55-6.

② R. Taylor, *Te Ika a Maui*, pp. 83-6.

③ F. Boas, “The North-west Tribes of Canada”, *Reports of the British Association*, p. 460 (1894).

物的'灵',因而使物缺少起来的危险。"[①]

III

用得着证明有关战争的大多数风俗也具有与我们已经在上面研究过的那些风俗同样的特征吗?对原始人的思维来说,战争和狩猎之间没有本质的差别。如果我们来看一看这些仪式,我们在这里也会发现开场和收场的仪式、标志出征开始的神秘仪式、舞蹈、斋戒、净身、禁欲、圆梦、加给非军人的戒律、反对敌人的咒语、符咒、护符、灵物、能使军人免受伤害的种种医方、目的在于获得魂灵的亲善的祷告。接着,在军事行动开始时,又有对马、武器、个人和集体的守护神的祈祷,用以迷惑敌人,使他失去防卫能力和使他的努力归于无效的巫术行动和经咒。最后,战斗结束以后,又有一些往往是极其复杂的仪式,战胜者们借助这些仪式或者力图防止被杀的敌人的报复(使尸体残缺或毁尸),或者安抚他们的魂灵[②],或者清除军人们在战斗时可能受到的污秽,最后,或者以占有战利品(如头、颅骨、上下颌、带发头皮、武器,等等)来永远确立已获得的优势。从认真地考虑战争的那一刻起直到战争已经结束时,一直都在随着情况的变化而建立或者停止某些神秘联系,而战争的胜利取决于这些神秘的联系和必要的巫术行动,比取决于其他任

① "Ethnological Reports of the Halkomelem", J. A. I., xxxiv. p. 331.

② 对于活着的俘虏也采取同样的态度。在北美印第安人那里,战俘或者受刑并杀死,或者被收养。在后一种场合中,则把被打死的军人的名字赐给他们,从此,他们就是这些已死的军人的化身。他们通过这种方式参加到社会集体中去,和该集体其他成员一样享有同样的权利和尽同样的义务。见 Catlin, *The North American Indians*, ii. p. 272.

何东西都要多。勇敢、谋略、武器、数量和战术上的优势，当然不是无关紧要的因素，然而，它们仍然只是一些次要的条件，如果占卜的鸟不吃东西，被罗马的战士们知道了，他们就相信他们的军队一定要吃败仗；但在原始民族中间，如果梦不吉利，战士们甚至不想去打仗。

此外，我们用以想象这些事实的方法，那个必然符合于我们的智力习惯并受着反映这种习惯的语言的法则所支配的方法，又在试图解释这些事实时歪曲了它们。我们不可避免地要把神秘的行动与那些实际上有助于达到所希望的结果的行动分别开来。但在原逻辑思维的本性中这二者根本没有区别(这也使得我们如此难于再现这种思维)。这两类行动组成一个彼此不可分开的统一的行动方法。一方面，一切行动，即使是最实在的行动，本质上都是神秘的。弓、枪、鱼网、猎人或战士的马，这一切都与那些由仪式发动起来的神秘力量互渗。另一方面，这些仪式又不只是狩猎或战争的必不可少的准备：它们已经是狩猎或战争的本身了。简言之，原始人的思维就是在这些活动中，也和在知觉中一样，具有与我们的思维不同的趋向；这种思维的性质实质上是神秘的，它的集体表象是受互渗律支配的。

IV

我们懂得，或者至少我们相信我们可以毫不费力地懂得原始人的有关狩猎、捕鱼和战争的风俗，因为我们在自己的社会中也能发现一些表面上与它们相似的风俗。例如，行之不懈的土地崇拜仪式就是这样的风俗。又如求助于有力的居间者的调和而使某种企图获得成功的仪式也是这样的风俗，但这些仪式与其说具有神秘的性质，不如说具有宗教的性质。例如，冰岛人（指到冰岛岸边捕鳕鱼的法国西北部居民布里塔尼人〔Breton〕。——俄编者注）的捕鱼队只是在接受了僧侣们的祝福仪式以后才从彭玻里（布里塔尼）开出去。没有这个祝福仪式，许多海员都担心他们回来时捕鱼很少，或者根本回不来。同样，西班牙的海军元帅在出海以前要向圣母行献舰队仪式，他的船员们则相信这位耶稣的母亲将保证他们胜利。可是，在原始民族中间，也有另一些类似的仪式是我们所不能理解的，因为我们不能期望在这些仪式中达到土人们所期待于它们的结果。所以，我们没有可以类比的东西，我们发现，在这种情形下，根据类比做出的解释是表面化的，不恰当的。正是这些仪式最能使我们深入到原逻辑的和神秘的思维所固有的实质中去。

属于这类仪式的有目的在于保证正常的季节序代、正常的收获量、食用水果和动物的丰收等等的仪式。在这里，我们看到了他们的思维和我们的思维之间的本质区别之一。对于我们的思维习惯来说，“自然界”组成了一个不变的客观体系。当然，科学家对这个体系的观念比目不识丁之辈更清楚更合理；但事实上，这个观念是强制我们社会中的一切人都接受它的，即使他们还没有意识到这一点。在这里，是不是把这个体系想象成由上帝创造出并保持着的东西，是无关紧要的，因为上帝自己也被看成是永远不改变他的命令的。因此，我们社会中的行为是受着关于服从一定规律的并摆脱任何随意干涉的现象之体系的观念所制约的。

但是，对原始人的思维来说，这种意义上的“自然界”是不存在的。社会集体把它周围的实在感觉成神秘的实在:在这种实在中的一切不是受规律的支配,而是受神秘的联系和互渗的支配。一般说来,这后者取决于原始人的善良意志的程度,无疑并不超过自然界的客观体系对我们来说取决于想象着它的个人的程度。而且,在我们这里,这个客观体系是被想象成奠立在形而上学的基础上,但神秘的联系和互渗则是同时被想象成和感觉成与社会集体有最紧密的连带关系,它们对社会集体的依赖与社会集体对它们的依赖是相等的。因此,当我们看到这个社会集体关心的是维护和保持我们所认为是自然体系的东西,看到这个集体为达到上述结果而举行的仪式与目的在于确保狩猎或捕鱼的成功的仪式相似时,我们就不会感到惊奇了。

英迪修马仪式无疑是这些仪式当中最有代表性的,斯宾塞和纪林详细描写过它们,并对它们下了这样的定义:“地方图腾集团的成员举行这个神圣的仪式,目的在于繁殖图腾动物或植物。”[①] 我甚至不能在这里对它们做出简要的分析。一般说,它们都包括整整一系列复杂的仪式:舞蹈、文身、给负有举行仪式任务的图腾成员进行专门的装饰、模仿图腾动物的动作、为实现与图腾动物交往而做的努力。对这种思维来说,构成图腾集团的个人、集团本身、图腾动物、植物或物体,这一切都是同一个东西。在这里,“同一个东西”不应当在同一律的意义上来理解,而应当在互渗律的意义上来理解。我们已经在上面见到了这一点的证明。[②] 英国科学

① *The Native Tribes of Central Australia*, p. 650.

② 参看第二章,第95页及其后。

考察团在托列斯海峡找到了新的证明。"氏族的成员和图腾之间存在着……神秘的血缘。这是一个根深蒂固的观念,它显然具有基本的意义。他们不止一次地深信不疑地对我们说:'奥古德(Augud)(图腾)就是亲族,它属于同一个家族。'因而在这里容许了氏族的人和动物的成员之间的某种身体上和精神上的近似。无可怀疑,这种情感对氏族的成员发生了作用,并迫使了他们依照自己图腾的传统性质而生活……例如,根据我们得到的材料来看,食火鸡、鳄鱼、蛇、鲨鱼……等氏族是好战的;鹞鱼、海兔等氏族是爱好和平的……乌马伊(Umai)(犬)氏族有时是和平的,有时是好战的,这实际上合乎犬的性情。"[1]实际上,几乎在这个海峡的每座岛上,土人们都以适当的装束、面具、舞蹈来举行一些与斯宾塞和纪林描写的英迪修马仪式十分相似的仪式。[2]

在毛虫(Witchetty grub)图腾的英迪修马仪式中,登场人物摹拟神秘的祖先的动作,这祖先是一个中介,图腾集团通过他与自己的图腾互渗,因而他对这个图腾有神秘的影响。[3] 有时候甚至可以领悟到这个神秘影响在身体上的表现。例如,在袋鼠图腾那里,在举行英迪修马仪式期间,这个图腾的男人们有时用自己的血染红某个山岩。这个行动的目的是要把住在这山岩里的袋鼠魂赶向四面八方,从而增加活的袋鼠的数目,因为袋鼠魂进入活的袋鼠体中,正像袋鼠男人的魂进入袋鼠妇女(如果她已经怀孕了)的体

① *The Cambridge Expedition to Torres Straits*, v. p. 184. Cf. Skeat and Blagden, *Pagan Races of the Malay Peninsula*, ii. p. 120.

② *The Cambridge Expedition to Torres Straits*, v. pp. 347–9.

③ Spencer and Gillen, *The Native Tribes of Central Australia*, p. 171 et seq.

中一样。

这种紧密的连带关系(在我们的语言中是找不到恰当的说法的,因为它是一个比连带关系更多的东西;它可说是与同一个本质的神秘的互渗),可以扩及所与社会集体的一切成员,从而在他们中间实现一种“神秘的共生”(由于没有更好的词,我将采用这个术语)。斯宾塞和纪林在中澳大利亚的秦纪里(Tjingilli)部族那里见到了下述仪式。“为了使青年男女更好地成长,健壮而美丽,成年男人们每隔一段时期就举行长长一系列仪式……其中有各种图腾参加。仪式的内容并不专门与青年男女有关,但它们的目的却是要对部族的年轻成员的成长发生良好的影响,这些仪式当然不让青年男女们看见,也不让他们以任何形式参加。”[①]

这种神秘的互渗也存在于雨和雨图腾的成员之间,存在于水和水图腾的成员之间。为了保证正常的降雨量或池塘中的正常水量,也举行英迪修马仪式。这些仪式与华盛顿斯密孙学院人种学研究室的研究人员如此详细描写过的朱尼人、阿拉帕霍人(Arapahos)以及所有北美蒲埃布洛印第安人为同一目的而举行的类似仪式直至细微末节都相像得惊人。在澳大利亚,如同在新墨西哥一样,我们也看见“一条画在地上的应该是代表虹的曲线带形……,类似的带形也画在仪式登场人物的身上,画在他手里拿着的盾上。这个盾还装饰着用白黏土涂成的描写闪电的Z字形曲线。”[②]这里无疑具有原逻辑思维所熟悉的另一个“主题”:图画的

① *The Northern Tribes of Central Australia*, p. 295.

② *The Native Tribes of Central Australia*, p. 170.

神秘意义和图画的拥有者对于所画的人或物的权力(利用图像与原型互渗的感应巫术)。但是在英迪修马仪式中,至少在澳大利亚土著居民举行的仪式中,还同时而且专门追求另一种更深刻的互渗,即追求图腾集团与其图腾之间的灵交。如斯宾塞和纪林所说,“雨或水图腾的成员在长期干旱严重缺水的时候举行自己的英迪修马仪式;如果在适当的时候下了雨,那当然要说这是英迪修马的作用……在土人们的意识中,这些仪式与求助于什么超自然的存在物的观念没有联系。”[①]此外,我们知道,这些研究者没有一次能够在他们研究的土著居民那里发现什么名副其实的神的观念和“那种可以叫作祖先崇拜的东西的哪怕是最轻微的迹象或倾向……阿尔捷林加祖先经历着不断的再生,所以这个信仰……实际上阻碍了类似祖先崇拜的任何东西的发展。”[②]

在这里,我们碰到了这样一种行动方法,在这种行动方法中,原逻辑的和神秘的思维表现自己的方式,是与它在比澳大利亚土著居民发展更高的原始人那里的大多数类似风俗中表现自己的方式不一样。那些目的在于停止干旱并保证降雨的仪式是最普遍不过的,甚至在我们的祈祷中也能见到这种仪式。但是,在我们这里,这些仪式往往具有祈求或祷告的形式。即使在这样一些场合中,当求助于感应巫术时(这些仪式差不多总是这样做的),则同时求助于一个或几个神的存在物或精灵或灵魂,它们的干预将能引出所希望的现象。因为人们感到自己与雨的距离比之与灵魂或精

① *The Native Tribes of Central Australia*, p. 170.

② *The Northern Tribes of Central Australia*, p. 494.

灵或神的距离更远，而且他们还感到他们可以通过祷告、斋戒、梦、祭祀、舞蹈以及各种神圣的仪式而影响后者并与之交往，但人们感觉不到可以用这种办法来直接和雨打交道。例如，格罗特说，在中国的某些地区，人们完全负担寺院的开支，因为他们相信寺院能够调节风雨，从而保证收成；因为在中国的这些缺乏树林的地区是很容易遭到旱灾的……他们自愿捐款来修建和维修寺院，对这一点的报酬是，和尚们在需要时必须借助自己的仪式来停止旱灾。[①]而和尚又求助于有关的神并调节着风水。在澳大利亚土人那里则相反，我们既没有发现祭司，也没有发现任何种类的中间人。英迪修马仪式说明了雨图腾和雨之间的直接联系和神秘的互渗，这与袋鼠图腾的成员与袋鼠之间的互渗是相似的。而且，不管我们觉得多么奇怪，这个联系和这个互渗不仅被图腾集团的成员们想象到，而且还被他们集体地感觉到。

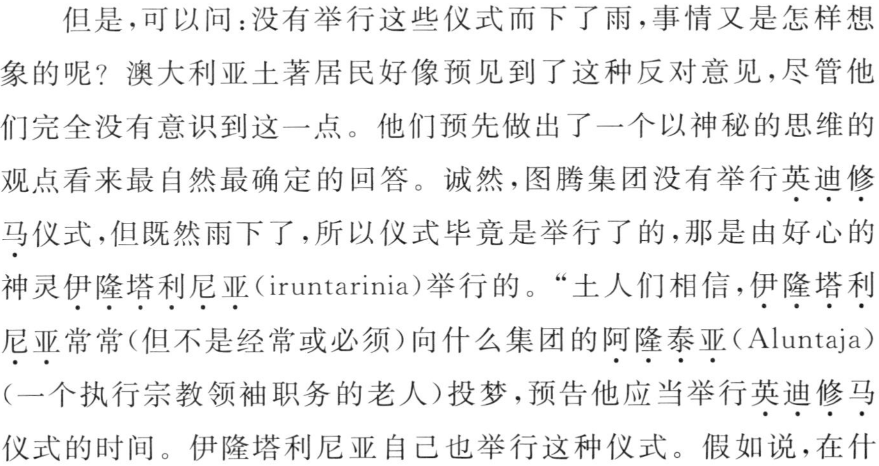

但是，可以问：没有举行这些仪式而下了雨，事情又是怎样想象的呢？澳大利亚土著居民好像预见到了这种反对意见，尽管他们完全没有意识到这一点。他们预先做出了一个以神秘的思维的观点看来最自然最确定的回答。诚然，图腾集团没有举行英迪修马仪式，但既然雨下了，所以仪式毕竟是举行了的，那是由好心的神灵伊隆塔利尼亚(iruntarinia)举行的。“土人们相信，伊隆塔利尼亚常常(但不是经常或必须)向什么集团的阿隆泰亚(Aluntaja)(一个执行宗教领袖职务的老人)投梦，预告他应当举行英迪修马仪式的时间。伊隆塔利尼亚自己也举行这种仪式。假如说，在什

① J. J. M. de Groot, *La Code du Mahāyāna en Chine*, p. 100.

么地区大量出现了毛虫或者鸸鹋，同时相应的图腾的成员又没有举行英迪修马仪式，则这种大量的出现应归因于友善的伊隆塔利尼亚举行了英迪修马仪式。"[1]在托列斯海峡的马布亚岛也有类似的信仰。"马杜布(madub)是一个人形的木像……马杜布的职务是看守菜园(它就立在菜园近旁)，并且保证薯蓣丰收，等等。在夜里，马杜布苏生过来，绕着菜园走，摇着自己的响板，以唤起菜园中的植物生长，他们跳舞并反复地唱歌。实际上，马杜布的神灵是在做人们所做的事情。"[2]据柏尔根说，吠陀教的祭祀在天上举行和在地上举行是一样的，效果也相同[3]。

有一个类似的信仰，即动物也举行仪式，其目的与英迪修马仪式相同。"实际上，塔拉胡马尔人断言是动物教会他们跳舞的。和所有原始民族一样，他们是十分精细的自然观察者。对他们来说，动物根本不是低等的生物；它们懂得巫术，知道许多东西，并且能够帮助塔拉胡马尔人求下雨来。春天，鸟啼，鸽鸣，蟋蟀叫，总之，草地的一切居住者发出的声音，在塔拉胡马尔人看来，都是在呼吁神降雨。昆虫和鸟儿能怀着别的目的唱歌和鸣叫吗？既然神注意到鹿在自己的滑稽剧和舞蹈中或者火鸡在自己奇怪的游戏中表示的祷告而赐下雨来，那么，印第安人就会从这里做出结论：为了让神满意，他们自己也应当像鹿那样跳舞和像火鸡那样游戏……舞蹈对他们来说乃是十分严肃而隆重的事情，与其说它是娱乐，还不如说它是一种宗教仪式和特殊的咒语……他们用以表示舞蹈的那

① Spencer and Gillin, *The Native Tribes of Central Australia*, pp. 519-21.

② *The Cambridge Expedition to Torres Straits*, v. pp. 345-6.

③ *La Religion Védique*, i. pp. 12-3.

个词'诺拉沃亚'(nolavoa),直译出来意思就是'工作'。"[1]同样,在一篇关于戈壁沙漠的传说里,快要渴死的蟑螂为了得到雨水而跳舞[2]。

在大多数比澳大利亚土著居民的发展稍微高点的原始民族中,由地方的整个图腾集团来举行相应的仪式,已经不能达到所希望的结果了。在这里,常常是集团中的一个赋有特殊权能的成员被强迫指定或者自愿出来担任应予建立的互渗的媒介。我们在新几内亚的捕海牛的活动中见到了这种情形。有时,这是一个专为这种目的而选定出来的人,他无疑是由集团的成员们按照神秘的理由或其他理由选定出来的。有时,这又是通过专门秘传的办法而决定出的一个有资格从事这种职司的人,秘传使他能够比其他人更多地理解和运用巫术的影响。最后,有时这又是一个由于其出身以及受这出身制约的互渗而被预先规定出来的人,因为对这些民族来说,一个人和他的祖先实际上是同一个人,他实际上又是某个祖先的再生。因而在这里,首领或王常常由于其出身而成为必然的中间人。他们借助于他们举行的和只有他们才有资格举行的仪式,保证着自然现象的规则性和集团本身的生存。

弗雷泽在其《金枝》里搜集的大量事实(它们说明了社会集体差不多像蜂群关心蜂王那样热忱地关心着自己的王),也应当在这里面找解释。集体的安宁取决于王的安宁。在巴隆加人那里,"王位是一个受尊敬的神圣的设制。对领袖的崇敬,服从他的命令,这

---

① C. Lumholtz, *Unknown Mexico*, i. pp. 330-2.

② Voth, *The Traditions of Hopi*, pp. 238-9 (Field Columbian Museum, Anthrop. viii. 1905).

是绝对的。这不是用以维持他的威望的那个财富和力量的显示，而是出于一个神秘的信仰，即民族靠王而生，如同身体赖头而活。”[①]我们已经见到，据凯特林的叙述，曼丹人想到他们首领的像落到外国人手里会使这些首领在坟墓里也不得安宁，因而惴惴不安。在孟加拉，班卓吉人(Banjogis)和潘克合人(Pankhos)断定，“在恩公·江隆王朝(Ngung Jungnung)时代，他们是世界上这一地区的人数最多的占统治地位的部族……他们把自己的衰落的原因解释成他们首领的古时那一族的绝灭，这一族本属于神的血统。”[②]

特别是，王常常保证正常的降水和由此而来的丰收。“在太平的旧时代，那时，罗安哥王还活着，巴菲奥蒂族无疑是更兴盛的。王拥有比其他人大得多的力量。他并不驱使风云：……他做得更好：当他的臣民需要时，他就直接从天上降雨。”[③]在马来亚，“有一个坚强的信仰，即王对大自然的产物，比如说，对庄稼和果树的收成能发生个人的影响。”甚至英国的驻劄官也被认为拥有这种力量。“我常常(在雪兰莪)了解到，稻子丰收或歉收归因于州的主管易人，有一次，我甚至听人说，一些食人鳄发生骚扰，它们躺在一位政府代表的门前，这位代表是个能干而勤勉的人，不过有时候缺乏同情心。”[④]

王的这种神秘力量有时也在他死后表现出来。例如，在巴隆

---

① Junod, *Les Ba-Ronga*, p. 139.

② Quoted by Grierson, *Linguistic Survey of India*, iii. p. 145.

③ Dr. Pechuël-Loesche, *Die Loango-Expedition*, iii. 2, p. 449.

④ Skeat, *Malay Magic*, p. 36.

加人那里，"马朋加(Mapunga)一定是在1890年内逝世的，但是，没有一个人曾经谈起过这件事。当这个消息传开以后，利邦波区的一个青年曼加涅里(Manganyeli)对我说：'去年(1890年圣诞节前后)我们看见米菲姆比(miphimbi)(一种类似杏的果树)结满了果子，结得非常多，我们想，我们的领袖一定逝世了，是他把这个大丰收送给我们的。'"①

因而，部族与死去的王保持联系，或者更正确地说进行交往，乃是极端重要的。玖诺十分清楚地指出了社会集体与其已故的领袖的互渗是怎样在身体上以神秘的方式实现出来的，有关这方面的一段文字全部值得引述。"在巴隆加人的每个小氏族那里……有一件人们能够将之当作偶像的神圣的东西，但实际上它根本不是偶像。它叫穆罕蒙巴(mhamba)(一个表示任何种类的祭品或供物的词，但它又是一种专用的东西)。它似乎引起了这样一种虔敬的感情，以致人们不敢用正式的名称来叫它。他们宁可把它叫作恩赫林戈威(nhlengoué)(珍宝、财富)。但这个穆哈蒙巴，这个特种的神圣而神秘的诺亚方舟是什么东西呢？当领袖死的时候，把他的手足的指甲、头发和胡须以及身体的可以保藏的所有部分剥下来，然后把它们跟他死的时候杀死的公牛的粪便掺和在一起。这就形成了一个团，再用皮条缠起来。当这个领袖的继任者死了，又作成第二个团，与第一个合在一起，如此一代一代作下去。现在，天比族(Tembé)的穆罕蒙巴大约有一英尺长，这是根据一个常常见到它的人的解释估计出来的(因为它就保存在他的一个亲戚

① Junod, *Les Ba-Ronga*, p. 128 (note).

那里)。这个神圣遗宝的保存人是经过仔细挑选确定出来的。这个人必须是性情最宁静,从来不出恶语,不嗜酒纵欲。作为一个最高的祭司……他对全国负有重大的责任……这个神秘的东西保藏在保存者所属的那个村的后面一所专门修建的房屋里。当保存者知道他将要为什么宗教仪式而利用穆罕蒙巴,他就在这个日期的前一个月内过着绝对禁欲的生活。至于有这件东西协助举行的隆重的祭祀,则祭品一般都用山羊……祭司用穆罕蒙巴在空中划一个圆圈。接着念祷告,祷告是对从前的所有领袖们念的。举行仪式的人手里拿着他们的指甲、头发:这是一种奇怪的和惊人的与神交往的方法……有穆罕蒙巴参加的祭典,在秋季之初,在用第一批收成祭祖灵以前举行一次(至少在天比族那里是这样的)。在民间遭灾的时期无疑也举行这个隆重的仪式。

"因而,这个有无比功效的护符乃是全民的至高无上的宝贝……这是一个除非死绝了断不能落入敌人手中的东西。如果军队打败了,必须逃跑,则穆罕蒙巴的保存者第一个先跑……只有彻底歼灭了部族的全部军队,才能从他手里把这个神圣的标志夺去。大概天比氏族几年前曾经遇到过这种灾难……那时候全国遭到可怕的旱灾。整整一年天空如火焚……"可敬的玖诺牧师在结束时写道:"保存着已经成为国家之神的伟大死者的身体的一部分,以便影响他们的意志,对他们拥有权力,在这种观念中,难道没有深刻的逻辑吗?"①

这个故事最清楚地说明了,在社会集体的集体意识中,这个集

① Junod, *Les Ba-Ronga* . pp. 398-401.

体的安宁、它自身的存在以及自然现象的规律性，都是通过神秘的互渗而与该集体的王或领袖联系起来。我们知道，对于受互渗律支配的原逻辑思维来说，有生命的整体的部分即等于这个整体，它实际上就是这个整体(动词“是”是就原逻辑意义而言)，因此，我们可以理解死去的王的指甲头发在穆罕蒙巴里所起的那种作用了。

图腾集团或者巫医或者在世或去世的领袖通过适当仪式来强化甚或建立自然体系和有规律的世代更迭的这种被公认的能力，是与神学家或某些形而上学家所说的不断创造有些相似的，按照他们的说法，没有神的干预，已经创造出的存在物一刻也不能存在。原逻辑思维想象的正是这种互渗，只不过是以更深刻的形式。对这种思维来说，自然体系只是靠了周期性的更新才得以持久的，而这种更新又是由拥有必要的神秘力量的人们所举行的专门仪式来达到的。在王死后直到他的继任者掌握政权以前，社会秩序常常混乱：每次王位虚悬的时期都陷入了无政府状态。但是，在上述两种观念之间也是有区别的，这区别在于：按照不断创造说，虽然世界只是靠上帝而存在，但当世界消失时，上帝仍可以不要世界而存在；但对原逻辑思维来说，这里却是绝对的相互依存。一般说来，在图腾集团与其图腾之间，在更高的社会类型中在国家与其历代的王之间存在着绝对的相互作用。这就是我们已经在上面谈过的和我们的逻辑思维如不加以歪曲就不能明白理解的那个“神秘的共生”。

V

本质的共有、神秘的互渗不仅在同一个图腾集团的成员中间被想象到和感觉到。在许多原始民族那里，这种本质的共有和互渗也存在于婴儿与父亲之间、与母亲之间和与双亲之间；而且，一旦理解了这种互渗所由奠基的原则，它就变成了一个十分清楚地表现这种互渗的风俗。在这些风俗中，库瓦迭（Couvade）常常是研究者们所注意的唯一的一个。它以其表面上的奇特使研究者惊诧。而实际上，它是在发现怀孕之日起到婴儿降生以后为止的期间或者父亲或者母亲或者双亲所应遵守的那些禁忌或预防措施中的一部分。我们在这里只指出其中主要的几个。

"当婆罗门[①]的妻子怀孕了，她的丈夫在知道这件事以后就要把牙齿刷洗干净，再不吃枸酱，不刮胡须，并吃斋到分娩为止。"[②]"在罗安哥，恩甘加（巫医）给未来的双亲，或者只给母亲规定一条或简单的或复杂的禁忌，他们必须遵守这条禁忌到婴儿呱呱坠地，或者到他迈第一步，或者还要更晚，到他会走路时，或者到他有了弟弟妹妹时，因而可能发生这样的情形：父亲在他的子女降生的前后行为举止有些奇怪。"[③]杜·查鲁谈道："当它（母大猩猩）还活着的时候，孕妇和她们的丈夫不敢走近它的笼子。他们坚信，如果孕妇或者她的丈夫看见了大猩猩，即使它是死的，妻子生下来的就不会是婴儿，而会是大猩猩。我在其他一些部族那里也发现了这个迷信，而且只是涉及大猩猩才如此。"[④]

在中国的厦门，丈夫在自己妻子怀孕期间行动必须非常谨慎。

---

① 印度四种姓中最高的种姓，是祭司、知识的垄断者。——汉译者注

② Duarte Barbosa, "A Description of the Coast of East Africa and Malabar in the Beginning of the Sixteenth Century", *Hakluyt Society*. xxxv. p. 123.

③ Dr. Pechuël-Loesche, *Die Loango-Expedition*, iii. 2. p. 462.

④ Du Chaillu, *Equatorial Africa*, p. 262; cf. p. 305.

“如果他走路震响了地板，则通过感应的途径，母腹中的胎儿的安宁和成长也将受到破坏……尤其可怕的是在墙上钉钉子，因为这可能把寓居在墙里的土地神钉住，而使婴儿生下来某一肢体瘫痪或者瘸腿，或者是个独眼龙。这还可能引起新生儿的内脏麻痹和致命的便秘。随着产期临近，威胁着孕妇的危险越来越多。在怀孕期的最后，屋里的任何一件重东西都不应移动，因为明知土地神喜欢住在那些由于沉重而很少移动的东西里。甚至轻便东西的移动也可能成为危险的起因。大家都知道这样一些例子：父亲们把自己床上铺了很久的席子卷起来，就出了吓人的事——婴儿的一只耳朵卷起来了。有一次，我看见一个长着兔唇的孩子，他的父亲对我说，他的妻子怀这孩子的时候缝补他的一件旧衣服，不小心把这件衣服剪破了。”[①]——在新南威尔士，“妇女在妊娠和哺乳的某些时期禁止吃某几种食物。”[②]——在新几内亚，雅比蒙族(Jabim)的妇女在怀孕期间不吃鬣蜥、乌贼、狗肉，简言之，不吃任何油腻的难消化的食物，这是“因为害怕孩子生下来是死的或者有什么残废。”丈夫也应当遵守某些禁令。在妻子怀孕期间，他被禁止出海，因为“鱼见他来就跑了，海上会起风暴。”[③]

在巴西，“许多印第安人部族有一个风俗：发现妇女怀孕时，夫妇双方都要严守斋戒。他们只吃蚂蚁、蘑菇和水，水里掺一点可可粉。”[④]

---

① J. J. M. de Groot, *The Religious System of China*, i. pp. 538-9.

② Mathews, “Aboriginal Tribes of New South Wales and Victoria”, *Journal of the Royal Society of New South Wales*, p. 219 (1905).

③ Hagen, *Unter den Papuas*, p. 229.

④ Von Martius, *Beiträge zur Ethnographie Süd-Amerikás*, i. p. 402.

在阿特密拉尔底群岛,[①]"当孕妇感到快要分娩时,她就留在屋里,只吃鱼和茜米。她不吃薯蓣,因为害怕婴儿长得又长又瘦;她不碰芋头,因为害怕婴儿长得又短又胖;她不吃猪肉,因为害怕婴儿头上长猪鬃,不长头发。"[②]

在分娩时期恪守的某些风俗,说明了父亲与婴儿之间的密切联系的观念仍然起着作用。例如在斯宾塞和纪林研究的那些部族里,分娩开始时,解下父亲的腰带,把它系在母亲身上。"谁也不说一句话。但如果过了一段时间还没有宣告婴儿诞生,则那个仍然没有腰带和饰物的丈夫就以缓慢的步伐顺着艾尔鲁克维拉(erlukwirra)(妇女的帐篷)来回走大约 50 码远的距离,走一趟或两趟,这样做的目的是要引出没有生下的婴儿来跟着他。"[③]在偏北的各部族那里,"新生儿的父亲离开帐篷,到灌木丛林里去三天,走时留下自己的腰带和手臂上的裹带,因此他身上是一丝不挂,这被认为有利于产妇。"[④]

现在我们再来看一看一些经常被人描写的真正的库瓦迭风俗。但是,如果仔细研究有关这方面的观察,我们就会发现,在大多数场合中,禁忌和戒律是约束双亲的。研究者们主要注意父亲的作用,这或者是因为父亲的参加更为重要(常常是这样的),或者是因为研究者们觉得父亲的参加似乎更不平常,更值得一提。如果说父亲所遵守的规则更重要、更严格,那是因为父亲和婴儿之间

① 太平洋新几内亚东北部的群岛,当地土著居民为巴布亚人。——汉译者注

② Parkinson, *Dreissig Jahre in der Südsee*, p. 398.

③ *The Native Tribes of Central Australia*, pp. 466-7.

④ *The Northern Tribes of Central Australia*, p. 607.

的本质的共有比母亲和婴儿之间的本质的共有被想象和感觉得更逼真。多布里茨霍菲尔很好地阐述了这个互渗，他详细描写了戒食、戒任何剧烈动作等等的库瓦达。如不守戒，婴儿死了，则罪在父亲。印第安人在这个时期不闻鼻烟，因为他可能由于打喷嚏而伤害自己的新生儿。简言之，阿比朋人相信，“父亲的任何微恙都会由于他与婴儿之间存在着的密切联系和感应而影响到婴儿。”[①]——封·登·斯泰因也给我们详细描写了他在巴西见到的库瓦达。“夫妇只是由于自然的需要才离开茅屋。他们专吃煮成粥状的波古(pogu)和水泡木薯饼屑。其他任何食物都可能伤害婴儿，因为这就等于是婴儿自己吃肉、鱼或水果……印第安人鄙视不遵守这个风俗的人……由于父亲感到自己与新生婴儿是同一个人，所以他认为孩子生病就等于他自己生病……在波罗罗人那里，父亲不仅吃斋，而且，如果孩子病了，父亲也要吃药，我们是从巴西军事殖民当局的一个药剂师那里知道这一点的，这事使他很震惊。”[②]

按照封·马尔齐乌斯(Von Martius)的说法，戒律是同等地施于父亲和母亲。“分娩以后，父亲就把自己的吊床挂在妻子的吊床旁边，并且和妻子一样躺在自己的吊床上，等待婴儿的脐带脱落。在这个时期，母亲被认为是不洁净的，如果他们没有分用的茅屋，夫妇的床就用棕榈叶作隔扇分开来。在整个这段时期，父亲母亲都不能做任何事情。父亲只能在傍晚到茅屋外面去一会儿。他的

① Dobrizhoffer, *Historia de Abiponibus*, ii. p. 231 et seq.

② K. von den Steinen, *Unter den Naturvölkern Zentralbräsiliens*, pp. 289-94.

习惯的洗澡被禁止了……（下面是有关食物的某些禁忌）……更奇怪的是禁止用手指甲搔身体和头……违反这些规定，就会引起婴儿死亡，或者至少使他以后终身患病。”①

同样，在新几内亚，“母亲从怀孕的最初起直到婴儿开始走路说话的时候止，必须遵守一定的饮食制度。分娩以后，她不应当抽烟，‘因为这会把婴儿的内脏熏黑，把他熏死。’父亲也应当在一定时期内戒烟和不吃槟榔；但据报道这事实的费特尔（Veter）说，这条规定不是很严格地遵守着。”②——在果阿，③“在这三周的时期中，母亲和父亲都被认为是不洁净的，父亲必须在这时期放下自己日常的工作。”④在印度南方，“麦梯尔（Rev. S. Mateer）见到，特拉万科尔的巴拉扬族（Paraigan）妇女分娩以后，丈夫要饿七天，不吃煮米饭或其他食物，只吃菜根和水果，只喝亚力酒⑤或者椰子汁。”⑥——在俄勒冈的克拉马特人那里，“婴儿降生后的十天以内，父亲母亲都不吃肉。”⑦

这些例子（这类例子可以很容易地添加许多）无疑足可以确定下述事实：有关新生儿与其父母之间的关系的风俗（其中也包括库瓦达），与有关怀孕的禁忌一样，包含了，至少在最初包含了新生儿

① Von Martius, *Beiträge zur Ethnographie Süd-Amerika's*, i. p. 643.

② Hagen, *Unter den Papua's*, p. 234.

③ 在印度。——汉译者注

④ Risley, *Castes and Tribes of Bengal*, i. p. 239.

⑤ 椰子、米等制成的烧酒。——汉译者注

⑥ E. Thurston, *Ethnographic Notes in South India*, p. 550.

⑦ A. Gatschet, *The Klamath Language*, p. 91.

或者正在分娩的婴儿与他的母亲或父亲或双亲之间的隐秘的互渗的观念。

婴儿生病,父亲也吃病儿的药,波罗罗人的这个例子也许是最有代表性的,因为它最好地表现了互渗的观念。但是,其他风俗至少最初也是从同一些集体表象中产生出来的。当这些风俗中的某一些(如真正的库瓦迭)被保留下来了,而其他一些则消失了,它们的意义被遗忘了,这时,人们要去给如妻子刚开始分娩丈夫就应该躺在床上这样一种奇怪的风俗寻找解释,自然是不费力的。可是,当人们把库瓦迭与它所属的那些风俗的总和联系起来考察时,则这些或多或少讲得通的解释就会站不住脚了。

甚至在分娩以后的很长时期,甚至在彼此相距很远的地方,也能强烈地感觉到父与子的互渗。例如,在婆罗洲,"军服常常是用鹿皮或山羊皮作的,任何人都可以穿这种军服。但是,如果一个男子有了年幼的儿子,他就会特别小心地避免接触到鹿的身体的任何部分,因为他害怕由于这种接触而使他的儿子在某种程度上传染上鹿的怯懦。有一次当我们打死一只鹿,怯尼亚族(Kenyah)的一个首领绝对禁止把鹿皮放在他的船上,借口是他有一个年轻的儿子。"①

在年轻人行成年礼(我们将在底下见到,成年礼乃是一种新生)的时刻,他们与其母亲的互渗特别有力地被感觉到,这里有许多风俗是表现这一点的。例如,在阿龙塔人那里,一个年轻人行了

① Hose and Macdougall, "Men and Animals in Sarawak", J. A. I., xxxi. p. 187.

割礼，住在灌木丛的期间，他的母亲"不能吃袋鼠或者大蜥蜴或者蛇肉，或者任何肥肉，吃了这些东西，她就会妨碍自己的儿子恢复健康……每天她用油脂擦自己全身，这被认为能帮助儿子复元。"[①]在其他部族那里，"当年轻人在丛林里的时候，母亲一直把阿尔皮塔(alpita)戴在头上……并留意着使她的火一息也不灭。前者的目的是要帮助她的孩子在晚上清醒(剥夺睡眠是成年礼的考验之一)。阿尔皮塔是鼠兔(rabbit-bandicoot)的尾巴尖，这是一种在晚上十分活跃的小野兽。因此，戴上阿尔皮塔，就意味着戴上了一种妨碍入睡的刺激物。不论是自己戴上阿尔皮塔，还是某个想要帮助他清醒的近亲戴上它，都能够在这个人的身上表现出这种刺激物的作用。"[②]

在麦秋斯(R. Mathews)详细描写过的澳大利亚的一次成年礼仪式中，行成年礼的人的母亲要受到服丧者以及产妇所受的那样的待遇——这证实了成年礼的观念包含一种假死和新生。"行成年礼的人的母亲们在营地的一边占据确定的位置，这个位置是专门指定给她们的，离她们部族的营地有一定的距离。每个母亲有一堆火，这堆火是不允许其他任何人利用的……她们的姊妹或姨母或其他某些年老的妇女给她们送饭并照顾她们的需要。这些妇女集体地取名为炎尼娃(Yanniwa)，其他妇女、孩子不准去打扰她们。每个母亲都要吃完给她送去的全部食物，因为如果她把食物的一部分送给其他某个在场的妇女，这就会给她的儿子带来不

① Spencer and Gillin, *The Native Tribes of Central Australia*, p. 250.

② Spencer and Gillin, *The Northern Tribes of Central Australia*, p. 344.

幸。而且,所有的母亲当儿子不在的时候都要非常节食。”[①]在维多利亚,“行成年礼的人的母亲与她们的远在丛林中的儿子吃一样的食物,并且和他们一样沉默不语。每天早晨天一亮和黄昏时,她们唱规定的歌;唱歌的时候,她们站着,手里拿着从火堆里取出的烧焦了的木头,拿着这木头向她们推测的行成年礼的人的帐篷所在的方向摇几下。”[②]——最后,在新南威尔士,“当少年和老年人们一起住在很远的丛林里并举行一系列成年礼仪式时,这少年只能吃某几种食物,同时,他的双亲也要遵守这个饮食制度。当行成年礼的人解除了有关食物的禁忌时,他的母亲也同时解除了这个禁忌。”[③]

① Mathews, "The Burbong or Initiation Ceremony", *Journal of the Royal Society of New South Wales and Victoria*, pp. 131-51 (1898).

② Mathews, "Aboriginal Tribes of New South Wales and Victoria", *Journal of the Royal Society of New South Wales and Victoria*, pp. 317-8 (1905).

③ Mathews, *Thurrawal and Thoorga Tribes*, p. 259.

第 七 章

以受互渗律支配的集体表象为基础的制度(II)

绪 论

有一些风俗至少就它们所涉及的目的而言，其意义是没有疑问的：这就是那些目的在于医治病人、防止疾病发展成为不治之症和使病人恢复健康的风俗。这里我们又会见到，当我们研究几乎到处都有的原始人的这些风俗时，又证实了我们在分析作为它们的基础的集体表象时所得出的那些结论。我们再一次发现了他们的思维的神秘趋向、只让观察和经验发生极其有限的作用的先入观念、受互渗律支配的本质与现象之间的联系。这些事实在其细节上是极其多样的，而且，当我们揭示它们所依赖的心理条件时，我们又会见到这些条件完全相同。底下我将主要选取能够最清楚地阐明这些心理条件的事实。

I

1. 首先，关于病的观念本身就是神秘的。这就是说，疾病永远被看成是由一种看不见的、触摸不到的原因造成的，而且这原因是以许多各不相同的方式来被想象的。在这一点上，观察者们的意见完全一致。“我们必须提防这样的想法，好像斐济人也像我们那样来想象疾病。对斐济人来说，疾病就像是一种波、一种外部影响降临到病人身上并缠住病人。这个波、这个影响只能来源于神或者魔鬼，或者来源于活人；但它几乎从来不被想象成来源于冷、热一类的自然原因……对斐济人来说，疾病从来就没有自然原因。他们是praeter naturam(在自然以外)寻找疾病的原因，亦即在那个与看得见的世界并存着的看不见的世界里去寻找疾病的原因。”[①]卢季耶(Em. Rougier)神父使用的这个用语是值得注意的。对我们的意识来说，这个看不见的世界实际上只能与我们叫作自然界的那个东西共存，但它仍然是个外部的世界。原逻辑思维则相反，根据上述一切看来，它的特征正是这两个世界在它的集体表象中合而为一。它的神秘因素和与之互渗的其他因素一样是自然的。传教士玖诺在他力图确定的下述区分中帮助我们感知了这个互渗。“土人们把疾病看成不仅是身体的机能失调，而且是某种或多或少具有精神性质的自然诅咒的结果；所以不仅应当医治这种或那种病症，而且还应当清除病人身上沾染的污秽。当采用这后一种疗法时，则医生就是一般人所说的巫医。由此可以理解这种医生为了显出自己是个超自然的人而做的一切努力(服装、行头，等等)……所有这些附属物都让他的顾主们感到恐惧和信任。”[②]可是，疾病并不要求医者和巫师的单独的连续不断的干预。须知，正是关于疾病的神秘观念才引起了采用神秘手段来治病和驱走病魔的需要。

① Em. Rougier, “Maladies et Médicins à Fiji Autrefois et Aujourd'hui”, *Anthropos*, ii. pp. 69, 999 (1907).

② Junod, *Les Ba-Ronga*, p. 375.

这个神秘观念几乎能够变成无穷的形式。例如，在罗安哥，土人们谈到疾病时都肯定说“这是什么东西突然袭击了人，钻进他身体里面去折磨他。这个什么东西可能是从自然物、地区、软的和硬的食物发出来的力量或恶源或毒，但也可能是从灵物、人、巫师那里发出来的。这还可能是任何种类的灵魂碰上了病人并钻进了他的身体里，或者是一些完全确定的灵魂在消耗他的生命力，使他瘫痪，搅乱他的意识，等等。”[①]——在老挝，“所有的病，不管什么病，从最轻的到最重的病都是由愤怒的神灵或不满意的死人造成的……傣族人（Thay）的医学几乎完全不知道自然原因。”[②]在孟买邦，柯里族（Kolies）的土人们把损害男人、妇女或者儿童以至牲畜的健康的一切疾病，只要是病，都想象成是恶魔或受辱的神的行动造成的；过了一些时候，在用他们所知的药物治病无效时，他们就找祓魔师来驱祓恶魔。[③] 在白尼罗河地区，“即使认为疾病不是由什么敌人的阴谋直接造成的，‘鬼魔迷惑’的观念也永远是占统治地位。”[④]简而言之，他们并不更多地追究他们所熟知的事实，而认定病人就是什么凶恶的力量或影响的牺牲品。

2. 关于诊断的风俗就是直接来源于关于疾病的这个神秘观念。重要的是要了解到是什么凶恶的力量或影响控制了病人；是什么妖术施到他身上；是哪个活人或死人在谋害他的生命，如此等等。这

① Dr. Pechuël-Loesche, *Die Loango-Expedition*, iii. 2, pp. 443-4.

② A. Bourlay, “Les Thay” (Laos), *Anthropos*, ii. p. 620. (1907).

③ A. Mackintosh, “An Account of the Tribes of Mhadeo-Kolies”, *Trans. of Bombay Geo-Soc* (1836), i. p. 227 (1864. edit.)

④ Cummings, “Sub-Tribes of the Bahr el Ghazal Dinkas”, J. A. I., p. 156 (1904).

个决定一切的诊断，只能由拥有与神秘力量和鬼魂交往的能力并有足够的威力来战胜和驱走它们的人来做出。因此，不管得了什么病，第一步就是去求巫医、萨满、术士、祓魔师，不论怎么称呼他，总而言之是去求那个拥有上述能力的人。如果这个人同意来治病，则他的第一件要紧的事，就是把自己引进他应当处的那种特殊状态中，以便能与那些力量和鬼魂交往，能对它们有效地运用他所掌握的潜藏的力量。由此产生了整整一系列准备性的行动，这些行动常常要继续许多小时，甚或一整夜。这里必须有：斋戒、自我麻醉、特殊装束、巫术装饰、念咒、跳舞，跳到完全精疲力尽和汗流如注，直到最后，"医生"显得失去知觉或者处于"忘形"的境地。这时就出现了我们叫作双重人格的那种东西。"医生"变成了对他周围的一切都无感觉，但他却感到自己转入了那个看不见的和触摸不到的实在的世界，转入了神灵的世界，或者至少他是和它们接上了头。就在这个时候做出了诊断，这是直觉地做出的，因而不会有错误：病人和他周围的人盲目地相信这个诊断。这里是数百个例子中的一个：打算去治病人的"巫医的装饰中最重要的东西是头饰，这是用藤条编成的，他在念咒时戴它……他在戴上这个头饰以前先要向它吹气，给它微微洒上一点泡过巫草的水。只要这个头饰一戴在巫师的头上，他就'举止若狂'，亦即唱起他在行成年礼时从他的守护神那里学来的歌，以此进入神魂颠倒的状态。他跳着舞，直到汗如雨下，最后，他的神终于来到他面前，并开始跟它谈话。"①

① F. Boas, "The North-west Tribes of Canada", *Reports of British Association*, pp. 645-6 (1890).

由于这样的诊断决定于那些既是必要又是足够的神秘仪式，所以，对身体的症状只给予很少的注意。纳骚说："在西非，诊断根本不是通过对身体的和精神的症状的研究和比较来做出的，而是借助于击鼓、跳舞、狂歌、龟镜、草药烟、求圣物（干尸）和与神灵谈话来做出的。"[①]在契洛基人那里，"病情的说明……永远是极不确定的，通常，巫医给病取的名称，只表示他对这病的秘密原因的见解。例如，他们对风湿病、牙疼、脓肿和少数其他表现相当明显的疾病有确定的名称，但对其余一切病，它们的症状说明一般都归结为病人作了噩梦、他的眼眶发青或者他感到疲倦。他们给疾病取了这样一些名称，如'他们梦见蛇'、'他们梦见鱼'、'他们受鬼的折磨'、'什么东西干了什么事，以至什么东西咬着他们'、'食物被咒过了'——也就是一个女巫使食物在病人身体里发芽和生长，或者在身体里变成了蜥蜴、青蛙或尖棍子。"[②]

这种对疾病症状的不关心也来源于他们关于疾病的神秘观念。按照这个观念，病源不是在身体里，不是在有形的器官里；精神或者魂受到侵袭就得病。例如，在西非，"支配他（医生）的业务的信条是：不论什么病，只要病人不出血，就是灵魂中了什么邪。"[③]——根据易洛魁人的信念，"任何疾病都是灵魂表示的一个希望，病人之所以死去，只是因为这个希望得不到满足。——在阿卡的亚，病人的任何请求都不能拒绝，因为人在患病时的希望就是

① Nassau, *Fetichism in West Africa*, p. 215.

② J. Mooney, "The Sacred Formulas of the Cherokee", E. B. Rept., vii. pp. 337,368.

③ M. Kingsley, *West African Studies*, p. 169.

守护神的命令,——如果说要请巫医来,那是因为他们能够从神那里最好地了解到病因和适当的药物……巫医的责任是要发现是什么邪术引起这个病的。他开始时使自己累得满头大汗,当他因为喊叫、打滚和召唤自己的守护神而精疲力竭时,他把在这种状态中突然想到的第一个不平常的东西说成是病因。他们中的许多人在把自己弄得满头大汗以前,先要吞下一定剂量的饮料,这种饮料能够帮助他们去感知神意。"①

3. 治疗。可以预见,不管是什么样的疗法,只有具有神秘力量的疗法才有价值。疗效完全决定于具有神灵或巫术性质的联系和互渗。因此,白种人的疗法是没有价值的。白种人的药品由于其中不知道的神秘属性也许能够为害;这些药品大概不能带来什么好处,它们根本治不了原始人的病。"这里有一个已经病了整整一年的女人。我几次去看她,问她是不是愿意吃我的药;她回答我说:'这个病是魔鬼带给我的,吃药不顶事。只有塔米鲁阿纳(tamiluanas)(巫医)才能赶走我身体里的魔鬼,治好我的病。'"②土人们普遍对欧洲人的任何疗法都深恶痛绝。以原逻辑的观点看来,这种厌恶是不可避免的,实际上,事实也常常证实了他们的怀疑,特别是涉及最原始的民族的成员时。例如,在维多利亚(澳大利亚),"一个医生承认,通常,每次当他对一个患病的土人给予特别照料时,他得到的结果只是加速他的死亡……而留在森林里的土人则很快地恢复了健康。"怎样解释这个事实呢?"首先是环境,

① Charlevoix, *Journal d'un Voyage dans L'Amérique Septentrionale*, iii. p. 367.

② Solomon, "Diaries Kept in Car Nicobar", J. A. I., xxxii. pp. 231-2.

病人在医院里感到孤独;他的意气消沉。接着……有时要给他理发,脱去他的衣服,这大概是要把他特别心爱的宝贵东西拿走。(他感到自己是被一些陌生人控制了,这些人可能不让他知道就对他干出各种各样凶险的事。)他害怕白种人,害怕要他吃药,甚至外用药也使他害怕得发抖,它们可能具有他所不知道的能够置他于死地的秘密属性。"①

某些观察者弄清了这种厌恶的原因。例如,艾·柏斯特就新西兰写道:"在这个地区,对欧洲人的医生是极端不信任的。这大概不是由于土人们不信任这些医生的医学知识,而是由于他们本能地害怕好像医生会破坏他们的禁忌状态,好像采用欧洲人的方法会伤害他们的命根子。有一次,这个区的一位中年妇女在罗托露亚得了重病,人们建议她的亲属把她送到医院去。但他们坚决反对这样做,他们主张病人忠实于土人的风俗,并且说,他们宁愿看着她死,也比让她在欧洲人那里做手术强。最后,欧洲人终于把她弄到医院来了,给她做了手术,恢复了健康。当她回到这里来的时候,我听见一位老太太问她:'你现在情况怎样?'(意思是问:'他们破了你的禁忌、你的命根子没有?')这个妇女回答:'呵,白种人的每一件器皿都让我碰着了。'(用在厨房烧的水给她洗过身子,再没有比这更脏的了。)她的禁忌已经完蛋了。因此,她开始认真地遵照欧洲人的风俗习惯,作为保卫她的生命的手段。但这种情形是少见的。"②

① Brough Smyth, *The Aborigines of Victoria*, i. pp. 259-60.

② Elsdon Best, "Maori Medical Lore", *Journ. of Polyn. Soc.*, xiii. pp. 223-4 (1904).

另一方面，澳大利亚土人却充分信任土著医生所采用的疗法，不过他们认为，这些土著医生不能医治欧洲人，也不能让欧洲人得什么病。“为了向他们证明他们是受了巴安加尔(Baangals)的骗，我表示自愿接受任何一个巴安加尔的骗术。我指出，为了证明他们的说法正确，根本不必把整个过程进行完毕，只要他们能使我稍微得点小病，我就相信所有的巴安加尔都是他们所说的那种人。——我的建议在土人们看来是如此荒唐可笑，以致他们只是嘲笑我。他们说：‘傻瓜！糊涂蛋！你是一个白种人呀！他们又不是你们的巴安加尔，你脑瓜怎么这样糊涂呀？’”[①]

不管规定给病人的是什么疗法，不管要他服什么药品，遵守什么饮食制度；给他洗蒸汽浴也罢，放血也罢，用圆针穿孔也罢，疗效都是取决于神秘力量。在这一点上，观察者们的意见是一致的。例如，达雅克人“对任何药品都是不重视的，除非对它们施了神秘的法术。同时还要对他们进行无穷无尽的开导，如应当怎样服药，以什么姿势服药，看见药品时要念什么咒语，这样，他们才能认为药品有价值。如果一件东西不是以什么方式与超自然的东西联系起来，他们就不能认为它有价值或者相信它。”[②]在菲律宾群岛的矮黑人那里，“一切疾病都是鬼魂造成的，要想使什么疗法有效，必须先驱走身体中的鬼魂。”[③]——纳骚对这一点描写得很清楚。“对于患病的土人的意识来说，医生用的药草和与这个药草联系着

① Beveridge, “The Aborigines of the Lower Murray”, *Journal of the Royal Society of New South Wales*, p. 70 (1884).

② Brooke, *Ten Years in Sarawak*, ii. pp. 228-9.

③ W. A. Reed, *The Negritos of Zambales*, p. 68 (Manila, 1904).

并保证着它的效验的神灵(神灵是由这个医生召请来的)彼此不能分开……显然,他们不是像我们看待我们药典的什么药物那样来看待他们的任何灵物的组成部分。同样显然,他们的草药也不是像我们的药品那样由于其本身固有的化学性能而发生作用,而是由于它们里面有神灵(它们是神灵的最中意的媒介)才发生作用的。同样显然,这个神灵又是由于巫医的巫术召请才发挥作用的。"[①]金斯黎小姐一针见血地表现了这个观念:"任何事物的发生都是一个神在对另一个神发生作用,所以治病就是药神对病神发生作用。某些疾病可以由某些草中的某些神来战胜。另一些疾病则不受这些住在草里的神辖制,它们只能由更强一等的神来根除。"[②]

还应当注意,原逻辑思维不像我们的思维那样运用严格确定的概念。在这里,在神秘影响(它可以通过一定的过程来引起或医治疾病)与没有医疗性质但能改变人、动物或看不见的存在物的身体或精神状况从而获得医疗效果的影响之间是没有显著区别的。例如,这里有一个十分普遍的观念,这观念既不是抽象的,也不是真正概念性的,它与上面分析过的关于邪气、瓦康、奥连达、穆隆古等等的观念相似。某些观察者特别指出了这一点。"如果说经常把医生与巫师混为一谈,那是由于莫利(mori)(药)的概念非常模糊。莫利不仅是治病的药草,而且还是各种巫术手段,其中也包括改变人的意志的手段。异教徒们相信,如果他们的孩子变成了基

① Nassau, *Fetichism in West Africa*, pp. 81, 162.

② *West African Studies*, p. 153.

督教徒,那是因为有人给他们下了什么药,下了什么莫利才发生这种事的。莫利能使被遗弃的姑娘变成媚人的女子。一切东西,甚至白种人用来擦刀鞘上的锈的黑粉,都是莫利。”[1]

“医生”念完了自己的咒语,走完了巫术过场并开始与神灵交往以后,往往把嘴唇贴着身体患病的部位,并在一阵较长久的吮吸之后俨乎其然地向患者和他的朋友出示一小片骨头或者石头或者煤炭或者其他什么东西。大家都相信“医生”把这个东西从病人的身体里吸出来了,因此,痊愈是绝对有保证的,甚至是已经实现了的。这个手势可以比之于外科医生给自己的学生看他刚割出来的肿瘤时的手势。但是实际上,这种类比只是表面的。“医生”从他口中吐出的这个骨片或石片根本不是患者所患的病,也绝不是病因,它只是病因的媒介。

“关于身体中的痛苦是由异物嵌进患者的肉中引起的观念,在世界上不文明的民族中间是极其普遍的,这是大家早已知道的事。但是,据我所知,还没有人指出过这样的情形(至少在圭亚那印第安人那里):这个异物往往(即使不是永远)被认为不简单是什么自然物,而且还是敌对的神灵的物质形式。”[2]

真正的病因是凶恶的影响,是巫术或者魔法,是这种东西与骨片或石片一起把病源注进病人的身体里。吸出这东西,意味着“医生”的影响克服了这个有害的本原:吸出乃是胜利的可见的标志。然而,这个胜利也和疾病本身一样是神秘的。用金斯黎小姐的话

① Junod, *Les Ba-Ronga*, p. 468 (note).

② Im Thurm, *Among the Indians of Guiana*, p. 333.

来说，这永远是一个神对另一个神发生作用。

原逻辑思维的这个特征在契洛基人的医疗方法中表现得最好，孟尼直接从这些印第安人的口中搜集了它们的经咒（附有对它们的解释）。例如，我们来看看有关治疗风湿病的一个咒语吧。这则咒语由两个部分组成：第一部分包括顺次对红狗、蓝狗、白狗和黑狗的召唤；第二部分包括关于制备和服用药品的方法的详细指示。[①] 这则经咒是"特别清楚的"。但是，如果没有上面已经指出的印第安人关于疾病及与疾病斗争的方法的观念给我们提供的解释，我们就很难理解这经咒，至少很难理解它的第一部分。

契洛基人关于风湿病的最普遍的信仰，是把它看成由被杀死的动物的鬼魂，通常是由想要报复猎人的鹿的鬼魂所引起的疾病。这个以意为"钻进去的"比喻名称来命名的疾病本身是被看成一种生物。在谈话中使用的关于这种病的动词，说明了这个生物是狭长的，像蛇或者鱼一样。它是由鹿的领袖领来迫使它钻进猎人的身体里（特别是钻进关节和四肢里）：这时立刻就感到剧疼。只有什么更强的动物的神灵，鹿的天然敌人，通常都是狗或狼的神灵，才能驱走这位"不速之客"。这些动物神住在七重天上的高处，地上的动物与这些伟大的原型比起来只能算是一根毫毛。它们通常居住在四个方位，每个方位都有自己神秘的名称和特殊的颜色，这个颜色是与有关该方位的一切东西相配的。（这里很容易看出那些永远表现在原始人的思维的集体表象中的复杂的互渗[②]。）例

---

① J. Mooney, "The Sacred Formulas of the Cherokee", E. B. Rept., vii. p. 346 et seq.

② 参看第五章，第235-7页。

如,东、北、西、南各属于太阳、寒冷、黑暗和瓦哈拉(wǎ'hǎla')的方位;它们的颜色是红、蓝、黑、白。白的和红的神通常负有获得和平、健康以及这一类的其他福利的使命;单独的红神则负有使什么事业获得成功的使命;蓝神的使命是阻碍并粉碎敌人的计划;黑神保证把敌人害死。红的和白的神被认为是威力最强大的。

因此,医生在自己的风湿病咒语中首先召请太阳方位的红狗,"假如它在很远的地方",就祷求它迅速来援救病人。接着医生断言:红狗已经在这里了,它把疾病的一部分带到世界的另一头了。在咒语的其余部分中,也用这种方式来召请寒冷方位的蓝狗、黑暗方位的黑狗、瓦哈拉方位的白狗,每一只狗带走疾病的一部分……

咒语通常是由四个部分组成,这个咒语是例外,有五个部分。

这以后是身体方面的治疗。药品是用四种蕨根煎出的热汤汁。用这种汤汁擦患者。由"医生"给患者擦四次,同时喃喃地念着召请咒语:第一个对东方念,最后一个对南方念。

四是一个神圣的数,它出现在这些经咒的一切细节中,例如,在四个部分中召请的四个神,医生向身体患病部位吹四口气,汤汁里的四种草,擦四次身体,禁忌常常定为四天。[①]

契洛基人的另一个经咒是在治疗"什么东西在他们的身体里面吃他们"这种病时应用的。年幼的孩子常犯这个病。它的症状是极度的神经不宁和睡眠不安稳,孩子突然惊醒,哭起来了。是什

① 应当指出,在其他地方也见到了把猎人的疾病看成是野兽的报复的信仰。例如,在巴西的波罗罗人那里,"如果猎人患病或者死去,是谁对他干出这种坏事的呢?是那个被猎人打死了的想要报复他的动物的鬼魂干的。"(K. von den Steinen, *Unter den Naturvölkern Zenträlbrasiliens*, p. 399.) Cf. Schoolcraft. *Information*, etc., ii. p. 180.

么引起这个病的呢？是鸟引起的。一只鸟把自己的影子投在孩子的身上，或者一些鸟在他的身体里“聚会”。（这后一种说法意味着引起疾病的动物是大量的。它们在病人的身体里“安家落户或者建立了公馆”。）“引起疾病的动物是鸟，所以应当由鸟的仇敌来驱走它。因此，召请蓝色食雀鹰和褐色食兔鹰来赶走钻进身体里去的鸟……药品则是用某些植物的皮和根煎的热汤汁。皮经常是取树的东边的皮，而根即使不是经常也往往是取这一边的根。这些树皮树根不揉碎，而是径直放进热水里煮四天。用这个汤汁给孩子洗浴全身，洗四天，每日晨昏各洗一次……”①

4. 原始社会的“医生”和巫医使用的药物也引起了类似的想法。他们关于药草的知识是极不一样的。在一些场合中，他们的技艺之精使研究者叹为奇观；在另一些场合中，他们的实际方法又是十分简陋的，如契洛基人的例子那样。然而，即使假定他们给某些病开的药就是我们的医生开的那些药，但疗法的精神仍然是根本不同的。在他们那里，主要考虑的问题几乎永远是怎样驱走那个以其在场而引起疾病的影响或鬼魂，或者是使病人与药里已知的或假想的什么能够战胜疾病的力量互渗。在这后一种场合中，我们见到的是几乎无处不采用的“感应”疗法，它也是三百年前欧洲的医生们一直采用的疗法。我们只举一个例子来看看。在英属哥伦比亚，“给不孕的妇女喝黄蜂窝或者苍蝇熬的汤汁能使她们生孩子，因为这些昆虫能以巨大数量

① *The Sacred Formulas of the Cherokee*, pp. 355-6.

繁殖。”[1]我们知道，这类事实是不可数计的。

而且，药物的疗效通常都决定于许多条件。如果谈到植物，则采集这些植物的必须是一定的人，在一定的时刻，念着一定的咒语，借助于一定的工具，逢一定的月相，等等；不如此，药将无效。在加拿大，“在出发行军以前……巫医中的一个向集合起来的全村人宣布，他就要给他那里现有储备的树根和其他植物赋予一种能医好任何伤口甚至能起死回生的力量。立刻，巫医们就唱起歌来，而其他帮场者则答唱，这时，大家都认为，在这个伴随着登场人物的挤眉弄眼和扭捏作态的音乐会期间，医疗的力量就传导给这些药草了。”[2]——在契洛基人那里，打算去寻找治病的草、树根和树皮的“医生”必须遵守许多非常复杂的规定，其规定之复杂使孟尼无法详述。巫医必须带着一定数量的白珠和红珠(从那些在巫术仪式中占有重要地位的珠子中挑出。在巫术仪式中，当珠子在巫医的手指中间转动时，印第安人相信它们在这时候就变成活的了)。巫医必须从一定的方向去接近植物，而且绕着这植物从右至左走一圈或四圈，同时念着一定的祷告。然后，他连根一起挖出这植物，丢一颗珠子在坑里，用土把它埋起来……有时，巫医必须放过起先见到的三颗植物，而应当先挖第四颗，完了才能回过头来挖前三颗。剥树皮永远是剥东边的……因为正是这一边的树皮是太阳光照着的，所以能够最好地包摄医疗的力量。[3]

---

① F. Boas, “The North-west Tribes of Canada”, *Reports of the British Association*, p. 577 (1890).

② Charlevoix, *Voyage dans L'Amérique Septentrionale*, iii. pp. 219-20.

③ J. Mooney, *The Sacred Formulas of the Cherokee*, p. 339.

如果病人恢复了健康,那就一切都好,医生从有关的人那里得到许给他的报酬和感谢的表示。但如果不管医生做何努力病仍然不好,则很少有(尽管也有)要医生对此负责的。在某些已经有相当高度的政治组织的社会中,给帝王和大人物治病难免担当风险。但在更原始的社会中,失败通常都归因于“来自敌对的神灵或人的高级巫术的凶恶作用。”[1]巫医不会惴惴不安,只会产生一个新问题:这是什么神灵呢?尤其是,这个敌人是谁,他的巫术竟有这般威力?但是,因为关于疾病、病因、疾病的治疗的观念乃是神秘的观念,所以,对患者治疗的失败通常也像治疗的成功那样很容易得到解释。这就是更强大的“力量”或“影响”或“神灵”的得胜,是这些东西在建立或者破坏决定生死存亡的互渗。对原始人的思维来说,没有什么比这个观念更自然的了。

最后,某些观察说明了,神秘来源的疾病与来源于我们叫作自然原因的疾病之间的区别已经开始确立了:或者同一个病可以根据不同情况被认为具有神秘的原因或没有神秘的原因,或者承认起源上不同的疾病的范畴。例如,在卡弗尔人那里,“当巫医给某人的病作诊断时,往往有三种可能:第一、病是自己发生的;第二、病是由祖先们的魂引起的;第三、病是由巫术引起的。”[2]在巴希马人(Bahima)那里,“疾病可以得到四种不同的解释:1)它是由逝世的王引起的,可能以某种方式触犯了他。曼德瓦(Mandwa)(王的最高祭司)是这种场合中唯一能够给予帮助的人。瘫痪被认为是

---

① Spencer and Gillin, *The Native Tribes of Central Australia*, p. 531.

② Fr. Aegidius Müller, “Wahrsagerei bei den Kaffern”, *Anthropos*, p. 43 (1907).

属于这种来源的疾病。2)病是由一个想要暗中谋杀别人的人所施的巫术造成的(任何形式的疾病都属于这一范畴)。3)热病被认为是自然原因造成的,对此谁也不负责任。4)疾病是由鬼造成的,由于各种原因,鬼钻进人们的身体里,必须从身体里把它们驱走。"①显然,这是一些比较混乱的分类;但它们仍然显示了从关于疾病及其应有的疗法的纯粹神秘的观念向那些稍许容纳了观察和经验的思想方法和行为方法的转变。

II

关于疾病的神秘观念有许多相应的风俗,这些风俗表现了原逻辑思维的性质。同样,关于死亡的神秘观念,也在有关临终和死亡的许多风俗中得到了表现。这些风俗是研究者们在大多数原始民族中间发现的,如果不用原逻辑思维来解释,就根本不能理解它们。

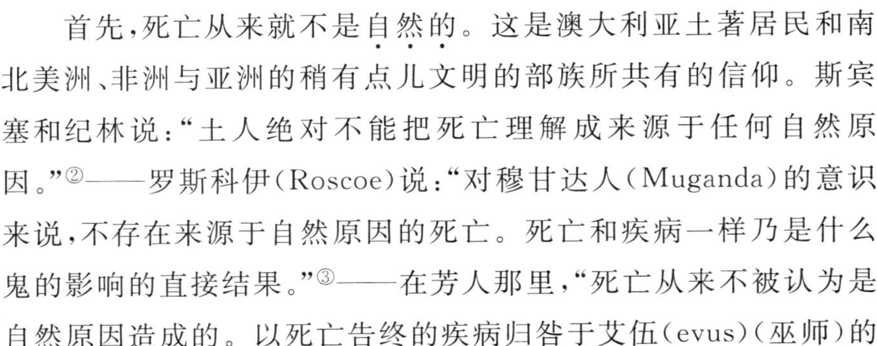

首先,死亡从来就不是自然的。这是澳大利亚土著居民和南北美洲、非洲与亚洲的稍有点儿文明的部族所共有的信仰。斯宾塞和纪林说:"土人绝对不能把死亡理解成来源于任何自然原因。"②——罗斯科伊(Roscoe)说:"对穆甘达人(Muganda)的意识来说,不存在来源于自然原因的死亡。死亡和疾病一样乃是什么鬼的影响的直接结果。"③——在芳人那里,"死亡从来不被认为是自然原因造成的。以死亡告终的疾病归咎于艾伍(evus)(巫师)的

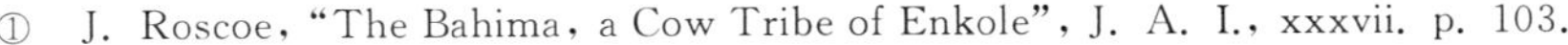

① J. Roscoe, "The Bahima, a Cow Tribe of Enkole", J. A. I., xxxvii. p. 103.

② *The Native Tribes of Central Australia*, p. 356.

③ J. Roscoe, "Manners and Customs of the Baganda", J. A. I., xxxii. p. 40.

作用。”[①]——杜·查鲁也说过同样的话：“对阿尼引巴(aniemba)(巫术或妖术)的信仰是全国最大的祸害。非洲人坚信任何死亡都是横死。他不能想象，一个人两个星期以前还是健康的，而现在就病得要死，这不会没有什么厉害的巫师的干预，准是这个巫师用妖术弄断了他的命脉，使他生了病。”[②]——“古时契洛基人不认为有谁的死是自然的死。他们总是把病人的死说成是恶灵和与……恶灵有联系的巫师和咒师的干预和影响所造成的……如果有谁得了病快要死的时候指责另一个人，说他的死是这个人用妖术或者驱使恶灵害他的结果，那就等于把这个人置于必死之地。”[③]

当观察者们报道说，“土人绝对不能把死亡理解成来源于自然原因”时，则这个结论包含了两个方面，把这两个方面区别开来，是有好处的。

第一个方面是说，关于死亡的原因如同关于疾病的原因一样，永远被想象成具有神秘的性质；不能不是这样。如果说任何疾病都是“神灵的影响”或“力量”或“魂”或“鬼”作用于或者缠住患者的结果，那又怎能不把疾病的不幸结局归咎于同一个原因呢？对原始人的思维来说，要想象“自然死亡”实际上是不可能的。须知这是一个和其他观念毫无共同之处的独特的观念。要使原始人的思维拥有关于自然死亡的观念，必须使这个在一切现象中给人印象最深而且是最神秘的独特现象，由于什么不可理解的例外，脱离了

① Bennett, “Ethnographical Notes on the Fang”, J. A. I., xxix. p. 95.

② Du Chaillu, *Equatorial Africa*, p. 338.

③ Haywood (1823), quoted by J. Mooney, “The Sacred Formulas of the Cherokee”, E. B. Rept., vii. p. 322.

那个仍然包围着其他一切现象的神秘的外壳。

在这方面最值得注意的是下面一些大家熟知的事例，这就是意识到自己违反了什么禁忌(即使是由于不小心而违反了)的人的死。弗雷泽引述了许多这类事例。[①] 这里另有一个很有代表性的例子："在马克·阿尔宾先生发现孩子生病的前一天，这孩子一直是健壮的。他解释说，这孩子在得到允许以前，'偷吃了母袋鼠'；老人们发现了他的这个行为，现在，他永远也长不成一个人了。实际上，他是被自己的这种信念的重担压得病倒了，他再也爬不起来了：不出三星期，他就死了。"[②]这就是原始人所理解的"自然死亡"的形式，如果可以借用这个用语的话。有谁被施过巫术的武器杀伤了，哪怕只是一点擦伤，也定死无疑，而这种死也同样是"自然的"。"毫无疑问，土人受了伤，即使是一点小小的擦伤，但如果他相信伤害他的武器是被咒过的，因而赋有阿龙魁尔塔(凶恶的妖力)，那他一定会死。他躺着，绝食，眼睁睁地死去了。"斯宾塞和纪林亲眼看见许多这样的事例。[③] 人受了施过巫术的长矛刺伤，唯一有效的疗法是采用厉害的反巫术。[④] ——不但如此，举行反对什么敌人的巫术仪式的事实本身，就使一位老年土人想到，他自己也可能受到这个仪式的凶险的影响；旅行者们似乎很担心，老人的这个想法会断送他自己的性命。"当老人把尖头棍子猛力向想象的敌人那方投去以后，显然他自己也是心乱如麻的，他对我们说，

① *The Golden Bough* (2nd edit.) i. p. 321. et seq.
② Howitt, "On Australian Medicine-men", J. A. I., xvi. p. 42 (note).
③ *The Native Tribes of Central Australia*, p. 537.
④ *The Northern Tribes of Central Australia*, p. 675.

阿龙魁尔塔钻进他的脑袋里了。土人们都是非常富于奇想的人，我们最初以为这会严重地伤害他。"[1]然而，这不是一个奇想为害的问题。这是一种以原始人的观点看来完全自然的恐惧的表现。上述澳大利亚土著老人的例子，可以比之于一个解剖学教师用死尸做演示教学时，会想到他是在切自己身上的肉，他可能受到感染。

这个结论的另一方面，是说死亡从来不是自然原因造成的，因为死永远是横死，换句话说永远是由某个人借助巫术仪式而进行的蓄意犯罪的谋杀。由此导致了那些在非洲特别常见的可怕的巫术裁判，旅行者们对它们做了令人震惊的说明。纳骚甚至在这些巫术裁判中看出了黑色大陆人烟稀少的原因之一。但是这个信仰并不处处都毫无例外地适用于每一种死亡。例如，死了年幼的孩子、奴隶以及一般无足轻重的人，就不进行这种巫术裁判。只是在遇到可疑的死时才做这种追究。而且死者还必须是值得人们为他操这份心的人物。然而，实际上，在这些民族中间，可疑的死比在我们这里要多得不计其数，一方面，巫术的采用在那里是盛行的，每个人都或多或少地在用着它。没有一个人可以离开巫术行事，甚至没有任何人有取消巫术的想法：每个人都或多或少地倾向于怀疑自己的邻人随时在采用巫术，同时自己又可能成为这种怀疑的对象。另一方面，把疾病和死亡想象成是由神秘影响造成的这种非常普遍的观念，很容易引出这样一个结论，即死亡乃是敌人的意志所发动的力量产生的结果，就这种意义上说，任何死亡都是

① *The Northern Tribes of Central Australia*, p. 462.

横死。

由此，在原始民族中间，常常把我们看来是最“自然”的死亡归咎于神秘原因的作用，原始人完全不顾一切似乎明显的事实而把死亡看成是横死。在这一点上，最明显地表现了我们的智力习惯与原始人的智力习惯之间的差别。例如，在托列斯海峡，“蛇咬而致死通常都被看成是由于蛇受了巫师的影响的结果。”[①]——“土人们(林肯港)甚至在死亡的原因相当明显的时候也不感到满足，他们还要竭力寻找秘密原因……一个淘井的妇女被黑蛇咬了大拇指。立刻就肿了，24 小时以后这个妇女死了，但是土人们断定她的死不是偶然的，而且这个妇女指出了一个土人是杀害她的凶手。根据这一证据，加上伤处没有流血这一情况的印证，死者的丈夫和她的朋友们向被告人和他的朋友们挑战。但是，和平仍然得到维持，因为进攻者方面承认他的妻子认错了犯罪的人。然而，由于蛇咬不能成为死亡的原因，所以他们忽然又发现了另一个罪犯。”[②]一个老人因老衰而终，人们也采用同样的办法：死者的亲人们竭力发现是谁的巫术置他于死地，并对这个假想的凶手进行报复。这里有一个更有代表性的事例：“墨尔本的土著部族失去了一个自己人，这个人看来死得十分自然。死者的几个朋友采取了常用的挖沟[③]方法来寻找罪犯，他们准确按照草的指向来到乔依斯克利克，中午在那里袭击了一群打猎的土人，并杀死了一个美少年……这

① Seligman, “The Medicine, Surgery, and Midwifery of the Sinaugolo (Torres Straits)”, J. A. I., p. 299 (1902).

② Welhelmi, “Manners and Customs of the Australian Natives, etc.”, Roy. Soc., vict., v. p. 191 (1860).

③ 参看第 314-5 页。

个少年的朋友们虽然亲眼见到他被杀死，清楚地知道这群犯罪的人是谁，但是他们仍旧采用了同样的办法，把尸体捆起来，并且挖沟。结果，草的指向表明，罪犯是在高尔布拉族（Goulbura）那一方，于是一支以长矛等等武装起来的18个人的劲旅开到那里，在乔依斯克利克惨案发生一个星期以后，他们则在高尔布拉族那边谋害人命。"[①]不管这种事实显得多么不可思议，多布里茨霍菲尔也引述了阿比朋人的一些类似的例子。"假如阿比朋人因为受了许多创伤或者骨折或者老衰而死去，他的乡人们从来不承认死亡是由于受伤或者老衰而来的。他们急欲发现是哪个巫师用什么方法和为什么把他杀死的。"[②]

这些风俗特别适于阐明原始人的思维的趋向与我们的不同到了什么程度。澳大利亚土人和阿比朋人与我们一样，也看见了这些十分沉重的伤必不可免要引向死亡。但是，他们的思维不停留在这一点上，因为他们的集体表象可说是以前概念或者前关联的形式把死亡与神秘原因之间的联系硬塞给他们。因而，对他们来说，伤只能是神秘原因为达到自己的目的而使用的方法之一，而这个方法既可以是蛇咬，也可以是在水中闷死。但是，他们对这些方法并不感兴趣。重要的只是真正的原因，而这个原因至少在某些民族那里永远具有神秘的本性。[③]

① J. Parker, *in Brough Smyth's*, *The Aborigines of Victoria*, ii. pp. 155-6.

② Dobrizhoffer, *An Account of the Abipones*, ii. p. 84.

③ 我们在这些民族中稍微进步的民族那里，发现了一些过渡形式。死亡与疾病一样，在某些场合下仍然被认为是由神秘原因造成的，但在另一些场合下它却被认为是通行意义上的自然的死亡。例如，在"穿鼻"部族（Nez-Percés）那里，首领们说，他们和他们的儿子们太伟大了，以致不能自己死去。当然，他们也像其他人一样生病、衰老

用以发现这个原因的方法自然符合构成这个原因的观念,这些方法同样能说明原逻辑的和神秘的思维的特征。通常是采用占卜,由占卜揭露出的罪犯必定处以死刑。在非洲(例如在卡弗尔人那里)或者在法属刚果以及在巫术裁判特别常见的非洲大陆的其他地区,裁判程序的概要如下。当某个重要人物死了,或者某个人死得可疑,就立即召集死者的亲属、仆人有时甚至全村人,这时"巫医"开始了巫术仪式,这些仪式必定能揭露犯罪者。金斯黎小姐给我们描述了这些可怖的集会的惊人情景,在这些集会上,即使是最勇敢的人一想到会点他的名,一瞬间就要被判罪,作为大众咒骂愤恨的对象而死去,毫无希望被判明是无辜,他也要浑身发抖。诚然,被判决的人有时是立即处以死刑。但有时他还得受神意裁判,例如他必须吞下一定数量的毒物,因此,准备毒物的那些人就预先决定了这一考验的结果。目击这些悲剧的欧洲人只能把它们看成对司法的骇人听闻的歪曲。然而,土人们这样顽强地捍卫着这些风俗,则说明了至少在他们看来这些风俗是与关于疾病、生、死、社会秩序等等最重要的集体表象密切联系着的。因此,尽管这些风俗在我们的逻辑思维看来是多么荒谬绝伦,但以原逻辑的和神秘

和死亡,但这是因为什么人或者由这个人唆使的什么恶灵悄悄把死亡带来了。所以,当首领或他的儿子逝世时,假想的犯罪者必须处以死刑。(Perker,quoted by Bancroft, *The Native Races of the Pacific States of North America*, iii. p. 157.)传教士布伦(Brun)也说过:"根据我们的同事从赤道非洲的报道,许多黑人部族相信任何人的死亡都是由巫师或神灵造成的。在我们周围的马林凯人(Malinkas)* 那里,这个信仰不是绝对的。他们把许多种死亡归咎于真正的自然原因,如疾病、高龄、饥饿、某几种不幸的遭遇。"(Brun,"Note sur les Croyances des Malinkes. Côte Occidentale Française", *Anthropos*, ii. p. 948.)

* 西非曼丁哥人的一种。——汉译者注

的思维的观点看来，则如他们所说的那样是“必不可少的”。

特别值得注意的是，在我们已知的文化最低的民族中间，占卜常常用来发现凶手所在的地点。在澳大利亚，有一个极普遍的风俗，就是在死者尸体埋葬的地方挖沟和观察挖土时掘出的昆虫运动的方向。格莱说：“在挖沟的过程中，挖出了一只昆虫，他们怀着最紧张的兴趣注视着这只昆虫的运动，由于这只微小的生物想要向圭尔福德方向爬去，所以，这对土人们来说就成了这地区的居民有罪的一个附加的证据。”[①]近来施米特（R. B. Smyth）也提到了这个挖沟的风俗，其实他是给我们提供了土人所用方法的一张清单。“维多利亚的西港部族（Western Port Tribe）和西澳大利亚的佩斯附近各部族观察挖沟时偶然爬出的昆虫的运动；墨尔本的部族观察蚯蚓或者类似的生物的迹印；雅拉的黑人留意蜥蜴选择的方向；在库贝斯克利克则是问死尸；墨累河口和恩坎特海湾各部族则是听从那个把头枕在尸体上睡觉的巫师的梦；在墨累河的一边则是观察盖在坟上的湿土，他们根据坟上的土变干时裂成的最大的缝的方向来决定应当去寻找巫师的地方。”[②]——在中澳大利亚，人死后一两天，土人们列队来到死亡发生的地点，仔细观察在这地方堆起的一座小丘以及小丘周围的湿土，以发现什么能暴露凶手的迹印。“假如说在这里发现了蛇的行迹，那么，这就被认为是罪犯属于蛇图腾的可靠证据，这样一来，剩下的事就是要弄清到底是蛇图腾的成员中的哪一个犯的罪。”如果没有发现迹印，他们

① Grey, *Journal of Two Expedition of Discovery in North-west and West Australia*, ii. pp. 325-6.

② Brough Smyth, *The Aborigines of Victoria*, p. 28.

就一直等到尸体开始腐烂，这时，寡妇的兄弟和父亲就来仔细研究从停放尸体的那个场地流出来的尸水。他们相信，尸水的流向指明了凶手来时的方向。如果尸水在一定距离内停住了，则凶手当在不远处；如果它流得很远，则土人们知道罪犯属于远方的部族。①

在新几内亚也有同样的情形，除了其他占卜方法，"据昆采(Kunze)报道，还有在死者的手里放上枸酱灰和螃蟹，在小指上系一根线。给坟填土时，一个人拉着线踏着坟土叫：'起来！'线的拉动搅扰螃蟹，它爬动着，在自己周围撒下灰。根据灰撒的方向确定罪犯所在的地区。"②在圭亚那也有这样的情形，"索蒙堡克(R. Schomburgk)报道说，即使人因病致死，也要归罪于某个不认识的**卡纳伊马**(Kanaima)或者巫师。他见到过，一个死于水肿的孩子的父亲把孩子的手上和脚上的拇指和小指割下来放进一个容器里，接着灌进开水，与其他亲属一道最紧张地观察着这些手指足指。在开水渗进去溢出第一个指头的方向，必定是那个不认识的凶手所在的方向。"③

所有这些风俗说明了，在原始人的思维中，空间关系占有特别重要的地位。在这一点上，我们已经掌握了许多证明材料，——特别是在大多数原始民族的语言中，在指明所谈的人或物在多远的地方、从哪一方来、有多高时的那种仔细劲头。这种仔细部分地无

① Spencer and Gillin, *The Northern Tribes of Central Australia*, pp. 526-9.

② Hagen, *Unter den Papua's*, p. 256.

③ Von Martius, *Beiträge zur Ethnographie Süd-Amerika's*, i. p. 651.

疑可以用语言的绘声绘影的性质来解释（这些语言只在极小的程度上说是概念的语言）；此外，它大概也来源于原始人对空间方向的注意。这种注意本身则是由空间方向（方位基点）的神秘意义以及与这些方向相联系的许多互渗所引起的。上面已经引述过关于这一点的证明，[①]例如澳大利亚土人的"地方亲属关系"、朱尼人和契洛基人给每个方位附上一定的颜色、一定的动物和特有的意义等等的神秘的象征。上面刚刚描写过的那些风俗就是奠基在对这一类互渗的信仰上。因而，在新近掘起的土上发现蛇的行迹，乃是蛇图腾的一个成员引起这次死亡的确凿证据；同样，铲土时掘出的一个昆虫向北方爬去就确证了罪犯是北方某部族的一个人。假如我们想要在这里面看出一点演绎法，那是永远办不到的，我们只能看到荒唐。这根本不是演绎或者论证，而是原逻辑思维所特有的一个活动方式，正因为如此，所以它差不多不能为我们所理解。对这种思维来说，根本不存在偶然事件。向北方爬去的昆虫同样也可以向西方、南方或者任何方向爬去。如果它选择了北方，那么，在这个空间方位与原始人的思维在这一特定时刻力图弄清的那种东西之间必定存在着某种神秘的互渗。

逻辑学家们所说的 post hoc，ergo prorter hoc（在这个之后，所以因为这个）的谬误的那种东西，能够帮助我们对这个互渗形成某种观念。比如说，某年秋天葡萄获得特大丰收，而这年的夏天正遇上一个大彗星出现；或者在日全蚀以后爆发了战争。即使对已经文明的民族的思维来说，这之间的前后关联也非偶然。这些事

① 参看第五章，第 235 页及其后。

件在时间上的彼此联系并不只是接连发生而已，葡萄丰收与彗星之间、战争与日蚀之间的联系是一种难于清楚分析的联系。我们在这里遇见了我们叫作互渗的那种东西的一个顽固的残迹。而那些根本不知道什么叫偶然联系的最原始的思维，亦即那些把在自己的观念中可能出现的一切关系都赋予神秘意义的思维，则像断定"在这个之后，所以因为这个"那样毫不踌躇地来断定：juxta hoc，ergo prorter hoc(接近这个，所以因为这个)。空间的接近也像时间的接近一样是一种互渗，甚至有过之，因为原逻辑思维对空间的确定比对时间的确定更注意。

因而，在神秘的互渗的复杂联系中(总的说来，在原逻辑思维中，这些神秘的互渗相当于逻辑思维的因果关系)，并列关系有时起着我们叫作连续性的那种东西的作用。例如，盖捷特说，从前在印第安人那里有一个通行的风俗：据公认，假如猫头鹰晚上在自己邻人的茅屋附近叫起来，就有权袭击和杀死这些邻人。[①] 同样，从克拉马特印第安人那里记录下来的一个简短的故事中，我们知道，当太阳刚一落下去狗立刻就在某家的茅屋附近吠叫，这时，这家茅屋的一个印第安人就会去袭击狗的主人，伤害他，杀死他。[②] 这里是 juxta hoc(接近这个)的原则在发生作用：它是由空间的接近表现出来的互渗，是这个被不祥的动物在他门口叫了的印第安人与由这动物宣布因而在某种意义上说由它引起的灾难之间的互渗。值得注意的是，差不多在印欧语系的一切语言中，表示"因为"的意

① A. Gatschet, *The Klamath Language*, p. 89.

② A. Gatschet, *The Klamath Language*, p. 133.

思的前置词，最初都是与空间关系有关，而不是与时间关系有关的词。[①] 可能，原逻辑思维最初是把时间关系想象成位置关系，或者更确切地说，想象成并列关系，想象成由于接近而来的互渗，因为这种思维不知道没有神秘意义的关系。所以，原始人的思维主要注意接近，而彼此联系的因素之一在时间上是先行呢还是后继，这完全是次要问题，也许它甚至根本无关紧要。在托列斯海峡，“不幸或倒霉事儿被看成是一种表明某处发生了或者即将发生什么事的警告或预兆……1888 年，当时马布亚的首领，那个可能比他同族的任何人打死的海牛都要多的诺莫亚，有一次向我吹嘘说他经常是走运的。过了很短一段时期，他出去捕海牛，倒运了：不但没有命中，而且还把自己的大鱼叉的尖弄断了。我想第二天他又是空着手回来的。出了这事以后过了三天或者四天，村里死了一个婴儿，接着又死了两个妇女。诺莫亚立刻对我说，他的背运得到解释了；他相信，如果说他没有击中海牛，那不是他的过错，所以他感到十分高兴。”[②]这样一来，在捕鱼倒运与几天以后发生的灾难之间出现了使原始人的思维感到满意的神秘联系。然而在这里，如果在前件的意义上来看原因，则很难指出什么是原因和什么是结果，因为一方面，捕鱼倒运由其后发生的死亡来解释；另一方面，捕鱼倒运又是一个预兆，因而在某种意义上说也是随后的死亡事件的原因。

---

① Verbal communication (A. Meillet).

② *The Cambridge Expedition to Torres Straits*, v. p. 361.

在北美我们也见到同样的情形。“他们把蚀变看成死亡、战争或疾病的预兆。但是这个兆头并不经常发生于它所预告的那个灾难之前,有时也发生于这个灾难之后;这些野蛮人在1642年看见月食时说,他们对易洛魁人这年冬天屠杀他们许多人再也不感到奇怪了;他们在月食中看见了这个灾祸的朕兆,但是这朕兆出现得太晚,以致他们不能采取预防措施。”①

类似的信仰到处都可以见到。例如在中国,据格罗特说,非生物的灵经常以预告灾祸的方式来表现自己凶险的存在,对于这些简单的不合逻辑的头脑来说,这等于是灾祸的准备和起因。典籍常常告诉我们,在没有显见的原因而摔倒东西以后,接着必定发生死亡、火灾或者其他灾祸。② 这里,再一次说明了,原始人的思维对于这两次事件的时间关系是不感兴趣的,它的全部注意都集中在联系这些事件的互渗上。

倮倮族③认为,有三种恶势力能使人得病受灾:1)凶死鬼,2)魔鬼,3)死落大(slo-ta),他们用这些名称来称呼任何奇异的反自然现象,这些现象不仅预告而且还引起灾难(如生畸形儿是由于母鸡打鸣,等等)。④ ——在南非也有这样一些信仰和风俗,那里的黑人企图对这些“奇异的现象”进行斗争,力图压住它们。他们把这些现象叫作蒂洛洛(tlolo),李文斯通把这个词翻译成“罪孽”。

① *Relations des Jésuites*, xxii. pp. 191-6.

② J. J. M. de Groot, *The Religious System of China*, ii. p. 664.

③ 我国西南一民族,现称彝族。——汉译者注

④ A. Henry, “The Lolos and other Tribes of West China”, J. A. I., xxxiii. p. 104.

天老儿[①]通常都被杀死。我们知道，在巴卡族(Bakaa)[②]那里，或许也在巴克温族(Bakwains)[③]那里，上乳齿比下乳齿先掉的孩子被杀死。在某些部族那里，两个孪生子中只留一个活着(可能这里还有其他原因)。躺在牧场上用尾击地的公牛也被杀死，因为土人们相信它是在邀请死神来访问部族。当李文斯通的送信人路过伦大回来时，带了一些特大种的母鸡，假如其中有哪只鸡在半夜前叫起来，它就是犯了"蒂洛洛"罪而被杀死。[④]

III

因而，一切奇异的现象都被看成是稍后必将发生的灾难的朕兆，同时也是它的原因；但是，以另一个观点看来，这个灾难也同样可以被看成是那个奇异现象的原因。所以，假如我们用因果律来解释这些集体表象，那就是歪曲了它们，因为因果律要求前件与后件之间的不变的和不可逆的时间次序。实际上，这些集体表象服从于互渗律——原逻辑思维所固有的规律。任何奇异现象和以它为朕兆的灾难之间是靠一种不能进行逻辑分析的神秘联系连接起来的。

不过，这些常常起着很难解释的预兆作用的现象是很少发生的，而原始人所居住的那个世界却包含着无穷无尽的神秘联系和互渗。其中一些是固定的和已经知道的，如个人与其图腾的互渗，

① 肤发生来苍白的人。——汉译者注

② 均南非部族。——汉译者注

③ 均南非部族。——汉译者注

④ Livingstone, *Missionary Travels*, p. 577. cf. Baumann, *Usambara und seine Nachbargebiete*, p. 43.

某些动物和植物的种彼此的联系，等等。但是，又有多少其他这类联系发生着和消失着而为人所不知，其实它们又是值得最大的注意，对它们的认识又是极为重要的呵！假如这些联系自己不表现出来，那就有必要迫使它们表现出来。这就是占卜的来源，或者至少是它的主要来源之一。我们必须记住，对原始人的思维来说，外部世界具有不同于我们的外部世界的趋向；因为原始人的知觉是神秘的，亦即逻辑思维所认为客观的和唯一实在的那些知觉因素，在原始人的思维中则是在神秘因素的不分化的复合中发展着。正是这些看不见、触摸不到、感觉所不能及的神秘因素及其结合才是最重要的。因此，必须知道这些因素，而占卜就来为此目的服务。

对原始人来说，占卜乃是附加的知觉。如同我们使用工具能使我们看到肉眼看不见的微小东西或者弥补我们所不足的感觉，原始人的思维则首先和主要利用梦，然后利用魔棍、算命晶球、卜骨、龟鉴、飞鸟、神意裁判以及其他无数方法来在神秘因素及其结合为其他方法所不能揭露时搜索它们。原始人的求知欲甚至比我们的还强，因为我们关于世界的一般观念，就是没有现代科学仪器给我们提供的那些因素，也是够用的。我们的这个观念就其主要特征来说是在这些仪器发明以前就形成了的；由于原始人的思维本身的结构，占卜则是这种思维所绝对必需的。神秘因素和神秘联系在集体表象中占的统治地位愈大，用于发现它们的神秘方法愈是必要。

其实，没有什么风俗比占卜的风俗更普遍的了。我不相信有哪个原始社会是完全不需要占卜的。当然，只是在已经相当文明的民族中间，我们才能发现占卜——它变成了复杂而精细的艺术——具有了最占卜者的行会和教阶组织。然而，就是在文化发展的最低阶段上，也已经在应用占卜了，至少是在利用梦卜。澳大利亚土人和南、北美洲最原始的社会集体就熟悉这种占卜。我只举一个例子，我们知道，在巴西西部的一个部族里，在与敌人交战的前夜，首领的要务是对他的部下训话，告诉他们，每个人都必须记住这天晚上必将做的梦，并且尽量只做有吉兆的梦。[①]

把占卜的风俗想象成只是想要揭示未来，这意味着把它们限制在十分窄小的意义上。诚然，在这些民族所力图发现的神秘联系中，那些决定将来怎样的神秘联系是特别重要并能引起更大兴趣的。凡根据情况决定是否完成或戒除某种行动的神秘联系就是属于这一类。但是，从占卜本身来考查，它是以同等程度注意到过去和未来，它在犯罪行为的侦察中所起的重要作用说明了这一点。例如在巫术裁判中，几乎永远是靠占卜来揭露犯罪的部族和个人。当需要弄清是谁对病人使出凶恶的巫术，是什么恶灵控制了他，遗失的东西在什么地方，失掉音信的人是否还活着等等，也是这样行事的。玖诺说："越是深入这些部族的隐秘的生活，越会对骨卜在它里面所起的作用感到惊奇；它们必然进入一个人的生活道路上一切或多或少值得注意的事件中，出现在全民生活的任何事件中。"[②]格罗特关于中国人也指出了同样的情形，一般的研究者们都经常强调"野蛮人"非常"迷信"。在我们看来，这意味着他们是按照自己的原逻辑的和神秘的思维行事。如果他们不"迷信"，那才是怪事儿，甚至是不可思议的哩。

---

① "The Captivity of Hans Stade in Easter Brazil, 1547-1555", *Hakluyt Society*, li. p. 98; cf. p. 152.

② Junod, *Les Ba-Ronga*, p. 455 et seq.

有了这样的思维，实际上，对任何事情，甚至常常对欧洲人觉得最寻常的事情，如晚上停宿一夜以后早晨继续上路之类，差不多都以诉诸占卜为必不可少的先决条件。常常有这样的情形，土人脚夫们特别不听话，如果他们大胆的话，他们甚至拒绝上路。如金斯黎小姐指出的那样，白种人旅行者如果不深知自己这队人的思维，他只会在这里面见到懒惰、不服从、食言、无可救药的不诚实，其实，很可能根本不是这么一回事儿。也许黑人睡醒以后，其中一个人发现了什么预示他或者全队人将要遭难的凶兆，所以他们不听话了。在这种情形下，自然要问计于卜；如果没有兆头，占卜也可以把它引出来。要知道，如果由于不可克制的神秘联系而使事情注定要失败，那么，去冒险干这个事情，对土人来说是如此不明智，正如我们违反自然规律(如违反万有引力律)而行事一样。然而，如果不通过占卜，又怎能知道这一点呢？

而且，采用占卜也不足以完全保证事情在总的方面的成功；还不得不在每一步骤，也可以说在每一时刻里诉诸预兆和圆梦。许多研究者都阐释过这一点：在战争中，在狩猎中，差不多不论在什么场合中，只要个人或集体的活动抱有某种目标，如果得不到卜师、巫医、巫师的赞同，则是不会成功的。如果事情成功了，则这个成功应归功于对规定和指示的严格遵守。达雅克人的一个首领对布鲁克大公说：“是呀，我的人们今年对稻子的收成是满意的，因为我们重视了每一个预兆……我们捕捉了短吻鳄，杀了猪来看它们的心，而且适宜地圆了我们的梦，以此满足了安图(Antus)。结果获得了好收成。但是那些不照我们的样做的人，今年就受穷了，以后他们不得不注意点。”[①]在出征时，这些达雅克人的一切行动都取决于预兆。只要卜师不发话，就既不能前进，也不能后退，既不能进攻，也不能换阵地。“我熟识的一个首领住在茅屋里整整六个星期，一方面他必须在那里等到鸟叫声从有利的方向传来，另一方面也是他的部下把他拘留在那里的……土人们相信，指挥部队的那个白种人有一只特别的鸟和一个永远保卫着他的吉祥的符咒；达雅克人对这些东西是深信不疑的。他们说：‘你是我们的鸟，我们跟随着你。’……此外，他们在整个行军时期虔诚地圆着自己的梦，并且坚信这些梦……我很熟悉他们的鸟的名称并能分辨它们的叫声……我学会了从鸟那里了解吉兆和凶兆。这些兆头对我本人的作用常常是十分明显的。……在我房间里挂着一个猩猩头，土人们相信就是这个头在我的成功的考察旅行中指导着我”。[②]

据喀申说，朱尼人的许多游戏都具有占卜的性质。例如，在藏球游戏中，玩的人必须分成两方，一方代表东方，另一方代表西方；或者一方是北方，另一方是南方。每一方由相应的氏族人员组成。游戏的终局应当提出一个朕兆。同样，战舞也像是一种预先以戏剧形式表演的目的在于确定胜利属于谁方的战斗的准备或者献礼。描写众神之间，特别是风神与水神之间的神话战斗的游戏，同样是一种探询命运的手段，即探询何方将占上风，风神还是水神，亦即年景是干旱还是多雨。根据每方赢得的分数来确定旱或潮的程度。游戏的参加者们，一方代表北方和冬天、一年的风季和无收

① Brooke, *Ten Years in Sarawak*, ii. p. 203.

② *Ten Years in Sarawak*, ii. pp. 234-5.

季;另一方则代表南方和夏天、夏季的暴雨和丰产;前一方代表干旱,后一方代表潮湿。因而土人们将按照赢方的分数来安排自己的计划,如果代表风的一方胜了,他们下种就更深并下在灌溉最方便的地方①。

喀申的这个解释在许多方面都是极为宝贵的。它不但是游戏具有预兆的意义这一观念的"图解",而且它还指出了占卜的用处是在于获得关于未来的启示,同时还获得关于做法上的准确指示。当然,朱尼人首先必须知道将有雨还是没有雨。这对他们来说差不多是个生死问题,而他们的许多游戏连同现时已经在细节上得到很好研究的其他许多风俗,都同时具有宗教和巫术的求雨任务。但是,除此以外,他们还需要知道雨量将有多大,在哪个时刻下雨,下雨时间有多长。当他们以真正游戏的结果来同时解释旱和雨的力量之间以神秘方式展开的游戏中的运气变化和每方所赢的分数时,占卜告诉他们的就是这种东西。因而,占卜在这里也是一种附加的知觉。更确切地说,占卜乃是知觉的预测,而原逻辑思维对占卜的信任,至少是不亚于对知觉本身的信任。这种信任是奠立在游戏参加者们、他们各自的氏族、与这些氏族相符的空间部分,它们的神话动物、颜色、神、风以及雨和干旱本身之间的那些被想象和被感觉的互渗的基础上的。

从占卜到巫术的过渡差不多是不知不觉实现的。二者都是奠

① Quoted by Culin in "Games of the North American Indians", E. B. Rept., xxiv. p. 374.

立在关于神秘关系的同一些集体表象的基础之上的：占卜主要在于发现这些关系，而巫术则是利用这些关系。但实际上，这两种目的是彼此联系着的，因为巫术影响的运用需要知道这些神秘关系；而另一方面，占卜致力于发现神秘关系，其目的又在于利用它们。甚至可以前进得更远些，肯定说，至此为止我们所谈过的一切风俗，关于狩猎、捕鱼、战争、疾病、死亡等等的风俗以及一般说来与原始民族的集体表象相符合的许多风俗，都具有巫术的性质。但我宁愿把它们叫作“神秘的”，因为这个用语着重指出了它与我所说的原逻辑的和神秘的思维的最紧密的联系，同时还因为“巫术”一词可以根据我们所研究的社会类型的不同而具有不同的意义。例如，在澳大利亚或者南美（巴西、火地岛等地）的土人那里，与他们的最重要的集体表象相符的大多数风俗都具有巫术的性质。在斯宾塞和纪林的两部著作中，十分清楚地显示了这一点。但是，说到类型上比较分化的民族，如南非和赤道非洲的大多数民族，则真正巫术的仪式是不同于宗教仪式的，因而不能用同一个术语来表现它们。这里出现了为集体的集体意识所清楚感觉出的职能的区别。[①]

例如，玖诺说人们经常混淆“卜师、术士、医生、祓魔人、算命先生等等（在巴隆加人那里）……在我看来，这是一个严重的错误，非洲人种志必须仔细提防这种混乱。毫无疑问，同一个人可能同时是祭司、医生、卜师等等。但是，这些职能本身是有区别的，土人们

① Cf. Hubert et Mauss, “Esquisse d’une Théorie Génerale de la Magie”, *Année Sociologique*, vii. pp. 1-147.

的语言对其中每种职能都有专门的名称……最一般的用语是蒙哥马(mongoma),这个名称的意思是'医生',但它专指行魔法者、痊愈的'鬼迷患者'等等一类性质的医生,这些人行成年礼后能给其他人治病。

"恩甘加也是医生,但他是依靠他所拥有的或多或少秘密的草药来治病。他是瓦-莫利(wa-mori)药的制造者。他还负责备办那些使人在战争中不受伤害的神草。我们可以见到,恩甘加和蒙哥马彼此关系十分密切。

"戈比拉(Gobela)是祓魔人,他祓除苏鲁(Zulu)鬼或者恩曹(Ndjao)鬼。在这里,根据所谈的是北方还是南方而有两个不同的范畴。

"瓦-布拉(Wa-bula)是骨卜师,他主要是卜师、氏族的顾问、算命先生。

"喜努沙(Chinusa)是通过幻觉或者神魂颠倒的手段来占卜的人。

"至于巫师一词应当保留它来表示巴洛依(baloyi)的意思,巴洛依是施妖法的人,如果乐意的话也可以说他是妖术师,总之是那些在晚上施妖术,用自己的妖术杀人的人。这些人与上述那些毫不相干。

"最后,祭司是穆哈赫里(muhahli)。每个家庭的家长都是这家人的穆哈赫里。他只能是这种人,但也可能除这一角色外,他还偶然兼任其他角色。"[1]

[1] Junod, *Les Ba-Ronga*, pp. 467-8.

如果我们在这一发展阶段上仍旧用"巫术"的名称来表示所有这些仪式，那就不得不把巫术分成所谓官方的和公开的巫术、民间的和合法的巫术以及秘密的和犯法的巫术。十分明显，最好不要用一个共同的术语来表现这些互相排斥的观念。例如，在卡弗尔人那里，"在向伊赞戈马(isangoma)(卜师)打招呼时把它叫作乌蒙大卡迪(umtakati)(巫师)就意味着给他极大侮辱。这正跟在欧洲把警察叫作小偷的代理人一样。对于卡弗尔人的意识来说，相反的，卜师是社会秩序的保卫者，他的职责是在于发现罪犯和巫师，以便对他们进行审判和惩办。巫师出于私利而将自己的妖术用于违禁的目的，而卜师则必须为公共的利益以一种官方的身份合法地工作，因此他在卡弗尔人中间受到极大的尊敬。"[①]当具有礼拜仪式的形式和有组织的僧侣制度的真正的宗教确立时，公开的和秘密的宗教仪式与那些或多或少是秘密的和恶意的巫术仪式之间则更有理由形成日益尖锐的对立。我不打算在这里来深入研究这个分化过程。只要指出原逻辑的和神秘的表象只能符合本质上同样是神秘的方法和传统就够了。这二者的趋向必然相同。我们所研究的社会类型愈原始，这种相互关系也表现得愈明显；所以我宁愿选取这一类社会的事实作为我的证据。

然而，在这种对立之下也继续保持着某种联系。从社会观点看来已经变得极不相同的仪式仍然包含着同一性质的集体表象。这就是说，它们是与那个虽然可能发生变化但仍可辨识的原逻辑

① Fr. Aegidius Müller, "Wahrsagerei bei den Kaffern", *Anthropos*, p. 762 (1906).

的和神秘的思维联系着的。例如,祭司们希望作为雨之主宰的众神开恩而借助的那些真正宗教的仪式、祭典、祷告与英迪修马仪式的基础一样是包含着同一类集体表象的。例如在朱尼人那里就可以看到一些中间阶段。因而,真正巫术的仪式与合法的宗教仪式之间的对立、在大多数已经有一定文明的社会集体中存在着的这种对立,并不意味着一些仪式是以原逻辑的和神秘的思维为基础,而另一些则有不同的来源。相反的,我们在所有这些仪式的基础中发现的正是以或多或少纯粹的形式表现出的这种思维,也许,正是这种来源的共同性才能解释"巫术"一词所具有的如此易变的多义性。如果用"巫术"的意义来理解一切必须有神秘关系、秘密力量发生作用的行动,那么,即使在比较发达的民族中,也差不多不会有一个行动不在某种程度上具有巫术的性质。当思维或多或少服从于互渗律时,则思维活动的方式也或多或少取决于这一规律。

当原始人有食物可吃而免于挨饿时,这一事实对他来说似乎是最不神秘的。然而,我们又几乎到处见到他自愿不吃这种或那种违禁的食物。差不多在我们现时已知的一切社会中,都存在着有关食物的许许多多的禁忌。尤其是在图腾制度还保持着势力的地方,除某些特定的场合外,那里的人绝不同意采用自己的图腾作为食物。另一方面,食用一种生物,就意味着在某种意义上与它互渗,与它相通,与它同一:这就是为什么有一些食物必须去寻找,而另一些则应当弃绝。我们知道,某种食人之风即来源于此。吞食战争中杀死的敌人的心、肝、脂肪、脑髓是为了占有他们的勇敢和智慧;这与我们的肺结核病人为了增强营养而吃生肉的情形是一样的。其他种类的食物之所以弃绝不食,则是出于对立属性的理由。“阿比朋人一想到吃鸡、蛋、绵羊、鱼、龟，没有一个人不深恶痛绝；他们想象这种柔软细嫩的食物会把怠惰、虚弱带进自己的身体里，把怯懦引进他们的灵魂中。另一方面，他们却贪婪地大吃老虎、公牛、雄鹿、野猪的肉……他们相信，经常吃这些动物的肉就能增强自己的体力、胆量和勇气。”[①]——在印度东北各邦，“猫头鹰是智慧的楷模，吃猫头鹰的眼球，使人能在黑暗中看得很清楚。”[②]在新西兰，“优秀的演说家可以与柯利马科（korimako）相比，这是新西兰的鸣禽当中叫声最悦耳的一种鸟；为了帮助年轻的首领成为有口才的人，就给他吃这种鸟的肉，以便让他能获得它的特质。”[③]契洛基人也有这种观念。“常吃鹿肉的人比吃笨拙的熊或者笨重的野禽的肉的人敏捷些，伶俐些……从前，他们的大酋长们很注意自己的饮食制度……不但如此，甚至还有这样一种信念：吃熊常吃的食物，即使不获得熊的身型外貌，也会获得它的本性。一个印第安人在某一时期内吃白种人的食物，就会获得白种人的本性，以至印第安人医生的药品也好，符咒也好，对他都不起作用。”[④]作为准则而用之于人和动物的东西，也适用于神。“偶像很脏，染着血污。但是，在它的右边有一个洞，露出了作这偶像的材料的天然白色，这白色与身体的其余部分的深色形成奇怪的对照。这个洞的存在应归因于下面一个信仰，即对于秘密事物的知识和

① Dobrizhoffer, *An Account of the Abipones*, i. p. 258.

② W. Crooke, *Folklore of Northern India*, i. p. 279.

③ R. Taylor, *Te Ika a Maui*, p. 353.

④ Adair, quoted by Mooney, “Myths of the Cherokee”, E. B. Rept., xix. p. 472.

治病的能力是通过吃神的圣体的一小部分而获得的。”[①]这类事实是极为普遍的，读者可以在罗伯逊·斯密特(Robertson Smith)的《闪族宗教讲义》(*Lectures on the Religion of the Semites*)一书中见到对这类事实的许多分析。

装束方面的情形也与食物一样：在这里，神秘因素起重要作用，而在某些场合中，神秘因素又压倒了功利的考虑。许多“野蛮”部族在开始与白种人接触以前根本没有衣服。但是没有发现有哪个部族完全没有装饰：羽毛、珠串、文身、画身以及诸如此类。然而我们知道，这些装饰在最初大抵不只是作为装饰。它们具有神秘的性质，并且赋有巫术的力量。鹰羽使插戴它的人赋有鹰的力量、敏锐的视力、智慧，等等。相反的，如果研究者们的注意被这一点吸引住，他们无疑会发现，在装束方面也像在食物方面一样，是有禁忌的：我们在上面已经见到一个马来人首领的例子，他拒绝把鹿皮放到自己的独木舟中，因为他害怕鹿的怯懦会传给他的年幼的儿子。一般说来，像原始人认为自己与他所吃的东西的性质互渗一样，他身上穿戴的东西的性质也是要传给他的。这里是许多例子中的一个。“有一天早晨，我在自己院里打死了一只鬣狗。首领派了他的一个刽子手来割鬣狗的鼻子、尾尖和从头颅里吸出一点脑髓。派来的人告诉我，这些部分对捕象的猎人是极宝贵的东西，它们使猎人赋有诡诈、机敏和隐身能力：鬣狗被认为具有这些能力。我想，脑髓是代表诡诈的，鼻子是代表机敏的，尾尖则是代表

① C. Lumholtz, *Unknown Mexico*, ii. p. 170.

隐身能力。”[①]

在这里，我们见到了泰勒、弗雷泽以及他们在英国人类学派中的门徒们所充分描写过的“感应巫术”。我认为可以介绍读者去参阅他们的著作中叙述的数百个这类事实。在这类事实中，我们可以见到：各种属性如何通过接触、转移而互通；影响整体的一个部分如何就能影响这个整体（如掌握人的头发、指甲屑、唾液、尿、名字或像，就能控制这个人）；最后，借助于“类似的东西”如何就能产生“类似的东西”（如洒水求雨，等等）。在这里，重要的是指出这些“感应巫术”的仪式常常与我所分析过的那些仪式相似，它们同样是与原始人的思维的集体表象联系着的，与支配这些集体表象的互渗律联系着的。在这里，行为的趋向也与思维活动的趋向相同。原逻辑的和神秘的思维到处感到存在物之间的秘密的关系、作用和反作用，同时，这些关系既是外部的东西，又是内部的东西；简而言之，这种思维到处都见到互渗，只有通过确立或中止这类互渗才能对自然界发生影响。例如，在巴干达人那里，“不孕的妻子通常都被撵走，因为她妨碍自己丈夫的果园挂果……相反的，多产妇女的果园产果必定丰饶。”[②]丈夫把不孕的妻子撵走，只是为了抵抗讨厌的互渗。在另一种场合下，又是试图引起有益的互渗。例如，在日本，“树木的嫁接应当只由年轻人来作，因为嫁接的树木特别需要生命力。”[③]

① Arnot, quoted by Nassau, *Fetichism in West Africa*, p. 204.

② J. Roscoe, “Manners and Customs of the Baganda”, J. A. I., xxxii., pp. 38, 56.

③ Chamberlain, *Things Japanese*, p. 440.

在某些特定场合中，互渗也可以通过接触来确立。这里是一个十分明显的例子。在罗安哥，“巴恩甘加(ba nganga)教导说，新的灵物通过与其他已经证明为强有力的灵物接触就可说是把力量吸到自己身上了，——如果人们希望它也能像它们那样为同一目的服务，就把它摆在它们旁边。所以，巴恩甘加在获得了足够的报酬后同意把没有试验过的新的灵物放进他们那一套经过考验的有效的巫术东西里，而且让它们留在那里几星期或者几个月。同样，如果某个灵物变得有问题或者软弱了，也用这个办法来复活它的力量。这是一种除旧更新的方法。如果某个灵物被承认是极好的，人们就仿制一个新的，让它长久地留在前一个的旁边。这个副本就叫作原有灵物的‘孩子’。”[①]

最后，“感应巫术”在进一步追求“类似的东西对类似的东西发生作用”的原则时所采用的众所周知的仪式，其目的也是为了确立互渗。假如我们研究已经有相当高度发展的社会中的这些仪式，我们也许会倾向于认为，把它们归结为联想和客观的东西与主观的东西混淆是恰当的。例如，在中国，可以见到无数这类的仪式，它们有时看来像是有某种双关的作用。比如，在出殡的一定时刻，“死者的儿子……与大多数在场的男亲戚一起匆忙吞下几口煮熟的挂面，他们聪明地推断，挂面的长条应当最能抵消甚或完全消除寿衣可能给他个人带来的那种短阳寿的影响。”[②]在这里，我们见到的似乎是受中国人的稍许抽象的微妙感所影响的联想之一的例

① Dr. Pechuël-Loesche, *Die Loango-Expedition*, iii. 2, pp. 366, 380.

② De Groot, *The Religious System of China*, i. pp. 68, 208.

子:但是这一观念的底蕴却是力图阻断引起恐惧的互渗。这里有印度南部的一个事实,对这个事实的解释要明确得多。“在提拉帕梯,人们用木材雕刻成一些裸体男人和女人的小像,出卖给印度教徒。没有孩子的人们给这些小像举行穿耳仪式(通常,给新生儿举行这个仪式),相信这样做的结果他们就会生孩子。如果在什么家庭里有成年姑娘或青年还没有结婚,则父母就给一对小木偶举行结婚典礼,希望这以后很快就接着举行他们孩子的婚礼。他们给这些木偶穿上衣服,用珠宝打扮起来,给它们举行一套真正的结婚仪式。常常有这样的情形,木偶的婚礼与真正的婚礼花费了同样多的金钱。”[①]这些时常为数十分可观的开支,乃是印度教徒们相信这个仪式的效力的证明。

用类似联想来解释这些事实,说他们想象类似的东西将产生类似的东西,这就够了吗?这种解释是“讲得通的”,可是,当我们知道在原始民族中,这类风俗不是来源于个体的联想,而是来源于在集体的表象中被想象和被感觉了的互渗,则这种解释就很难站住脚了。给木偶结婚的印度教徒,正是像红种人为了“迫使野牛来到”而跳舞,像求雨法师给自己的邻人洒水那样行事的。这是一种彻头彻尾神秘的戏剧表演,其目的是要使登场人物赋有作用于被模仿的人或者活动的同样神秘的力量,在他和他们之间建立联系,这种联系自然不是逻辑思维所能理解的,但它完全符合于那个支配原逻辑思维的集体表象的互渗律。凡是在原逻辑思维以最纯粹的形式存在着的地方,亦即在最原始的社会集体中,风俗最鲜明地

① Thurston, *Ethnographic Notes in Southern India*, p. 347.

反映了这个思维。我们在澳大利亚土人那里和在南、北美洲的某些部族那里见到了这一点。在发展较高的社会中，行为的方式变得复杂了，它们决定于复杂多变的动机。然而，当我们探查这种行为方式的渊源时，几乎每次都能发现可以证明互渗律曾经占过优势的迹象。可以在伟大的东方文明中，或者甚至在自家门前，在欧洲各民族的民间创作中找到的这一点的证据，要多少有多少。

第　八　章

以受互渗律支配的集体表象为基础的制度(III)

有一类仪式，由于在原始人的生活中占有重要地位，同时又由于它们特别能解释原始人的思维，所以我把它们抽出来单独研究。这就是有关死人的仪式，或者更正确地说，有关活人与死人的联系的仪式。这些仪式无处不有：几乎在任何社会集体中，不管它是什么类型，观察者都发现了在人死的时刻和在死后或短或长的一段时期中必须遵行的风俗、禁忌、仪式。

338

I

每个人都知道，自远古以来，在中国社会中，为死人操心，给活人带来了多么沉重的负担。[①] 在加拿大，“当村里发生火灾时，人们首先关心的是把死人转移到安全地点，如果村里有死人的话。活人们从自己身上解下一切最宝贵的东西来打扮死人；他们时常启开死人的坟墓，给死人换衣服；他们宁肯自己挨饿，也要把食物送到死人的坟上和他们想象的死人的灵魂游荡的地方……他们把死尸埋在坟墓里时十分小心谨慎，要使尸体绝对不接触泥土；死者

---

① J. J. M. de Groot, *The Religious System of China*, i. p. 658 et passim.

躺在那里，就像躺在围满了兽皮的小小密室里，这密室比活人的茅屋要富丽堂皇得多。”[①]以原始人的观点看来，我们就不难理解为什么这类风俗如此普遍。对原始人来说，没有不可逾越的鸿沟把死人与活人隔开。相反的，活人经常与死人接触。死人能够使活人得福或受祸，活人也可以给死人善待或恶报。对原始人来说，与死人来往并不比与“神灵”或者与他在自己身上感到其作用的或他认为是服从于自己的任何神秘力量进行联系更奇怪。

金斯黎小姐叙述说，她有一次听到一个黑人独自一人在谈话，好像他面前站着一个她看不见的对谈者。查究起来，这个黑人是在跟自己死去的母亲谈话，据他说，她是在面前。对原始人来说，他感知的客体的实在，丝毫也不决定于是否能够用我们叫作经验的那种东西来证实；而且，一般说来，正是触摸不到的和看不见的东西他才认为是最实在的东西。此外，死人甚至能够向活人的感官显露自己。死人可以以幽灵、鬼的形式让活人看见，也可以让活人听见，更不用说他们能够出现在梦中(如我们所知，梦是特别宝贵的知觉)。有时，死人能给活人一种非物质接触的不可言状但活灵活现的感觉。有时可以在风里听到他们。“它是看不见的；它像风一样；他们说，实际上，棕榈叶子微弱的沙沙声是鬼弄出来的，当旋风卷起尘土、落叶和稻草时，这就是鬼在玩把戏。”[②]同样，在巴西，“盖族人(Ges)相信，簌簌的风声就是泄露死人在场。”[③]简而言

① Charlevoix, *Journal d'un Voyage dans L'Amérique Septentrionale*, iii. p. 372 et seq.

② J. Roscoe, “Manners and Customs of the Baganda”, J. A. I., xxxii. p. 73.

③ Von Martius, *Beiträge zur Ethnographie Süd-Amerikás*, i. p. 291.

之，不管明显的事实怎样，原始人与死人的关系就像与他周围的活人的关系一样。死人是那个有着许许多多互渗的社会、社会共生体的成员（根据原始人的集体表象，死人在这个共生体中获得了地位），而且是十分重要的成员。

由此产生了原始人的思维与逻辑思维之间的最明显的区别之一。假定逻辑思维渐渐得到发展（这是一个假设，底下我们还要研究它），则这个思维关于外部世界的观念终于会纳入一种"自然"中，亦即纳入一个固定不变的体系中，这个体系服从于一些可以为主体认识但看来又完全不依赖于主体的规律。有关死人的观念却不提供任何类似的东西。它们只是构成我们大有讲究地叫作"彼世"的那个模糊的总和。对原始人的思维来说，相反的，这个"彼世"和现世只是构成了同时被他们想象到、感觉到和体验到的同一个实在。

然而，即使对这种思维来说，有关死人的观念及与之相连的风俗也是更突出地表现了原逻辑的性质。不管有关由感官提供的事实材料的其他集体表象多么神秘，不管与之相连的风俗（如狩猎、捕鱼、战争、疾病、占卜，等等）多么神秘，为了达到所希望的目的——为了战胜敌人，为了捕到猎物等等，仍然必须使表象在某些极重要之点符合于客观实在，仍然必须使风俗在所与时刻实际上适应于所追求的目的。这就保证了这些表象的最低限度的有序性、客观性和连贯性。然而，这个外部标准对于有关死人的表象和风俗却是无效的。在这里，原始人的思维所固有的对矛盾律的不关心将无阻碍地表现出来。因而，我们将在这方面见到一些最明显地表现了这种思维的原逻辑本性的风俗。

互渗律有无限权力地支配着这些风俗所依据的集体表象；它在这些风俗里容忍了最不可容忍的矛盾。我们已经知道，对这种思维来说，不存在任何确切符合我们叫作灵魂或人格化的那种东西。对它来说，灵魂是一个，同时又是许多，它在同一个时间能够在两个地方出现，等等。因而，我们必须料到，在他们的风俗里，我们也会发现那种以逻辑的观点看来乃是彻底混乱的东西。我们不应当努力于通过在这种神秘思维的产物中确定逻辑条理的办法来消除这个混乱，因为这种思维对逻辑条理根本不关心；而应当努力于阐明这种混乱怎样成为支配原始人的思维的互渗律的自然结果。

首先，必须一般地指出，原始人根本不难于把死人想象成既是建立了与活人的社会完全不同的彼世的社会，又是处处混在活人的社会的生活中。例如，在托列斯海峡的土人们那里，“人死后，他的马利很快就到基布(Kibu)去，它一到那里，就有一个比他早死的朋友的马利接待它并把它藏起来。在新月的第一个晚上，这个朋友就把马利介绍给其他马尔凯(markai)，这些马尔凯一个跟一个拿起顶端有石头的棒槌向他脑袋上打去，这以后，他就变成了真正的马尔凯。然后，他们教这位新马尔凯用鱼叉扠鱼和做其他马尔凯做的一切事……马利或马尔凯举止行为完全像人一样，它们可以和死的女人结婚。”[1]在那个自远古以来即已保持着有关死人的观念和风俗的中国里，我们也见到了同一些矛盾。一方面，存在着鬼的世界，它是人世的翻版。那里的社会是以同样方式组织起

① *The Cambridge Expedition to Torres Straits*, v. p. 357.

来的，那里继续过着宗教的生活。每个人在这个世界中占有与生前一样的地位、一样的等级。每个人都在那里实行着活人所实行的祭祖仪式。[①] 死人有自己的军队、自己的战斗、自己的坟地、自己的葬仪。人怕鬼，鬼也怕人；他们互相发生坏影响，他们双方都用供奉的办法来祓除这个坏影响。格罗特叙述了一个极有意思的神话：一些人钻进了阴曹地府，以自己在那里的出现引起了惊恐。那里向他们献了供品，采取了无数预防措施把他们送出了阴界。[②]

但是，另一方面，据这个作者说，“在中国人那里，巩固地确立了这样一种信仰、学说、公理，即似乎死人的鬼魂与活人保持着最密切的接触，其密切的程度差不多就跟活人彼此的接触一样。当然，在活人与死人之间是划着分界线的，但这个分界线非常模糊，几乎分辨不出来。不论从哪方面来看，这两个世界之间的交往都是十分活跃的。这种交往既是福之源，也是祸之根，因而鬼魂实际上支配着活人的命运。”[③]这些说法表明了，人们相信死人在自己的坟墓里是活着的。“在从古至今的全部中国文献中，装尸体的棺材是用‘寿材’或‘灵柩’的名称来称呼的。”[④]没有过门而守寡的年轻姑娘，“在得到父母和未婚夫的父母的允许后，可以永远不过夫妇生活。按规矩，允许她住在死者的家里终老，并且与死了的未婚夫正式结婚。”[⑤]我们听说，“从前在中国有一个奇怪的风俗，妇女

① J. J. M. de Groot, *The Religious System of China*, i. pp. 48,924.
② J. J. M. de Groot, *The Religious System of China*, ii. pp. 802-11.
③ J. J. M. de Groot, *The Religious System of China*, ii. p. 464.
④ J. J. M. de Groot, *The Religious System of China*, i. p. 348.
⑤ J. J. M. de Groot, *The Religious System of China*, i. p. 763.

死了,与她在结婚前死去的青年未婚夫并骨。"①舆论如此颂扬那些追随着自己的丈夫一同进坟墓的妻子的牺牲精神,这种牺牲给家庭带来无上光荣,以至未亡人常常都想死,或者至少是愿意死,或者甚至可能被她们的家族逼着去死。

西非的黑人相信,人死只是摆脱了自己的有形躯体和改换了住址而已,其余一切则依然如故。② 多尔赛说,在北美,在苏兹人那里,"死人在一切方面都像活人……他们不是经常可以被活人看得见的。有时候,可以听见他们,但看不见,尽管他们与活人一起留在帐篷里。有时候他们又现形了,他们在活人中间找丈夫或妻子,他们吃、喝、抽烟,完全和普通人一样。"③"一个年轻的达科他人正好在跟他所爱的姑娘结婚的前一刻死了。这姑娘给他服丧……鬼回来了,娶她作了老婆。不管部落在哪里过夜,这个鬼的老婆都把她的帐篷搭在离其他帐篷一定远的地方,撤营时,这个女人和她的丈夫也是隔一定远的距离跟在其他人后面。鬼经常指示这个女人该做什么事,并且按时给她带来捕获的野味……人们既不能看见这鬼,也不能听见他,但是他们听见他的老婆跟他谈话。如果会碰上狂风暴雨,他必定给部落报信。"④易洛魁人的一个神话叙述了一个跟自己的女儿谈话并给她出主意的死人的故事。⑤大家知道,这类事实是非常多的。

因此,假如我们想要正确地解释原始人有关死人的观念和风

① J. J. M. de Groot, *The Religious System of China*, i. p. 802 et seq.
② A. B. Ellis, *The Ewe-speaking Peoples*, p. 106.
③ Dorsey, "Siouan Cults", E. B. Rept., xi. p. 485.
④ Dorsey, "Siouan Cults", E. B. Rept., xi. p. 490.
⑤ Hewitt, "Iroquoian Cosmology", E. B. Rept., xxi. p. 147. et seq.

俗，就必须尽可能摆脱我们所习惯的关于生和死的概念，正如我们最好是不使用灵魂的概念一样。生和死的概念对我们来说只能由生理的、客观的、实验的因素来确定，但原始人关于生和死的观念实质上是神秘的，它们甚至不顾逻辑思维所非顾不可的那个二者必居其一。对我们来说，人要不是活的，就是死的：非死非活的人没有。但对原逻辑思维来说，人尽管死了，仍以某种方式活着。死人与活人的生命互渗，同时又是死人群中的一员。更确切地说，一个人是死是活，得看他是否存在这种那种互渗。活人对死人的所作所为，完全取决于有没有这些互渗，它们是否已经中断，或者行将中断。

所以，我们在这里面对着的是极复杂的集体表象和风俗。我们不能在这里来研究它们的那些几乎是无穷无尽的细节，因为即使在同一个地区里，不同的部族又有不同的变形。“葬仪的任何详细描写都不能被看成是适用于一切部族的，甚至不能被看成适用于一个部族，因为有些死者的年龄、声望或者地位必须得到比一般人更恭敬的对待。”[①]正因为死人继续活着，所以每个死人都要根据不同的等级、性别、年龄而受到不同的待遇，——观察者们在描写这些仪式时往往忽略了对这些情况的详细说明。此外，有关死亡和死人的风俗也许是一切风俗中最持久的。因此，当社会环境、制度和信仰改变了，这些风俗只是很慢地跟着改变。就是在它们的意义逐渐模糊起来甚至丧失时，它们也继续被遵守着。人们根据新的观念和情感来解释它们，亦即往往以相反的意义来解释它

① Brough Smyth, *The Aborigines of Victoria*, i. p. 114.

们，因而常常有这样的情形：它们和从前保留下来的部分混在一起，就变成了一种自相矛盾的东西。这样一来，在大多数社会集体中(即使不是在一切社会集体中)，葬仪都表现出是一种不规则的层积物，在它里面，从远古传下来的和与极原始的思维联系着的风俗，与那些为较晚时期的概念所决定的并与这种思维相矛盾的风俗混杂在一起。最后，在极多的社会集体中，葬礼和葬仪的形式得视死亡的性质和原因，是“善”终还是“凶”死而又有所不同。

对这些形形色色变化多端的仪式做出最详尽而完整的描写，乃是人种志学的事。在这里，只要指出所有这些仪式都是受神秘的和原逻辑的思维支配的就够了；对这种思维来说，生和死的各种不同的阶段取决于有互渗或者没有这些互渗；最后，同一个人不仅要经过两个存在阶段——其一是活着，另一是死的，而且要经过整整一系列的阶段，一系列的状态，他在这些阶段中，与我们叫作生和死的那种东西或多或少地互渗着。我们打算在这里做出的概述，只能是个粗略的初步的草图。我认为它只是(在可以接受的那种程度上)适用于这样一些最原始的社会，在这些社会中仍可分辨出图腾组织，尽管不是那样充分，也就是说适用于像澳大利亚土人的社会那样的社会。我还要预先提醒，根本不能想象一个人可以连续不断地完全经历这个概略系列的所有阶段。相反的，这些阶段中的某一些的特征，则是与互渗无关的，按照我们的逻辑思维，没有这些就不能构成人的存在。但是，原逻辑思维就其本性来说是很顺畅地在这些互渗或者这些绝缘层中间活动的；而逻辑思维则在这里感到为难，由于不可能运用明确确定的与它自己的规律相符合的概念而感到莫知所措。

除了这些补充说明，我们概述的阶段将以成年男子为根据，即以一个人在自己的社会集体中已经行过成年礼仪式并结了婚为根据划分如下：

1. 死，和在断气与安葬之间经过的或长或短的一段时间；

2. 安葬与服满（即用以明确断绝死者与那些在社会集体中和他有密切联系的人们之间的关系的仪式）之间的时期；

3. 死者等候再生的一段持续时间不确定但仍有限度的时期；

4. 出生，和在出生与命名之间经过的一段或长或短的时间；

5. 命名和行成年礼之间的时期；

6. 成年的和行过成年礼的人以死告终的一生。接下去又重新开始循环。

用我们的语言来说，我们就应当说，死与生一样都是分阶段完成的。死是从第一个时期开始，只是在用以结束第二个时期的仪式举行以后才完成。同样，生是在实际上分娩时开始的，但要完全成个人则是在行了成年礼仪式以后的事。在这里，我们的智力习惯，我们的语言，又会迫使我们把原逻辑思维以开始或停止共存的许多互渗的形式来想象的那种东西划分成一些截然不同的时期。

II

按照原始人的观念，死亡永远包含神秘的原因，而且几乎永远是横死。死是那些把个人与社会集体连接起来的绳索的猝然中断。于是，又确立了死者与这个集体之间的新的关系。人刚一死以后绝不是一个无足轻重的人，而是怜悯、恐惧、尊敬以及复杂多样的情感的对象。葬仪向我们揭示了与这些情感密切联系着的集体表象。

在一些社会中，甚至在病人断气以前就开始这些仪式了，原始人十分忙于把死者从活人中间搬走。例如，在阿比朋人那里，“当垂死的人的呼吸有一会儿听不见了……当呼吸哪怕只停止了一瞬间，就宣布他死了……立刻就把死者的心和舌头挖出来……喂狗吃，这样一来，害死他的那个人也会很快死去。接着就按照死者乡土的时尚，给这个还是温暖的尸体穿衣服，把它裹在兽皮中……用预先备好的马把他运到坟墓去……我十分怀疑，当人还是半死半活时就把心挖出来了。”①

在弗莱特利角的印第安人那里，“我知道有几次这样的事：根据种种情形看来，某些人毫无疑问是在晕过去了或者仅仅处于昏迷状态时被埋葬了的。我常常告诉他们，就这样把人埋了，不尝试一下让他们活过来，是多么愚蠢呵；但是我没有一次能够说服他们，在他们认为咽气以后稍微等一会儿……一个妇女刚死了丈夫，她是很结实而且十分健康的。我看见她坐在溪边哭她的丈夫。我要到离溪四分之一英里的村子去看病人……忽然，我听见妇女们的报丧的哀歌。我赶忙转回去，才知道死的就是我在几分钟以前看见的那个妇女……在我来得及赶到她的茅屋以前，就给她穿好了寿衣，把她塞进棺材里，准备好埋葬了。她的亲人们什么话也不愿听，而且无论如何不同意让我试一试做点事情。”②

一个耶稣会传教士谈到加拿大的印第安人时说：“按照他们的

① Dobrizhoffer, *An Account of the Abipones*, ii. pp. 266-8.

② Swan, *The Indians of Cape Flattery*, pp. 84-5.

风俗，常常在人实际上断气以前就把他埋葬了。”[1]

封·登·斯泰因指出，在波罗罗人那里也有这种轻率行动。[2]同样，在南非的巴克温人那里，“不幸的病人只要刚一断气，就急忙把他抬出去埋了。为了节省挖坟的劳动，常常选食蚁兽的穴来埋人。我有两次亲眼见到这种匆忙埋葬的结果：活着被埋葬的土人苏醒过来，回到家里，使自己的亲属大受惊吓。”[3]“一般说来，在相信活人有几个灵魂的许多社会中，只要有一个灵魂离开了，而它的离开又被认为是确定无疑的，就可以把这个人看成是死人：假如那个构成他的人格的灵魂一去不复返了，即使肉体的灵魂还在他身上，也是无济于事的。我们发现这个信仰在北美印第安人那里也很流行。在孟加拉的德拉维人各部族那里，也是到处都有这种信仰。当病人在做垂死的挣扎，神志快要不清了，喉咙里咕噜响，他们就说：‘他的身体还在动，但灵魂（roa）已经离开了。’”[4]

然而，正因为不知道死是不是肯定无疑了，灵魂（我用这个词是因为没有更好的词）会不会回到身体来，像它在梦、昏厥等等以后所作的那样，所以出殡和埋葬往往不是在死后立即就举行。因此，在死后要等待一会儿，同时采取一切可能的办法来使离去的灵魂返回。由此产生了大声喊死人，请求它、恳求它不要离开爱它的人们的一个流行极广的风俗。“加勒比人（Caribs）大声哀号，号叫中夹杂着……对死者的诘问：为什么他情愿离开这个可以过舒服

---

① *Relations des Jésuites*, p. 266 (1636).

② *Unter den Naturvölkern Zentralbräsiliens*, pp. 350, 397.

③ Livinstone, *Missionary Travels*, p. 129.

④ “Sagen, Sitten und Gebräuche der Munda Kolhs in Chota Nagpore”, *Zeitschrift für Ethnologie*, p. 371. (1871).

日子的样样都有的世界？他们让尸体坐在四、五英尺深的沟或坟里的一把小椅子上，并且在十天以内经常给他送食物去，请求他吃。最后，只是在他们彻底相信了死者既不想吃东西，也不想返生，他们……才把墓穴填满土。”[①]同样，非洲西海岸的土人也是大声呼唤死者，恳求他不要离开他们；只是在死者生前是聋子的场合下，他们才不这样做(因为他们相信，聋子死了，鬼或灵魂也是聋子)。“一般说，只是在尸体开始腐烂，因而亲属们完全相信灵魂不再回来了的时候才进行埋葬。”[②]最后，在中国，“喊回死人”的风俗自远古即已存在，而且至今仍很盛行。[③]

在东苏门答腊各部族那里，“人死了，停尸在屋里一天一夜……然后挖个墓穴，把死者连同一瓶水、一只鸡……放进里面去，填了墓穴。(如果是妇女则把饰物放进去。)然后升起几堆祝火，三天以内全家人就在墓旁住下，睡觉。(如果是首领死了，则延长至七天。)他们相信，死人真正死是需要这样多的时间的，而在这以前，他们必须陪着他。”[④]

在这个时期，死者和他的社会集体的互渗与其说实际上是中止了，还不如说是暂停了。活人们相信或者愿意相信，没有什么是不可挽回的，从前的状况还有可能恢复。但是，如果灵魂不返回，死者还不苏醒，那就会出现另一些观念，而与之相联系的则是另一些情感。我们知道，澳大利亚土人们相信，人的魂，特别是横死者

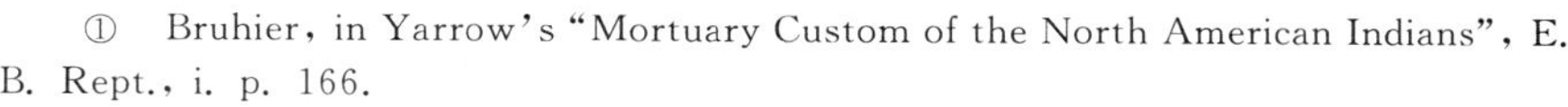

① Bruhier, in Yarrow's "Mortuary Custom of the North American Indians", E. B. Rept., i. p. 166.

② A. B. Ellis, *The Ewe-speaking Peoples*, pp. 106-8.

③ J. J. M. de Groot, *The Religious System of China*, i. p. 253.

④ Moskowski, *Stämme von Ost Sumatra*, p. 644.

的魂，是十分可怜的，而且是怀着恶意的；它经常在愤怒中准备着凭借最小的借口达到激怒状态，并向活人发泄自己的愤怒……他们似乎认为，人在死后的一定时期中，还不具有自己的灵魂所寓的躯体，这个躯体是慢慢形成起来的，在这个过渡时期中，他像小孩一样特别容易动怒和爱报复。[①] 死者的处境是：对自己来说是痛苦的，对那些今后避免与他接触的人来说是危险的。由于他不再像其他人那样是集体中的一个主要成员，所以他必须疏远他们。

这种情感常常以最朴素最坦率的方式表现出来。"当人死了，他的朋友们则给他送去食物，并且说：'如果你离开我们，那就请你彻底抛开我们吧。'"[②]在菲律宾群岛的伊哥洛人那里，"在头几天里，起初是老太太们，接着是老头子们把下面的歌唱几遍：'如今你死了……我们给了你所需要的一切，我们做了葬礼的一切应有的准备。你不要回来叫走你的亲戚朋友中的任何人。'"[③]在西非也有这样的情形，据纳骚说，活人对死人的情感是"十分混乱的。当他们深情地哀号，祈求死者返生时，他们当然希望他完完全全地返生；然而，差不多就在号叫的同时，他们又产生了一种恐惧，害怕死者真的返生，而又不是他平常的助人而合群的有肉体的灵魂返回，却是他看不见的生疏的和可能怀着敌意的没有肉体的灵魂返回……"[④]金斯黎小姐也指出了这种恐惧，而且土人们向她解释了恐惧的原因：他们不是害怕死者怀着恶意，而是害怕他感到孤

① J. Fraser, "Some Remarks on the Australian Languages", *Journal of the Royal Society of New South Wales*, pp. 235 (1890).

② Basil Thomson, "The Natives of Savage Island", J. A. I., xxxi. p. 139.

③ Jenks, *The Bontoc Igorot*, p. 75 (Manila, 1905).

④ *Fetichism in West Africa*, p. 223.

独，——死人是不愿意伤害自己家庭的成员的，特别是孩子们，但是他想要给自己找伴侣，“当他还没有在阴间的社会中定居下来时，他的这种寻求伴侣的愿望当然是特别强烈的，因而更可怕。”[1]就是这种情况使人死后的头几天变得特别危险。这不仅是因为死者和他的社会集体的联系只是刚断，而且还因为他与鬼魂集体的联系尚未建立。

北美的土人也表现了同一些观念和感情。对塔拉胡马尔人来说，“死亡只不过意味着……形状的改变……他们害怕死人，认为死人必须伤害活人。这种害怕是由下面一个推测引起来的，即死人孤独，渴望与自己的亲属为伴。死人也使活人生病，他们这样做，是为了让病人也死，好跟已死的人聚在一起……人死了，就把他的眼睛盖上，把他的手交叉放在胸膛上……亲属们一个跟一个向他说话，跟他告别。哭哭啼啼的寡妇对自己的丈夫说，现在他是去了，再也不必和她留在一起，他不该再回来吓她、他的儿子或女儿或任何人。她央求他不要叫走任何人，也不要干任何坏事，让大家都安静。母亲对死了的婴儿说：‘现在你走远些吧！再也不要回来了，你已经死了呀！’父亲则对死了的孩子说：‘不要回来要我牵着你的手，或者要我给你做什么玩意儿！我不再认识你了。’”[2]

在人死后的头几天里，人们想象死者，亦即想象他的灵魂或鬼魂还留在他咽气时住的那个帐篷里或者茅屋里，至少是在离尸体不远的地方或者在附近一带地方游荡，特别是在晚上，所以这几天

① *West African Studies*, p. 113.

② C. Lumholtz, *Unknown Mexico*, i. pp. 380-2.

的恐惧尤为炽烈。这个信仰几乎是到处都有的；即使它不是集体的观念中所固有的，人的心理作用也会引起这种信仰。当死神夺走了我们的什么亲人时，难道我们不在最初的时候期待着他在照常的时刻转回家来，从房里走出，坐到桌子跟前自己的位置上？然而在原始人那里，除了这些差不多等于幻想的沉痛的悼念以外，还产生另外的一种东西：在原始人的集体表象中，身体的可见的存在引出灵魂的不可见的存在。“人死后，灵魂在去布拉库利（bura-kure）旅行以前，还留在尸体近旁一个时期。”[①]由此得出的结论是，对尸体的处理，也就同时决定了灵魂的命运。给死者划出一个地方，这地方必须成为他今后的居住地，以此来避免过渡时期中由他的在场而引起的恐惧。

因而，不管葬礼采取什么形式，不管尸体以什么方式处理——土葬、火葬、停放在高台上或架在树上以及诸如此类，所有这些仪式实质上都是神秘的，或者如果愿意的话，也可说都是巫术的，像上面研究过的那些仪式一样。正如狩猎中最重要的事情是迫使猎物出现或者妨碍它们逃跑，使它们迷惑等等的仪式；正如治病的要领是在于用以揭露致病的恶因和使巫医有袚除此种恶因的能力的仪式；人死后头几天举行的葬礼实质也是把死者从活人群中彻底排除出去的仪式。葬礼防止死者今后再混进活人中，并把他引进他即将作为一员去参加的那个社会中。这并不意味着活人与死人之间从今以后就断绝了一切关系；我们马上就可以见到事情不是这样。然而，在将来，这些关系将得到控制。死人从遵守规定中得

① Hagen, *Unter den Papua's*, p. 266.

到了回报，心安理得，于是不再要求什么东西，从而活人也不用再害怕他了。

另一方面，绝对必须举行这些仪式。我们知道，雅典和罗马的公民在这一点上与中国人和大部分现时已知的民族的想法是一样的。例如，在非洲西海岸，"当谁死在异乡，则他的家人竭力搜索属于他的什么东西，如头发或者指甲屑之类，并对这些东西举行葬礼；因为按照一般的信仰，在举行这些仪式以前，鬼或魂一直是在他的遗物近旁徘徊不去；到此刻以前，它是不能或者不愿意先到冥国去的。同样，如果告诉犯人，把他处死后，将不给他的尸体举行葬礼，这对他来说比死还要可怕；因为死只是把他转到另一个环境中去，他在那里还继续干他在这里干的事，而剥夺葬礼则会使他想到各种各样无名的恐惧。"①

这样一来，我们不去深入讨论在从病人断气的那一刻起到举行真正所谓葬礼的那个或远或近的日子之间的时期中进行的各种仪式的变化多端的细微末节；特别是，我们不去讨论下面一个事实，即原始人常常借助这些仪式来竭力达到几个不同的目的，比如排除由于尸体在近处而引起的污秽，增强那些不完全占有自己的身体但又没有变成鬼的死者的力量，使仍然活着的人免受死者方面提出追查凶手的要求，以及诸如此类。我们可以认为这些仪式的总的趋向是神秘的，它们的目的是要给死人确定一个既让他满意也让活人得到安宁的地位，不管死人自己是否赞同。博厄斯转述了一个死而复苏的巫师的极有趣的故事，这个巫师叙述了他死后头几天的体验。

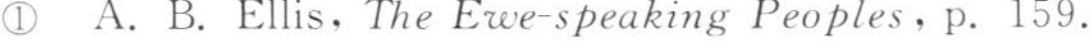

① A. B. Ellis, *The Ewe-speaking Peoples*, p. 159.

“当我死了，我没有感到任何痛苦。我坐在我的身体旁边，看着你们怎样准备埋葬它，你们是怎样用羽毛给我画脸……在第四天末，我觉得好像既没有白天，也没有夜晚。”（这样看来，死者在这四天中逐渐远离了他死时的那些普通的生活条件；在死的那一刻直到举行葬礼之间的这段时期中所做的一切，其目的是在削弱死者与其作为活人时的状态之间的联系，并为他准备另一些联系。）“我看见你们怎样抬走我的身体，我感到自己是被迫跟随着它，尽管我是希望留在我们屋里的。我请求你们中的每个人给我东西吃，但是你们把食物扔进火里，这时，我就感到自己吃饱了。最后，我想：‘我相信自己是死了，因为没有人能听见我说话，而被火烧光的食物却能使我饱肚，于是我就决意到冥国去。’”[①]这个巫师如同他的听众们一样，毫不怀疑死者的灵魂希望留在活人们身边，如果不是葬礼迫使它跟随着身体，它实际上是会留在活人中间的。

也有这样的情形：死者的灵魂在举行葬仪以后不是立刻就离开了。例如，在朱尼人那里，尽管人死后立刻就埋葬，但死者的灵魂在死后四天内仍然在村里出没，只是在第五天早晨才开始它的长途旅行。[②] 相反的，常常有人提到这样一些仪式，它们的目的甚至是要在埋葬以前驱走死者的灵魂。例如，南印度的拜地亚人(Baidyas)相信，死鬼到第五天以前还在屋里进进出出。“死者的家人在这一天晚上睡觉前，在死者断气的那个房间的门廊撒上灰，仔细留意不要踩在那里，或者走近那个地方，好留给鬼去踩。第二

① F. Boas, “The North-west Tribes of Canada”, *Reports of the British Association*, p. 843 (1889).

② Stevenson, *The Zuñis*, p. 307.

天早晨，他们验灰，看上面是不是有鬼的双叉足的迹印。如果迹印清晰，这就是说鬼已经离去了；反之则要请巫师来把它驱走。"[1]——"在马拉巴尔的泰安人(Tyans)那里，在第三天的早晨……一个近亲把一碗热气腾腾的送丧香米饭端到死者停放的房间里。人们立刻就把这碗饭端走，念及死者的鬼魂在三天斋期中饿坏了，一定会垂涎地跟随着这碗诱人的饭食。人们立刻关上门，这样一来，就把鬼魂关在外面了。"[2]最后，为了不再加多相似的例子，我们只指出，在沙捞越的伊班人(Iban)或达雅克人那里，随着夜晚来临，马南(manang)或巫医举行一种叫作巴吉拉拉(Baserara)(意即分开)的仪式……他们相信这个仪式能把死人的魂与活人们的魂分开来；这样就使它忘记活人，剥夺它返回来并带走亲戚朋友的魂的能力。[3] 我们在这里不是见到了死人的魂与他的社会集体的联系断绝了的最明显标志吗？然而，如果真正的葬礼，亦即隆重地进行埋葬的仪式，没有使死者确定地处于他今后将要处的或者至少暂时必须处的状态中，则这些或多或少巧妙的把戏，这些用以驱走或排除死人的鬼魂、剥夺它想要回到他生前占据的地位的希望的变化无穷的巫术仪式，仍不足以保证这种联系的断绝。

III

最初几场丧礼与服满时的仪式之间的持续时间长短极不一

---

① Thurston, *Ethnographic Notes in Southern India*, p. 307.

② Thurston, *Ethnographic Notes in Southern India*, p. 218.

③ Dunn, "The Religious Rites and Customs of the Iban or Dyaks of Sarawak", *Anthropos*, i. p. 170 (1906).

致。这个时期可以是几个星期，也可以是几个月，还有更长久的。如赫兹(R. Hertz)指出的那样[①]，有时也有这样的情形，终结仪式化为几个仪式或者甚至与最初几场丧礼混淆。但是，在大多数原始民族那里，前后仪式之间的差别仍然是十分明显的。后一个时期不同于前一个时期的地方乃是由死者引起的恐惧已经消退。在这个时期，已经不再感到死者是个可怕而不祥的鬼魂，不再觉得他是在周围游荡，准备伤害活人和把他们拖去陪死。丧礼的神秘力量在一定程度上中断了他与活人群的互渗。它保证了死者巩固的地位，同时也保证了活人的安宁。但是，死人仍然继续与活人保持着某些联系：殷勤的对待死者，每隔规定的一段时间给他献上食物、祭品、尽心竭力地赢得他的好感，尤其是要避免激怒他，所有这些十分流行的风俗清楚地说明了，就在这个时期，死人也保持着对活人的某种权力。双方在彼此间的关系上都拥有权利和义务。死人是在活人群以外，但还不完全是活人所陌生的。

例如，在阿龙塔人那里，“人死后，尸体很快就……埋葬……在地里挖的一个圆坑中，土直接往尸体上堆成一座小丘，丘的一边留一个坑。这个坑永远要挖在对着阿尔捷林加的男性或女性死人的茔地所在的那一边，亦即对着他(或她)以鬼魂的形式生存时所居住的那个地方。挖这个坑的目的是要使死者的乌尔塔纳(Ulthana)或魂能够方便地进出；据认为，在举行终结的丧礼以前，魂一部分时间是在坟墓里度过，一部分时间是在观察着近亲们，最后，一部分时间是在自己的阿龙布林加(Arumburinga)亦即自己的魂身

① “La Représentation Collective de la Mort”, *Année Sociologique*, x. p. 120.

的社会中度过……"[1]尽管已经安葬了，死者仍然享有走来走去的充分自由，他十分细心地留意着亲人们对他的举动。在中澳大利亚北部各部族那里，"被叫作温古兰(ungwulan)的死人的魂在放他尸体的那棵树的附近徘徊，并且时常到帐篷里去，观察寡妇是否好好在服丧……应当在什么时候举行终结仪式，得征求它的意见。"[2]

在这个时期，关心死者的需要，是十分自然的。据艾德费尔特报道，在新几内亚，在某个时期内，人们为坟墓大大地操心；在坟上植树，每隔一段规定的时间，要在这里举行纪念死者的节日。[3] 死人自己当然是要参加这些节日的。在巴西的波罗罗人那里，我们也见到同样的情形。"初葬是在第二天或第三天举行……尸体葬在森林中靠近水的地方。大约过了两个星期，尸体上再也没有肉了，这时就举行终结仪式，其目的是装饰和缠裹尸骨。在这段时期中，活人用唱丧歌的办法，来在白天，特别是在夜晚与死者保持联系。这第二个仪式举行完毕以后，任何人也不再为死者操心了。"[4]在加利福尼亚，岳卡亚人(Yokaia)有一个风俗，就是"供养死人的魂：在整整一年期中，死者的亲人们每天来到死者生前常去的那些地方，在地上撒点食物。母亲每天来到他死去的孩子生前常玩的地方或者坟上，把自己的奶挤出……像岳卡亚人和空卡乌人(Konkau)一样，谢尼尔人(Senel)也认为供养死人的魂一年是

---

① Spencer and Gillin, *The Native Tribes of Central Australia*, p. 497.

② *The Northern Tribes of Central Australia*, p. 530.

③ Edelfelt, *Customs and Superstitions of New Guinea Natives*, p. 20.

④ K. von den Steinen, *Unter den Naturvölkern Zentralbräsiliens*, pp. 390-6.

必要的。”[①]

这个被严格地履行着的义务，只是在有限的日期内有效。当死人留下来为邻时，当他根据自己的意愿来来往往时，当他监视着他曾经所属的那个集体时，他有许多权利，他要求他所应得的一切东西。随着第二次仪式的结束，这一切也就终止了。可以认为，这第二次仪式的主要的（即使不是唯一的）目的，是要彻底断绝那个使死者仍然能够与社会集体的生活互渗的联系。这第二次仪式，或者视情况说这个终结仪式，使死完成，使它成为完全的死。今后，死者的魂将不再对他的社会集体发生个人的影响了，至少在它等待转生的那个不固定的时期中是这样。例如，斯宾塞和纪林在详细描写了这个主要仪式是折断骨头的终结仪式以后，补充说：“一旦折断骨头的仪式……完成了，折断的骨头被安置在它将永远留下来的那个地方了，死人的魂（它被想象成一粒沙那么大小）就回到他在温加拉（Wingara）的营地去，和他的图腾的其他成员的魂一起留在那里直到转生为止。”[②]赫兹在他的专著《关于死亡的集体表象》（*La Re-présentation Collective de la Mort*）中，引述了许多主要取自马来群岛各民族的例子。我们在这些例子中见到死是分两次完成的，只是在第二次以后，死才被认为是完全的。我只引述在美洲和非洲的原始人社会集体那里观察到的几个类似的例子。在苏兹人那里，“当父母死了儿子时，他们就把他那覆在额上的一绺头发剪下，用鹿皮包起来……（他们定期给这绺头发上供。）

① Powers, *Tribes of California*, pp. 166,167,171.

② *The Northern Tribes of Central Australia*, p. 542.

……在一定时刻打开鹿皮包裹，取出那绺头发，即取出鬼，把它埋葬了。此后，儿子就跟自己的父母彻底分开了。苏兹人认为，在这绺头发被埋葬以前，死者实际上还留在家里，但在埋葬了它以后，他就第二次死了。”[①]在英属哥伦比亚，“人死后过了一年，亲属们搜罗大量食物和衣服，来在坟上举行一次新的纪念。这是丧期的终结，从此以后，亲属们竭力忘掉死者。在这次纪念会上，死者的儿子继承了他的名字。”[②]这最后一个细节是十分值得注意的，因为人的名字构成了他这个人的一部分。

在墨西哥，塔拉胡马尔人连续举行三次丧礼。在死后 14 天内举行的第一次丧礼上，所有守丧的人以巫师为首去向死者讲话，恳求他让活着的人们安宁……第二次丧礼在六个月以后举行……三个男人和三个女人把饮食送到坟上，亲属们则留在家里。第三次丧礼是摆脱死者的最后一次努力；仪式以青年们的赛跑而结束。“大家都高高兴兴地回来，他们把自己的毡子、斗篷、帽子抛向空中表示自己的满意，因为现在死人终于去远了……根据塔拉胡马尔人给这三次仪式取的名称来判断，第一次仪式的目的是送食物(给死者)，第二次的目的是补第一次的不足，第三次的目的是给死者解渴。其中每次仪式的持续时间是一天一夜，从死者断气的那个时刻开始……为男人举行三次仪式，为妇女举行四次。妇女不能跑得像男人那样快，所以比较难于打发她远去。在最后一次仪式举行以前，鳏夫寡妇绝对不能结婚，他们比其他任何亲属都更害怕

① Dorsey, “Siouan Cults”, E. B. Rept., xi. pp. 487-8.

② F. Boas, “The North-west Tribes of Canada”, *Reports of the British Association*, p. 643 (1890).

死者。"[①]

但是,这些塔拉胡马尔人当最后一次仪式一举行完毕,就知道他们不必再害怕什么了,他们就以相应的方式行动了。鲁蒙霍尔茨说:"塔拉胡马尔人不大怎么计较我把他们的死人的遗骨运走,只要是已经死了几年而且被认为已经完全被送出了这个世界的。一个塔拉胡马尔人以一块美金的价钱把自己丈母娘的骨头架子卖给了我。"[②]"回乔尔人不害怕离开我们的世界比较久的死人。"[③]他们知道鲁蒙霍尔茨在搜集人的头盖骨,都很乐意把头盖骨带来给他。同样,赤道非洲的黑人"害怕新近死了的人的魂。他们把食物、衣服、用具带到他们的坟上,还时常换食物送去。在规定服丧的时期中,他们常常回忆死者,害怕他……但是,当他们记忆渐渐模糊起来时,他们就不再相信死人的魂的继续存在了……跟他们谈起他们昨天死去的兄弟的魂时,他们会满怀惊惧;但是,跟他们谈那些死了很久的人的魂时,他们就会满不在乎地说:'这是完了的',这意思是说它们不再存在了。"[④]

在锡兰,"韦达人(Weddahs)见到死了很久的人的骨骼时,毫不表示惊惧。我们在搜集韦达人的骨骼时没有遇到任何困难。土人很乐意给我们指出他们按照英国视察员的指示埋葬自己的死人的地方。当我们把骸骨从地里启出时,他们几乎总是好奇地望着我们,毫不动感情。当需要在坟土里寻找手足的碎骨时,他们也很

① C. Lumholtz, *Unknown Mexico*, i. pp. 384-7.
② C. Lumholtz, *Unknown Mexico*, i. p. 390.
③ C. Lumholtz, *Unknown Mexico*, ii. p. 285.
④ Du Chaillu, *Equatorial Africa*, p. 336.

乐意帮助我们。”①

赫兹清楚地指出了为什么服满的仪式以其持续时间不同但一般都有相当长一段时期而有别于最初几次丧礼。为了能够举行终结仪式,把死者放逐到足够遥远的地方,以断绝他任何复返的念头,为了使他能够去跟其他等着转生的魂一起生活,必须使他身上一点儿肉也不剩。必须使骨头上不粘一点儿肉,完成尸肉的腐烂过程。从赫兹报道的许多事实中以及从斯宾塞和纪林所做的澳大利亚土人的葬礼的详细描写中,可以清楚地看出这一点。澳大利亚土人不时去探望腐烂着的尸体,并且问留在尸体附近的魂,它认为什么时候骨头可以完全脱离肉,以便举行终结仪式。

我也在原始人中间极为流行的和至今仍然在中国保持着的一个信仰中看到了对赫兹的理论的证实。有一些鬼特别可怕和凶险,这就是催命鬼,它们的出现引起极度的恐怖。并且,当人们为了制服这些非常吓人的鬼而启他们的墓时,都发现好像这些尸体根本没有腐烂。在罗安哥,“当启开坟墓时,发现尸体完好无损,眼睛睁着……人们用火把它烧掉。”②——在东非,“人死后的几个星期内,其近亲、妻子、丈夫或姊妹每夜都梦见他,在惊恐中醒来,走出茅屋,四下里张望,看见这死鬼坐在屋门近旁。或者常常有这样的事,人们看见鬼坐在村边他小时候常玩的地方。这些鬼的身材永远比死者的真身大……在这些场合下,就要由死者的一个近亲,通常是他的兄弟之一来启开坟墓,而且尸体总是一点儿也没有腐

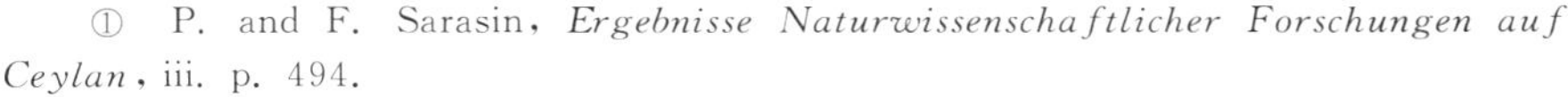

① P. and F. Sarasin, *Ergebnisse Naturwissenschaftlicher Forschungen auf Ceylan*, iii. p. 494.

② Dr. Pechuël-Loesche, *Die Loango-Expedition*, iii. 2, p. 318.

烂，肉色苍白。人们把尸体启出烧掉，然后改葬骨灰。这以后，鬼就不再出现了。”[①]格罗特也叙述了许多类似的事例。[②]

因此，尸体不腐烂的死人特别令人害怕。这种死人是违反常态的，因为他不能达到使他与活人彻底分开的完全的死。由于他不能使肉体腐烂并从第一次死逐渐过渡到第二次死，所以他就来纠缠着活人，迫害他们。这个集体表象不也是表现了原始人的思维的神秘的和原逻辑的性质吗？支配着这个思维的互渗律，使原始人把逻辑思维所不能理解的那种结合着魂与骨、肉的神秘联系看成是最简单不过的东西。从一种意义上说，死人就是肉和骨；从另一种意义上说，他又是其他什么根本不同的东西；而这两个命题并不彼此排斥，因为对原始人的思维来说，“是”的意思就是“互渗”。原逻辑思维必须把死者肉体的腐烂确定为死亡的标志、条件、原因和第二次死的事实本身。当腐烂完成了，也就是死亡完成了，也就是个人与其社会集体之间的联系彻底断绝了。

IV

在那些随首次或末次丧礼一起出现的风俗中，我将引证一系列可以清楚地看出原始人的思维的神秘的和原逻辑的性质的风俗作为例子。一般说来，这些风俗都包含下面一个内容，即把属于死人的一切东西随死人一起埋葬，或者简单地把这些东西毁坏。差不多在所有不发达民族中间都无一例外地保持着这个风俗。我们

① Hobley，“British East Africa：Kavirondo and Nandi”，J. A. I.，xxxiii. pp. 339-40.

② *The Religious System of China*，i. pp. 106，127.

知道，在阿龙塔人那里，如果一个男人死了，就割下他的头发，但他的项圈、臂饰物和缠头用的细皮带都仔细保存起来留给以后使用。(事实上，这些都是澳大利亚土人从自己的祖先或者亲属那里得到的有高度巫术价值的东西。在与这些东西的关系上，大致如同与珠灵卡的关系一样，每个澳大利亚土人对这些东西可说是只有使用权。)但是，安葬以后，死者(男人或女人)的帐篷立即予以焚烧，那里的一切东西也和它一起毁掉。如果说到女人，那更是绝对不能留下任何东西[①]。在南澳大利亚，"凡属于死者的东西、他的武器、他的鱼网等等，都和尸体一起放进坟墓里。"[②]在维多利亚，巫师把所有能找到的属于死者私人的东西都扔进坟里……然后他问还有什么属于死者的东西没有，如果有人告诉他还有什么东西，他就吩咐把它拿来，加到先前那些东西里，现在，人死了，生前属于死者的一切东西都必须和他的尸体放在一起。[③] 在俾士麦群岛，"死者的一切动产都放在坟上，只是在死后第三个星期才烧毁。"[④]——在波罗罗人那里，谁家里死了人，这个家庭要遭到重大的损失，因为死者生前用过的一切东西都要烧毁，或者扔进水里，或者与死者一起埋葬。[⑤] 多布里茨霍菲尔也在阿比朋人那里发现了同样的风俗。"属于死者的全部用具都放到火堆里烧掉。除了在坟上宰马上供以外，还要杀死小牲畜，如果死者有小牲畜的话。

① Spencer and Gillin, *The Native Tribes of Central Australia*, p. 497.

② Beveridge, "The Aborigines of the Lower Murray", *Journal of the Royal Society of New South Wales*, p. 29 (1884).

③ Brough Smyth, *The Aborigines of Victoria*, i. p. 104.

④ Parkinson, *Dreissig Jahre in der Südsee*, p. 441.

⑤ K. von den Steinen, *Unter den Naturvölkern Zentralbräsiliens*, pp. 334-9.

他的住宅完全被捣毁。他的妻子、孩子和家庭的其他成员则到什么地方找个栖身之所，他们不再有自己的住宅，就在别人家里住一个时期，或者用席子搭个篷聊以栖身。在阿比朋人中间，大声说出不久前死去的人的名字，就算是罪大恶极。”[①]在加利福尼亚，柯玛乔人(Komacho)把属于死者所有的一切东西甚至属于他的马匹所用的东西都作为祭品。在尼西纳蒙人(Nishinam)那里，人一死，立刻就把尸体烧毁，同时烧毁属于他的一切东西。在温图人(Wintus)那里，凡属于死者的一切可以放进坟墓里去的东西都扔进坟墓里，如小刀、耙子、几瓶威士忌酒、装牡蛎的盒子，等等，凡不能埋葬的东西都烧毁。死了地位高的印第安人时，他的小屋也要付之一炬。“以后永远不再有人提到死者的名字。”[②]——“休伦人把饼、油、兽皮、斧子、小锅和其他用具埋葬或者与死者尸体放在一起，以便死者的魂在另一种生活中不会因为没有这些东西而忍受贫穷之苦。”[③]在温哥华，属于死者的一切东西都放在尸体旁边，因为不这样他就会回来把这些东西拿走。有时甚至把他的住宅夷平。[④] 朱尼人也是把属于死者所有的几乎一切东西都毁坏或烧掉。

这种风俗在整个非洲都是十分流行的，甚至在这个风俗已不通行的地方，仍可以发现它的痕迹。例如，在奴隶海岸，“孩子不是父母的唯一继承人：伯、叔、舅也有继承权。因此，孩子们一见到父

① Dobrizhoffer, *An Account of the Abipones*, ii. pp. 273-4.

② Power, *Tribes of California*, pp. 173, 239, 328.

③ Fr. Sagard, *Le Grand Voyage au Pays des Hurons*, p. 233 (1632).

④ F. Boas, "The North-west Tribes of Canada", *Reports of the British Association*, p. 575.

亲快要死了，通常都要从他住宅里拿走一切贵重的东西。死者的兄弟也在这个最后时刻急忙赶来从死者的动产中尽可能捞一把。"[①]但是，同一个传教士还给我们报道了下面的事实："死人和大量被服一起被放进坟墓里，此外什么东西也不放。从前要在坟上打破装满油的瓦罐，现在不这样做了。"[②]在巴亚卡族(Ba-yaka)那里，"人死了，他的一切器皿都要打碎，把碎片留在坟上。"[③]麦克唐纳(Macdonald)告诉我们，在南非，葬礼完毕以后，服丧的人们离去了，这时，死者死时所在的那个住宅就予以烧毁，同时烧毁它里面的一切东西，即使是宝贵的东西，如谷物、用具、武器、饰物、护身符、全部家具、床和寝具：一切东西统统烧掉。[④]

在南印度，当沙瓦拉(Savara)一死，立刻就在他的住宅的门前放一枪，以帮助他的魂逃走。人们把尸体洗净，抬到家庭火葬场去烧掉。他所占有的一切——弓、箭、斧、匕首、项圈、衣服、稻米等等与尸体一起焚烧。[⑤] 最后，为了不再赘述，我们引述格罗特提供的一个证据：从前在中国，死一个人会弄得倾家荡产。后来，贵重物品与死者一同埋葬的风俗逐渐废除了，但并不是完全绝迹。同时，孝道则越来越成为一种必须遵行的东西。亦即孩子们在实际上不再拒绝继承父母的遗产，但仍然十分热中于装出拒绝的样子……

① Spieth, *Die Ewe-stämme*, p. 120.

② Spieth, *Die Ewe-stämme*, p. 256.

③ Torday and Joyce, "Notes on the Ethnography of the Ba-yaka", J. A. I., xxxvi. p. 43.

④ Macdonald, "Manners and Customs … of South African Tribes", J. A. I., xix. p. 276.

⑤ E. Thurston, *Ethnographic Notes in Southern India*, p. 206.

穿最不值钱的衣服,尽可能吃最俭省的饭食。[①]

对这些风俗的通行解释,是把它们的来源归结为下面几个一般的动机:供给死者所需要的一切,使他在新环境中不致成为不幸者,如果死者是某种重要人物,则必须供给他为维持其等级而需要的一切;使活人避开受死亡玷污了因而不宜再用的物品;(这一点似乎可以解释比如烧毁或夷平死人断气时所在的住宅的那个几乎无处不有的风俗);避免那个嫉妒地监视着活人的死者想要转回来寻找他的财产的危险。从大量例子看来,似乎不应当怀疑遵守这些风俗的人们是受着这些动机的影响,或者至少是受着其中一个动机的影响。研究者和传教士们常常明确地提到这一点。

然而,他们有时也会自问:这些动机是否实际上足可以解释这个如此离奇的、显然有损于活人的利益的风俗呢?例如,在刚果,"首先给死者戴上他的所有装饰品和他的一切贵重东西,因为这一切东西必须与他一同死去。为什么会是这样呢?如果说是出于贪财的动机,是因为人即使在坟墓里也不愿意和自己的财产分手,那么,这种贪心必定也在他的继承人那里起作用,他一定不会同意受到这种损失。从我所能搜集的一切材料看来,他们是在盲目服从那个吩咐他们这样作的基西(Kissy)行事,他们是太愚昧了,以至不敢去议论他们所盲目服从的那个宗教。"[②]

诚然,有时也有这样的情形:观察者们在自己的报道中把这些事实与他们觉得最合乎自然的解释混淆起来了。然而,上述动机

① *The Religious System of China*, i. p. 474.

② Degrandpré, *Voyage à La Côte Occidentale d'Afrique*, i. pp. 147–8 (1801).

有时又似乎分明是土人们自己做出的解释。“他们想象着并相信这些用具、斧子、匕首以及献给死者的一切东西的魂到彼世去为死人的魂服务(特别是在死人大会上)，尽管这些兽皮、用具、斧子等等的实体是和死人的遗骸一起留在坟墓里和棺材里。当我们指出老鼠会把他们埋在亲友的坟中的油和饼吃掉，锈和腐烂物会使兽皮和武器烂掉，他们总是这样回答我们的。”①

甚至，当风俗的最初意义已经丧失，仍然有人常常遵行这些风俗。那些继续遵行它们的人当然永远不会忘记按照他们那时的观念和情感来解释它们，正如神话所由产生的集体表象随同社会环境一起改变时，这些神话也会包含着与最初意义相反的一层层附会的解说。诚然，我们可以承认，在销毁属于死者的一切东西的风俗继续保持着的原始民族中间，土人们是用上面指出过的那些动机来解释这个风俗的；然而，就是在这种情形下也应当提出一个问题：这些风俗实际上是不是应当与神秘的和原逻辑的思维所固有的其他一些集体表象联系起来呢？

按照我们的观点，这些风俗包含了一种同时被想象和被感觉的特殊的互渗。人使用过的物品，他穿过的衣服，他的武器，他的饰物，乃是他自身的一部分，乃是他自己(把动词“是”解释为“互渗”)，正如他的唾液、指甲屑、头发、大便一样，尽管是在较小的程度上。某种东西通过他这个人转移到这些东西里面来了，而这些东西就可说是成了他的人身的继续，从神秘的意义上说，这些东西今后就与他分不开了。由于一种极化作用，这已经不是一般的武

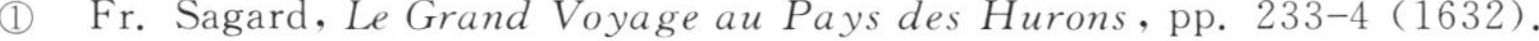

① Fr. Sagard, *Le Grand Voyage au Pays des Hurons*, pp. 233-4 (1632).

器，不是一般的饰物了，这是这个人或那个人的武器或饰物，它们不能丧失这种可资区别的特征，它们不能成为其他任何人的武器或饰物。因为原始人的思维认为事物的神秘特征、它们的神秘属性是最最重要的东西。原始人的思维的趋向与逻辑思维不同，它导致根本不同的行为方式，导致一种以功利观点看来常常是不明智的行为。例如，首领决定明天早晨出发去打猎，而波罗罗人不是去休息，好好睡一觉，使得精神饱满，而是用唱歌和跳舞来度过一夜。[①] 封·登·斯泰因对此感到十分惊奇，他哪里知道，以波罗罗人的观点看来，野兽的捕获取决于由唱歌和跳舞来对它发生的神秘影响，比取决于猎人的技能和敏捷要大得多。同样的，一想到制作武器、独木舟、用具常常要求于原始人的那种大量的劳动，就不由得问道：他们怎么能够每死一个人就牺牲掉作了这样多的坚韧不拔的努力才制成了的产品呢？然而，对他们来说，武器和用具的功效和实利，比之于那个把它们与其制造者、使用者和占有者结为一体的神秘联系，前者则是完全次要的东西。假如这个人死了，对他的所有物应当怎么办呢？对原始人的思维来说，这甚至是不成其为问题的。[②] 对它来说，这里没有两可皆宜的解决办法，因为死者和属于他的一切东西之间的互渗是这样强，以至不可能产生关于这些东西会对其他人有效的观念。因而，必须使这些东西跟他一起去。必须把它们放在他的尸体旁边，而且由于它们一般都被

---

① *Unter den Naturvölkern Zentralbräsiliens*, p. 367.

② “我再问他：为什么他们把死人的衣服也和死人一起埋葬呢？这个印第安人回答说：‘这些衣服属于他们所有，干嘛要夺掉他们的衣服，’”(*Relations des Jésuites*, v. p. 130 (1633).)——“‘我们这里现在不谈死人了，’他这样对我说。‘即使死者的亲属也不用死者生前用过的东西。’”(*Relations des Jésuites*, v. p. 134.)

认为是有生命的，所以它们也将和死人一样转到死亡(在其第一阶段)把他带去的那个邻近的地区去。

不难看出，刚在上面指出过的那些动机与这些风俗的神秘的起源是不矛盾的。比如说，把这些东西据为己有，那是危险的。因为谁要是用了它们，就会有激怒死人并成为他报复的对象的危险。也可以这样认为，死人将感激那些把属他所有的一切东西送去与他一同上路的人们的关怀，他将以不扰乱活人的安宁来作报答，等等。然而这些动机只是次要的东西。可以用死人及其财产之间的最初的神秘联系来解释这些动机，但不能用这些动机来解释这个神秘联系，因为这种联系直接来源于原逻辑思维所固有的集体表象。对这个思维来说，在这一阶段上，财产、所有权、使用与互渗根本没有区别。这个神秘联系不可能被死亡破坏，尤其是死者还继续活着，他与社会集体的关系还没有彻底断绝。如果用我们的语言来说，他仍然是他的一切东西的所有者，而我们所研究的这些风俗只不过说明了他的所有权得到了承认。只应当这样来理解：在这个时刻，这种所有权构成了被占有的东西与其占有者之间的神秘联系、互渗。这个联系甚至不允许产生财产可能转入其他人的手中或者即使它转给其他人还能有什么用处的念头，更不用说由于破坏这个联系而可能引起的那些极端危险的后果。

虽然研究者们通常都与这种观念体系距离十分遥远，但他们的语言仍然常常或多或少清楚地证实了我们的观点。首先，他们常常告诉我们，埋葬、毁坏或作祭品的东西都是死者私人所有的东西，亦即他自己制造或者专归他使用的东西。毁坏通常都不扩及属于他的家庭的其他成员所有(在神秘的意义上说)的东西。“寡妇保存着她自己作的所有篓篮和小饰物。”[1]在新几内亚，属于男性死人的弓和箭的一部分以及他使用过的大多数东西都要在坟上毁成碎片，以证明今后不能继续使用它们的事实。在厨房用具或者妇女使用的工具方面也遵守这样的风俗。她的裙子和她在死的时候的一切穿戴都放到坟上去。[2] 有时，观察者们也指出了死者与属于他所有的东西之间的联系的神秘性质。“死人的衣服、武器、用具与他一起埋葬……他的树皮独木舟反扣在他坟上，或者放在河中漂走。属于死者所有但不能和他一起埋葬的一切东西则作为祭物。人们把它们烧毁，扔进水里或者挂在树上，因为它们是etn′áry êtay（意即‘咒过的’）。这是一种新的禁忌，其他地方也常常见到。”[3]这个类比在我看来是十分恰当的，尤其是这种禁忌是强加给那些与死者一样构成同一个社会的或宗教的集体的成员们，而不涉及其他人。在巴隆加人那里，也有同样的情形。一个人死了，“他的衣服和他随身所带的一切都扔进他的那座荒废的茅屋里。他的盘子，他的饮具在他坟上打碎；谁也不敢再碰着它们……”但是，玖诺又在这里指出：“除了基督教徒……里卡特拉的一位名叫罗依斯（Lois）的皈依基督教的妇女笑着告诉我，她花了很便宜的代价凑齐了一套碗碟，她是在一个死人的继承人那儿买来的，他们本来打算差不多是白白送给她的。”[4]这最后一个事实是十分值得注意的。毫无疑问，在巴隆加人那里，死人和属于他所

① Powers, *Tribes of California*, p. 249 (Shastika).

② Edelfelt, “Customs and Superstitions of New Guinea Natives”, *Proc of Roy. Geo. Soc. of Australia*, vii. p. 20 (1891).

③ Petitot, *Dictionnaire de la Langue Dènè-dindjie*, p. xxvi.

④ Junod, *Les Ba-Ronga*, p. 58.

有的东西之间的神秘联系并不是那样强得必须使这些东西与它们的所有者处于同一状态。然而,对于活人来说,它们却是禁忌的,活人宁肯把它们毁坏,也不使用它们。但是,从他们毫无顾忌地把这些东西卖给信仰基督教的土人这一事实中可以看出,他们毁弃这些东西,并不是为了使死人能够使用它们或者害怕他回来拿走。

同样,在贺人(Hos)、孟加拉的德拉维人那里,人死时也要毁灭他私人的一切东西。但是,这样做根本不是因为想到死人会从这里面得到什么好处。"贺人对这样的问题总是给予否定的回答。他们给我的解释与我在上阿萨姆的楚里卡他米施米族(Chulikata Mishmis)的土人们那里得到的解释相同,即他们不希望从他们家庭成员的死中得到任何直接的好处……他们把死者用过的属于他私人的一切东西,他的衣服和碗碟,他带过的武器和他身上的钱币都扔进火里。但是,对新的东西,对他还没有来得及使用过的东西,则不照他用过的那些东西那样办,对这些东西不加毁坏。常常有这样的情形,年高德劭的贺族老人不穿属于他所有的新衣服,以避免在下葬时毁坏它们。"[①]很难找出一个例子比这个更清楚地指明了,所有权实质上就是所有者和那些以某种方式(比如说因为这个人使用了它们或者把它们穿戴在身上)与他互渗的东西之间确立的一种神秘的联系;假如这些东西随着所有者的死亡而被毁坏,那是因为死亡并没有断绝神秘的联系。互渗继续存在。一方面,这互渗反对使用这些东西的任何可能性;另一方面,它又决定着那些可说是把东西交给死者自行处理的风俗。甚至不必要把死人的

① Risley, *Tribes and Castes of Bengal*, i. p. 334.

东西毁坏。死人可以成为活财产的所有者。“有一些魂(死人的)由于经常受到供奉而十分富有牲畜和奴隶:这些牲畜被认为是神圣的,它们由死者的父母(死者的魂的父母)细心地照管着。”①

可能,有关服丧的大量风俗的来由,特别是在某些原始民族中间强加给寡妇的那些常常是如此残酷、复杂和经久的风俗的来由,也应当在死人与作为所有权而与他神秘地联系着的那种东西之间的持久的互渗中去寻找。许多事实有利于这种观点。首先,寡妇中止遵守这些风俗的时候,恰恰是在举行了除服仪式的时候,亦即在结束了死亡的第二阶段、死已经完成、死者与社会集体的关系彻底断绝的时候。但是,在死亡与终结仪式之间的那段时期中,死者甚至在最初的丧礼以后就开始特别留意他的未亡人的行为了。他监视着她,假如她不是绝对严格地遵守丧制,他就决心加以干涉。死者的近亲也尽力来使寡妇不要逃避自己的义务:如有不轨,他们可以惩罚她,甚至可以杀死她。因此,应当认为,在寡妇和她的亡夫之间保持着极强的联系。其次,这个联系在丈夫活着的时候在许多方面都与我们叫作所有权(在原逻辑思维所理解的这个词的神秘意义上说)的那种东西相似。在许多原始民族中间,妇女从结婚的那一天起就成为除丈夫外的任何集体的一切成员的禁忌,但在这以前她却享有性关系的极大自由。② 她之所以只属于他所有,是因为他有时要花极大的价钱才能得到她,因而她的失节就是

① J. Roscoe, “The Bahima a Cow Tribe of Enkole”, J. A. I., xxxvii. p. 109.

② 例如在新西兰的毛利人那里,从前每个妇女……在她的亲人把她出嫁,给她找个未来的主人以前,可以挑选她乐意要的那样多的情人,而不用担心谁给她加上什么罪名;从结婚那一天起她就成了禁忌,如有不忠,则有丧命的危险。(R. Taylor, *Te Ika a Maui*, p. 167.)

犯了一种偷人罪。在她和他之间确立着一种互渗，这种互渗无疑使她从属于他，但同时又使她的行动能对他发生影响。比如说，要是丈夫在打猎或者在打仗，则他的成功，甚至他的生命都可能由于他的妻子的行为失检或下贱而葬送。如果丈夫休了妻子，则神秘的联系也断绝。但如果他没有休她而死，则她和亡夫之间仍保持着互渗及其一切后果。

严格地说，这些后果必须导致寡妇追随亡夫而死。甚至在已经相当文明的民族中间，我们也发现了无数这类风俗，特别是在亡夫是个重要人物的场合下。非洲的土王在死的时候，他的后妃，或者至少一部分后妃要殉葬。艾利斯说，从前，土王刚一断气，后妃们就开始在宫中破坏家具、饰物、用具、然后自杀。[①] 我们知道，在印度，在远东，尤其是在中国，寡妇在亡夫坟上自尽的事仍然十分普遍。格罗特用极有意义的措词谈到了这一点。他说："寡妇自杀一类的案件最多，她们希望避免冒再醮或者以其他什么方式失去贞操的危险……实际上，一个贞节的妇女作为丈夫的财产，即使在丈夫死后也只能认为，如果委身他人，则是对亡夫之灵的最大的不义之举，甚至形同偷人……她害怕她会成为一个不如在他死时那样贞淑的人在来世与丈夫再聚。这些考虑显然由来已久，其源当溯及某种部落时代……那时有一种把寡妇弃之荒野的风俗，因为她已经是魂的妻子了；那时对待寡妇的态度，事实上就像今日的中国人通常对待死者私人的动产的态度一样。"[②]

① A. B. Ellis, *The Ewe-speaking Peoples*, p. 128.
② J. J. M. de Groot, *The Religious System of China*, i. p. 744.

然而，在那个使死亡完成并断绝了死者与其社会集体之间的最后联系的仪式举行以前，寡妇只不过暂时是“魂的妻子”。因此，只要仍然是寡妇的主人的死者的魂不要发怒，不回来要求自己的权利，从而扰乱社会集体的安宁，是可以让寡妇活下去的。由此产生了强使寡妇遵守的大多数风俗，甚至即使要求她们遵守这些风俗的人们常常是受另一些冲动所左右，比如出于避免污秽的愿望（因为寡妇由于丈夫的死而成为不洁，她可能把这种污秽传给活人，等等）。此外，在这些功利的动机里，仍然保留着一种可以导出这些风俗的最初意义的神秘联系的痕迹。然而，这些动机是次要的，在这里，神秘联系才是主要的。我不打算深入服丧仪式的十分复杂的细节，它们不是我要在这里解释的对象，我将举几个例子来说明直到结束死亡的最后阶段的仪式举行以前，妻子在神秘的意义上说仍是亡夫的财产，要中止这种互渗，必须举行专门的仪式。

在中澳大利亚北部各部族那里，“死者的 itia（弟弟）割下寡妇的头发，然后把它烧掉……必须补充一点，这个妇女迟早将成为 itia 的财产。寡妇的头发被扔进火里。寡妇从营火中掏灰来抹自己的身子，在整个丧期中不停地这样做。假如她不这样做，那个处处监视她的死者的 atnirinja 或魂就要杀死她，把她身上的肉从骨头上剔下来。”[①]当丧期结束，死者去到阿尔捷林加他自己的帐篷时，寡妇转归死者的弟弟之一所有。但是，这也免不了种种复杂的仪式。最后，“在某一天晚上，这个妇女来到 itia 的帐篷，但他们分开睡在营火的两头。第二天，itia 就把她转交给与他有亲属关系

① Spencer and Gillen, *The Northern Tribes of Central Australia*, p. 507.

的男人们，转交给 unkalla、okilia、itia、gammona 和 oknia 等人，亦即各等亲属的代表者。他们全都得会见她，并送给她 alpita、赭石、毛皮条等等礼物。她把这些礼物带回到 itia 的帐篷，后者就用这些毛皮条来打扮她。在这以前，弟弟要托她给每个男人送去矛和盾作为礼物，如果不这样，如果他不给他们送礼并且不让他们跟她亲近就占有了这寡妇，他们以后就有权杀死他。假如指定的这个弟弟不愿要这寡妇，她就转归另一个更年幼的弟弟。”[①] 由此看来，要使这个妇女和她的新主人之间的神秘联系得以确立，只是她和她前夫之间的联系由于他的死而中断，还是不够的。要使她能够重新成为谁的财产，她必须先变成一个可说是无主的人，而且，她只能成为亡夫的弟弟的财产。这里，立刻使人想到寡妇内嫁制，但我们并不误认为在许多民族中间流行的这个风俗具有功利的或法律的性质，我们倒是倾向于认为，这个风俗可能来源于与那些支配澳大利亚土人的行动的集体表象同类的集体表象。

在巴隆加人那里，寡妇和亡夫之间的联系的持久性，鲜明地表现在下述一些风俗中：“在丈夫死后的几个星期以内要完成两件准备工作：1）所谓跑进丛林。寡妇悄悄离开死者的村子。她到很远的地方去，到一个人地生疏的地方去，她在那里勾搭上一个荡汉并委身于他。但她想方设法不怀孕。她扔了他，再一次逃之夭夭。2）她回到家里，自信‘她已经摆脱了自己的不幸’。她摆脱了由于丈夫的死而蒙受的诅咒和不洁。稍晚，死者的亲属之一——假定继承这个妇女的人来到她跟前，给她送礼……，请求她把这礼物带

① Spencer and Gillen, *The Northern Tribes of Central Australia*, pp. 509-10.

去见她的父母并报知父母说某某人‘来接她’。从此以后，这个男人将为她操心。他将负责照应她的庄稼，他将到死者的村里去探望她。但是，在整整一年内，寡妇不离开自己的住宅。她再一次为已故的丈夫耕地，只是在这以后继承人才正式取得所有权，她来到她的新主人那里，成为他的妻子……

“但是，这样由继承而得到的夫人，则不是继承者买来的妻子那种意义上的财产。实际上，她成了死者的长子的财产。她只是一个 pour le sommeil（给睡觉）的妻子。她跟前夫生的孩子不属于第二个丈夫所有，而属于前夫的长子所有。她在新地位上生的孩子也不归这位继承人所有。据认为，后者还在为自己死去的兄弟（或舅舅）工作，而从这种半婚中生的孩子也归真正的世袭继承人所有，归长子所有。只是在新婚姻中生下的女孩中的一个可以归新丈夫所有。另一方面，他却享有每天傍晚从这个新娘那里得到一碗热腾腾的食物的好处。”[①]在这个例子中，寡妇的无主身份实际上是不完全的，由于在隆加人的社会中所有权已经具有法律的形式，所以，这个妇女和亡夫之间的持久的互渗则表现在各个人物之间的一定的法律关系上。

因此，至少一部分丧事风俗应当认为是起因于那个与逻辑思维中的所有权概念相符合的原逻辑思维中的持久的互渗。但是，在这一阶段上，这还不是概念：这仍然是那些既一般又具体的表象之一，它们的许多例子我们已经在上面研究过了，它们永远包含在神秘观念和情感的复合中。被占有的东西与占有者的本性互渗；

---

① Junod, *Les Ba-Ronga*, pp. 67-9.

属于死者的东西与死者的本性互渗，至少在除服仪式以前是这样，而且这些东西引起的感觉与死者引起的相同。

根据同样的理由，活人的财产也是不可侵犯的。一个人占有的东西与其所有者互渗到这种程度，以至其他任何人都不想去占有它们。例如，在圭亚那的马库纪人(Macusis)那里，“每个人的财产不管是他的茅屋，还是他的用具，还是他耕种的土地，都是神圣的。除战争场合外，破坏所有权几乎是不可能的。因此，在这里，由于所有权而发生的争端是极为罕见的。”[①]用一个可以看见的标志来表示这个东西属于谁所有，就足可以使它成为不可侵犯的。“听说库马纳族(Cumana)土人用普通毛线或者二英尺高的藤条把自己的种植场围起来，就足可使他们的财产得到保护，因为越过这道屏障就是罪大恶极，大家相信做了这种事的人立刻就要死。这个信仰也在亚马逊河的印第安人中间盛行。”[②]在新西兰，“人们常常把自己的财产放在露天的地方，只要做个简单的tohu或者记号(一块木材上缠点什么东西)，就表明它是某人私有的财产，不管这地方经常人来人往，谁也不会去动它的……人用几丝亚麻挂在自己的房门上，里面放着的全部贵重东西、他的钓丝或食物就成了不可侵犯的：谁也不敢碰一碰这些东西。”[③]换句话说，“如果谁想要保护自己的庄稼、自己的住宅、自己的衣服或者不论什么东西免受侵犯，他就使它们成为禁忌。假如他在森林中选好一棵作独木舟的树，而他又不能立刻来作时……他就用细草编一条带子把它缠

---

① Richard Schomburgk, *Reisen in British Guiana*, ii. p. 321.

② Von Martius, *Beiträge zur Ethnographie Süd-Amerika's*, i. p. 86.

③ R. Taylor, *Te Ika a Maui*, p. 63.

起来，使它成为禁忌。”①

财产既然是“神圣的”，所以它不需要借助外力来保护，不论是集体的财产，还是私人的财产，都是这样的。据施米特说，部族中的每一个成员都明确地知道哪一块地面属于部族所有，在这里，界线和面积划得如此仔细，就像是土地丈量员作的一样。② 我们在中澳大利亚土人那里也见到同样的情形。斯宾塞和纪林说，他们那里从来没有过边界争端，从来没有哪个部族想要去侵占属于其他部族的领土。如果部族侵占了别人的领土，它拿这领土又怎么办呢？首先，关于领土的观念是神秘的，在这个观念中起统治作用的不是领土内拥有的野兽野禽或水源的数量，而是那些等待着在部族中转生的鬼魂所居住的“地方图腾中心”的分布。一个部族把另一个部族从它的祖先们生活过并且继续以神秘的方式生活着的领土上赶走，这又有什么好处呢？社会集体与土地之间的互渗是如此紧密，以至不会产生某一部族的土地所有权可以被废除的想法。在这些条件下，用索蒙堡克的话来说，所有权是“神圣的”：它是不可侵犯的；事实上，只要我们指出过的集体表象仍然统治着他们的思维，这种所有权就不会被侵犯。

在某些场合下，这种所有权的神秘感甚至可能成为交易的障碍。把自己占有的什么东西给出去，这意味着把自己身上的什么东西给出去，因而也是把对自己的控制权交给他人。交易乃是一种包含着神秘因素的行动。不管这会占多大的便宜和有多大的诱

① R. Taylor, *Te Ika a Maui*, p. 58.

② Brough Smyth, *The Aborigines of Victoria*, i. p. 139.

惑力，但原始人常常是在起初拒绝这种交易。鲁蒙霍尔茨告诉我们，“他们不轻易把东西卖给外国人。当墨西哥人想要购买绵羊或谷物或腰带，则这个塔拉胡马尔人起初说他没有什么东西可卖……买卖在双方之间建立了仿佛一种兄弟情谊，他们在以后就彼此称呼纳拉古亚(naragua)，他们之间建立的相互信任的关系差不多就像墨西哥人的compadres(干亲家或亲友)之间的关系一样。”[①]

V

当终结仪式结束了丧期时，个人的死就在他与其生前所属的社会集体的关系彻底断绝的意义上成为完全的死了。假如属于他的什么东西还没有毁坏，这时就可以进行处理，他留下的寡妇可以成为他人的妻子。甚至在某些部族中间还可听到有人叫他的名字，但在这以前是禁止说出他的名字的。这是不是意味着死人和活人之间的一切相互影响都消失了呢？以不能容忍矛盾的标准的逻辑思维的观点看来，这似乎是个必然的后果。然而对于不怕矛盾的原逻辑思维来说，情形却不是这样，至少在它的集体表象中是如此。一方面，终结仪式举行了，就再也不怕死人了，或者对他不再有什么指望了。但另一方面，社会集体又感到自己的生活十分密切地依赖于它的一般的死人。社会集体只是靠了他们才得以生存和维持。首先，部族本身必须从他们中间来增丁添口。其次，他们备受尊敬，比如在澳大利亚土人那里的珠灵卡，——因为那些代

① C. Lumholtz, *Unknown Mexico*, i. p. 244.

表祖先的珠灵卡实际上就是祖先(是这个词是在互渗律作用下所具有的那种意义上说);又如部族定期举行的决定着它们的安宁的那些图腾仪式以及其他一些制度,这一切都说明了活人集体与其死人之间进行着最强化的互渗。问题不仅是尸体尚未完全腐烂的不久前的死者,而且主要是那些已经到了阿尔捷林加营地的死者,他们居留在珠灵卡里,也居留在自己的南尼亚(Nanja),亦即在他们的神话祖先隐失于地下的那个地方。

我们在这里遇到了困难,这些困难是那个不能容许个人的许多存在、不能容许个人同时在几个不同的地点居住的逻辑思维所不能克服的。我们很难理解,在服满仪式以前,即在死者最后离去以前的那个时期中,死者怎么能够既和自己的尸体一起留在坟墓里,同时又以一种守护神的形式留在他生前居住过的住宅里;但在中国人看来,在这个观念里并没有什么难以置信的东西。我们更不能把澳大利亚土人有关"完全"死了的人的集体表象纳入一个完全可以理解的公式里。我们既不能借助清楚的概念来确定这些死者的人的存在,也不能对活人集体怎样与他们的存在互渗和怎样被他们"共享"(用马里布兰斯的术语)得出任何满意的观念。实际上可信的是,如上面指出的那样,[①]这种相互的互渗是实在的,不应当把它与在其他民族那里被叫作祖先崇拜的那种东西混淆起来,它是与原逻辑思维所固有的各种特征联系着的。

当孩子生下来时,这就是某个确定的人再度出现,或者更正确地说是再度赋形。任何一次出生都是转生。"有许许多多的黑人、

① 参看第二章,第 94 页及其后。

马来人、玻里尼西亚人、印第安人(苏兹人、阿尔工金人〔Algonguin〕、易洛魁人、西北各系的蒲埃布洛人)、爱斯基摩人(Eskimo)、澳大利亚人,在他们那里,死者转生和在家族或氏族中继承他的名字已经成为定规。在西北美洲各部族那里,个人生下来就带着自己的名字、自己的社会职能、自己的纹章……在氏族中,个人、名字、魂和角色的数目都是有规定的,氏族的存在永远是同一些人的死亡和再生的总和。这个现象也在澳大利亚土人、矮黑人那里存在,尽管表现不像这样明显……但它也是一个必要的制度。氏族就其起源来说,是被理解成与一定的空间区域联系着,与图腾灵魂的列祖列宗的老家联系着,与这样一些山岩联系着,那里是祖先们埋葬的地方,是那些能够坐胎的婴儿出来的地方,最后,也是那些以其繁殖保证着氏族的生活的图腾动物的灵魂出来的地方。"①

因而,正如死亡一样,出生也只是由一种生命形态变成另一种生命形态。如同死亡至少在头一个时期只是环境和居住地的改变而其余一切仍然不变一样,出生也只是个体变成婴儿通过它的双亲转入尘世。"婴儿并不是受孕的直接结果;不受孕也可以生出来。受孕可说只是为母亲接受和生出那个已经形成的、居住在地方图腾中心之一的婴儿魂作准备。"②由于原逻辑思维的一般趋向和这个思维对一切现象的神秘因素的无比兴趣,出生的生理方面在原始人的视野中消失了,它们被关于婴儿与其父母之间的图腾联系的无比重要的观念遮盖住了。如同生命、疾病和死亡一样,出

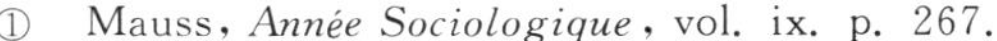

① Mauss, *Année Sociologique*, vol. ix. p. 267.

② Spencer and Gillen, *The Northern Tribes of Central Australia*, p. 265.

生也必然会以一种神秘的形式，以互渗的形式来被想象。在中澳大利亚北部各部族那里“等级和图腾的系谱严格按照父系来算。据认为，一个妇女如果不是那个与某婴儿魂属于同一部族的那一半和属于同一图腾的一个男人的妻子，则这婴儿魂是不会进入她的身体中去的。一般说，澳大利亚土人认为，魂进入妇女身体中，她的孩子生下来就是魂自己所属的那一等级。”这些魂可说是在它们所居住的各个地方图腾中心暗中等待着可能的母亲，而每个魂都是慎重地选择它所希望的母亲，不会有丝毫错误。“假如一个属于蛇图腾的男人的妻子是在蜜蜂魂居住的那个地方受的孕，那么，这就意味着蛇图腾的一个婴儿魂从它所在的那个地方出来伴随着父亲并进入这个女人身中。”不希望有孩子的妇女小心地避免走过这些地方图腾中心，如果她不得不走过那里，她就迅速地跑过，并祈求婴儿魂不要进入她的身体中。[①]

这种关于受孕的观念到处都可以见到。例如，在巴干达人那里，“如果孩子生下来是死的或者幼年夭折，就把他埋在十字路口并在坟上放蒺藜。每当妇女走过，她就向坟上扔几棵嫩草，以妨碍魂进入她身中，使这个孩子再生。”[②]在法属刚果，在分娩时死了母亲的孩子被扔进丛林里，但是，要扔在靠路边的地方，“以便让这些孩子的魂能够在过路的妇女中间给自己挑选一个新的母亲。”[③]

在澳大利亚各地区的部族中间广为流行的一个信仰清楚地表明了，魂的转生或者我们叫作生孩子的那种事儿是被想象成不依

---

① Spencer and Gillen, *The Northern Tribes of Central Australia*, p. 170.

② Roscoe, “Manners and Customs of the Baganda”, J. A. I., xxxii. p. 30.

③ Mary Kingsley, *Travels in West Africa*, p. 478.

赖于生理条件的。他们认为白种人是返回阳世的祖先。“米亚哥(Miago)要我相信这是通行的见解,而我自己后来的观察也证实了这个说法。在佩斯,一个移民由于与墨累河的一个部族的一位已故的成员有被推测出来的相似点,每年两次受到他的那些假想的亲戚的拜访,而他们为了到这里来却要通过敌国走 60 英里路。”①——“从他们知道有白人种族之日起,他们就习惯了一种观念,似乎他们的灵魂以后要在这些白种人的身体中出现……他们对这一点的坚信(或者更正确地说他们已经相信)可以从下述例子中得到证明:他们抱着这个观念在某些移民身上认出了自己的某些早已死去的族人,他们给这些白种人取他们族人生前用的名字。这个观念不限于林肯港的黑人有,而且在维多利亚和阿得雷德的土人们那里也很流行。”②——“在澳大利亚东南部分地区,老人们惯说死人的形或魂归西,到太阳落下去的那个地方;西澳大利亚的土人也有这个信仰。所以,当他们看见白种人是从西方渡海来到他们那里时,他们立刻就把白种人看成是自己的族人转生。”③——“我在扬特鲁翁特族(Yantruwunter)的土人中间发现一个信仰:白种人从前有个时期是黑人。有一次老人们问我从多长时期起我就是像他们那样的黑人了……他们告诉我,说我曾经是孟加尔族(Mungalle)的一员。”④——“据说,那个在菲力普港、

① Stokes, *Discoveries in Australia*, i. p. 60 (1846).

② Welhelmi, "Manners and Customs of Australian Natives", etc., *Trans Roy Soc., Cict.*, v. p. 189.

③ Chauncy, cited by Brough Smyth, *The Aborigines of Victoria*, ii. p. 22.

④ Howitt, *Notes on the Aborigines of Cooper's Creek*, cited by Brough Smyth, *The Aborigines of Victoria*, ii. p. 307.

维多利亚的野蛮人中间度过了许多年的白种人柏克利(Buckley)就是因为土人们相信他是转生的黑人之一,他才得以活命的。1846年舒曼(Schürmann)也在林肯港、南澳大利亚发现类似的信仰,他说,'他们坚信先有黑人的灵魂。'"[①]——"有一次,普兰德(Bland)企图驳倒他们的信仰,他对土人们说:'这是胡扯。我以前从来没有到这里来过!',一个伶俐的小伙子反问他:'那么,你是怎样知道来这里的路的呢?'……无论如何,当他们看见白种人生孩子时,这个信念开始削弱了。"[②]这最后一点清楚地表明了,从前土人们认为,白种人是他们已逝的亲属的转生,他们的转生是不经过真正的出生过程的。卓越的观察者罗特博士也做了同样的解释。他指出,在北昆士兰的许多方言里,用同一个词来表示欧洲人、已逝的土人的魂、鬼,等等。他确实弄清了"转生的意义不是指已逝的土人的真身转生成欧洲人的形体,而是指生命的本原(灵魂,等等)在白种人身上再现。"[③]

总之,一般说来,转生是要通过怀孕的中介过程来实现的,转生的婴儿魂与它的生身父母处于一定的关系中。婴儿魂在未转生的状态中实际上是父或母的等或图腾的一员。但是,正如刚刚断气的人还不完全是死人一样,刚刚出世的婴儿也只是部分地诞生。如果用我们的语言来说,诞生和死亡一样,都是分几个连续的阶段完成的。如同死人只是在结束丧期的终结仪式举行以后并只是由

---

① Mathews, "Aboriginal Tribes of New South Wales and Victoria", *Journal and Proceedings of Royal Society of New South Wales*, p. 349 (1905).

② Chauncy, cited by Brough Smyth, *The Aborigines of Victoria*, pp. 270,274.

③ *The North Queensland Ethnography Bulletin*, No, 5, p. 16 (1903), cited by *The Cambridge Expedition to Torres Straits*, v. p. 355.

于这次仪式才成为“完全的”死一样，新生儿也只是在行了成年礼的最后一套仪式以后并只是由于这套仪式才成为“完全的”生。也许，对复杂的互渗系统的考虑，才是解释原逻辑思维所固有的这些表象的最好方法。个人是否更完全的生或者更完全的死，得看他是否参加到这些互渗中的某一些里去，或者还是孤立于它们之外。有关死人的大部分风俗其目的都在于断绝他们与活人的社会集体的互渗，并确立他们与死人集体的互渗。同样，有关新生儿、儿童和刚行成年礼的人的大多数风俗，其目的也是要使他们在越来越大的程度上与他们所属的社会集体的生活互渗。

紧随着分娩以后的时期，与紧随着断气以后的时期十分相似。这两个时期都具有主体的极端易感性的特征。当然，新生儿并不引起像刚死去的人引起的那些“混乱”感情：人们不害怕他，对他也不怀着特别强烈的眷恋。然而，人们也把他想象成与不久前死去的人那样脆弱，那样容易招惹许多危险。上面研究过的与库瓦迭联系着的那些风俗，[①]足可说明为新生儿操心是必不可少的。他与活人的社会集体的互渗还是十分有限的。如同断气的人还不是完全死了一样，他也只是刚刚进入这个集体。这里还没有任何确定的东西。亲人们召唤刚刚离开身体的灵魂回来，恳求他不要抛弃那些爱它的人，他们还感到它十分亲近。同样，呱呱坠地的新生儿与其说是个活人，还不如说是个进入社会集体的生活的候补者。这里也是没有任何确定的东西。假如，有不容许新生儿存在的任何理由，即便是微弱的理由，他们也会毫不踌躇地把他除掉。

① 参看第六章，第 283-91 页。

看来，在许多原始民族中间以各种形式如此普遍流行的杀婴风俗的最主要根源，正应当在这些集体表象中去寻找。遭到杀害的有的是女婴，有的是男婴。有时，两个孪生子都杀死，有时，又可能只杀死其中的一个；如果孪生子是一男一女，则有时杀死男婴，有时杀死女婴；但在某些社会集体中，生孪生子却被看成是福事。魏斯特马克(Westermark)搜集了有关这些风俗的许多材料。[①] 通常对这些风俗都做功利意义上的解释：母亲喂养了一个孩子，就不能喂养第二个。在斯宾塞和纪林研究过的澳大利亚土人中间，就是根据这些理由到处实行着杀婴。但如果母亲哪怕只给这新生儿喂过一次奶，他就不会被杀了。[②]

然而，这不是杀婴的唯一动机。例如，在阿比朋人那里，“母亲给自己的孩子喂奶三年，在这段时期中，她们不跟自己的丈夫发生性关系，这些丈夫不耐烦旷得这样久，常常另找老婆。因而，妇女们害怕被遗弃，就在婴儿降生时把他们弄死……我知道有这样一些妇女，她们杀死了她们生下来的所有孩子，但谁也不想去预防这种行为或者给她们惩罚。母亲们哀悼自己病死的孩子，真诚地痛哭流涕，但她们把自己的新生儿轧死在地上或者用其他什么方法杀死，却又面不改色。”[③]在其他一些地方又不是出于拴住丈夫的愿望，而是出于经济的理由。豪特利(Hawtrey)在谈到巴拉圭(南美)的伦瓜族的印第安人时说，妇女担负着保证菜园和田地的产品

① *Origin and Development of Moral Ideas*, i. pp. 394 et. seq., 458 et. seq.

② Spencer and Gillen, *The Northern Tribes of Central Australia*, pp. 608-9.

③ Dobrizhoffer, *An Account of the Abipones*, ii. pp. 97-8.

的繁重工作。而且,一切搬运工作都是她做。伦瓜族是个游牧民族,常常在一天里走10英里20英里,妇女要带上全部家产:壶、水罐、毛皮和毡子,把这一切放在一只大线袋里,背在背上。她的手里常常得拿着一根铁条,有时还抱着什么家畜或家禽。此外,她的孩子还要骑在她肩上。男人则在前面大摇大摆地走着,只拿着弓和箭。在这种情形下,母亲绝对不能有一个以上的孩子,她不能背着并照顾两个孩子。[①]

不能否认这种种动机的重要性,它们在上述情况中可能发生的影响是消除不了的。然而,一方面,我们没有见到过,杀婴行为永远只限于这样一些场合,即母亲已经在喂养一个孩子,或者她害怕她的丈夫会另找老婆。另一方面,假如集体表象不把杀婴行为(它是在降生的那一刻进行的,这一点很重要)变成一种差不多是无关紧要的事,这些动机是不足以解释杀婴行为的,因为新生儿只是在微乎其微的程度上与社会集体的生活互渗。例如,加利福尼亚的加利诺米罗人(Gallinomero)"大概不限于杀死孪生子,他们也不区分被杀者的性别,不管是男是女,统统杀掉,尤其是畸形儿。杀婴必须在出生后立刻就完成……如果让婴儿活了三天,他的生命就没有危险了。加利诺米罗人在决定婴儿的死活以前是不叫他'亲生的'。"[②]

此外,被杀死的新生儿是不像成年人那样死的。经历了活人世界中的一整圈互渗的成年人,在进入死人生活的第一阶段后,还

① Hawtrey, "The Lengua Indians of the Paraguayan Chaco", J. A. I., xxxi. p. 295.

② Powers, *Tribes of California*, p. 177.

必须度完死人的全部生活，才能转生。而那个在与社会集体的生活只有极微小的互渗的意义上说差不多等于没有活过的新生儿，如果他的生没有完成，他就是仍然留在生之门外，留在直接引向转生的最后阶段上，对他来说，死亡说不上是走回头路，他仍然是下一次生的直接候补者。所以他们扔掉他而很少感到良心的责备。他们不是消灭了他，而只不过是推迟了他出世的日期：甚至可能在最近一年中这个孩子又会进入同一个娘肚子里。斯宾塞和纪林特别谈到这一点。“应当记住，土人们相信，婴儿的魂是直接回到阿尔捷琳加老家去的（因而没有经过通常的一些阶段），并且他可能很快又再生，很可能仍然进入那个妇女的身体中来。”[①]这个信仰使那些杀婴的母亲的无动于衷的态度变得不太奇怪了。婴儿只是暂时离开她们；还会见到他的，他会回到她们那里去的。

在印度的宏德人（Khonds）那里，曾经有出生时杀死女婴的风俗，英国人费了很大的劲才使他们放弃了这个风俗。它是来自我们有幸见到其本质的那些集体表象。“他们相信，魂在部族中转生，第一次现人形，只是在婴儿命名礼举行以后，即在出生后第七天才完成的。他们相信关于布拉（Boora）给每一代人规定一定数量的灵魂的奇异教义。因此，他们相信，在命名前死去的新生儿魂不进入部族的魂的圈子里，以便让丁加（Dinga）乐意再生多少次就再生多少次，但这魂要回到指定给它所属的那一代的一大群魂中去。”这里，我们明了了宏德人所以那样行事的理由。“这样看来，他们杀死新生女婴，是要阻止新的女魂加入到属于部族的魂的数

① *The Northern Tribes of Central Australia*, p. 609.

目中，并把它在部族的魂中的位置让给新的男魂或者使女魂由于多次再生而推迟了它返回部族的时间。”[①]然而，不管怎样，这里的支配观念则是：由于新生儿只是个不完全的活人，他是不像成年人那样死的。对新生儿来说，这里没有断绝互渗的问题，因为互渗还没有建立起来。

假如婴儿活了下来，亦即假如由于某种原因他的诞生没有“被推迟”，那么，由于神秘的互渗，他的平安则取决于他的父母的行为，取决于他们吃的食物、他们的工作、休息，等等；我们已经知道在这方面父母要遵守多么严格的规定。为了使婴儿脱离那个使他的生仍属未决（如同刚断气的人的死仍属未决一样）的时期，首先必须使他在一个或多或少复杂的典礼中获得自己的名字。换句话说，必须确定他是谁。现在，问题不在于给他选择一个名字。已出世的婴儿乃是某一祖先的转生：因此他预先就有了名字，要紧的是要知道这个名字。有时，这名字是借助什么表面记号、身体上的斑点来发现的。戈登（E. M. Gordon）报道说，他在萨马尔人（Chamars）那里遇见了一个叫作波特拉加纳（Botlagana）的风俗。萨马尔人在埋葬家庭的重要成员以前，通常都要用酥油或者油彩或者烟炱在他尸体上做个记号，以后这家里生了孩子，就检查他的身体，看有没有这种记号。如果发现有这种记号，那就认为婴儿是这个祖先转生。[②]

然而，最常采用的还是占卜。父母请来巫师或巫医，简言之，

---

① Macpherson, *Memorials of Service in India*, p. 131.

② E. M. Gordon, “People of Mungeli Tahsil, Bilaspur District”, *Journal of Asiatic Society of Bengal*, iii. pp. 48-9 (1902).

请来一个能够揭示神秘的互渗的人。艾利斯告诉我们，在非洲西海岸，死人常常回到世上，在他们从前活着时所属的家庭里再生。母亲打发人去请巴巴洛沃(babalowo)来，要他告诉她，附在她的新生儿身上的那个魂是属于什么祖先的，巴巴洛沃从来不拒绝做答。当这个重要之点确定了，巴巴洛沃就在婴儿的养育方面提出建议，以便使他在一切方面都符合他本来的性格。如果父母对这个祖先一无所知(这是常有的事)，巴巴洛沃就告诉他们一些必要的资料。[①] ——在新西兰，"当婴儿掉了脐带……就把他带去见祭司……在他耳朵里放进 waka pakoko rakau(偶像)，以便让神的'马纳'(mana)能够透进他身体里面去，这时祭司念着下面的卡拉基亚(karakia)：'你等着我念你的名字。你叫什么名字？'……祭司读一长串名字：念到婴儿打喷嚏时的那个名字就'选'出来作为他的名字。"[②]——同样，在宏德人那里，"分娩后第七天庆祝诞生：大宴祭司和全村人。为了给婴儿取个最好的名字，祭司把米粒放进一碗水里，每放一颗米粒就说出一个死了的祖先的名字。根据米粒在水中的运动和对婴儿进行的观察，祭司断定是哪一个祖先通过这婴儿再生了，通常(至少在北方各部族那里是这样)，这婴儿就取了那个祖先的名字。"[③]

这个名字并不是个人将来要用的那些名字中唯一的一个，也不是最重要的一个。在许多原始民族中间，一个男人在自己一生的每个阶段都获得一个新的名字，这名字乃是给他建立的新的互

① A. B. Ellis, *The Yoruba-speaking Peoples*, pp. 128-9, 152.

② R. Taylor, *Te Ika a Maui*, p. 74.

③ Macpherson, *Memorials of Service in India*, pp. 72-3.

渗的记号、神秘的媒介：他在行成年礼时，在结婚时，在杀死第一个敌人时，在占有一张带发头皮时，在捕获某一野兽时，在参加秘密团体时，在获得秘密团体中较高等级时，等等，都要获得一个新名字。因而，通常在人降生后经过很短时期给他取的第一个名字，只不过是一种神秘的记录罢了；它标志着确定的存在的开端。从此以后，他在家庭和社会集体中将有一个得到承认的地位。在这个集体中，他是一个过去曾经完全与它互渗过的成员，而在将来，当他通过了必要的成年礼仪式以后，他就更有资格完全与它互渗。

VI

从这以后，通常从幼年直到青春期或者至少直到行成年礼的长时期中，成长着的儿童差不多完全由母亲负责。男人们根本不为他们的女儿操心，他们也不为儿子劳神，只有一点例外，就是他们要以游戏的形式来教儿子以后将是他们的正经业务的那种东西：制造和使用武器和工具。此外，他们所十分喜爱但毫不娇养的孩子还不是社会集体的“完全的”成员。他们所处的时期相当于死人在最初的丧礼与最后一次葬礼之间的时期，在这个时期，死人还不是“完全的”死人，因为他的尸体，或者至少他的肉体还没有完全腐烂，还没有完全脱离他的骨骼。同样，儿童在他的身体成长发育的时期，他也不是完全地“生”。他的人身还不是完全的。许多特征表明了，这一点是可以清楚地理解的。例如，在巴亚卡人那里，“甚至成年男人在吃家禽方面也要受到一定的限制；母鸡可以由几个人分食，但公鸡则只应由一个男人完全吃光，要不然他就会得病。但是他可以给还没有行割礼的儿子吃一点。这个事实是特别有趣的，因为它似乎说明了行割礼前的男孩不被认为是拥有脱离父亲的人身，尽管他是被算在属于母亲的村落的人。”[①]

要使男孩达到“完全的”男子的状态，仅仅完全成年或者达到青春期是不够的。他的身体的成熟是一个必要条件，但不是足够的条件，甚至不是一个最重要的条件。在这里，如同在其他受原逻辑思维的趋向支配的场合中一样，那些目的在于使年轻人与图腾或部族的本质互渗的神秘因素、神秘仪式才是最重要的。没有行过成年礼的人，不管他是什么年龄，永远归入孩子之列。许多事实说明了这一点。这里是从韦伯斯特(Webster)发表的集子中摘下的几条。[②] 费松(Fison)在谈到斐济人时指出，万尼马拉族(Wainimala)的一位老人对没有行过成年礼的男人和小孩一样看待，在谈到他们时都叫他们柯依拉纳(koirana)(意即孩子)。[③] ——西金伯利(南非联邦)一位年老的土人告诉另一个观察者说，在行再割礼(行割礼五年以后举行)以前的孩子无异于狗或者其他动物。[④] ——豪维特亲眼见到所谓卡地亚瓦隆(Kadjawalung)的仪式中的一个很有意义的事实，他参加了这个仪式。那时，在土人们的帐篷做客的有从比杜艾利(Biduelli)部族来的两三个男人带着老婆孩子；此外，还有从克劳阿通库尔纳依(Krauatun Kurnai)部族来的一个男人，也带着老婆孩子。仪式开始时，除一个人留下

① Torday and Joyce, “Notes on the Ethnography of the Ba-Yaka”, J. A. I., xxxvi. p. 42.

② *Primitive Secret Societies*, p. 25. et seq., pp. 205-6.

③ “The Nanga, or Sacred stone enclosures of Wainimala”, J. A. I., xiv. p. 18.

④ Froggart, *Proceedings of the Linnean Society of New South Wales*, p. 652 (1888).

外,所有的客人都走开了,因为这两个部族没有行成年礼的制度,所以这些客人永远不算"成人"。唯一留下来的一个人是比杜艾利族的老族长,"但立刻把他赶到妇女和孩子那边去蹲着。理由很明显:他从来没有'成人',所以,他只不过是个孩子。"[①]——在塞威吉岛,"没有行过玛塔普列加(mata pulega)仪式(类似割礼的仪式)的孩子永远不被认为是部族的正式成员。"[②]

这个一直继续到行成年礼时的未成年状态,使少年受到了很多限制。在萨摩亚群岛,少年在行文身礼前,处于未成年状态,"他不能想到结婚。他经常受到嘲笑和愚弄,人们拿他当一个可怜虫和出身低贱的人,而且他在男人的团体中没有发言权。"[③]在大多数澳大利亚部族那里,"他被禁止吃许多种肉食;他无权参加营地上举行的任何讨论;从来没有人在任何问题上征求过他的意见,而且他从来也不想提什么意见;人们也不期待他参加战斗或者爱上了年轻女人。事实上就等于没有他这个人。然而,一旦他行过了成年礼,成为一个青年人,他就在部族的成员中间占有了适合于他的地位。"[④]在南非,"非洲人的一生可说是从青春期开始的。"[⑤]一个观察者用一段十分精辟的话归纳了这一切:"如同死人一样,没有达到青春期的孩子只可比作还没播下的种子。未及成年的孩子所处的状态就与这粒种子所处的状态一样,这是一种无活动的、死

① *The Native Tribes of South-east Australia*, p. 530.

② Thomson, "The Natives of Savage Island", J. A. I., xxxi. p. 140.

③ Turner, *Samoa*, p. 88.

④ Brough Smyth, *The Aborigines of Victoria*, i. p. 83.

⑤ Macdonald, "Manners, Customs … of South African Tribes", J. A. I., xix. p. 268.

的状态，但这是包含着潜在之生的死。”①

在行成年礼以前，禁止结婚。还没有与社会集体的神秘本质互渗的男人，不能养出以后有朝一日能够与它互渗的孩子。斯宾塞和纪林告诉我们：“在澳大利亚中部地区，在所有部族中，每个男人在获得结婚许可以前，无一例外地必须行再割礼，违犯这个规定的人，如果被发现了，一定会被置于死地。”②在东非，“任何男人在进入加洛(galo)以前不能结婚，如果他结了婚，他的孩子也要被杀死。”③事实上，既然这些孩子的父亲在生他们的时候不是部族的一个“完全的”成员，所以他们即使长大成人也永远不能成为它的“完全的”成员。但是，在某些只能经过很长时期才举行一次成年礼仪式的部族那里，这个原则就不能生效了，在它们那里可以见到与非常年轻的少年一起同时受成年礼考验的已婚男人、父亲。“鲍尼法兹(Bonifaz)举了他叔叔作例子，他的叔叔是结了婚的，但却与他这个只有11岁的少年一起同时行成年礼，因为在这样长的时期中没有举行过成年礼了(这些已婚的男人的处境是十分特殊的，这种处境给他们带来长期的影响)。在这种情况下结了婚的男人无权进入供奉神灵的祠堂和参加那些不让妇女和儿童参加的仪式。如果他还没有孩子，他可以在最近的一次公开仪式中行成年礼；但如果他已经当了父亲，他会冷不防被人割掉包皮，比如说在旅途中。然而，由于他不是在公开仪式中‘成人’的，因而妇女们不

① Passarge, “Okawangosumpfland und seine Bewohner”, *Zeitschrift für Ethnologie*, v. p. 706 (1905).

② Spencer and Gillen, *The Native Tribes of Central Australia*, p. 264.

③ Dale, “Customs of the Natives Inhabiting the Bondei Country”, J. A. I., xxv. p. 188 et seq.

知道这一点，所以，他只能偷偷摸摸地到祠堂去，不能让妇女孩子知道这件事。”①

因而，成年礼仪式的目的是要使个人成为“完全的”人，使他能够执行部族的合法成员的一切职能，使他完成作为一个活人的过程，如同结束丧期的终结仪式使死人成为“完全的”死人一样。最详细地描写了这些仪式的斯宾塞和纪林正是这样来表征它们的。“恩古拉(Engwura)……实际上是长长一系列仪式，它们与图腾有关，而以那些最好叫作火考验的仪式(作为成年礼的最后一次仪式)告终。一个土人受过了所有这一切仪式的考验以后，就变成了那种叫作乌尔里亚拉(Urliara)的人，亦即变成部族的一个发育完全的成员……”②我不来细谈这些可能是原始民族中间常见的仪式中最著名的仪式：在弗雷泽的《金枝》③或者韦伯斯特的《原始秘密社团》④中可以见到这方面的许多例子。我也不来讨论为解释这些事实而提出来的各种理论。我只是再一次提请注意下面的事实：使这些仪式成为“可以理解的”努力，往往是适得其反的。假如这种努力达到了自己的目的，那就要坏事。其实，对逻辑思维来说是“可以理解的”东西，很少有可能符合原逻辑思维的观念。我不想对这些仪式妄加“解释”，我只想确切地指出，这些风俗怎样像原始民族所遵行的其他许多风俗一样，与这些民族的集体表象和支配这些集体表象的规律相联系。

---

① P. W. Schmidt, “Die geheime Jünglingsweihe der Karesau-Insulaner”, *Anthropos*, ii. pp. 1032, 1037-8 (1907).

② *The Native Tribes of Central Australia*, p. 271.

③ *Golden Bough*, vol. iii. p. 422. et seq.

④ *Primitive Secret Societies*, pp. 21-58.

关于这些风俗的一般见解如下。我们所认为实在的目的，比如捕获猎物、医治病人，是通过多种多样的方法来实现的，而其中具有神秘性质的方法又占据极大的统治地位。只有在猎人和猎物之间建立了神秘的互渗，狩猎才是可能的，那些为此目的而举行的仪式的整个系统也就是由此而来的，疾病是由神灵的行动造成的，因此，只有“医生”与这个神灵打上了交道，并在必要时压住它和赶走它，疗法才会有成功的希望。

我们不妨把这个见解应用到成年礼上。新行成年礼的人与他们在这以前一直生活在一起的妇女和儿童隔离开。通常，隔离是突然地、出其不意地进行的。他们被交给一个大都与他们有某种亲属关系的成年男人照管和监督，他们必须消极地服从强迫他们做的一切事，必须毫无怨言地忍受任何痛苦。考验是长久而严酷的，有时简直就是真正的受刑：不让睡觉，不给东西吃，鞭笞，杖击，棍棒击头，拔光头发，敲掉牙齿，黥身，割礼，再割礼，放血、毒虫咬，烟熏、用钩子刺进身体钩着吊起来，火考验，等等。这些仪式的次要动机，无疑是想查明新行成年礼的人的勇敢和耐性，考验他们的丈夫气，看他们是不是能够忍受痛苦和保守秘密。然而，他们所遵循的主要目的则是完全不依赖于他们的意志力的神秘效果：最重要的是在新行成年礼的人与神秘的实在之间建立互渗，这些神秘的实在就是社会集体的本质、图腾、神话祖先或人的祖先；是通过这个互渗来给新行成年礼的人以“新的灵魂”，这已是前面谈过了的。这里，出现了由灵魂的单数或复数的问题引起来的为我们的逻辑思维所不能克服的困难。其实，原逻辑思维是不难于把我们叫作灵魂的那种东西想象成既是单数同时又是复数。正如北美的

印第安人猎人要斋戒一星期来建立他与熊神之间的那个使他能够发现并打死熊的神秘联系,对于新行成年礼的人施行的考验,也是要在他们与其必须互渗的那些神秘存在物之间建立一种为他们所希望的与神灵合一所必需的联系。重要的不是这些考验的物质方面;物质方面是小事情,如同病人的疼痛对外科手术的成功来说是小事情一样。原始人为了使行成年礼的人进入必要的易感状态而采取的方法,的确是很能引起疼痛的。然而,并不是因为它们能引起疼痛才采用它们,同时,也不会由于引起疼痛就不采用它们。他们把自己的全部注意力都集中在那个唯一的主要之点上:为了实现所希望的互渗,必须引导新行成年礼的人进入特别易感的状态。

这个易感状态主要存在于由疲劳、疼痛、虚弱、困苦所引起的一种类似人格和意识丧失的状态中,——简而言之,存在于一种其后将有新生的假死中。他们让妇女和儿童(他们在最严厉的惩罚的威胁下被禁止参加这些仪式)相信,行成年礼的人实际上正在死去。老人们也向这些行成年礼的人暗示这个信念,可能,他们自己也在一定程度上抱有这个信念。"死的颜色是白的,新行成年礼的人的身体也涂成白色。"[①]这类特征是不可数计的,正如弗雷泽清楚地指出的那样,对这一点的证明是完全一致的。但如果我们回忆一下对原逻辑思维来说死和生意味着什么,我们就会见到,这个思维必定也是这样来想象少年的成年礼所要达到的互渗是以什么

① Passarge, "Okawangosumpfland und Seine Bewohner", *Zeitschrift für Ethnologie*, v. p. 706.

状态来实现的。死根本不是构成生命的活动和存在的一切形式的完全而简单的消灭。“原始”人对于这种完全的消灭从来没有丝毫的观念。我们叫作死的那种东西，在他眼里从来不是绝对的。死人是活着的，也是死的，甚至在这个第二次死以后他们还继续生存，一直等到另一次转生。我们叫作死的那种东西是分几个连续的阶段完成的。成年礼的考验所模仿的死的第一阶段不是别的什么，而是地点的改变、灵魂的迁移，这灵魂刹那间离开身体，但仍然留在身体的紧跟前。这是互渗中断的开始。它使人处于一种易感的特别状态，近似梦、癫痫或神魂颠倒的状态（这些都是一切原始民族中间与看不见的世界来往的必不可少的条件）。

因此，在为成年礼采取能够引起一种死亡（在这个词的原始人的意义上说）的方法时，原始人的思维是在遵循着自己习惯的途径。它照例把它的集体表象化为行动和现实。

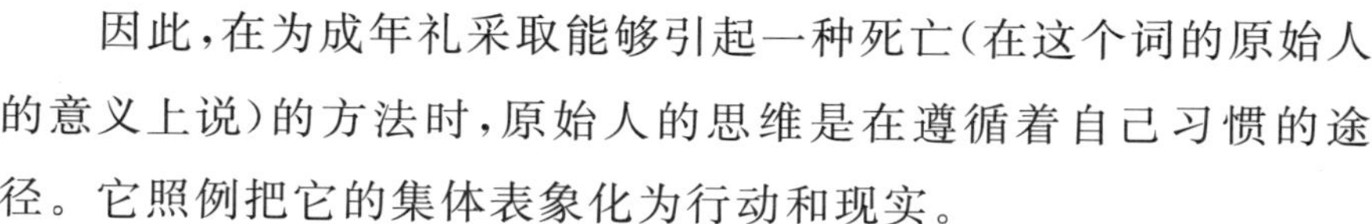

VII

在我们所知的大多数原始民族中间，有一些人要行补充成年礼。他们是巫师、巫医，总而言之，不管怎么称呼，就是这一类的人物。他们在青春期要受所有年轻人都必须受的那些考验；除此以外，为了使他们能够胜任他们将要担负的重要职务，他们还必须进一步经历一个见习期的考验，这个时期是在他们的师傅亦即实际上执行巫师或巫医职务的人的监视下持续几个月，甚或几年。巫师或巫医的成年礼仪式与部族的一般新行成年礼的成员的成年礼仪式之间有明显的相似。但是，一般的成年礼是一切人必须遵行的，它具有比较公开的性质（如果不算妇女和儿童），而且必须每隔相当长一段时期才举行。相反的，巫师、巫医的成年礼只适用于某些有“使命”的人物，它是秘密举行的，而且只是在有这样的人物时才举行。至于考验的细节及其达到的效果(假死和新生)，则二者的相似有时竟达到完全相同。“在行成年礼时期，根本不让他们休息，只让他们站着或走着，直到疲惫不堪，差不多是懵懵懂懂，不知己身在何处。不给他们一滴水喝，禁止他们吃任何东西。他们事实上变得昏昏沉沉不省人事了。”[1]当这种状态达到顶点，则可以说他们是死人。换句话说，那些指导着成年礼的神(iruntarinia)杀死了他们，然后又让他们再生。“黎明时，众神之一来到洞口，发现这个人睡着了，他用一支看不见的矛刺他，从脖子后面穿过去，刺穿舌头，在舌头上留下一个大孔，从口里刺出来……另一支矛刺穿脑袋，把两只耳朵刺个对穿，牺牲者倒下去死了，立刻把它抬进洞的深处(那里居住着众神)。

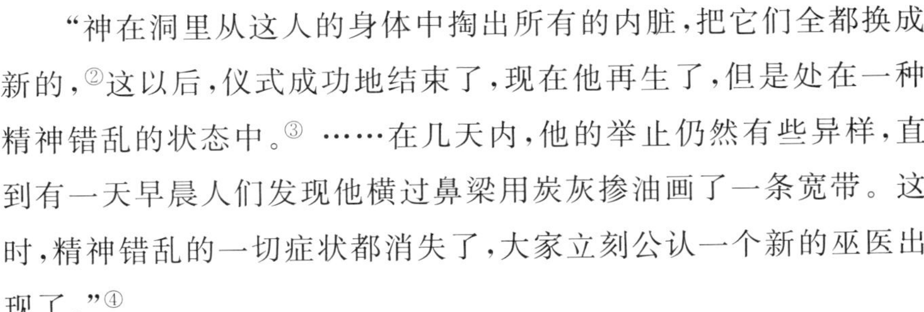

“神在洞里从这人的身体中掏出所有的内脏，把它们全都换成新的，[2]这以后，仪式成功地结束了，现在他再生了，但是处在一种精神错乱的状态中。[3] ……在几天内，他的举止仍然有些异样，直到有一天早晨人们发现他横过鼻梁用炭灰掺油画了一条宽带。这时，精神错乱的一切症状都消失了，大家立刻公认一个新的巫医出现了。”[4]

在南非也有同样的情形。“pajé(巫师)出于自愿要成为这样

① Spencer and Gillen, *The Northern Tribes of Central Australia*, p. 485.

② 这个仪式相当于部族的新行成年礼的人在他们假死时期举行的仪式。

③ 又是与新行成年礼的人一样。

④ *The Native Tribes of Central Australia*, pp. 524-5; *The Northern Tribes of Central Australia*, pp. 480-4.

的人。他必须从幼年时代起就为自己的危险职业作准备。他应当躲到人迹罕到的地方去，斋戒，保持沉默，在许多年内实行各种节制……他必须跳一些动作猖狂的奇奇怪怪的舞蹈直到精疲力竭。他还应当像那些受成年礼考验的年轻人一样让自己给大毒蚁咬。”①

那些为达到假死的结果而举行的仪式，常常不仅是为获取巫师或巫医的职司而行的成年礼的必要条件，而且也是为获取人们想要参加的某个秘密社团的成员称号而行的入会礼的必要条件。例如，在阿比朋人那里，当一个男人想要升到霍切利(hocheri)的身份，“他们先考验他的毅力……让他在家里坐三天，在这期间，他必须不说话，不食不饮……在行入会礼的前一天傍晚，所有的妇女聚集在他的帐篷门口。她们把自己的衣服从肩上扯下，裸露到腰部，披头散发；一个跟一个排成长列(这一切都是服丧的标志)，哀悼那个明天将接受威武的称号的人的祖先们……第二天，行入会礼的人顺次向四个方向跑步。然后开始典礼，这时，一个老太太截断他的头发，他就获得一个新的名字。”②他显然经历了死和新生。——在克拉拉姆人(Clallams)(居住在温哥华岛南端对面的大陆沿岸一带的一个印第安人部族)那里，想要加入(秘密社团)的新成员“必须独自一人住在为他准备的一座秘密帐篷里斋戒三天三夜，这期间，一些已经入会的成员则在帐篷周围跳舞唱歌。当这一时期行将结束(在这期间必须认为他身上的旧天性已被革除)，

① Von Martius, *Beiträge zur Ethnographie Süd-Amerika's*. i. p. 558.
② Dobrizhoffer, *An Account of the Abipones*, ii pp. 441-5.

就把他像死人一样拖走，把他浸进就近的一处凉水里，洗他的身子，直到他苏醒为止，这就是所谓‘洗死人’。当他足够地清醒过来时，就让他站起来。这时他就跑进森林里去，很快他就以一个不折不扣的巫医，手里拿着响板，戴着他的职业所需的各种装饰而出现了。”[①]最后，在下刚果地区有一个叫作恩基姆巴(Nkimba)的制度，它在下刚果各部族中流行很广。“在那里，成年礼仪式委托给恩甘加(巫师或神人)来办理，恩甘加带着自己的助手住在每一个村落旁边的一处专门围起来的地方。每个想要参加这团体的人预先服用催眠剂，在某次公开的集会中晕过去。恩甘加及其助手立刻把他围起来并把他带回自己的住所。他们散布流言，说他已经死了，到阴间去了，他将靠伟大的恩甘加的力量很快从那里还阳回来。新行成年礼的人与恩甘加一起生活很长一个时期，有时长达几年。他在那里学习一种新语言(这大概是古班图语)，接受秘传。不许任何妇女正眼看一看恩基姆巴的人们，他们每天走过森林，踏遍近乡，唱着奇奇怪怪听起来可怕的歌曲，向没有行成年礼的人报知他们的来临。当行了成年礼的人回到村里时，人们就用他的新名字叫他，他装着对任何事物都感到惊奇，好像他是从另一个世界来这里过新生活的人。他不认识任何人，连自己的父亲母亲也不认识，亲人们像迎接一个死而复活的人那样迎接他。在几天以内允许他拿走村里任何他乐意拿走的东西。在他好像还没有熟悉自己的新环境以前，人们以最大的宽容态度对待他……这以后，他就

① Bancroft, *The Native Races of the Pacific Coast of North America*, iii. p. 155.

决定是当个神人呢还是恢复他往常的日子。”①

类似的例子还可以举出许多，但就是这些例子无疑足可说明，巫师、巫医、神人等等的成年礼仪式或者秘密社团的成员的入会礼仪式，不论是在一般程序上还是在极微小的细节上都与部族的少年们在达到青春期时所必须举行的公开的成年礼仪式相仿。这些仪式的目的是十分清楚的：它们是要使参加者与神秘的实在互渗，使他们与某些神灵联系，或者更确切地说与它们互渗。须知巫师或巫医的力量正是来源于他所掌握的这样一种特权，即在他请求下，他可以与神秘力量联系以此来掌握秘密，而普通人只有通过他的工作的结果才能知道这些神秘力量。因此，为部族的少年们举行的普通的成年礼仪式所要追求的目的，也是十分明显的。这是一些巫术行动，其目的是要把他们引进一种神魂颠倒、昏迷不醒、“死亡”的状态，这种状态是他们与自己的部族、图腾、祖先的本质上神秘的实在互渗所必需的。这种互渗一经实现，他们就成了部族的“完全的”成员，因为部族的秘密已经向他们揭露了。从这时候起，这些完全的成员，这些完全的男人就是社会集体所有的一切最神圣的东西的保管人了。此后他们将永不背弃他们的这种责任感。他们的生活可说是“被截然分割成两部分……一方面是一切男人和妇女共有的普通生活……另一方面是献给秘密的或神圣的东西的那一部分生活，而这后一种生活对他们的意义越来越大。随着他们年龄的增长，这些秘密而神圣的东西对他们的意义更大

① Glave, *Six Years of Adventure in Congoland*. p. 80, quoted in *Webster's Primitive Secret Societies*, pp. 173-4.

了，到最后，他们的生活的这一方面就在他们的头脑里占有最大的地位。”[1]接着是死亡来到，而我在上面试着划分其主要阶段的那个循环又重新开始了。

① Spencer and Gillen, *The Northern Tribes of Central Australia*, p. 33.

第九章

原始人对自然原因的不关心

I

原始人的智力在对付什么使它感兴趣、不安或者畏惧的事物时，不是循着我们的智力所循的那个途径。它立即沿着不同的道路奔去。

我们有一种不间断的智力稳固感，这种感觉如此彻底地确立在我们的意识中，以至我们看不出有什么东西能够扰乱它。因为，即使我们突然碰见了某种十分神秘的现象，起初我们可能完全看不见它的原因，但我们仍将确信我们之不知只不过是暂时的；我们知道这个现象不为无因，而且原因迟早会被发现。因而，我们生活于其中的世界，可说是一个预先理性化了的世界。它是秩序和理性，如同那个设计出它并使它运动的智力是秩序和理性一样。我们的日常活动，甚至最无足轻重的细微末节，都要求对自然规律的不变性的冷静而完全的信任。

原始人的智力样式则大不相同。他所生活于其中的自然世界乃是以根本不同的面目向他呈现出来的。它的一切客体和实体都被神秘的互渗和排除的系统包围着；正是这些互渗和排除构成了这个世界的结合力和组织力。因而这些互渗和排除首先吸引了原始人的注意，也只有它们才能吸引住他的注意。如果有什么现象使他感到兴趣，那他就不限于仅仅消极地感知它，而无任何反应；他立刻通过一种智力反射，来引出那个借现象表现出来的神秘和看不见的力量。

纳骚说："非洲土人的智力对一切不同寻常的事物都是以巫术的观点来看待的。他的思维不去在文明人叫作自然原因的那种东西里面寻求解释，而是立刻转向超自然的东西。实际上，这种超自然的东西乃是他的生活中的一个如此经常的因素，以至它能使他对一切事物做出十分迅速而合理的解释，正如我们诉诸自然的可认识的力量一样。"[①]传教士菲力普(J. Philip)在谈到"贝专纳人的迷信"时说："当土人们还处于愚昧状态(即在他们受到传教士的教化以前)，他们所不知道的和他们认为神秘的一切事物(即只用知觉不能解释的事物)，都是迷信崇拜的对象；他们不知道第二性原因(自然原因)，一种看不见的作用取代了它们的地位。"[②]

所罗门群岛的土人的思维也使杜恩瓦尔德(Thurnward)得出了同样的想法："在观察任何事物时，他们从来没有超越过对事实的简单记录。从理论上说，他们根本没有深刻的因果联系的观念。不懂得现象之间的联系——这就是他们的恐惧和他们的迷信的根源。"[③]

这里，像常有的那样，必须把所报道的事实与给它的解释分别

---

① Rev. R. H. Nassau, *Fetichism in West Africa*, p. 277 (1904).

② Rev. John Philip, *Researches in South Africa*, ii. pp. 116-7 (1828).

③ R. Thurnwald, "Im Bismark Archipel und auf den Salomo Inseln", *Zeitschrift für Ethnologie*, xlii. p. 145.

开来。事实是，原始人，不管他是非洲人还是其他什么人，根本不想操那份心去追究那些本身不明显的因果联系。同时，一些观察者，不论是传教士或者其他什么人对这个事实作出了自己的解释，在他们看来，原始人之所以立刻就诉诸神秘力量，那是因为他没有想到去寻找原因。可是为什么他不想去寻找原因呢？解释必须是正好相反的。原始人之所以没有想到要去查明因果联系，他们发现了或者别人给他们指出了这些因果联系，但他们仍然不予重视，那么，这是那个可靠地证实了的事实的自然后果，即他们的集体表象立刻引起了关于神秘力量的干预的观念。因此，我们所认为是大自然的骨架子，是它的实在性和稳定性的基础的因果联系，对他们说来是很少有兴趣的。宾特里（W. H. Bentley）说："有一次，怀特希德（Whitehead）看见他的一个工人在雨天坐在寒风当中。他请他进屋去换湿衣服，但这人回答说：'寒风冻不死人，这不要紧的；只有用巫术才能使人生病和死去。'"①

一个传教士关于新西兰也写了差不多相同的话："一个形容枯槁的土人来访问我。他受了凉，根本不关心自己。这些土人一点儿也不知道自己得病的原因。他们把自己的一切痛苦都归咎于阿土亚（Atua）（神灵）。我说的这个土人告诉我，有一个阿土亚蹲在他身子里，在啃他的命门。"②

对于具有这种趋向的、完全被神秘的前关联吞没的思维来说，我们叫作原因和我们认为能解释事件的那种东西，最多也不过是

---

① Rev. W. H. Bentley, *Pioneering on the Congo*, ii. p. 247 (1900).

② Missionary Register, *August 1917* (Ramsden).

神秘力量所利用的一个机会，或者更正确地说是一个工具。机会可以由不论什么东西提供出来，工具也可以是各种各样的，但事件反正是要发生，而且就是这个事件，只要神秘力量发生作用，而又不遇到另一个更强的神秘力量的阻挠，就必然发生。

II

在我们所拥有的许多例子中，我们只选取那些为我们最熟悉的例子。在一切不文明民族中间，到处都不用自然原因来解释死亡。观察者们常常指出，土人们每次看到一个人死了，都好像他们是第一次看见这样的事，在那以前，他们从来没有见到过这样的事情。欧洲人经常自问，“这些人怎么能够不知道任何人迟早都是要死的？”但是，原始人从来就不以这种观点来观察事物。在他看来，在一定（相当确定）的年数中，不可避免地要把人引向死亡的那些原因，比如身体器官的衰弱、老年的衰退、机能能力的减弱，根本不是与死亡必然联系着的。难道没有仍然活着的衰迈的老人吗？因而，如果说在某一时刻死亡来降，那必定是因为神秘力量发生了作用。其实，如同任何疾病一样，就连老年衰颓这种事也不被认为是由我们叫作自然原因的那种东西造成的；对它也必须以神秘力量的作用来解释。简而言之，如果说原始人不注意死亡的原因，那是因为他已经知道了死亡为什么来临，既然他知道为什么来临，所以他就不关心怎样来临。我们在这里面对着一种演绎的推理，经验对它是无能为力的。

我们从那些还没有受到过白种人影响的低等民族中举几个例子吧。在维多利亚（澳大利亚），“土人们经常把死亡归咎于他人的

行动。一个黑人死了，不管是年轻人还是老人，就认为有个敌人晚上来切开了他的腰身，割走了他腰子上的脂肪。即使最聪明的土人，也不能使他们相信任何死亡都是出于自然原因。”①

不管是病人的身体还是他死后的尸体，都没有这种切口的任何痕迹，但是澳大利亚土人仍然认为没有丝毫理由可以怀疑有切口。既然死已成事实，那还需要其他什么证据来证明它呢？如果不是什么人割走了腰子上的脂肪，难道死亡会发生吗？其实，这个信仰根本不包含关于这种脂肪所应具有的生理作用的任何观念；这里只是一个神秘作用的问题，这个作用仅仅是由于作为它的媒介的器官本身的存在而实现出来的。

罗特根据贝特利(Th. Petrie)的笔记写道：“在布里斯本区②的欧洲人殖民地的最初几年中……几乎所有的病痛都被认为是由某些巫医(turrwan)掌握着的石英石的作用造成的。这个石英石赋予了它的所有者以超自然的力量。巫医的魂迫使这个石英石进入牺牲者的身体里，只有由另一个巫医用吮吸的办法把它吸出来，才能治好病；因此，巫医被认为是能够在远距离引起人得病并且可说是能够使他**注定死亡**的人。”③“在沙罗塔公主海湾所属的一个区里，所有的重病，从疟疾直至梅毒，都被认为是由一种特殊的符咒的作用造成的……这是用蜡粘在苇矛上的一片磨尖了的人的腓骨。土人们相信，当这个矛向预定的牺牲者的方向一掷，矛杆还留

① Hugh Jamieson, *Letters from Victorian Pioneers*, p. 247.

② 在澳大利亚北昆士兰。——汉译者注

③ Dr. W. E. Roth, “Superstition, Magic, and Medicine”, *North Queensland Ethnology*, Bulletin 5, nr. 121. p. 30 (1907).

在掷者手中，而骨片却向空中飞去，刺进牺牲者的身体里(身体上的伤口立刻就愈合了，不留下伤疤)，这样就引起了疾病。”[1]

一般来说，人的死，都是因为巫师“注定了”他必死。“注定必死的牺牲者可以和平常一样出去打猎……当他突然感到在自己腿上或者脚上有个什么东西，他会看见一条蛇正在咬他。说也奇怪，这条怪蛇立刻就消失了……然而这个看不见的过程本身对被咬的土人来说，却是某个敌人使他中邪和他之必死的证明。没有什么能够救他的命了。他已经不打算医治了。他被弄得六神无主，完全垮台，只好躺着等死。”[2]这样一来，人也可以“注定”要遭到雷劈电殛，被倒下的树砸死，被刺把脚刺伤，染上讨厌的疾病或者被矛刺着。蛇、闪电、矛等等不是上述那些后果的实际造成者：它们只可说是完成那个“注定”的行动。“这个‘注定’可以由活人在死人的鬼魂的协助下或者不要这种协助而实现……敌人要么是死人，要么是自然界的神灵。”[3]

斯宾塞和纪林也说：“任何种类的疾病，从最轻的病到最重的病，一无例外地被认为是由具有人的模样儿或者神灵的模样儿的敌人的恶毒影响造成的。”[4]豪维特说：“他们能够想象由于偶然事故的死亡，尽管他们往往把我们叫作偶然的结果的那种东西归因

---

① Dr. W. E. Roth, “Superstition, Magic, and Medicine”, *North Queensland Ethnology*, Bulletin 5, nr. 138.

② Dr. W. E. Roth, “Superstition, Magic, and Medicine”, *North Queensland Ethnology*, Bulletin 5, nr. 147.

③ Dr. W. E. Roth, *Ethnological, studies among the North West Central Queensland aborigines*, pp. 113-5 (1897).

④ Spencer and Gillen, *The Native Tribes of Central Australia*, p. 530 (1899).

于凶恶的巫术的作用。他们知道什么是横死，然而即使他们亲眼看见了这种死，他们也认为(这里谈的是昆士兰的马立博罗附近各部族)，在这些宗教战斗的不管哪一次战斗中，如果有哪个战士被矛刺死，那么，发生这种事是因为他自己的部族的什么成员的凶恶巫术的结果而使他丧失了为击退或者避开这矛所必需的灵巧。但是我怀疑，在澳大利亚，在原先的情况下(亦即在白种人传教士到来以前。——俄编者注)，不管在什么地方，土人们能够想象纯粹因病而死的可能性。无论如何，库尔纳依人是没有这种意识的。"[①]"如果一个人在战斗中被杀死或者伤重而亡，土人们就认为他是'着魔'了。"[②]"尽管纳利涅利人(Narrinyeri)常常容易被毒蛇咬，但他们没有任何药物来对付这种事故。迷信促使他们认为被蛇咬乃是中了巫术的结果。"[③]

这种智力样式不只是澳大利亚各部族所特有。我们在彼此相距极其遥远的一些不文明民族中间见到了差不多完全相同的表现。他们的集体表象中的一个可变的因素，乃是他们所认为的作为疾病或死亡的原因的神秘力量。罪魁有时是巫师，有时是死人的鬼魂，有时是一些或多或少确定的或者人格化了的力量，涉及的范围从最模糊的表象到关于天花一类疾病的确定的神格化。这些表象中的相似之点(我们甚至可以说相同之点)，则是以疾病和死亡为一方和

---

① Rev. A. W. Howitt, *The Native Tribes of South-East Australia*. p. 357 (1904).

② A. Meyer,"Encounter Bay Tribes", in Woods' *The Native Races of South Australia*, p. 199 (1879).

③ Rev. G. Taplin, *Manners, Customs, etc.*, *of the South Australian Aborigines*, p. 49 (1879).

以看不见的力量为另一方之间的前关联，这种前关联使他们不大考虑我们叫作自然原因的那种东西，即使这些原因是不辩自明的。

我只举出这种观念一致的几个重要例证。乔梅尔斯说："土人们从来不相信除了神灵还有什么原因能使人得病；他们认为，死亡（除非谋杀）只能由于神灵的愤怒而发生。当一个家庭有人生病，所有亲属都纳闷：这是什么意思呢？如果病人的病情没有好转，他们就决定该做点什么事。于是就去上供：也许是带一点食物，放在祭神的地方，然后把食物带回去，分给病人的朋友吃。如果病仍旧不好，就把一口猪抬到祭神的地方去，用矛刺死了给神灵上供。"[①]在德属新几内亚也是这样的。"按卡伊人（Kai）的说法，没有人是自然地死去的。"[②]

在阿劳堪人（Araucanos）[③]那里，"一切死亡事件，除了战斗或格斗以外，都被认为是超自然的原因或巫术的结果。假如有谁遭到横死，土人们就认为这是灰库乌（huecuvus）或者恶灵造成的，它们恐吓马，马把骑者摔下来，它们使石头活动，让它掉下去砸倒不小心的过路人，它们使人一时瞎了眼，好让他掉进深渊里，或者它们采取其他什么致命的办法。在因病死亡的情形下，他们就认为死者是被巫术或者毒药害死的。"[④]格鲁布（Grubb）关于恰科的印第安人也说了同样的话。"印第安人常常认为死亡是基里伊哈马（kilyikhama）（神灵）的直接影响的结果，或者是那些想要害人或

① Rev. J. Chalmers, *Pioneering in New Guinea*, pp. 329-30 (1902).

② R. Neuhauss, *Deutch Neu-Guinea*, iii. p. 140; Cf. ibid., iii. p. 466 et seq.

③ 南美印第安人，居住在智利和阿根廷的南部。——汉译者注

④ R. E. Latcham, "Ethnology of the Araucanos", *Journal of the Anthropological Institute* (henceforward referred to as J. A. I.), xxxix. p. 364.

者通过巫师去诱杀人的人造成的。”[①]多布里茨霍菲尔关于阿比朋人也有同样的报道。[②] 在南、北美洲的几乎所有原始民族中间都可以遇见类似的信仰。

在南非，我们也遇到与在澳大利亚发现的事实完全相同的情形。“土人们相信巫师能够出卖某一个出发去猎捕野牛、象或其他野兽的人。土人们认为，巫师能够‘训示’动物去害死人！……所以，当一个猎人在猎场上遇难时，这个猎人的朋友就说：‘这是他的敌人干的事。他是被出卖给野兽了。’”[③]

宾特里十分明确地表现了同样的观念。“刚果的土人把疾病与死亡看成是根本不正常的现象。土人从来不去追究自然原因。而永远归咎于巫术。即使是溺死或战死，被倒下的树砸死或被野兽咬死，被雷劈死，——在所有这些场合下，他们都顽固而毫无理性地认为死亡是由巫术造成的。使牺牲者着魔的那个人（他或她）就是巫师。”[④]

德柏尔还在17世纪就已经指出了罗安哥有这些信仰。“这些可怜的愚人认为没有哪一次横死不是由莫亏纪（moquisies）即他的敌人的偶像造成的。设若有谁掉进水里淹死了，他们会对你说他是着了魔；假如有人被狼或虎吃掉了，这是因为这个人的敌人借助巫术的魔力变成野兽来吃了他；如果一个人从树上掉下来，如果他的房子被烧了，如果雨季比往年长，所有这一切统统被认为是由

① W. B. Grubb, *An Unknown People in an Unknown Land*, p. 161 (1911).
② M. Dobrizhoffer, *An Account of the Abipones*, ii. pp. 83-4 (1822).
③ J. Mackenzie, *Ten Years North of Orange River*, pp. 390-1 (1871).
④ Rev. W. H. Bentley, *Pioneering on the Congo*. i. p. 263 (1900).

某个坏人的莫亏纪的巫术力量造成的。要去尝试把这种愚蠢念头从他们的头脑里驱除出去，只会是浪费时间；这只能遭到他们的嘲笑和鄙视。”①

在悉拉雷奥尼，“没有自然的死或者意外的死：疾病或者作为死亡的直接原因的偶然事件被认为是超自然的作用的结果。土人们有时认为死亡是由什么人采用了巫术而达到的凶恶影响引起的；有时它又是由什么人的守护神造成的，死者……可以念咒语来反对他。通常是用前一类原因来解释首领们和其他有势力的人物以及他们的亲属的疾病和死亡；后一类原因则用来解释低等人物的疾病和死亡。”②

最后，在德属东非，“对查加人（Dschagga）来说，没有自然的死亡这样的事。疾病和死亡永远是巫术的结果。”③

我们就在这里结束证明材料的列举吧，因为这样的材料可以无穷无尽地举下去。④

III

从疾病和死亡到纯粹的偶然事件的差别，差不多是觉察不到的。前面所述的事实说明了，原始人通常都看不出由于年老或疾病而来的死与横死之间的差别。他们并不是“没有理性”（借用宾

① O. Dapper, *Description de L'Afrique*, p. 325 (1686).

② Th. Winterbottom, *An Account of the Native Africans in the Neighbourhood of Sierra Leone*, i. pp. 235-6 (1803).

③ A. Widenmann, “Die Kilimandscharo-Bevölkerung”, in Petermann's *Mitteilungen Ergänzungsheft*, 129. p. 40 (1889).

④ 参看第八章，第389-401页。

特里的用语)到这种程度,竟至于看不出在一种场合下病人是在自己人中间或多或少缓慢地死去,而在另一种场合下则是突然丧命,比如被狮子吃掉或者被敌人的矛刺死。他们当然看得见这种差别,但是这种差别是他们所不感兴趣的,因为不管是疾病还是野兽或矛,在他们看来都不是致死的真正原因,只不过是那个想要人死的神秘力量所用的手段,而这个神秘力量同样也可以选择其他手段来致人于死。因而,每次死亡,即使是病死,都是偶然的,或者更正确地说,任何死亡都不是偶然的,因为对原始人的思维来说,任何事物都不是真正偶然发生的。我们欧洲人觉得是偶然的东西,对原始人来说永远是神秘力量的表现,这个神秘力量以这种表现来让个人或社会集体感到它的存在。

一般地说,对这种思维来说,没有也不可能有任何偶然的东西。这并不是因为它相信严格的现象决定论,相反的,它对这种决定论没有丝毫观念,它对因果关系是不关心的,它给任何使它惊奇的事件都凭空添上神秘的原因。由于神秘力量永远被感到无处不在,所以,我们越觉得偶然的事件,在原始人看来则越重要。这里不需要对事件的解释;事件自己解释了自己,它是启示。诚然,一个事件也经常被用来解释其他什么事件,——至少是以这种思维所寻求的那种形式来解释。然而,在没有什么现成的前概念来解释事件时,对事件的解释也可能显得必要。

罗特说,台里河[①]的土人们以下述理由决定杀死克伦卜岬[②]的一个人:“在上星期日集会(prun)上,这个土人把矛掷向树梢,矛从

①② 均在澳大利亚北昆士兰。——汉译者注

树梢掉下来，落到一位老人的脖子上，把他刺死了。这个倒霉的掷矛人是个'医生'，这就怎么也不能说服死者的族人相信他的死不是由这个医生的巫术引起的。这时候站在我旁边的艾·布鲁克(E. Brooke)作了一切努力来向土人们解释这是一个纯粹偶然的事件，但是毫无效果。狂暴的野蛮人列成队形以后就开始了进攻，结果是'医生'的膝盖受了伤(不是致命的)。"[①]在这次典型的事例中，很难于而且实际上也不可能使这些土人讲道理。他们首先必须让死者得到满足，要是不给他报仇，他们有一切理由应当害怕；所以他们无论如何有义务要杀死什么人，而这次灾难的肇事者(有意的或无意的这没什么要紧)自然是最适宜的报仇对象了。此外，这个传教士要让他们明白这纯粹是一个偶然事故，是永远也办不到的。他们必定要问：为什么这矛落下来正好掉到老人的脖子上，而不掉到他的前面或者后面的什么地方？为什么这支矛恰恰是巫医的矛？说到杀人者方面没有任何杀人的目的，那又怎样来证明这一点呢？这只能推测，而推测总不能胜过事实。其实，肇事者即使自己没有意识到也可能有杀人的意图。巫师们未必一定知道他们自己在害人。诚然，这次事件中的"医生"可以绝对问心无愧地否认自己的罪过，但对原始人的思维来说，他的否认是没有价值的。

在新几内亚，一个土人在狩猎中被自己的一个同伴的矛刺伤了。"伤者的朋友们来见他，问他是谁使他着魔的，因为在巴布亚人对于事物的性质的看法上是没有'偶然事件'的立足之地的……

① W. E. Roth, *North Queensland Ethnography*, Bulletin 4, No. 15.

他们一定要他说出那个使他着魔的人的名字，因为他们相信，只是受了矛伤并不足以构成死亡的原因，他们自始至终相信伤者必死，并且不停地向他谈着这一点……尽管伤者只是在临死时才神志不清，但他没有回答朋友们的问题，也没有说出是谁使他着魔的。这时，朋友们的怒潮都集中到奥列利森（Oreresan）部族的人们和那个掷出矛的土人身上。"[①]这样看来，他们只是在失去了弄清死因的希望，可说到了万不得已的时候才作为最后手段来收拾这个掷矛的土人。假如伤者在使用巫术的罪犯方面只要稍微有所指明，则那个实际上刺了他的人就不会受到惩罚了；人们会把他看成只是巫师的工具，会认为他与矛一样对这次杀人事件只负很少的责任。

另一方面，伤势不重并不妨碍他们宣布它是致命伤。按照原始人的见解，伤者的死不是由矛对机体组织的破坏引起的，而是由巫术造成的；他的死是因为被判定了必死，或者如澳大利亚土人所说的"注定"了他必死。这里，我们见到了前概念的一个极为生动的表现，这个前概念使原始思维不能接受关于偶然事件的观念。

还有一个新几内亚土人的例子："一棵树倒了；即使是它彻底腐烂了或者是被暴风吹断了，土人们反正要把这事情归罪于巫师。有人发生了什么不幸事故；这也是威拉巴纳（werabana）（巫师）干的事。"[②]

在其他不发达民族中间，也见到了十分相似的例子；例如，在

① Rev. A. K. Chignell, *An Outpost in Papua*, pp. 343-5.

② Rev. Bromilow in G. Brown, *Melanesians and Polynesians*, p. 235 (1910).

中非就有这样的情形。“在 1876 年，艾凯里族(Akele)的一个首领卡查(Kasa)受到一只被他打伤的象的袭击，被象牙刺穿了。首领的随从们赶走了象；尽管他受伤很重，他还是活了很久，使他有机会来归罪于他的妻妾奴仆中的 12 个人，指责他们使他的枪着了魔，所以这枪只是打伤了象，却没有把它打死。”①

“在猎象的时间中，一个名叫恩科巴(Nkoba)的有点势力的首领受到一只受伤的母象袭击，这母象用长鼻子把他从地上卷起来甩到牙上……他的随从们凄惨地号叫着……全区的居民集合在恩甘加恩基纪的面前，他应当决定这母象是被魔鬼迷惑了呢，还是被死者的什么敌人施了巫术，或者是‘大神’(Diambudi nzambi)的意志使然。”②

在这两次事件中，牺牲者的社会地位要求他们的死必须得到报复，同时，牺牲者的地位本身就是关于巫术的推测的强有力的前提。为什么首领的枪打不响？毫无疑问，是因为这枪受到了恶毒的影响。同样，如果不是被人“出卖”，另一位首领也不会被受伤的象刺死。灾难愈大，死者个人愈高贵，则偶然事故的可能性愈难得到承认。

土人们往往连想也不想这种可能性。例如，“一只载着 6 个土人的独木舟从维维沿刚果河顺流而下……船转到一个湾角(后来，我们的山下车站就建在那里)，掉进漩涡里，船里进满了水，沉到底下去了……土人们……认定，引起这种骇人听闻的事故的巫术不

① Rev. R. H. Nassau, *Fetichism in West Africa*, p. 86 (edit. of 1904).

② H. Ward, *Five Years with the Congo Cannibals*, p. 43 (1890).

是一般的巫术，因而必须采取相应的措施。每淹死 1 个人，必须以 3 个巫师来抵命，结果这次 6 个人的偶然死亡却必须招来 18 个人的死！在这个区里，重要人物的死或特殊情况的死，也是这样处置的。”①

“一个土人走进村里，把自己的枪放在地上，枪走火打死了一个人。死者的亲属占有了这支枪。这支枪的价钱等于几个奴隶的价钱，枪的所有者急于想把它赎回，就像想赎回自己的亲兄弟一样。当没有枪可以抵押时，就给杀人者戴上镣铐，作为恶意的杀人犯监禁起来。有时候土人当局对杀人者持宽大态度。他们不去逮捕杀人者或者夺他的枪，反而宣布他完全无罪，并且求助巫师来发现那个作为死亡的真正原因的施邪术的人。按照他们的看法，正是这个人应当负全部责任。土人们在这里抄袭了狩猎风俗中的一个例子。头一个打伤羚羊的人有权得到这只羊，即使打死它的是另一个人。打死这羚羊的人只可说是找到了头一个猎人的猎物；同样，杀人者也只是找到或者击毙了那个已经被巫师杀死了的受害者；前者不是死亡事故的真正原因，只是它的一个机会。但另一些土人则主张，杀人者尽可以声称自己无罪并断言自己也是受了巫师的害，但他仍然应当赔偿损失。有一次，我看见两个土人因为酗酒扰乱秩序而受审。那个供给他们啤酒的人也被传到庭上，他担心会控告他使啤酒着了魔。在他的谈话中透露出深深的恐惧。‘也许他本人连同他的啤酒都着了魔，而受了其他人的利用。’”②

---

① Rev. W. H. Bentley, *Pioneering on the Congo*, i. p. 411.

② Rev. Duff Macdonald, *Africana*, i. pp. 172-3.

十分明显，对于这种结构的智力来说，只是到了最后才有可能出现关于偶然事件的看法，或者更正确地说，根本不可能出现这种看法。即使给他们暗示了这种看法，他们也不会接受，因为他们相信，我们叫作“偶然的”那种东西都有其神秘的原因，如果这原因不立即暴露出来，就应当把它追查出来。

“奥温比（Ovambi）部族（德属西非）的首领卡尼米（Kanime）不久前想要让公牛习惯于工作。当人们试图刺穿它鼻孔时，它用角刺瞎了一个土人的一只眼睛。他们立刻就说，这个丧失了一只眼睛的土人是着了魔。他们去请教巫师，让他发现那个施邪术的人，巫师指出卡尼米的仆人中间的一个是罪犯。这仆人被判处死刑时逃跑了。但是卡尼米骑着马飞奔去追赶他，把他追上，杀死了。”[①]

在第二年，“我的一个邻居去捕他十分喜爱的蛙，他出发时身体很健康，精神也愉快。他把矛掷出去，却把自己的臂戮了很深一个口子，流了许多血，又因为盛怒，终于死去了……三天以后，巫师们开始追究是谁使这个人着了魔的。我反对这样做，但他们回答我：‘假如我们不找出奥木洛敌（Omulodi）并把他杀死，也许我们大家都会死的。’应传教士们的请求，首领干预这件事了，但不久他就利用传教士们不在的时候允许处死了嫌疑犯。”[②]

按照这些非洲部族的观点，对大多数偶然事件的这种解释是如此自然，以至不管传教士们多么长久地努力同这种解释做斗争，

① *Berichte der rheinischen Missionsgesellschaft*, p. 242 (1895).

② *Berichte der rheinischen Missionsgesellschaft*, p. 213 (1896).

他们还是不能说服这些土人。请看迪特林(Dieterlen)在1908年关于南非巴苏陀人(Basutos)是怎样谈的吧:“上一个月,闪电击中了我的一个熟识的土人的住宅,击死了他的妻子,击伤了他的孩子,烧毁了他的全部财产。他清楚地知道闪电是从云里来的,而云又是人的手摸不到的。但是有人告诉他说,这闪电是由一个怀着恶意预谋反对他的邻人指引他到那里去的。他相信了这一点,现在还相信,将来也永远相信。

“在去年,蝗虫袭击了年轻首领马蒂亚利拉(Mathéa-lira)的庄稼,他在我们的学校里上学,已经受到相当好的教育了,并且早就参加了我们的礼拜。但这又有什么用呢?他把这次蝗灾归罪于那个争夺他的首领地位和列利柏区的统治权的兄弟迪朱(Tesu)的巫术。

“两个星期以前,在离此1公里的地方,一个年轻的寡妇因患什么内病而死,这病大概应归因于她自己的放荡行为。然而事情并不这样:这病归咎于一个男人,因为这妇女曾经拒绝嫁给他,他就给了她一把大麻叶抽。这个妇女的母亲是基督教徒,我向她解释这种事是不可能的。但她不相信我,现在她还对她认为害死了她的女儿的那个人怀着恶感。”①

即使偶然事件带来的是幸运,而不是致命之灾,原始人的反应仍将是一样的。他会在这里面看到神秘力量的工具,他往往会害怕这种幸运。任何难得的喜事、意外的成功都是可疑的。列奥纳德(A. G. Leonard)少校说:“常常有这样的情形,两个朋友一起去捕

---

① *Missions évangéliques*, lxxxiii. p. 311.

鱼，其中一个偶然地或者由于更灵巧比另一个捕到的鱼多。不幸的是，他正因为这样而使自己的生命受到威胁却不知道。因为回到镇上以后，那个不走运的渔人立刻会去请教巫医，了解为什么他的朋友捕到的鱼比他多。这位'医生'立即把这事归因于巫术的作用。这样一来，巫医就在这个土人的心里播下了仇恨和死亡的种子：这个不久前还是亲密的朋友的人忽然变成了冷酷无情的敌人，准备着用一切可能的办法来弄死那个不久前还与他是莫逆之交的朋友。"①

蒙泰罗(Monteiro)说："我留在阿姆布利泽特的时期，有卡宾达族(Cabinda)的三个妇女到河边去打水。她们彼此挨着站在一起，把水汲进水罐里；突然，中间的一个被短吻鳄咬去，立即拖进河底吃掉了。这个遭难的妇女的家人立即谴责另两个妇女，说她们用巫术的方法迫使短吻鳄正好把中间那个妇女咬走了！我试图说服这些亲属，指出他们的谴责完全没有道理，可是他们回答说：'为什么短吻鳄恰恰把中间那个妇女咬去，而不咬走站在两边的人呢？'要使他们放弃这种念头是根本不可能的。这两个妇女被迫喝了卡斯卡(Casca)(即喝毒药以受神意裁判)。我不知道这事情的结局，但是很可能其中一个或者她们俩都死了或者罚为奴隶。"②

蒙泰罗不理解，对土人的思维来说，任何事件都不可能是偶然的。首先，短吻鳄自己是不会去袭击这些妇女的。因此一定是有人唆使它这样做。其次，它清楚地知道它应该把哪一个妇女拖走。这个妇女是"出卖"给它的。唯一的问题就是弄清这到底是谁干

① Major A. G. Leonard, *The Lower Niger and its Tribes*, p. 485 (1906).

② J. J. Monteiro, *Angola and the River Congo*, i. pp. 65-6 (1875).

的……然而事实是不辩自明的。短吻鳄没有拖走两边的妇女，而是把中间的一个咬走了，所以，正是这两边的两个妇女"出卖了"中间的那个妇女。她们之所以受神意裁判，其目的主要不是打消那个莫须有的疑团，而是要揭露她们身上含有的真正的巫术来源，并对这个来源发生神秘的影响，以便使它今后不能再去害人。

这里有同一个区里的另一个类似的事实。"在那天傍晚，艾万吉(Ewangi)坐船逆流而上，被鳄鱼从自己的独木舟里拖走了，以后就再也见不到他了。遇难的消息很快传到了第多镇。派了一些军用小艇到出事地点去了。艾万吉死时和他一起在船上的一个旅伴以及住在出事地点附近河岸的一个土人被抓起来了，他们被控施巫术，被判处了死刑。"①事实上，对土人说来是没有偶然的东西。关于偶然事件的观念在土人的意识中是没有的；相反的，关于巫术的观念却经常在他们的意识中出现。所以，艾万吉是被"出卖"了。用不着问是谁出卖他的；显然，与他同行却又被猛兽饶恕的人或者与这猛兽为邻的人无疑是罪人。

IV

在这一点上，要彻底理解土人的思维，就应当记住：据他们的

① G. Hawker, *The Life of George Grenfell*, p. 53 (1909). 东非尼亚萨湖地区的土人也是这样反应的，他们为两个土人在传教士们的船中发生的偶然事件而要船主负责。在土人们看来，偶然事件的牺牲者是"被出卖"了，所以必须得到赔偿。两个土人坐传教士们的船回家，在夜里淹死了。"起初，土人们好像对这事抱着安然的态度，但是他们回来以后就提出了最不能容忍的要求。要求把艇长和船上的厨师交给他们，以便为两个溺水人的死报仇。他们已经威胁说，如不交出这两个人就要对蒂洛克达拉姆的姊妹采取报复。"—— *Berichte der rheinischen Missionsgesellschaft*, p. 153 (1885).

解释，鳄鱼和短吻鳄本性上是不伤人的。人根本用不着害怕它们。当然，在有很多鳄鱼和经常出事的地方，土人会渐渐放弃这个观念，开始采取一些预防措施。例如，在德属东非，“由于鳄鱼在这里繁殖得多得不可想象，所以人们不敢直接到鲁胡吉河去取水，而是用栅栏之类的东西把河围起来，用挂在长竹竿上的容器伸向堤岸下汲水。”①在希列河上游，在宽查河也用这种方法汲水。② 但是这种情形是例外的。一般说来，土人们并不怕走近河岸或者甚至在邻近鳄鱼的地方游泳。其实，某些欧洲人也感觉到了这一点。波斯曼（W. Bosman）就写道：“我在这里度过的整个时期中，没有听说过鳄鱼把什么人或者动物吃了……在全国所有的河流中繁殖着非常多的鳄鱼……我是不到水里去冒险的，尽管我从来没有听说过这一类的事故。”③封·哈根（Von Hagen）在他留在喀麦隆的两年中只知道三次鳄鱼咬人的事件，尽管土人们常常在河里游泳和洗澡，旱季又在礁湖溅水。④ 我们在非洲西海岸也遇见了这样的信仰。“据说，在有许多短吻鳄的加林哈河（在雪尔布罗和卡卜山之间），在几年以前一只贩卖奴隶的船只在河口附近炸毁以前，没人记得鳄鱼伤人的事，虽然土人们经常下水去。”⑤

宾特里夫人认为，在这里采取一些必要的预防措施，人就不会

① Fr. Fülleborn, *Das deutsche Njassa und Ruwumagebiet*, *Deutsch Ost Africa*, ix. pp. 185. 541.

② J. J. Monteiro, *Angola and the River Congo*, ii. p. 123.

③ W. Bosman, *Voyage de Guinée*, 14e *lettre*, pp. 250-1.

④ G. Von Hagen, *De Bana*, *Bässler-Archiv*, ii. p. 93 (1911).

⑤ T. H. Winterbottom, *An Account of the Native Africans in … Sierra Leone*, i. p. 256 (1803).

遇到大危险。“鳄鱼很胆怯,不会轻易冒险。只要有一打年轻人在水里闹、喊叫、扎猛子、嬉戏,就足以使鳄鱼躲得远远的。但如果有谁敢于一个人走进水里去,不幸事故就可能发生。”[①]假定说发生了这种不幸事故,那么,土人怎样解释它呢?他会不会怪罪自己不谨慎或者改变他对鳄鱼性情的看法呢?他会不会认为这是偶然事件呢?如果他像我们一样推论,他自然会这样认为。实际上,他连想也不会想到这一点。他已经有了现成的解释,这是一个完全不同的解释。宾特里夫人说:“在鳄鱼很多的地区,土人们相信,巫师们有时变成鳄鱼或者进到这些动物的身体里,以便指挥它们,去咬住和杀死他们的牺牲者。在豹子多的地方,巫师能够变成豹子。土人们常常断言鳄鱼自己是不会伤人的。他们对这一点是如此深信不疑,以至他们在某些地方毫不犹豫地下河去……观察自己的网。假如他们中间有谁被鳄鱼吃了,他们就听从自己的巫师的废话,找出并杀死那个假想的罪犯巫师,然后依然如故地行事。

“在鲁空加美国浸礼教教士团的一个站上,有一天夜里从河里爬上来一只巨大的鳄鱼,想要袭击猪圈。猪闻到了这爬虫的气味,号叫起来,使传教士英哈姆(Ingham)起了床,拿枪打死了鳄鱼。第二天早晨,他剖开鳄鱼的肚子,发现胃里有两个妇女的脚镯。土人们立即承认这些饰物是属于两个妇女的,她们在不同时间到河里去汲水失踪了。我在几天后来到这个站上,跟我在一起的一个刚果工人温和地断言这鳄鱼没有吃妇女。他坚持说鳄鱼从来不干这种事。

① Mrs. H. M. Bentley, *The Life and Labours of a Congo Pioneer*, p. 34 (1900).

‘可是脚镯呢？难道在这种场合下这不正是鳄鱼吃掉了两个妇女的明显证据吗？’‘不是的，鳄鱼只是抓去了她们，把她们交给巫师了，它是巫师的工具，至于脚镯，那大概是它想要作为奖赏拿了去的！’”宾特里补充说：“对这种被魔鬼迷住了头脑的人有什么办法呢？”[1]

宾特里对于他所从未见过的这种固执地否认明显事实感到震惊。然而这里完全是另一回事。这只不过是“经验行不通”的一个个别例子，当土人的思维已经预先被集体表象占据时，他们的思维就有这种特征。按照这些表象（在这些表象里，第二性原因根本不重要；真正的原因则被想象为神秘的原因），做出了不平常的举动和吃人的鳄鱼不可能是和其他鳄鱼一样的动物；它必然是巫师的工具，或者就是巫师本人。

“在大小河流里繁殖着大量短吻鳄，它们常常咬走……土人，而这些土人是这样迷信，以至在发生了这类事件时他们就归咎于巫术；他们昏头昏脑到这种程度，甚至不愿费点事把他们的妇女和孩子经常洗澡和被咬走的那段河围起来。”[2]

在赞比西河上游，“据说有一些‘医生’能驱使鳄鱼。假如有谁偷了这些医生中什么人的牛，这医生就来到河边。他走进河里，说道：‘鳄鱼，到这里来，去给我抓住那个偷走我的牛的人。’鳄鱼听懂了他的话。如果第二天早上这医生知道鳄鱼在河里咬死了什么人，他就说：‘这个人是贼。’”[3]

---

① Rev. W. H. Bentley, *Pioneering on the Congo*, i. pp. 275–6; Cf. ibid., i. p. 317.

② John Mathews, *A Voyage to the Sierra Leone River*, p. 50 (1788).

③ E. Jacotet, *Études sur les Langues du Haut Zambèze*, III, Textes Louyi, p. 170, Publications de l'école des Lettres d'Alger, xvi (1901).

因此，每一次新的偶然事故不但不会动摇土人的信念，反而会成为这信念的一个新的证明。他将去寻找并找出犯罪的巫师，惩罚他，欧洲人的非难在他看来似乎比任何时候都更没有道理。“两个人被鳄鱼咬走了。但土人们断定鳄鱼没有咬人的习惯。因而这是一些鳄鱼巫师，这个区的首领被公认为巫术犯罪者……他当然坚持自己无罪，但他还是被迫喝了毒药接受神意裁判，以证明自己的无罪。坏蛋‘医生’下了致命的药量……我们一点儿办法也没有。”①

在新几内亚（伍德拉克岛）也发现了十分相像的集体表象。“穆鲁亚村的阿维旦（Avetan）的妻子毛地加（Maudega）到邻近的纳布道村去做客，回来时她领着纳布道村的首领布亚玛依（Boiamai）的女儿。这孩子不幸被鳄鱼咬走了。为了报仇，布亚玛依、他的儿子和他村的其他人杀死了毛地加和她的三个亲属……在审判中，布亚玛依的儿子做了下述声明：‘我们杀死这些人是对的……毛地加把我的妹妹领到她村里去，她留在我们那里的时候就给短吻鳄施了巫术，迫使它从水中走出来，抓走我的妹妹并把她吃了。”②在受害者的亲属们的意识中甚至没有一点关于偶然事件的观念。鳄鱼只能是一个工具。墨雷（Murray）又报道说，在离此不远的地方，“鳄鱼是逃犯的巨大威胁，在巴布亚湾部分地区流传着一种信仰：鳄鱼是政府当局的同盟者。这个信仰是以下面一件事情为根据的：从监牢中逃出一个囚犯在渡河时被一只鳄鱼咬伤得

① Rev. W. H. Bentley, *Pioneering on the Congo*, i. p. 317.

② J. H. P. Murray, *Papua*, pp. 128-9 (1912).

很厉害……然而，并不是所有的鳄鱼都为政府效劳。大多数鳄鱼仍然是忠于巫师的，它们只是在接到巫师的命令时才去攻击人。有一次我要渡过一条河去，人们都说这条河满是鳄鱼。我问陪送我的那个土人怕不怕。他回答我：'不怕，只要没有人做普利普利(Puri puri)来反对你，鳄鱼是不会动你的。但如果有谁这样做了，那你反正是逃不了的：他会用这种那种办法来收拾你，即使不通过鳄鱼，也可以用其他什么办法。这样一来，鳄鱼本身反倒没有关系了。"[1]危险根本不是在这里面，动物本身没有什么可怕的，假如它袭击过客，那是因为他被"出卖"给它了。

如果我们想要去确定土人们是怎样想象巫师与动物之间的关系，我们就会碰到差不多是不可克服的困难。他们的思维不服从我们的思维所服从的那些逻辑要求。在这种场合中，如同在其他许多场合中一样，他们的思维服从于互渗律。巫师与鳄鱼之间的关系是这样的：巫师可以变成鳄鱼，但又不与鳄鱼合为一体。以矛盾律的观点看来，二者必居其一：要么巫师与鳄鱼是一个东西，要么他们是两个不同的实体。但原逻辑思维能够使自己立即适合这两个不同的论断。观察者们诚然感到了这种互渗的性质，但他们没有方法来表现它。他们时而着重指出这两种生物的同一性，时而又指出彼此的特殊性；他们的语言中的混乱是很值得注意的。例如，"巴洛吉"(balogi)(巫师)被认为有把死人移进蛇、鳄鱼等等的身体里去的能力。这种迁移往往对鳄鱼有效，因而这个既不是神甚至也不是魔的怪兽成了害怕和尊敬的对象。它与那个实现这

① J. P. H. Murray, *Papua*, pp. 237-8.

种变化的人合而为一；在他们之间可说有一种秘密协定、完全的谅解。这个人命令鳄鱼去抓住某某人，鳄鱼就会去执行命令而且不会弄错……我们所说的这一切解释了，为什么有人被鳄鱼咬走以后，当务之急就是要找出那个派遣怪兽的穆洛吉（mulogi），同时总是能够找到犯罪者。他的命运很快就决定了。[①] 班加拉人（Bangala）[②]相信，“假如鳄鱼没有得到莫洛基（moloki）（巫师）的命令，假如莫洛基没有进到鳄鱼的身体里，使它去横行，那么，鳄鱼是永远不会做这种事情的（即不会推翻船并咬走人）。”[③]这样一来，这位传教士把这两个假设分开来看了，但对土人来说，它们却是以一种我们所不能理解的方式彼此合而为一的。

杰出的观察者迪斯秋（G. le Testu）说，在加蓬河地区（法属刚果），“对老虎人的迷信，其愚昧不亚于对巫术的迷信。这种迷信以两个形式出现。在一种情形下，犯了罪的老虎（以及豹子）实际上是属于某人所有的，它服从这人的指挥，执行他的命令；这个老虎像其他动产一样遗传给他的继承人。他们常说，某某人有老虎。在另一种情形下，老虎只是某某人的化身；他们甚至不知道，这是不是一个具有老虎形状的人，而老虎只是在形状上是老虎，或者实际上是一个人真正化身为老虎……土人们关于老虎人的观念是极端模糊的。”[④]

① P. Eugène Hurel, “Religion et vie domestique des Bakerewe”, *Anthropos*, vi. p. 88 (1911).

② 居住在刚果河上游。——汉译者注

③ Rev. J. H. Weeks, “Anthropological Notes on the Bangala of the Upper Congo River”, J. A. I., xxxix. pp. 449-50.

④ G. Le Testu, *Notes sur les Coutumes Bapounou dans la Conscription de la Nyanga*, pp. 196-7.

列奥纳德少校把这种事情描写得稍有不同。“乌特西的一个老太太被控杀死了奥鲁(Oru)，她把自己的魂投进鳄鱼的身体里，吃了奥鲁，但她又不像可以认为的那样把身体和一切都变成鳄鱼。这种情况的不可能，在这个特殊例子中由下面这样的事实清楚地表现了出来：另有五个妇女也受到同样的控诉。按照土人的观点，许多魂可以同时附在一个东西上或者钻进一个动物的身体里，尽管通常都不是这样。”①

可是请看一个土人的亲口叙述吧：“可能发生这样的事，白天当太阳挂在头顶上的时候，你可能正和一个人对饮棕榈酒，同时不知道这个人的身体里蹲着一个恶灵。傍晚，你听见‘恩科利！恩科利！’(‘nkole! nkole’)(鳄鱼的叫声)，你就知道，这些怪兽中的一个伏在靠岸有淤泥的水中，窥伺着某个去汲水的可怜的牺牲者。晚上，当你的鸡窝里发出惊惶的咕哒的叫声把你惊醒时，你会发现，猛土拉(muntula)(野猫)来访以后，你的家禽的数目短了一些。原来，和你喝棕榈酒的那个人、在河岸咬走了不谨慎的村民的那只鳄鱼、偷走了你的鸡的那只猫，全都是那个被恶灵迷住了的人变成的。”②这里，十分清楚地表现了互渗。只要土人感到它是实在的，他就不会问自己这个互渗是怎样实现的。

V

由于没有偶然的事物，又由于原始人不耐烦去查明引起或不

---

① Major Leonard, *The Lower Niger and its Tribes*, p. 194 (1906).

② E. J. Glave, *Six Years of Adventure in Congo Land*, p. 92 (1893).

引起某个现象的条件，所以由此得出的结论是，原始人是怀着一种比普通的惊奇强烈得多的情感来感知一切意外的、不平凡的事物。关于不平凡的、意外的事物的观念，虽然不像在我们这里那样清楚，但仍然是原始思维所十分熟悉的；这是与我在另一个地方分析过的关于邪气、奥连达、卜西拉（Psila）等等的观念类似的观念，这些观念既是一般的又是具体的。[①]

不平常的事物可以成为比较常见的事物，原始人对第二性原因的不关心，可说是由对一切使地震惊的东西的神秘意义的一贯密切的注意来给予补偿了。因而，观察者们常常指出，原始人其实对任何事物都不惊奇，但他仍然很容易受情感的支配。因为缺乏理性的求知欲，所以随之而来的是他对一切使他震惊的事物的出现的极端敏感。

此外，在不平凡的现象中，还应当把那些发生得很少但已经在集体表象中占据着一定地位的现象与那些根本不能预料其出现的现象区分开来。例如生孪生子是比较少见的事，但无论如何是大家都知道的现象。差不多一切不发达民族都给孪生子的诞生举行整整一系列仪式；不可抗拒的前概念决定了，在这种场合下应当怎样行事才能防止可能以这种现象为征兆或原因而发生的危险。在日食或月食方面也可以见到同样的情形。但是，在遇到绝对意想不到的现象时，则原始人的举动是根本无法预先确定的。当这种现象发生了（这是相当常有的事），它对原始人的思维又有什么影响呢？意外现象不会使原始人感到出其不意。他立刻认为在它里

① 参看第三章，第145-8页。

面表现了神秘的力量(神灵、死人的灵魂、巫术影响,等等),通常他是把它解释成大灾大难的预兆。

第 十 章

神秘的和看不见的力量

I

从上一章的叙述中，我们似乎易于理解为什么原始人的思维不竭力弄清我们叫作现象的原因的那种东西。他们的求知欲的缺乏并不来源于智力麻痹，也不来源于智力衰弱。严格说来，并没有什么缺乏；用经院哲学的语言来说，这里没有“缺陷”或“否定”的根据，却有实在的和肯定的根据。它是下面一个事实的直接的和必然的后果，即原始人是在一个许多方面都与我们的世界不相符合的世界中生活着、思考着、感觉着、运动着和行动着。因此，生活的经验向我们提出的那许多问题在他们那里是不存在的，因为对这些问题的回答已经早就做出了，或者更正确地说，因为他们的表象系统使他们对这些问题不感兴趣。

我已经在别处解释了那些使我们把这种类型的思维看成是“神秘的”和“原逻辑的”思维的理由。对这种思维下一个精确的定义是很难的。欧洲人的意识，即使是像诗人和形而上学家那样最富想象力的意识，比起原始人的意识来也是太过于肯定了。要使我们适应那种完全违反我们天赋的智力样式，我们就必须铲除我们的那一切最根深蒂固的智力习惯，而抛开了这些习惯，我们又觉得根本不能思维了。

对原始人的思维来说，它的前关联（它们与我们对任何现象的原因探求的需要一样是强制性的）毫不迟疑地确定着从某种感觉印象到某种看不见的力量的直接转变。或者更正确地说，这甚至不是转变，因为这个用语适合于我们的推理运算，但它不能准确地表现那个看起来更像直接的或者直觉的理解的原始人的智力机能。当原始人感知着呈现给他的感觉器官的东西时，他也想象着如此表现出的神秘力量。他进行由彼及此的"推论"，并不比我们在听到一个词的发音时对它的意义的"推论"更费事。按照贝克莱（Berkeley）的十分精辟的见解，我们实际上是在听到这个词时就理解了它的意义，正如我们看出人的脸上的同情或愤怒的表情，并不需要预先感知这些感情的标志以便接着来解释这些标志一样。这不是连续两次完成的行动，这是一下子就完成的。在这种意义上说，前关联就等于直觉。

当然，这种直觉不能使看不见的东西变成看得见的，或者使摸不着的东西变成摸得着的；它不能提供一种对知觉范围以外的东西的感性印象。但是，它能提供对于看不见的和感官所不能及的力量的存在和作用的盲目信赖，而这种盲目信赖即使不超过对感官本身所提供的那种东西的信赖，至少也是与它相等。对原逻辑思维来说，这些实在因素（它认为这些因素最重要）并不比其他因素更少实在性。正是这些因素在解释发生着的一切事物。严格说来，甚至不能说发生着的事物需要解释，因为正是在事物发生着的那个时刻，原逻辑思维立即形成了一个关于以这种方式表现着的看不见的影响的表象。事实上，对原始人来说，他周围的世界就是神灵与神灵说话所使用的语言。原始思维记不得是在什么时候学会这种语言的，它的集体表象的前关联使这种语言完全成为天然的东西。

以这个观点看来，原始人的经验应当比我们的经验更复杂，内容更丰富。假如把原始人的智力活动的表面上的贫乏与我们的智力活动的积极性加以比较，这个观念初看起来似乎是悖理的。此外，我们不是指出过，每有可能他们就避免思考，而且最简单的推论对他们来说也是一种难于忍耐的麻烦吗？然而，如果我们补充一句：这里谈的是他们的“直接”经验，那么，我们的奇谈怪论就变得比较容易接受了。我们的经验乃是比较少量的材料与无穷多的推理的总和。相反的，原始思维的经验包含的推理只占极小的比率，然而它却包含了许多直接材料，尽管在原始人看来，这些材料也是实在的，甚至比感觉器官提供的材料更实在，但我们却拒绝承认它们的客观价值。

正是这些神秘材料太多和感官所提供的材料与看不见的影响之间的占支配地位的前关联的存在，使得我们的经验赖以发展的推理不为他们所需要，正是它们妨碍着原始思维依靠它的经验来使自己得到丰富。当我们面前呈现着不论什么新事物，我们知道，我们必得去寻找对这个新事物的解释，而随着我们的知识的增长，我们的问题的数量也将增多。相反的，原始人在遇见任何新事物时已经预先知道了它所需要知道的一切。它在一切不平凡的事件中，立刻就看出了一种看不见的力量的表现。另一方面，它不像我们的思维那样趋向于真正的认识。它不知道知识的乐趣和益处。它的集体表象经常具有极大的情感的性质。它的思维和语言只具有极微弱的概念性，也许正是在这一点上最容易估量出他们的思维与我们的思维的距离。

换句话说，原始人的智力活动（因而他们的社会制度）决定于下面这个主要的和根本的事实，即在他们的表象中，感性世界与彼世合而为一。对他们来说，看不见的东西与看得见的东西是分不开的。彼世的人也像现世的人一样直接出现；彼世的人更有力更可怕。因此，彼世比现世更完全地控制着他们的精神，它引导着他们的意识避开对于我们所说的客观材料的推理。既然生命、成功、健康以至自然界的整个结构，一切的一切，事实上永远都决定于神秘的力量，那又何必劳神去推理呢？假如人的努力能够提供任何东西，那么这种努力不是应当首先用于解释、确定，如果可能并引起这些力量的出现吗？实际上，原始人的思维正是竭力按照这条路线来发展自己的经验。

II

经常占据着原始人的思维的那些看不见的力量可以简略地分成三类（其实这三类常常是彼此重复的）：这首先是死人的鬼魂；其次是使自然物（动物、植物）、非生物（河流、岩石、海洋、山、人制造的东西，等等）赋有灵性的最广义的神灵；最后是以巫师的行动为来源的妖术或巫术。有时候，这三类的分界线是划得很清的。例如，按柏惠尔-勒舍的说法，在罗安哥，巫医是与那些能使物有灵性的神灵合作的，但他们无论如何不愿与他们十分害怕的死人的鬼魂打交道。在其他地方，这种区分是比较不太明确的（或者是观察不太准确），从死人的鬼魂向其他看不见的存在物的转化似乎是不知不觉进行的。但是,在低等民族中,这些神秘的影响处处是或者差不多处处是直接发生作用的,而把它们作为占优势的因素包括进去的前关联则又把自己强加给集体表象。这个事实是大家都很熟悉的,我只举几个例子来说明它。

在纽豪斯(R. Neuhauss)博士发表的著作中得到如此认真研究的德属新几内亚巴布亚人各部族那里,"巫术所起的作用比鬼的吓人作用更重要。假如不下雨或雨下得太多,假如收成不好,假如椰子不结果,假如猪死了,假如狩猎和捕鱼不顺利,假如发生地震,假如海啸扫荡了沿岸的村庄,假如疫疠猖獗,则自然原因永远也不足以解释这些事物;这里总是有巫术在起作用。"[①]按照卡伊族土人的见解,没有人是自然的死。甚至老年人的死,他们也断言是死于巫术,这与可能出现的任何不幸事故是一样的。一个人摔死了,这是巫师使他摔死的;野猪伤了什么人,蛇咬了什么人,这也是巫师干的事。巫师还能够在远处发生作用,使妇女在分娩时死去,等等。[②]

在大多数原始社会中,巫术可说永远在伺机干坏事和伤害人。巫术有"无穷的可能性",它一有机会就要表现自己的力量。而机会又是无限多的;所以不能预先全都意料到。巫术是在它发生作用的那一瞬间表现出来的;当它被发现时,坏事已经干完了。因而,原始人在这种惶惶不可终日的生活中根本不能来预见并试图阻止等待着他的灾难。他随时随地都害怕着巫术,并认为自己注

① R. Neuhauss, *Deutsch New Guinea*, i. pp. 445-6.
② R. Neuhauss, *Deutsch New Guinea*, iii. p. 140.

定了是巫术的牺牲品。这就是那些可以解释原始人在发现巫师施巫术时对他表示疯狂愤恨的原因之一，而且是相当重要的原因。这里，问题不仅在于为了巫师过去使他们遭受的苦难和他们甚至不知道他使了多少次和涉及多大范围的巫术而对他进行报复。他们首先想到的是要摧毁巫师在将来可能用来反对他们的那些东西。唯一的办法是杀死巫师（通常是把他扔进水里或者烧死），这样一来，一下子就消灭了蹲在巫师身体里并通过他来发生作用的那个恶灵。

巫师可能施展的巫术是不可数计的。假如他"注定"某人必死，他就去弄到属于这个人的和由于互渗而与他同一的什么东西（比如头发、指甲屑、大便、小便、足印、影子、像、名字以及诸如此类），然后对这些东西施行一定的巫术就能害死这个人。或者他用巫术的办法使这个人的独木舟漏水，使他的枪打不响，或者在晚上睡着的时候，他割开这个人的身体，掏走他的命根，即取出他腰子上的脂肪。或者他把自己的牺牲品"出卖"给野兽、蛇或敌人。或者他做到使树木倒下来砸死他的牺牲品，或者使石头从山岩上掉下来砸死他，如此等等，以至无穷。必要时，巫师本人也可以变成野兽。我们已经见到，在中非洲，咬走人的鳄鱼从来就不算是普通的动物，它们被看成是巫师的驯服的工具或者甚至就是巫师鳄鱼。在英属圭亚那，"不同寻常的大胆接近人的美洲虎，常常使得即使勇敢的猎人也要失去勇气，猎人立刻会想到它可能是卡耐依马老虎（Kanaima tiger）。印第安人暗自思量：'如果它只是一只普通的野兽，我可以用枪或用箭把它杀死；但如果我袭击的是一个杀人的人，是可怕的卡耐依马，我会落得什么下场呢？'许多印第安人相

信，这些卡耐依马动物附着嗜血成性并喜欢吃人肉的人的魂。”[①]——（这个信仰与我们在中非遇见的那种把巫师当成吃人的人来害怕的信仰相似。）据多布里茨霍菲尔说，阿比朋人也有和英属圭亚那的印第安人完全相同的说法。阿劳堪人“只要看到什么鸟或兽有了不同寻常的行动，立刻就得出结论说，它是被鬼魂缠住了。狐狸或美洲豹夜里在他们的茅屋附近游荡，这就是女巫来看能不能偷点什么。土人们只是赶走野兽，由于害怕报复，尽量不让它受到一点儿伤害……一切不能立即以自然的和看得见的原因来解释的东西，都被认为是或者由恶灵或者由巫术造成的。”[②]按照桂瓦拉（T. Guevara）的说法，阿劳堪人“把他们看见的或者自己碰到的一切不同寻常的事物都归因于恶灵或者超自然原因的干预。不论是收成不好，家畜的瘟疫，从马背上摔下来，疾病，死亡……这一切永远是巫师干出来的。人的寿命，一生中遇到的一切灾难等等，都是由巫师决定的。”[③]那些用来防御可能的巫术的驱邪符、护身符、咒语，种种风俗之丰富多样，说明了关于巫术的观念怎样强烈地控制着不文明民族的头脑，甚至在比较发达的民族中间也能见到这种观念。

当遇到损失或者什么灾难临头，有一点是肯定的：这里面有神秘的影响。然而常常很难知道这到底是什么神秘的影响。从事件本身来看，不论是打猎不得手，还是生了病，旱灾毁坏庄稼，以及诸如此类，丝毫不能指出这里面是不是有巫师、不满意的死人或者发

① Brett, *The Indian Tribes of Guiana*, p. 374 (1868).

② R. E. Latcham, “Ethnology of the Araucanos”, J. A. I., xxxix, pp. 350-1.

③ T. Guevara, *Folklore araucano*, p. 22.

怒的恶灵在起作用。在上述的大多数观察中，如同在其他许多观察中一样，都使用了“巫师或者恶灵”的术语。事实上，恶灵可能为巫师效劳或者相反；有时巫师本人被什么恶灵附体而自己事前并不知道。所以，这两个表象是相互叠合的。但是，它们之间有一个差别，就是巫师必然是个人，是本社会集体或者邻近一个社会集体的成员，因而对这个人是有清晰准确的表象的；但是关于灵的表象，只要它们不是死人的灵（鬼），则这表象总是或多或少模糊而不可捉摸的，并且随社会的不同而改变。甚至在这些社会的内部，这个表象也根据个人的想象和个人所属的等级的不同而变形。

在关于灵（它们好像是真正的魔鬼或者是各有名字、各有性情和常常各有祭法的神）的清晰概念，和关于物和人的内在力量如邪气（还没有人格化的力量）的既一般又具体的表象之间，存在着无穷多的中间形态，其中一些是比较固定的，另一些是比较不固定而模糊的，尽管对那种仍然以互渗律占统治地位的很少是概念性的思维来说，它们是相当实在的。

在自然界中表现出的神秘力量，大部分都是弥漫性的同时又是人格化的。原始人从来不感到有在这两种表象形式之间做出选择的必要；他们甚至没有想到过这种必要。对于自己从来没有想到过的问题，他们怎么能够明白回答呢？“灵”这个词，虽然过于明确，但它用于我们要表示的在原始人周围不断表现出的那些影响和作用，仍然是比较妥当的。

久而久之，传教士们愈是深入他们居住地的周围的土人们的普通思维的隐秘之处，这种思维的神秘趋向就会愈清楚地向他们表现出来。甚至在这些传教士使用的用语令人想到比较明确的表象时，也能在他们的描写中见到这种情形。例如，热弟(Jetté)神父写道："可以说，亭纳人与灵界的这些不受欢迎的居民保持着几乎是不间断的联系。他们相信，他们能在任何时刻看见和听见它们。只要听到了任何不平常的响声，产生了任何幻觉，他们立刻就想到魔鬼出现的样子。当他们看见，长在水中的被浸黑了的树身在水流的作用下摇晃着，时而潜进水中，时而又冒出水面，他们就在它身上看出了尼凯德查尔达拉(nekedzaltara)。当他们听见树林里有什么与他们熟悉的鸟的叫声不相像的刺耳的声音，这就是尼凯德查尔达拉在呼唤他们。在印第安人的帐篷里，没有哪个白天没有人宣布说，他或她看见了或听见了这一类的什么东西……亭纳人熟悉魔鬼在场的这些表现，就像熟悉风的响声或者鸟的鸣声那样。"①这个传教士在另一个地方已经指出过："他们信鬼的强烈与广泛的程度不是我们所能想象的。他们的想象永远是警觉的，永远准备着去分辨出根据不同情况而在黑夜甚或大白天走近来的什么魔鬼；没有一种紊乱的想象的离奇幻觉是他们不相信的。听他们的谈话，可以认为他们与魔鬼经常有接触，他们看见过它几百次。"②如果用上面谈过的那些含糊不清的神灵来代替"魔鬼"一词，则热弟的叙述与许许多多关于原始人的世界中到处都有的或多或少具有弥漫性的神秘力量的叙述完全相符。

① Fr. Jetté, "On the Superstitions of the Ten'a Indians", *Anthropos*, vi. pp. 721-2.

② Fr. Jetté, "On the Superstitions of the Ten'a Indians", J. A. I., xxxvii. p. 159.

III

一个精细的观察者在谈到一个班图部族时告诉我们："对这些民族的社会学研究者来说，极端重要的是竭力想到祖灵对土人日常生活的影响是多么实在和密切。一个没有接触过这些民族的日常生活、不力图理解他们的观点的人种学家，很难充分感觉到这种影响的重要。"①

对大多数低等民族也可以这样说。新法兰西(加拿大)的耶稣会神父常常着重指出死人在印第安人的头脑中所占的地位。柯德林顿在论述美拉尼西亚语言时也明显地表现了这个观念。"当土人说他是人，这意思是说他是一个人，而不是兽。在他看来，世界上有理性的动物分为两类，一类是活着的人，另一类是死了的人，即鬼；在摩图族(motu)那里，一类是塔-毛尔(ta-maur)，另一类是塔-麻提(ta-mate)……当美拉尼西亚人头一次看见白种人，他们把白种人当成鬼，即当成死人返阳；当白种人问他们自己是什么，他们自称是人，不是鬼。"②

同样，在南美的直利瓜尼人(Chiriguanos)那里，俩人见了面是这样互相问候的："你活着？"——"是的，我活着。"作者补充说："南美的其他部族，例如属于瓜拉尼系的该隐瓜人(Caingua)，也是

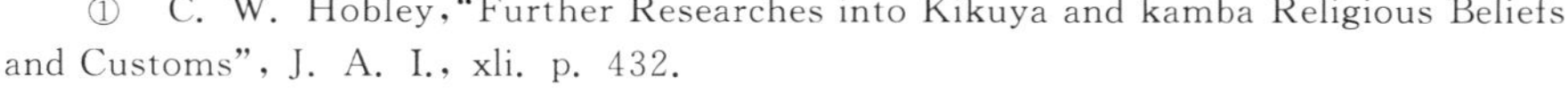

① C. W. Hobley, "Further Researches into Kikuya and kamba Religious Beliefs and Customs", J. A. I., xli. p. 432.

② R. H. Codrington, *Melanesian Languages*, pp. 82-8 (1891); cf. R. H. Codrington, *The Melanesians*, p. 21.

这样打招呼的。”①

简单说来，如我在另一个地方已经指出过的那样，死人至少在一定时期内被认为是活着的；这是与我们自己不同的活人，在他们身上某些互渗断绝了，或者至少是削弱了，但他们只是逐渐才终止了属于自己的社会集体。要理解原始人的思维，首先必须摆脱我们自己的关于死和死人的观念，并竭力用那个支配着原始人的集体表象的东西来代替它。

首先，死的时刻的确定在我们这里和在他们那里是不相同的。我们认为，心脏停止跳动和呼吸完全停止，就是死了。但是，大多数低等民族认为，身体的寓居者（与我们叫作灵魂的那种东西有某些共同的特征）最后离开身体的时候就是死，即或这时身体的生命还没有完全终结。在原始人那里常见的匆忙埋葬的原因之一就在这里。在斐济群岛，“入殓过程常常是在人实际上死之前的几小时就开始了。我知道一个人入殓以后还吃了食物，另一个人入殓以后还活了 18 小时。但据斐济人的看法，在这期间这些人是死人。他们说，吃饭、喝水、说话，都是身体——空壳子（他们的用语）的不随意的动作，但灵魂已经离开了。”②

纳骚听到西非的黑人也是这样说的。“常常有这样的情形，即使聪明的土人和我一起站在临终的人的床头时也对我说过：‘他死了’。实际上，病人只是失去知觉，躺着不动，不看，不说话，不吃食

---

① “Domenico del Campana. Notizie intorno ad Ciriguani”, *Archivio per L'antropologia*, xxxii. p. 100 (1902).

② Th. Williams, *Fiji and the Fijians*, p. 161 (1858); cf. p. 195. 一个首领在他还活着的时候绞死了他的妻妾，以便让她们随他一起死。

物，或者表面上没有感觉，但他的心脏还在微弱地跳动着。我向他的亲属们指出他还活着的种种证据。但他们说：'不，他是死了，他的魂离开了，他看不见，听不见，不能感觉。这点微弱的运动只是由于身体的魂打颤而来的。他已经不是一个人了，他不是我们的亲属。他已经死了。'这时他们就开始准备入殓了。1863年，在柯利斯科岛（西非）上，一个土人找我，向我要药去杀死或者制服他母亲的身魂，因为它的动作妨碍他料理丧事。"①

假如灵魂最后离开了身体，假如死亡已经实现，死人也绝不因此而与自己的亲人们分开。相反的，他的灵魂还留在自己身体的近旁。活人们为他的遗体操心，也是因为感觉到它的在场，如果不按照通常的仪式来对待他的遗体，就会引起危险。

在某些原始民族那里，不让不属于本社会集体的死人埋在属于这个集体的土地里。柏惠尔-勒舍博士说："他们的信仰禁止外国人在当地埋葬，因为这样做意味着给他的灵魂以栖身之所，但谁知道它会干出什么事儿来？"②他报道，一个葡萄牙人例外地葬在罗安哥。葬了他以后就开始了旱灾，于是把他的尸体从地里挖出来抛到海里去了。早在卡瓦茨（Cavazzi）的一般说来大可怀疑的报道里，我们就见到这类故事了。"教徒们想要把一个传教士埋葬在教堂内部，但是一些在这时以前伪装忠诚的异教徒如此有力地反对这样做，以至国王害怕人们会叛变，宁肯假装不知道这回

① Rev. R. H. Naussau, *Fetichism in West Africa*, pp. 53-4 (edit. of 1904).

② Dr. Pechuël-Loesche, *Die Loango-Expedition*, iii. 2. pp. 210-1.

事……尸体被扔进海里了。”[①]阿散蒂国的国王隐瞒了作为他的俘虏的一个传教士的孩子的死。“为了避免给自己国家带来灾难，这个迷信的国王不希望白种人埋在他的领土上，于是命令把小孩的尸体用香料防腐，以便在释放他的亲人时交给他们。”[②]一个卡弗尔人首领想要对一个不愿离开他的国家的传教士表示依恋和感谢，于是说：“你应当死在这里；如果你的骨头在这里变白了，人们将向你请求，——从来没有一个人是不经过请求就死的。”[③]这意味着：你是我们中间的一个，我们需要你，你是我们的社会集体的一分子，当然，你死了以后也将像现在一样是我们集体的一分子。

对于刚死的人尤其有必要尽到风俗所规定的义务，因为他们一般都是心怀恶意而且存心让活人遭殃的。即使他们生前和蔼而善良，但也无济于事。在新环境中，他们的性情根本不同，他们容易动怒而且好报复，这多半是因为他们在身体腐烂以前的时期中是不幸、衰弱而痛苦的。例如，“奥真帕列奥（Ouasinpareo）属于那些与世间一切人都处得来的性情好得不可多得的人们中间的一个。听土人们谈，他没有杀死过一个人，尽管说他也吃过人肉，但他自己的矛从来没有杀死过一个人。但是野蛮人由此得出什么结论呢？他们的结论和我们的大不一样：生前是善良的奥真帕列奥死后一定要变成凶恶的。事实证明了他们的这个迷信：在奥真帕列奥死了几天以后，又有两三个年老或患病的土人死了。于是土

① Cavazzi, *Istoria discrizione détre regni di Congo, Matamba ed Angola*, p. 569.

② *Missions évangéliques*, xlv, p. 280 (1870).

③ Letter from Rev. Gladwin Butterworth, Kaffraria, *Wesleyan Missionary Notices*, ix. p. 192 (1851).

人们对我说：‘你们看，这个奥真帕列奥变得多么坏！’立刻就有两个当地的祭司来把奥真帕列奥的阿达罗（ataro）（幻影、灵魂或魂）驱逐到大海去，据他们说，这个阿达罗是在海边徘徊着。”①这个岛（圣克立斯托巴尔岛）上的彼亚族（Pia）土人从来不同意把病死的传教士葬在他们的土地里。他们举出的理由是：他生前没有杀过任何人，在他死后他的阿达罗一定要杀死许多人！② 在英属新几内亚，“鬼对活人的意图永远是邪恶的，人们害怕他来拜访。”③

在西非也有这种信仰。“不管什么死人在生前性情有多么好，不管这个死者的亲属们怎样相信他是个善鬼，但土人们仍然相信，假如他的亲人们不为他赎罪，假如他不满意亲人们对他的行为和态度，则他完全能够不顾他们的利益，甚至损害他们。”④在喀麦隆的班纳（Bana）部族那里，“不管死人生前多么善良，但只要他一断气，他的灵魂就只想干坏事了。”⑤

鬼的凶恶影响可以以成百种不同的形式表现出来。活人特别害怕它力图把他们中的一个或几个人带走；鬼感到自己孤独，被抛弃，他失去自己亲人，所以他需要使他们靠近自己。假如正在这时候，亲人当中的什么人患病了或者死了，那么，大家都知道这个新的灾难是从哪儿来的。此外，新近死了的人对一切自然现象，尤其

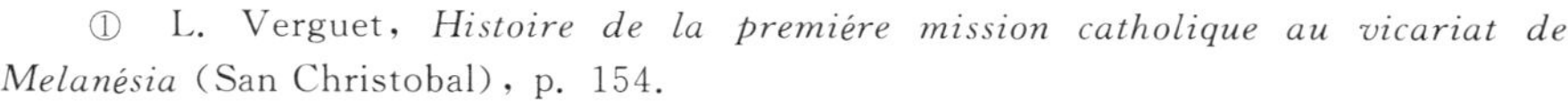

① L. Verguet, *Histoire de la premiére mission catholique au vicariat de Melanésia* (San Christobal), p. 154.

② L. Verguet, *Histoire de la premiére mission catholique au vicariat de Melanésia* (San Christobal), p. 281 (note).

③ R. W. Williamson, *The Mafulu Mountain People of British New Guinea*, p. 269 (1912).

④ Major A. G. Leonard, *The Lower Niger and Its Tribes*, p. 187 (1906).

⑤ G. Von Hagen, "Die Bana", *Bässler-Archiv*, ii. p. 109 (1911).

是对那些与社会集体有密切关系的自然现象,也有着神秘的影响。“在人死时或下葬时发生的物理现象(例如大雷雨),被认为是这个死人造成的。所以,在举行葬礼时发生了大雷雨,土人们就请死者的一个爱子……来止雨。小伙子对着大雷雨来的那边的地平面,说:‘父亲,在你安葬时给我们好天气吧。’”[①]“在我知道的一个年轻人死了几小时以后,镇子上空突然出现了狂风暴雨,打毁了香蕉树,使农场遭到了巨大的毁坏。老年人们一本正经地肯定说,这场暴风雨是莫彭比(这个年轻人的名字)送来的。”[②]

因此,如果对刚死的人的葬礼不是按照应有的那样举行的,死者是能够惩罚整个部族的。他能够妨碍下雨,使活人陷入绝境。这一点也引起了土人们与那些想要改变异教徒的风俗的传教士们的不可避免的冲突。这里是一个有代表性的例子。“一个入了基督教的妇女与自己的丈夫离了婚。在几年中,他们分居着;丈夫另娶一妻,他在逝世前一直和她一起生活……当这个人刚一断气,他所在村的村长就把这个女基督教徒抓去,强迫她和另一个妻子一同举行整整一系列仪式,这些仪式被认为是为平息某个假想的存在物的愤怒所必需的:不举行这些仪式,这个存在物一定要报复,使下一季的粮食歉收。”传教士进行干涉了。“老村长……丝毫不让步,坚持说他只是做了他认为是为保卫巴雷郎(Baralong)民族

① Rev. J. H. Weeks, “Anthropological Notes on the Bangala of the Upper Congo River”, J. A. I., xl. p. 383.

② Rev. J. H. Weeks, “Anthropological Notes on the Bangala of the Upper Congo River”, J. A. I., xl. p. 373.

的利益所必需的事情。”①

IV

因此，必须不惜任何代价来让鬼感到心满意足。他的需要根据他所属的阶层和他在社会集体中的地位而有所不同。假如这是个年岁很小的孩子、奴隶、平民出身的妇女、没有势力的穷鬼、还没有行过成年礼的年轻人，那么，他生前是怎样，死后的鬼还是怎样，人们根本不为他操心。曾经照料过他的人们哀悼他，但是不怕他。然而，巫医、首领、家长、老当益壮而又受人尊敬的老年人，简而言之，一切重要人物，死后绝不失去自己的重要性。在死人由于自己的力量，由于他个人的邪气而产生的影响中，还应当加上由于他作为鬼的地位而使他具有的神秘而可怕的威力。他能够给活人带来许多损害，相反的，活人对他却毫无办法。当然，在某些社会中，人们有时也毁坏死者的身体，把它弄成稀烂，驱走或者迷惑他的魂，以此力图来使他不至为害。但通常他们都认为使他对自己有好感，亦即满足它的需要，才是正道。“使土人不得不圆满地履行服丧义务的主要原因，常常是害怕引起死者的仇恨，土人觉得死人的报复比活着的敌人的报复更可怕。”②

例如，在澳大利亚土人以及其他许多不文明民族中间，死者的亲人为了使死者对自己有好感，或者只不过是避免他发怒，必须发现那个“注定”他死的人并把他杀死。如果这个规则得到严格的遵

① Letter from Rev. James Cameron, *Wesleyan Missionary Notices*, vi, January 1848.

② E. Eylmann, *Die Eingeborenen der Kolonie Süd Australien*, p. 227.

守，那就会使所谈的这些民族迅速地灭亡了。考虑到这些民族出生率低和婴儿死亡率高，假如每个成年人的死必然随之以一个或几个其他成年人的死，那么，这些社会集体早就应该不存在了。实际上，土人们只是为特别重要的人物的死才采用这种报复形式；此外，这种报复在某些场合下则只是徒具形式而已。斯宾塞和纪林十分详细地描写了阿龙塔人的叫作库尔达伊恰(Kurdaitcha)的讨伐进军。[①] 我们在其他地方也见到了十分相似的情形。然而，参加这种进军的人常常是没有杀死任何人就返回了营地。在这一点上没有人做任何正式的解释，也没有人问起。妇女们和集体的其他成员坚信已经获得了必要的满足；也许，甚至进军的参加者们自己也终于赞同这种信念。

艾依尔曼(Eylmann)说："习惯要求每次杀人事件都必须得到报复。但我相信，只在极少有的场合下这种报复才得以实现，因为，土人们通常都十分害怕遭来杀人嫌疑犯对自己的仇恨。但是必须维持面子……当战士们没有动罪人头上的一根头发就回来了，死者应当认为自己是满意了，因为他的亲人完全体面地做了一切事来替他的死报了仇。"[②]

不过可以问：死人可以允许人家如此欺骗自己，参加骗他的人难道不怕这种欺骗会给自己带来灾难性的后果吗？事实上，原始人的思维在这里看不到有什么真正的欺骗。当然，在某些场合下，只有杀死罪人才能使牺牲者感到完全满足。但是，不管罪人是否

① Spencer and Gillen, *The Native Tribes of Central Australia*, p. 476 et seq. (edit. of 1899).

② Eylmann, *Die Eingeborenen*, etc., p. 242.

被杀死了，讨伐进军本身往往具有使死者满足的价值和效果。这个进军如同一种平息死者的愤怒从而消除活人的惊慌的安抚性的仪式。泰普林(Taplin)看出了这一点。“一般说，他们不能捉住他(犯罪者)，他们常常也不想捉住他。立刻摆好了对阵的架势，两个部族各领着自己的同盟者相遇了……要是双方还有其他什么旧账要算……那就爆发真正激烈的矛战；但如果除了死人以外没有任何其他理由要打仗，那大概会有几个人挥一挥矛，彼此大大地侮辱一番，这时，老年人们就会宣布够了。据认为，死者的亲人们为了给他的死报仇而以战斗做的努力本身就能使死者心平气和了，这以后，两个部族和好如初。在这种场合下，战斗只是一种仪式。”①

德属新几内亚的传教士们很好地说明了新死的人与其集体之间保持的密切联系以及活人们为使他感到满足而做的努力。“邻近的一些集体认为去扫墓是自己的义务。这种扫墓同时也是他们无罪的证明。假如有哪个村的人没有来，这就表示他们做了什么亏心事儿。”②实际上，只要巫师一接触到自己的牺牲者的身体，巫术就失去了效力；因此他不得不避免见到病人，所以他不敢以扫墓来表示自己的同情。“当死亡已经实现，他不能在下葬时出场，因为他这样做会冒着被作为巫师揭露出来的危险。卡伊人相信，停在棺架上的死人在自己的死敌走近时会把人们放在他嘴里的枸酱吐出来，或者做出其他类似的暗号。这一点解释了病人或者死者

① Rev. G. Taplin, *The Narrinyeri Tribe*, p. 21 (edit. of 1879).

② R. Neuhauss, *Deutsch Neu Guinea* (The Neighbourhood of King William Cape), iii. pp. 258-9.

的亲属对那些没有来探视病人或者出席葬礼的人的怀疑。”①

“无论如何，活人至少应该让巫师感觉到他们的愤怒……尽不到这种义务的亲属要受到各种各样灾祸的惩罚。他们的庄稼会枯死，他们的猪和狗会倒毙，他们的牙齿会开始脱落。这是死人的魂的报复。‘小’魂（他们把魂分为大魂和小魂）留在坟墓的近旁，直到蛆虫开始毁坏尸体时为止。”②土人有最迫切的理由要尽力使新死的人感到满足。然而，只是在死后的最初时期才感到真正的恐惧。久而久之，活人放下心来了，最后，“丧期是否延长得由死者本人来决定。假如他让自己村的猎人们获得丰足的猎物，则丧礼将延长很久。假如他没有给他们提供猎物或者提供得少了，则对他的记忆很快就淡忘了。鳏夫或寡妇可以重新结婚：丧礼对这种事是没有妨碍的。”③要紧的是立即为死者报仇。“在卡伊族那里，战争的导火线差不多总是死亡事件。为了能过和平的日子，必须害死一个或一些巫师并把他们的所有亲属都斩尽杀绝。死者的魂要求报仇：假如他的死得不到报复，他的亲人们就要受到惩罚。他不仅不让他们狩猎获得成功，而且还会派出一些野猪去蹂躏他们的田地，使他们遭受种种灾难。只要某某人死了以后发生了什么灾难，比如旱灾、因受寒而生病、不管什么创伤等等，他们都认为这是魂的报复。因而土人面临着一种十分困难的非此即彼的抉择。假若由可怕的魂的报复引起的恐惧小于对活人的恐惧，此外，假若不

① R. Neuhauss, *Deutsch Neu Guinea* (Kai), iii. p. 83.

② R. Neuhauss, *Deutsch Neu Guinea* (The Neighbourhood of King William Cape), iii. p. 519.

③ R. Neuhauss, *Deutsch Neu Guinea* (Kai), iii. p. 83.

是对自己最宝贵的财产、对他的猪的依恋，那么，巴布亚人，至少卡伊人是从来不会进军的。”[1]

当巴布亚人在邻近的部族里发现了那个谋杀人命的巫师并把他杀死时，战争就开始了。土人预先十分缜密地衡量了死人可能给他带来的损害，于是采取了相应的措施。然而，对于盛怒的死者却是样样都怕的；不管巴布亚人能够预见到死者会带来什么灾难，仍然还会有其他灾难降到他身上来，而且正是在他最意料不到的时候。这就是为什么在两恶之中他宁愿选择那个大家知道的、确定的恶，并且为自己的事业着想，他也需要死人的有力帮助。

同样，在布根维尔岛，“干预活人的生活，帮助或损害他们的首先是死人的魂。因此，土人们求助于祖先，以获得他们的支持……他们给祖先上供，祭祀，等等。”[2]

在婆罗洲的达雅克人那里，精细的观察者柏尔海姆(Perham)指出了那个把活人与死人联在一起的密切联系和他们双方的相互效劳。“这些土人相信，死人们都要修建房屋，耕作稻田，一般说，都要从事十分繁重的劳动；在他们中间也像在活人们中间一样存在着社会地位的不平等和各不相同的命运。他们认为，假如活着的时候，是互相帮助的，则死亡也不需要割断那些相互效劳的联系；活人可以供给死人食物和其他必需品；死人也可以表现得同样慷慨，赠给活人具有巫术性质的药品、各种各样能帮助活人的驱邪

① R. Neuhauss, *Deutsch Neu Guinea* (Kai), pp. 62-3.

② R. Thurnwald, “Im Bismarck Archipd und auf den Salomo Inseln”, *Zeitschrift für Ethnologie*, xlii. pp. 132-3.

符和护身符。"[①]

柏尔海姆在这里指出了，死人组成了与活人的社会完全一样的社会，在这两种社会之间存在着相互效劳，因为它们彼此都需要对方。然而，这里谈的是那些随着一切丧礼的结束而已经巩固地确立了新地位的死人。但在死人所经历的从生命停止的那一时刻开始的过渡时期中，在达雅克人那里，如同在其他部族那里一样也是有一些特别要求的。活人只要不想冒死者对他发怒从而招来奇灾大难的危险，就不能对这些要求置之不理。

我们知道，在婆罗洲以及邻近一些地区如此盛行的"人头猎"的根据之一就在于此。如同新几内亚的卡伊人一样，达雅克人也面临着一种非此即彼的抉择：要么他从为死者报仇而采取的进军中带回一个或几个人的头颅；要么他就面临着遭受死者的报复，这报复不仅是对他一个人，而且是对他的亲人们和他的整个集体。和卡伊人一样，达雅克人在两恶之中选择了较小的一个恶。这里是一个有代表性的例子："有一次，萨利塔(Sareta)部族之一的一位首领林吉尔(Lingir)来到沙捞越，他的头剃得光光的，衣服破破烂烂，样子很可怜，但他有33只船随行，他要求酋长让他去袭击隆都或者沙马尔汗的达雅克人；他说明他的这个不寻常的请求的理由是：他的兄弟死了，如果弄不到一个头颅，他就不能给他举行葬礼……林吉尔自然没有得到允许，没有达到他来沙捞越的目的，人们要他立即带着他的船队回去，但他在回去的途中弄到了落在他

① H. Ling Roth, *Natives of Sarawak*, i. p. 213.

手里的四个倒霉的渔人的脑袋。"[①]这位首领不是不知道，假如酋长知道了这件事（这是很有可能的），他势必为他的行为负责，而且这种事情对他可能变得很糟糕，但是，他宁愿让自己冒险，也比得不到他认为是为满足已逝的兄弟的魂所绝对必需的那种东西而回去要好。

在喀麦隆好像也有类似的风俗。曼斯菲尔德（Mansfeld）说："从前有个时候，首领的死大概是某种小规模战争的导火线。当甲村死了一位老首领，就派出两三个战士到大约三里约[②]外的乙村去。他们在那里埋伏起来，无缘无故地杀死乙村两个人，带着他们的头颅回家去，而乙村当然要对甲村进行报复。"[③]

在比上述那些社会更文明的社会中，例如在班图人和南非的其他部族那里，活人与死人之间的关系也是相当密切的，但是，这些关系看起来组织得更好，趋向于形成一种祖先崇拜，尽管严格说来，这些风俗在某些重要之点上与我们叫作祖先崇拜的那种东西是不相同的。

死人是活着的，这毫无疑问。韩（Hahn）问他在草原上遇见的一位纳马奎族（Namagua）[④]妇女："你在这儿干什么呀？"她回答说："我的朋友，不要笑我。我在遭难呀；旱灾和布希曼人（Bushmen）[⑤]毁了我们许多母绵羊和公牛，所以我来到我那个在打猎中

① Hugh Low, *Sarawak*, pp. 215-6 (edit. of 1896).

② 法国旧长度单位，每里约约等于4.5公里。——汉译者注

③ A. Mansfeld, *Urwald Dokumente*. Vier Jahre unter den Crossflussnegern kamerums, p. 158.

④ 均为南非部族。——汉译者注

⑤ 均为南非部族。——汉译者注

死去的父亲的坟上。我来这坟上祷告和哭泣；父亲会听见我的声音，看见我的眼泪，他会帮助我那个出去捕鸵鸟的丈夫。那时候，我们就能够再买母山羊和母牛，喂我们的孩子了。”我对他说：“你的父亲死了，他又怎样能够听到你的声音呢？”她回答说：“不错，他是死了，但他只是睡着了。我们霍屯托茨人（Hottentots）[①]在遇到灾难时总是来对我们的亲人和祖先的坟墓祷告；这是我们的最古老的风俗之一。”[②]

这些活着的死人是什么人呢？对我们来说，要形成关于这些人的任何满意的观念，是极端困难的，几乎是不可能的。在不同的社会中，关于死人的表象是随着社会结构和文明程度的不同而有异。此外，差不多不论在哪里，刚死的人在获得比较确定的地位以前，总是相当快地通过整整一系列过渡状态。他要摆脱这个比较确定的地位，只能是或者通过新的死，或者通过转回活人的世界。这些表象彼此间常常是不可调和的。我们知道，这些表象包含极大的情感因素，原始思维很少关心逻辑联系。最后，我们不论在哪个社会中都找不到属于同一时代并构成为体系的表象的集合。相反的，一切都引导我们认为，在这些表象中，一部分是十分古老的，随着年深月久，另一部分多少能与他们相容的表象则以它们为基础建立起来。我们现在遇到的那些表象乃是一种类似汞齐、残渣的东西，这种东西很难接受我们的分析，正如岩层一样，我们只知道它的表面，很难知道它的层理。

① 西南非洲的一个民族。——汉译者注

② Th. Hahn, *Tsuni Goom*, pp. 112-3.

这些表象的性质本身就是极其模糊的，而向我们报道它们的观察者的叙述又使它们更加模糊。他们带着关于死后继续生活和灵魂不死的先入之见去搜集这些事实。他们觉察不出我们的概念的思维与原始人的极少概念的思维之间的差别；因而，他们的这些歪曲了的观察至少是不完全的，并且往往是没有价值的。“灵魂”一词和关于“灵魂与身体之间的关系”的通行观念，造成了纠缠不清的混乱。

由于互渗律支配着关于活人与死人之间的联系的表象，所以死人是被想象成留在(尽管又是不在)腐烂着的尸体中，与这尸体连在一起，但他又独立于这尸体以外；新死的人过了几天以后既是在自己的坟墓里，又是在他死时的住宅的附近，又是在去阴间的途中，假如他还没有到达那里的话。

生前居高位并执掌大权的人，死后继续执行这些职务，尽管他们有继任者。例如在班图人的许多部族中，死了的首领在遇有需要时仍继续保护自己的集体，他们仍旧保证着降雨和有规律的季节序代。他们常常仍旧是自己牲畜的所有者，这些牲畜不可能让给别人。专门的看守人被指定来照管它们。这些首领由他们的一定数量的妻妾奴仆以及与他们个人有染的物品陪伴着到彼世去。一般说来，死人在不同程度上是社会集体的成员，而集体的每个成员都不觉得自己与他完全离开。每个成员对他都负有义务，并认为这些义务与那些把他与活人联系起来的义务一样，都是当然的。

尼日尔(西非)的莫希人(Mossi)有一种表现死人继续留在社会集体中的极奇特的象征。从死的那一刻起到最后的葬礼以前，指派一个人来模仿死者并且准确地扮演他生前担任的角色。“每个自然地死去的莫希人，不管他是什么人，男人、女人、孩子、首领，都要以库利他(Kourita)的身份继续活着。如果是已婚的男人，则由死者家中的一个妇女，通常是与已故者有某种相似之处的他的一个弟弟的妻妾之一来扮演库利他或者库托阿尔沙(Koutoarsa)的角色(模仿死者的角色)。她是被家里挑选出来的，有时则是由死者预先指定的。她尽一切努力来使自己成为与死者相像的人。她穿死者的衣服，盖他的毡子，戴他的帽子，穿他的旧鞋，戴他的手镯和脚镯；她系死者的腰带，带他的猎刀，走路时拿着他的棍子，鹤嘴锄和多利(doré)；她带着他的矛，矛尖朝地。她模仿死者的步态，她尽力模仿他的一切；她继续过着他原先在家庭中的那种生活。假如死者生前总是有个孩子拿着马褡裢跟随着他，那么，库利他也应当有个作伴的孩子跟着她，拿着同一个马褡裢，但把里子翻过来朝外。假如死者曾经是个麻风病人并且没有手指，那么，她的手的动作必须做得跟没有手指的手一样。假如他是个爱笑的，她也应当笑；假如他是个爱唠叨的并且跟谁都吵嘴，她也应当经常显出生气的样子。死者的孩子要给她叫父亲，他的妻妾们要给她叫丈夫，而且还要给她做玉米饭。假如死者是个首领，也要叫她首领；假如他不是这种人，就用他的名字叫她。

“到库利(Kouri)日(葬礼的第二部分)以前，她就这样举止行动。在这一天，她可以像家庭的其他成员那样把头剃光，而她的角色就结束了。但她保留着库利他的名字，并且在换衣的那天她要得到什么衣服，她则还回死者的衣服作为交换；假如继承人很慷慨，假如遗产状况允许的话，她还要得到几头牲口，有时还要得到一个孩子。假如她没有完成库利他的角色，则库利他就在到期以前死去，因为祖先的魂找她来了；人们见不到这个角色了。”[1]这样一来，死了的莫希人在通过最后的葬礼最终地与自己的集体脱离以前，活人们可以看见他，而他也可以通过库利他看见自己与他们进行着日常的接触。这是把看不见的东西变成了看得见的真正的实在。

给我们留下了关于祖鲁人（Zulu）[2]的信仰的宝贵资料的卡拉威（Callaway）认为，“他们的见解既不是很彻底的，也不是很容易懂得的……他们说，影子（这显然是身体扔出去的那个东西）随着身体的死终于会变成伊东果或魂。为了弄清他们究竟是怎样想的，我问：‘我走路时，我的身体抛出去的那个影子就是我的魂吗?’回答是：‘不，那不是你的伊东果（魂）。’（显然，他们认为我说的‘我的魂’是指那个留在我的头顶上看护着我的祖先守护神，而不是我自己的魂。）‘但在你死的时候，它会变成你的孩子的伊东果或祖先的魂。’他们说，当人接近死亡的时候，长影子会变短，并且缩成一个很小的东西。当他们看见人的影子这样变短了，他们知道这个人很快就会死去。当人死的时候，长影子离开了时；所以当他们说：‘他的影子离开了。’就是说这个人死了。但是，还有一个短影子是和身体在一起并和尸体一起埋葬的。长影子则变成伊东果或魂。”[3]

了解伊东果对活人的态度，是十分重要的。对新死的人表示

① P. Eugène Mangin, P. B. “Les Mossi”, *Anthropos*, xi pp. 732-3 (1914).

② 居住在南非联邦。——汉译者注

③ Rev. C. H. Callaway, *The Religious System of the Amazulu*, p. 126 (note) (1868). 参看新几内亚的巴布亚人的长魂和短魂之分。见 Neuhauss, *Deutsch Neu Guinea*, iii. p. 518.

一般的敬意，并按照通行的仪式把他安葬；假如这时伊东果没有表示它活着的迹象，人们就开始着慌了，并试图追寻这种沉默的原因。但是，伊东果往往会把自己某种满意的表示告诉亲人们，这或者是在梦中，或者是以爬进住宅去的蛇的形式来实现。伊东果蛇与其他蛇迥然不同。“那些具有人的本性的蛇是通过下述几点被认出来的，即它们来探望茅屋，不吃老鼠，不怕人们发出的闹声。经常可以见到，它们不怕人的影子，不吓人，它们出现时，没有像野兽出现在茅屋里时引起的那种惊慌。相反的，土人们认为自己很荣幸，他们感到村长来了。”①

“他们迫不及待地等候着这些带来宽慰的蛇的出现。假如是在坟上看见这种蛇，看见它的那个人回家时就说：‘我今天看见它在坟顶上晒太阳。’假如伊东果蛇久久不在茅屋里出现，或者假如他们没有梦见死者，那就用公牛或母山羊致祭，并且说他们把他带回……家了。假若尽管蛇已经回家了，他们还是没有梦见他，他们就开始惶惶不安，并且问：‘这个人是怎样死的呢？我们没有看见他，他的伊东果是昏暗的’（出现了关于巫术的怀疑）。假如死者是个大村的村长，人们就去请‘医生’，假如他是个穷人，那就置之不理。”②

在这里，力图保持着与伊东果的联系的意向是十分显而易见的，这个意向是由对魂的力量的感觉引起来的，村民们的健康、安宁和生命都取决于这个力量。正如我们刚才见到的那样，并非死

① Rev. C. H. Callaway, *The Religious System of the Amazulu*, pp. 198–9.

② Rev. C. H. Callaway, *The Religious System of the Amazulu*, pp. 141-3. Cf. Dr. Wangemann, *Die Berliner Mission in Zululande*, p. 17.

者的每个魂都是伊东果。不是所有的亚马赫洛西(amahlosi)都变成亚马东果(amatongo),只有死了的首领才变成亚马东果;在阴间,伊东果比普通的伊赫洛西(ihlosi)的等级要高。除了全部族共有的亚马东果以外,每个家庭还有自己专门的伊东果。他们说:"我们所知道的我们的那个父亲,是我们全体的生命。"他被认为是一种类似家神的东西。[①] 假如家庭迁移了,而伊东果没有在新居里出现,就应当去找他。他们折一枝野桑树枝把它带到旧居去。他们在那里致祭,唱伊东果喜爱的歌曲,好让他对自己说:"我的孩子们因为我没有跟他们去,多么感到孤苦无依。"然后他们把桑树枝擦着地拖回到新居,希望伊东果能够跟着树枝的迹印走,或者会在梦中说明他为什么没有出现。[②]

然而,不管活人可能给伊东果什么样的敬意,他必须表现出自己是当之无愧的。假如他不努力保证他的亲人们的福利,假如灾难降到他们头上,那么,起初是向他祷求援助,接着再三地祷求,但到最后就变了声调,并且直言不讳地向他说出全部真情实况。"他们的父亲即使死了,也是他们的一个大宝贝。他的已成年的子女完全了解他,知道他的善良、勇敢。假如村里有人生病,长子就开始颂扬死去的父亲,列举他因战斗功勋而获得的所有荣誉的称号,同时他也赞扬其他所有亚马东果……儿子指摘自己的父亲说:'说到我们,我们可能死去。你要关心谁呢?我们大家都死吧,那时看你进谁家去哩。要是你毁了你自己的村子,你除了吃蝗虫,什么也

① Dr. Wangemann, *Die Berliner Mission in Zululande*, p. 16.

② Dr. Wangemann, *Die Berliner Mission in Zululande*, pp. 17-8.

不会有，哪儿也不会请你去的。’”①

在卡弗尔人看来，没有什么比他的牲畜更宝贵的了。他死后仍然是他的牲畜的主人，假如他发现有人对他没有表示足够的敬重，他是能够报复的，他会让牲畜甚至让人们遭受各种各样的灾难……“由此，对祖鲁人来说，感性世界是与魂的世界并存的，他想象魂的世界与感性世界联系着，而且因为这些活人无法攻击的魂能够在任何时刻让他们遭灾受难，所以他不得不更加害怕这魂的世界。祖鲁人对魂的世界所抱的感情，是由一种最高的力量引起的感情，他为魂服务，是因为他害怕它们，尽管他在谈到它们时，甚至在对它们说话时所用的话语并不经常是特别恭敬的。”②

在中非和西非也有类似的观念和信仰。我只举几个例子。在刚果河上游的阿地奥(Adio)各部族那里，死人借助梦来让人们知道自己的要求。“做梦的人醒来时必须立即满足死者的要求，其他任何事情都要往后推，要不然，就可能发生种种不幸事故和飞来横祸：比如说，碗碟刚拿到手里就打破，家酿啤酒会变坏，做饭时沙锅会裂开，以及诸如此类。”

“某些死人想要向活着的亲属现身，采取一条无害的大蛇的模样儿出现，这条蛇叫作鲁蒙波(rumbo)。只有死者愿意向哪个亲属现身，那个亲属才能看见这条蛇，而且现身永远是在坟墓附近实现的。”③在达荷美，“儿子与死去的父母处于经常的想象的交往

---

① Rev. C. H. Callaway, *The Religious System of the Amazulu*, p. 145.

② Dr. Wangemann, *Die Berliner Mission in Zululande*, pp. 14-5.

③ A. Hutereau, “Notes sur la vie familiale et juridique de quelques populations du Congo belge”, *Annales du Musée du Congo belge*, *série III. Documents ethnographiques*, i. p. 50.

中。他每天同他们谈话，求他们庇护。假如他碰到什么倒霉事儿，他立刻就请求他们援助，他去给他们上坟，以此来使他们对自己发生好感。他们会应允他的恳求，并且替他向共同的'伟大的主'说情。"①

这里是在东非一个班图部族那里见到的事实，这个事实表明了活人与死人有多么密切的利害关系和他们的相互影响有多么强烈。"假如一个未婚的年轻男人在离自己的村子很远的地方被杀死，则他的穆伊木(muimu)或魂会回到村里来，并通过一个老巫婆在舞蹈时说：'我是某某人，我想讨个老婆。'这时，这个年轻人的父亲就要做出安排，到别的村买一个姑娘，把她领回家来，她将被看作死者的妻子……过了一些时候就把她嫁给死者的兄弟，但是她必须住在死者的家所在的那个村里。

"假如在任何时候实际上的丈夫打了或者虐待了这个妇女，使她逃回自己的父亲家里，那么，死者的穆伊木就来折磨村里的人们，让他们倒霉。魂大概会通过原来那个老巫婆问人们为什么虐待他的妻子，并且把她逼走了。这时，家长就会尽一切努力来劝说这个年轻妇女回去。因为他害怕自己已逝的儿子的魂发怒。"②因而，在活人中间发生的一切事情，都有这个看不见的魂参加。当他的妻子受到实际的丈夫的虐待，他不只是收拾他一个人。他的恶行的后果威胁着整个社会集体，而这个集体的首脑就赶忙来消除这些后果，努力来让死者心满意足。集体的各成员之间有一种连

① A. Le Hérissé, *L'ancien Royaume du Dahomey*, pp. 99-100.

② C. W. Hobley, "Further Researches into Kikuyu and Kamba Beliefs and Customs", J. A. I., xli. p. 422 (1911).

带的责任，以至集体的安宁时时刻刻都取决于它的这个或那个成员对待死人的态度。

常常也有死人的愿望显得不合理的时候。在这种情形下，活人们就认为自己没有义务照办。“假如魂宣称：‘我要印花布’，他的亲人们就会说他是发疯了，于是不给他。‘他干么要印花布？他拿印花布去作什么？下葬的时候给他放了印花布呀！他用不着再要布了。’但假如这请求完全合理（比如老猎人要肉），那就尽力马上给予满足，同时将细致地照顾到每个猎人的口味……假如魂要住宅，就给它修建一所住宅。”[①]

除了新近死去的和人们还活灵活现地记得的死人，——他们的面容、性情和习惯还保留在人们的记忆中，人们可以在梦中（如果相信金斯黎小姐的话）甚至可以在白天和他们交谈，还得照顾到那些早已离开活人的世界但仍然能够对活人的命运发生重大影响的死人。敏霍夫（Meinhof）正确地阐明了关于死人逐渐变成祖先的问题。“过了一定的时期，灵魂渐渐失去了人的特征而变成神灵。这时，这些神灵就变成了真正崇拜的对象，人们根据他们的性情把他们想象成善的或恶的。这些联合成一大群的神灵，在东非土人的眼里变成了一种能引起非常的恐惧的骇人的力量。夏姆巴拉人（Schambala）把这种力量叫作穆齐木（muzimu）。它不像人那样有个性，它也不是任何特定个人的魂，它是产生一切灾难而且非

---

① Rev. Duff Macdonald, *Africa*, i. p. 94.

加以安抚不可的力量。”[①]

瓦萨加人(Wachaga)对这个差别有十分清楚的说明。在他们的基林果(Kirengo)(给不久前行了割礼的年轻人读的类似教义问答的书)的第八章中论述了“不知道的”已故首领们,而第十章则是关于知道的已故首领们的。“当再也没有一个人知道基扎罗(Kizaro)时,则冠以这个首领的名字的篇幅将从第十章里删除,移到不知道的首领们的那一章里去。这个风俗与瓦萨加人的宗教信仰有联系。他们说,死人的灵魂在还有人知道因而还有人祭奠它以前,一直是留在国内的;当这些灵魂在世界上不再有给它们上供的亲人时,它们就出国到一个不知道的异邦去过日子。”[②]

很难想象这些祖先在班图人的许多部落的日常生活中占有多么重要的地位。“土人们说:我们的祖先看得见我们。他们洞察我们的一切行为;假如我们是坏人,假如我们不忠实地遵守他们留下的圣训,他们就把柯姆波(Kombo)派到我们这里来。柯姆波就是饥饿、战争,是一切预见不到的灾难。”[③]

在祖先引起的复杂情感中,恐惧是主要的。祖先们都是苛求的,永远也不能相信他们有心满意足的时候。为了使他们能听见对他们提出的请求,必须用丰盛的祭品来加强祷告的力量。一切都进行得就像购买他们的垂青那样。另一个传教士对我们说:“马利莫(marimo)经常迁怒于活人,他们给人和牲畜降下疾病、旱灾、

① C. Meinhof, *Afrikanische Religionen*, pp. 39-40.

② P. E. Meyer, “Le Kirengo des Wachaga, peuplade bantoue du Kilimandijaro”, *Anthropos*, xii-xiii, pp. 190-1.

③ P. Jeanneret, “Les Ma-Khaça”, *Bulletin de la Société de Géographie de Neuchâtel*, viii. p. 133 (1895).

饥饿和死亡。因而必须借助祭祀来使他们发慈悲，获得他们的垂青……这里是巴恩库马人（Ba-Nkouma）在祭祀他们的苏伊魁蒙波（Suikwembo）（祖先的魂）时对他们念的祭文：'我们的列祖列宗啊，你们为什么说我们不供奉你们食物？这就是你们想吃的公牛呀，请你们跟那些在你们前后逝世的祖先一起，跟我们知道的和不知道的那些祖先（这事实上就是敏霍夫所说的一大群祖先的集合，无名无姓无个性的神灵的联合）一起吃吧。让我们活下去吧，赐福给我们和我们的孩子们吧，因为是你们把我们留在世上，不用说，我们也会把我们的孩子留在世上呀。你们为什么对我们发怒？为什么看不起你们自己的这个村子？要知道，这是你们把它留给我们的呀。我们恳求你们赶走一切使我们受苦受难的恶灵，赶走一切讨厌的伤风感冒和一切疾病吧。这就是我们给你们献上的、和祭文一起给你们奉上的祭品呵。'"①

玖诺出色地解释了部族与其祖先之间存在的那些经常关系的性质。这些关系是奠立在"do ut des"（我给你是为了你给我）的原则之上的，同时加上对于祖先的优越力量的意识。对他们可以祷求、恳请、诱骗，但要强迫他们是办不到的。

"神（祖先）由于这个祭品而变得肯予垂青以后，就给自己的后裔降下丰收（因为是他们在使大自然的产物生长和成熟），允许他们砍树，这时，巨大的树干倒下来就不会压着任何人……（反之，如果人们没有得到神的允许去砍树，一定会发生不幸事故。）因而，这

---

① E. Thomas："Le Bokaha"，（N. E. Transvaal）. *Bulletin de la Société de Géographie de Neuchâtel* , viii. pp. 161-2 (1895).

些祭品本质上具有预防的性质。活人们给祖先的魂上供食品，给它们送人情，以此来达到让它们保证不破坏事物的自然而顺利的历程，不会有任何倒霉的事来扰乱目前的安宁……还有一些谢罪的供物，以平息祖先的魂的愤怒为使命的供物……目的在于通过对魂的安抚而结束纷争的供物，以及诸如此类。"①

对祖先的祷求常常掺杂一些责备。他们把祖先们似乎要求的那种东西给出去，但又让他们感到自己有些叨扰过分，并且从他们常说的话来看，祖先们也没有因为他们破费而给出了东西。例如这里面的一篇为生病的孩子祷告的祷词就是这样的："我们的神（一般的祖先），你们，和你，某某神（个别的死人）呀，这里是我们的英哈姆巴(inhamba)（供物）。为这个孩子祝福吧，让他活着长大吧，让他发财吧，为了我们在将来探望他时他能够宰牛待我们……神呵，你们真是不中用，你们只是给我们找麻烦。我们给你们送了这么多的礼，可是你们根本不听我们的！我们什么都没有！某某神呵（说出那个按骨卜的指示而致祭的神的名字，这个神被认为是发怒了并且唆使其他神给村里带来祸害和降病给孩子），你真是可恨极了！你不让我们发财。所有走运的人都是其他神帮助的！现在我们给你送了这份礼……叫你的祖先们吧，也叫这个病孩的父亲的祖先们吧；要知道，他的父亲的族人没有把他的母亲偷走；他的族人们是在光天化日之下来的（亦即他们付给了这个妇女的身价）。到祭坛来吧！来吃吧，来享用我们的公牛吧！（所说的公牛

① H. A. Jounod, *Les Ba-Ronga*, pp. 394-5.

往往是一只母鸡)。”[①]

这篇祷告的口吻很难说是有礼貌的。玖诺注意到这些祷告一般都没有表现出什么深厚的宗教感情,无论如何它们是绝对不恭敬的。在祭祀的时候,“土人们嬉笑着,大声地谈话,跳舞,唱着猥亵的歌曲,甚至指东道西来打断祷告,为什么家务事相互吵嘴。主祭坐在由骨卜指定的座位上,以十分淡漠的神气直盯着前方,用单调乏味的声调说着话。在他的姿势里,既没有恐惧的表情,甚至也没有恭敬的表现。假如这些神是真正实实在在的老头子,是活人,他就不能这么随随便便地跟他们谈话了。”[②]但是,假如遇到了灾难,假如国家遭到饥荒和旱灾,祷告就变成热烈而谦恭的了。在对待祖先的态度上常见的不拘礼节,部分地可以由活人与死人之间存在着的经常联系来解释。祖先们仍然是社会集体的一部分,这个集体的安宁以至它的生存都取决于他们的心意,而他们又是经常从活人那里得到食物和礼品。在这个意义上说,活人与彼世的人是同吃一锅饭的。然而,对于班图人来说,彼世和现世是没有区别的。活人求助于死人,正如死人需要活人一样。关于死人就在近处、他们的力量、他们对其他人的命运或者对自然现象的影响的集体表象,是如此经常活现在每个人的意识中,并占有如此巨大的地位,以至这些集体表象竟变成了他的生命的一部分。

VI

永远在暗中威胁着活人的魂、巫术和妖术的无处不有,死人与

① H. A. Jounod, *The Life of a South African Tribe*, ii. p. 368.
② H. A. Jounod, *The Life of a South African Tribe*, ii. p. 335.

活人生活的密切接触，——这一切表象的总和，对原始人来说都是取之不尽的情感之源；原始人的智力活动的最重要特征就在这里。原始思维不仅是神秘的，亦即时时刻刻都趋向于神秘力量一边；它不仅是原逻辑的，亦即对矛盾律往往是不关心的；而且，这种思维所想象的因果关系也是与我们所熟悉的那个类型不同，同时，这第三个特征又是与头两个密切联系着的。

据我们的理解，原因与结果之间的联系必然把现象从时间上联系起来并从而制约这些现象，而且，这些现象是被安置在一个不可逆的序列中。此外，原因与结果的序列是互为继续彼此交织而至于无穷的。如康德所说，宇宙万物都处于普遍的相互影响中，但是，不管系统多么复杂，我们总是把这些现象排列在因果序列中，这对我们的思维来说，无疑是宇宙体系的基础，简言之，是我们的经验的基础。

但原始人的思维却根本不是这样来看问题的。如我们所见到的那样，它把一切或者差不多一切发生着的事物都归因于秘密或神秘的力量如巫师、鬼魂、神灵等等的影响。他这样做，无疑也像我们那样服从着同一个心理本能。然而，不论是原因还是结果，对我们来说都同样在时间上和几乎永远在空间上被感知，但原始思维却只容许自己在所与时刻感知这两个条件中的一个，另一个条件则包括在看不见的和感知不到的东西的总和中。

诚然，这个总和在原始人看来是同样实在的，它和前者一样是被直接感知的，这一事实乃是原始思维的特征之一；但是，这两个相异条件之间的联系，与我们想象的因果联系有着深刻的差别。两个条件之一（我们叫作原因），对原始思维来说，是与被感觉器官

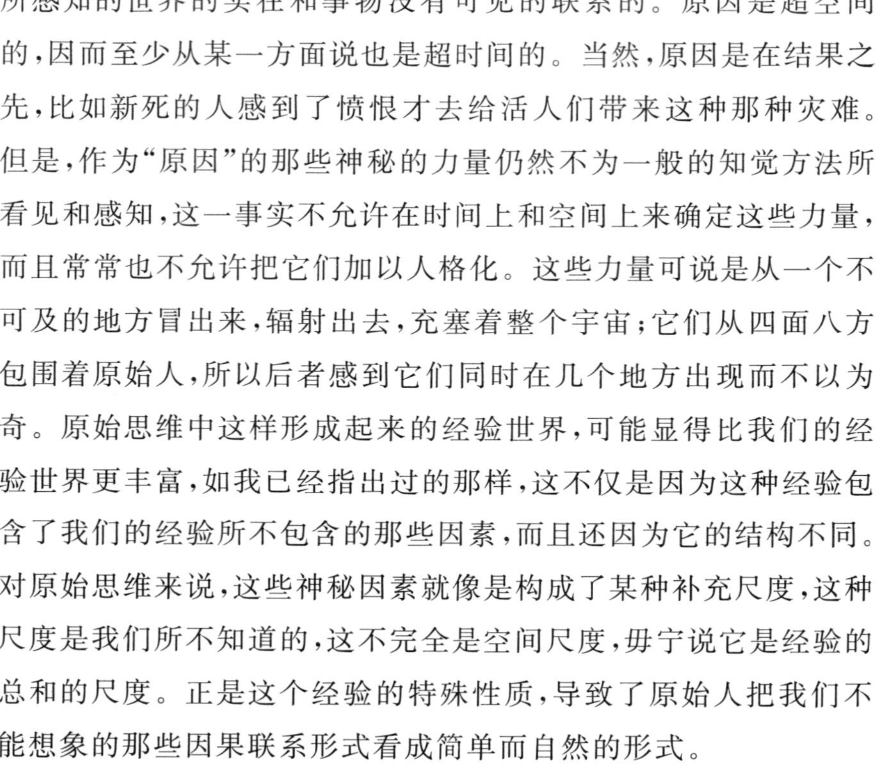

所感知的世界的实在和事物没有可见的联系的。原因是超空间的，因而至少从某一方面说也是超时间的。当然，原因是在结果之先，比如新死的人感到了愤恨才去给活人们带来这种那种灾难。但是，作为“原因”的那些神秘的力量仍然不为一般的知觉方法所看见和感知，这一事实不允许在时间上和空间上来确定这些力量，而且常常也不允许把它们加以人格化。这些力量可说是从一个不可及的地方冒出来，辐射出去，充塞着整个宇宙；它们从四面八方包围着原始人，所以后者感到它们同时在几个地方出现而不以为奇。原始思维中这样形成起来的经验世界，可能显得比我们的经验世界更丰富，如我已经指出过的那样，这不仅是因为这种经验包含了我们的经验所不包含的那些因素，而且还因为它的结构不同。对原始思维来说，这些神秘因素就像是构成了某种补充尺度，这种尺度是我们所不知道的，这不完全是空间尺度，毋宁说它是经验的总和的尺度。正是这个经验的特殊性质，导致了原始人把我们不能想象的那些因果联系形式看成简单而自然的形式。

对原逻辑思维来说，原因与结果是以两种并无本质差别的形式呈现出来的。有时候，集体表象迫使接受某种确定的前关联；比如说，假如违犯了某种禁忌，就会发生某种灾难，或者反过来，假如发生了什么灾难，这就是因为违犯了什么禁忌。或者是，把显而易见的事实一般地归因于神秘原因的作用；瘟疫流行可以认为是祖先的愤怒或者巫师的坏心眼造成的；而且，这一点是可以证实的，这或者是通过占卜，或者是让那些被怀疑为使用巫术的人受神意裁判。不管在哪种情形下，原因与结果之间的联系都是直接的。原始思维不容许中间环节，或者，即使它承认它们，至少它也认为它们无足轻重，而且对它们丝毫不予注意。

当我们说中毒引起死亡，我们想到的是紧接着服毒以后以一定次序出现的若干现象。比如说，毒物在身体里对某种组织、某些消化器官发生了作用，这个作用及于神经中枢，然后及于呼吸器官等等，直到最后全部生理机能都停止了。对原始思维来说，假如毒物发生作用，这只是因为受害者“注定”了必死。死亡和巫术的致命作用两者之间的联系是确定不移的，一切中间现象都没有意义。它们只是由于巫师的意志尤其是由于他的力量才发生的。假如巫师愿意，可以出现根本不同的中间现象。巫师所利用的甚至不是一个过程。关于这种必然从一定时刻开始的过程的观念本身，要求对一定现象的因果制约性有清楚的概念。原始思维不拥有这种概念。它用关于驯服的工具的表象来代替了这种概念，如鳄鱼受巫师指示叼走牺牲者。鳄鱼定会叼走牺牲者，但这并不是因为人不谨慎而让自己遭到它的袭击。相反的，按照原始人的见解，假如鳄鱼不作为巫师的工具来行动，它就不会伤害人。

同样，由毒引起的瘫痪、剧痛以致死亡，绝不是身体里存在着毒的必然后果，这只是神秘力量选择来杀死牺牲者的一些手段而已。

我们现在看到了使原始思维不关心第二性原因的根本理由。原始人的思维习惯于那种可说是隐藏着这些原因的网络的因果关系类型。虽然自然原因构成了通过时间和空间来展开的链条，但神秘原因（原始思维几乎永远趋向于它们，它们是超空间的，有时甚至也是超时间的）则排斥这样一些链条的观念本身。这些原因的作用只能是直接的。即或这个作用是在远处发生（在施巫术时常有这种情形)，即或这个作用只是过了一定时期才表现出来，但它仍然被想象成(或者更正确地说，被感觉成)是不通过任何中间环节而表现出来的。

彻头彻尾神秘的联系(或者往往必须补充说前关联)直接把神秘的力量与由它产生的结果联系起来，不管这后果是在多么遥远的地方产生的。这种思维差不多从来不提出怎样的问题。同时，神秘的因果关系的直接性质，则等于甚至超过我们叫作感性的、理性的或直觉的明显性的那种东西。前关联的本质必须是确定无疑和显而易见的。当土人们看见欧洲人不相信这种本质时，他们为这些欧洲人感到惋惜，或者断言适合于他们的东西不适合于白种人。这个结论是完全正确的，但不是在他们所认为的那种意义上。

这个神秘的直接的因果关系的类型在他们的意识中的优势，赋予他们的思维(就其整体而言)以这样一些属性，这些属性使我们深入这个思维的过程变得如此困难。因为，他们所认识的时间和空间，显然并不恰恰是我们所认识的那种东西，——我说的我们认识的东西是指在日常生活中，不是指在科学或哲学的思维中。我们能不能想象，假如我们不习惯于把现象看成是由因果关系彼此联系起来的东西，我们所习惯的时间的观念又会是什么样子呢?

正因为这些现象对我们来说是安排在一些有着确定而可测量的间隔的不可逆序列中(而且我们完全不必想到它们)，正因为我们是把结果和原因想象成安排在周围空间的体系中，所以我们才觉得时间也是划分成一些彼此相等并以正确的规律一一接续的部分的均量。但在那些不顾现象在空间中的有规则序列和至少是有意识地不重视原因和结果的不可逆序列的意识中，又是怎样想象时间的呢？失去了这个支柱的时间观念，只能是不清楚的、不确定的观念。它更可能近似持续时间的主观感觉，与柏格森（H. Bergson）描写过的那种绵延（durée）不无相似之处，它勉强说得上是一个表象。

我们似乎觉得，我们的时间观念是人的意识的一个合乎自然的属性。然而，这是一种错误的想法。对原始思维来说，这种时间观念差不多是不存在的，因为这个思维能看出所与现象与超空间的神秘力量之间的直接的因果关系。

如胡伯特指出的那样，[①]与其说原始思维是按照时间的客观属性来想象它，还不如说这个思维是根据它的主观属性而拥有某种时间感。波斯曼写道："住在内地更远的地区的黑人是以一种十分有趣的方式来区分时间的，这就是把时间分成吉祥的和不祥的。在某些地区，大吉日持续 19 天，小吉日（要知道，他们就是这样分的）7 天；他们在这两个时期之间算出 7 天不详日，这 7 天实际上是他们的休假日，因为他们在这几天里不出门旅行，不行军，不做任何要紧的事，而是在家里无所事事地度过。"[②]这里很容易看出吉祥日（fasti）和不祥日（nefasti）的古典分法。这些时期和特别日子的特征是在这些时候表现神秘的力量；原始思维差不多只是专注在它们之上。某些研究者明确地指出过这一点。例如，"我们欧洲人所说的过去，是与现在联系着的，而现在又是与将来联系着的。但是，这些人相信生命是由两种连续的和相互包含的存在构

---

① Hubert et Mauss, *Mélanges d'histoire des réligions*, p. 197 et seq.

② Bosman, *Voyage de Guinée*, p. 164. (edit. 1705).

成的，亦即由包含在神灵的东西中的人的东西和包含在人的东西中的神灵的东西构成的，对他们来说，时间实际上不像我们看到的那样是有区分的。同样，它是既没有价值，也没有对象，因此他们是以一种欧洲人根本不能理解的漠不关心和轻视的态度来对待它的。”[①]列奥纳德少校的报道中的这段出色的话，也可能像他想要说明的表象本身那样，显得有点模糊。可是，那些既生活在看不见的实在的世界中同时又生活在我们叫作客观实在的那个世界中的人们的表象，本来就是这样的。

上面所谈的关于时间的一切，根据同一些理由也适用于空间。我们想象为绝对均质的空间不仅是几何学的空间，而且如它在我们的日常观念中呈现出来的那样，它也是我们所想象的这样一种背景，这种背景与在它上面映现出来的客体没有什么关系。不管现象在空间的这个或那个区域出现，不管在北方或南方、上面或下面、右边或左边，这一点在我们看来无论如何与现象本身无关，它只是让我们能够把它们安置在空间中，能够去测量它们。但是，这种关于空间的观念只能为那些习惯于观察第二性原因的序列的头脑所掌握，这些序列实际上是不变的，不管它们出现在空间中的哪个区域。我们想一想那些在趋向上根本不同、首先是和差不多完全是醉心于以直接方式表现其作用的神秘力量的头脑吧。这些头脑不会把空间想象成均质的和非物质的量。相反的，它们会觉得空间是赋有性质的东西；不同的空间区域赋有自己的特殊属性；它们将分享在它们里面表现出的神秘力量。空间与其说是被想象

① Major A. G. Leonard, *The Lower Niger and Its Tribes*, p. 181.

到，不如说是被感觉到，而空间中的不同方向和位置也将在质上彼此不同。

因此，不管事情多么明显，原始人不把均质空间与均质时间作为自己的意识的合乎自然的材料。原始人无疑和我们完全一样是在空间中行动着；他投出自己的武器或者希望达到一定的目的时，无疑也善于和我们一样，有时甚至比我们更好地迅速找到方向、测量距离，等等。然而，在空间中行动是一回事，关于这个空间的观念又是另一回事。这里和因果关系的情形是一样的。原始人经常利用原因与结果之间的实际联系。比如他们在制造工具时，在设计自己的套索时，常常表现了机灵，这种机灵说明了对于原因与结果之间的联系的十分精确的观察。能不能由此得出结论说，他们关于因果关系的观念和我们的一样呢？要做出肯定的结论，就应当假定：拥有某种活动方法，同时就意味着善于分析这个活动，并对伴随着这个活动的心理或生理的过程有推理的认识。然而，这种假设只要一摆出来，就可以看到它站不住脚。

当我们把原始思维的经验描写成不同于我们的经验时，我们谈的是由他们的集体表象给他们形成的世界的问题。以行动的观点看来，他们和我们一样（也和动物一样）在空间中移动，他们借助工具来达到自己的目的，而工具的使用又必须以原因与结果之间的实际联系为前提，假如他们不像我们那样（和像动物那样）适应这种客观联系，他们立刻就会灭亡。但是，实际上使他们成为人的那种东西，恰恰就是社会集体不满足于为活着而行动的那种东西。每个人对于他在其中生活着或行动着的那个现实都有一个绝对符合该集体的结构的表象。实际上，他们的智力所主要趋向的目标，与作为实际活动和职业的基础的客观联系是不相同的。

因而，在彻底神秘的和原逻辑的原始思维中，不仅经验的材料，而且经验的范围，都是与我们的不相符合的。柏格森的著名理论（这个理论要我们通过具体的绵延与实际上是均量的空间相混，来把时间想象成均量），看来是不能适用于原始思维的。只有在已经发达的民族中，当神秘的前关联削弱并表现出瓦解的趋势时，当对第二性原因及其结果的注意已经变成较巩固的习惯时，空间才会在表象中变成均质的，而时间也开始变成均质的。这样一来，我们的经验的范围就渐渐地显现出来，确立起来和巩固起来了。很晚以后，当自我意识引导我们把这些观念变成我们自己的东西时，我们才不得不相信它们是我们的意识的构成因素，——如从前哲学家们常说的先天的因素。对低等民族的集体表象的观察和分析，绝不能证实这个假设。

第十一章

原始思维的基本特征①

I

对上述事实(这些事实很容易得到其他许多事实的证明)的分析,再一次引导我们得出这样的结论,即原始人的思维本质上是神秘的。这个基本特征决定了原始人的思维、感觉和行为的整个方式,这一点使得探索他们的思维的趋向变得极端困难。原始思维从那些在原始人那里和在我们这里都相似的感性印象出发,来了一个急转弯,沿着我们所不知道的道路飞驰而去,使我们很快就望不见它的踪影。假如我们试图去猜测,为什么原始人这样或那样行事或者不这样不那样行事,他们在所与场合中抱的是什么偏见,什么动机刺激他们去遵守这个或那个风俗,那么,我们很可能会出错。我们可以找到一种多多少少讲得通的"解释",但这种解释十九是错误的。

非洲的"神意裁判"就是这方面的一个例子。要把它们解释成目的在于发现罪犯,要在它们里面看出与中世纪的宗教裁判甚或

① 这一章本是列维-布留尔的另一部著作—— *La mentalité primitive* 的最后一章——"结论",现按俄文本补了这个标题。——汉译者注

与古希腊的神裁判相似(但与它们相距不太远)的什么审判程序,就意味着使自己注定了完全不理解它们,注定了要像过去几个世纪中西非和南非的传教士们那样对于可怜的黑人的令人难解的愚妄惊奇不已。然而,假如深入土人的思维和感觉的方式,假如追溯他们的行为所依据的集体表象和情感,就会发现他们的行为一点儿也不愚蠢。相反的,它是他们的思维和感觉的正当结果。以他们的观点看来,神意裁判乃是一种唯一能够揭露体现在社会集体的一个或几个成员身上的凶恶力量的"酸性试验"。只有这种试验才拥有必需的神秘能力来摧毁上述凶恶力量或者至少可以使它不能为害。除非他们愿意看到无穷无尽的灾难和死亡,他们是无论如何不能放弃神意裁判的;而白种人的一切非难在他们看来似乎都是没有道理的,正如他们的方法使白种人觉得荒谬一样,因为后者没有见到这些方法的存在的理由。

我们所见到的原始人对欧洲人用来给他们治病的医疗方法的误解,虽说没有那么大的悲剧性,但也是相当有代表性的。要消除这种误解,必须弄清土人们关于疾病和治疗、关于"白种人医生"开的药品和规定的医疗制度、关于原始人因执行白种人医生的医嘱而期待着的后果等等的概念。此外,我们必须在如此不同于我们的表象的根源中去认识那些作为原始思维的基础的彻底神秘的互渗和因果关系的概念。

假如第一批与土人密切接触过的白种人细心地揭露并消除这一类必定经常发生的误解,我们就会在他们那里找到为我们在这里竭力进行的研究所需要的宝贵材料。但是,这种情形没有发生,而这方面的机会也已失之交臂。那些最早与原始民族进行经常来往的欧洲人，惦念着的根本不是观察原始人的思维和感觉，不是准确地报道和叙述他们所获得的材料，即或他们中间一些人理解了这个长期的、细致而复杂的任务，他们也大都不能好好地完成这个任务。须知要在这类事业中获得成功，必须精通土人的语言。在这里，掌握语言即使到了能够不费力地与他们进行日常生活的交往，能够把希望和命令传达给他们，能够从他们那里获得有关日常生活的有益知识，仍然是不够的。这里，还需要一种完全不同的东西。原始语言常常表现了惊人的语法复杂性和词汇的丰富性，它们属于与我们所熟悉的印欧语型或闪语型极不相同的类型。要把握土人们的那些有时使我们大惑不解的观念的微妙之处，要探明这些观念怎样在神话、传说、仪式中彼此联系起来，那就绝对需要掌握他们的语言的精神和细节。可是有多少人能够大致不差地满足这个条件呢？

一个英国行政官谈到新几内亚的那些从来没有见过欧洲人的巴布亚人时说："在我们和土人们的交往中，最大的困难是使他们懂得对他们说的话的准确意义和把握他们所说的话的准确意义。"[①]在这种场合下碰到一起的两类思维彼此是多么格格不入，双方的习惯是多么不一样，表达方式又是多么不同呵！欧洲人差不多是不假思索地利用抽象思维，他们的语言使简单的逻辑运算变得如此轻而易举，可说是不费吹灰之力。但在原始人那里，思维、语言则差不多只具有具体的性质。一个精细的观察者说："爱

① "Papua", *Annual Report*, p. 128 (1911).

斯基摩人的推理方法给我们一种非常表面化的印象，因为他们不习惯于保持我们叫作推理的确定路线的那种东西或者一个单一的孤立的主题；换句话说，他们的思维没有上升到抽象化或逻辑公式的程度，而是固守着一些观察或情势的图景，这些图景的变化规律是我们所难以捉摸的。”[1]简而言之，我们的思维首先是“概念的”思维，而原始人的思维则根本不是这样的。所以说，欧洲人即使掌握了土人的语言，即使看起来也像他们那样说话，但要像他们那样思维，是不可能的，至少是很困难的。

当研究者记录他们在低等民族那里发现的制度、风俗、信仰的时候，他们利用的是（而且又怎么能够不是？）他们觉得与被描写的实在相符合的概念。然而，正因为这是一些为欧洲人的思维所固有的被逻辑气氛包围着的概念，所以，他们的描写歪曲了他们想要表达的东西。翻译等于是背叛。这类例子实在太多。为了表示和身体一起构成原始人的人身的那个看不见的存在物，或者更正确地说那些看不见的存在物，差不多所有的研究者都使用了“灵魂”一词。我们知道，采用原始人所没有的这个概念，产生了多少错误和混乱。从前有个时候享有极大威望而现在仍然拥有许多拥护者的那个完整的理论体系就是奠立在这样一种假设上，即在原始人那里存在着和我们相似的关于“灵魂”或“灵”的概念。在“家庭”、“婚姻”、“财产”等等用语方面也有同样的情形。研究者们为了描写那些与我们的制度有着似乎惊人的相似处的制度，不得不利用

① H. P. Steensby, “Contributions to the Ethnology and Anthropology of the Polar Eskimo”, *Meddelelser om Groenland*, xxxiv. pp. 374-5 (1910).

上述那些概念。然而，我们已经见到，细致的研究表明了，原始人的集体表象如不加以歪曲，就不能容纳在我们的概念的框子里。

我们举一个不需要作长篇分析的简单例子吧。观察者们总是给土人们在某些地区（在美拉尼西亚和其他地方）用于交换的贝壳加上“货币”的名称。不久前，杜恩瓦尔德指出，这种“贝币”（Muschelgeld）并不准确符合我们叫作“货币”的那种东西。对我们来说，这是一个使我们能够把不论什么东西换成另外的东西的中介物的问题（是硬币还是纸币，这无关紧要）。这是一种万能的交换媒介。但是，美拉尼西亚人根本没有这种普遍概念。他们的观念是比较具体的。所罗门群岛的土人和他们的邻人一样，使用贝壳买东西，但是永远带上极为确定的特点。杜恩瓦尔德说：“这种货币用于两个主要目的：第一、购买妻子；第二、用于战争中获得同盟者和给那些不论由于普通的杀害还是在战斗中被杀的死者的亲属支付应给的赔偿。

“由此我们明白了，‘货币’实在说来并不为经济目的服务，它是专用于完成某些社会职能的。我们刚在上面指出的货币的使用所要达到的那些目的，也使我们明白了为什么首领首先要担负起为贝币宝库的积累和保管而操心的任务。他把这些‘基金’保存在专用的茅屋里……它们为他效这样的劳，比如说，当他手下的人想要给自己买个老婆，他就把它们作为贷款交给这些人……精致的玛瑙贝币还可以用来‘作饰物’。在布因，这种货币与环饰一样作为贵重的标志起着重要的作用。……猪也是宝贵的标志，它可以用于各种各样的支付，特别是用于那些在形形色色的场合中为土人们所必不可少的有许多人参加的节日盛大宴会中。”

至于真正的交易，倒是见不到使用任何货币，即使是贝币。土人们也做换货交易，但是在这里，换货交易是有特色的，甚至是有定规的。杜恩瓦尔德说："特别是在以物易物的交换中，某一些确定的东西只能与另一些确定的东西交换，例如矛换镯，水果换烟草，猪换刀。土人们十分乐意交换适用的东西；例如用芋头或椰子换烟草，武器换饰物（矛换镯或玻璃珠串），等等。"①

我们不需要继续来引述杜恩瓦尔德所做的所罗门群岛土人的经济生活的有趣的描写了。上面的引文足以说明我们的"货币"的概念是在多么微小的程度上适用于这些土人所使用的"贝币"。因而，假如可以说他们拥有"货币"，那么，我们对于这种东西只能得出一个极不固定和极不准确的观念。然而，对贝币所服务的专门目的的精心细致的研究，却能使我们比较深刻地认识某些制度，同时，这种研究还能使我们更好地理解那些不运用一般的抽象概念和由于缺乏我们叫作货币的那种东西而进行以一些确定的东西换另一些确定的东西的交换的土人的思维。

对原始民族的观察者们用来表现原始人的集体表象和描写他们的制度的其他抽象术语，也可以进行这样的批判分析。

因而，由于事物本性固有的必然性，亦即由于原始人的思维和语言与我们的思维和语言之间的深刻差异，学术界拥有的用于研究原始思维的大部分文献，都只能以极大的谨慎并做了深入的批判分析以后才能使用。最早的宗教界和非宗教界的观察

---

① R. Thurnwald, *Forschungen auf den Bismarck-Archipel und den Salomo Inseln*, iii. pp. 38-40.

者们几乎总是不由自主地把他们所报道的制度和信仰变了样子和加以歪曲，因为他们都毫不踌躇地采用自己熟悉的术语来表现它们。继之而起的观察者也是依样画葫芦，而且，这种歪曲又因为下面的情况而加深，这就是现在原始人的制度和信仰已经受到白种人的影响，并由于白种人文化的熏陶作用，原始人的思维也和他们的语言一样，开始受到了迅速解体的威胁。另一方面，要是不在那些就近观察了原始人、作为原始人的近邻和在他们中间生活过、既参加过他们的日常生活又参加过他们的宗教仪式（当然是在有这种仪式的场合下）的人们的描写中去寻找为研究这种思维所必需的材料，又到什么地方去找呢？学术界没有其他文献资料。这些文献资料的不可避免的不完善，内容的贫乏，差不多足可解释在这个问题上学术进展的缓慢和迄今所获得的结果不可靠的原因。

然而，这种困难并不是绝对不可克服的。凡是学术资料由目击者的实际观察材料组成的一切学科，都在或大或小的程度上遇到了这一类的困难，但内部和外部批判的规程在我们时代是制定得相当完善的，它们用于人种志学的文献资料，和用于其他方面一样，都是十分有效的。此外，随着原始思维的分析有了适当的进步，并获得了一些可以认为是可靠的结果，研究者们也拥有了更多和更稳定的标准，用以检验旧的和新的实际观察材料的价值；这时，研究者也能够更好地判断，在每一件实际观察材料中什么东西应该抛弃和什么东西应该保留。最后，对原始人的思维的本质特征的令人满意的知识，也有助于对他们的制度做更加深入而彻底的研究。这第一阶段熬过去了，以下各阶段的研究就更容易了，或者至少是比较容易着手了。

II

原始思维和我们的思维一样关心事物发生的原因，但它是循着根本不同的方向去寻找这些原因的。原始思维是在一个到处都有着无数神秘力量在经常起作用或者即将起作用的世界中进行活动的。如我们已经见到的那样，任何事情，即使是稍微有点儿不平常的事情，都立刻被认为是这种或那种神秘力量的表现。假如在田地需要水分的时候下了雨，那是因为祖先们和当地的神灵得到了满足，以此来表示自己的亲善。假如持续的干旱枯死了庄稼和引起了牲畜的死亡，那一定是违犯了什么禁忌，或者是某个认为自己受了委屈的祖先在要求对他表示尊敬。同样，离开看不见的力量的支持，任何事情都得不到成功。假如没有好兆头，假如社会集体的神秘的保护者没有正式许诺自己的帮助，假如打算去猎捕的动物自己不表示同意被猎捕，假如猎具和渔具没有经过神圣化并带上巫术的力量，等等，这时，原始人就不去打猎或捕鱼，就不行军，就不去耕田或修建住宅。简而言之，看得见的世界和看不见的世界是统一的，在任何时刻里，看得见的世界的事件都取决于看不见的力量。用这一点也可以解释梦、兆头、上千种形形色色的占卜、祭祀、咒语、宗教仪式和巫术在原始人的生活中所占的地位。用这一点还可以解释为什么原始人忽视我们叫作自然原因的那种东西，并把全部注意力集中在那个似乎是唯一有效的神秘原因上。假定人患了什么脏器病，假定他被蛇咬了，假定他被倒下来的树砸死了，假定他被老

虎或者鳄鱼吃掉了，原始思维不是在疾病里、在蛇身上、在树身上、在老虎或者鳄鱼身上找原因：假如这个人死了，那无疑是因为有某个巫师“注定了”他必死和把他“出卖了”。在这里，树、动物只是工具，缺了这个工具，可以换成另一个，用不用哪个工具可说决定于使用它们的那个看不见的力量的意愿。

对于具有这种趋向的思维来说，纯粹物质的东西是不存在的。对它来说，一切有关自然现象的问题都不是像对我们那样提出来的。当我们想要解释什么事情，我们是在类似现象的系列中去寻找那些必需的并足可解释该现象的条件。假如我们成功地确定了这些条件，我们就不再需要什么了；知道了一般规律，我们就满足了。原始人的态度则根本不同。他也可能发现他所关心的那个现象的一定的前件，而且，为了行动，他是十分重视自己的观察的。但是，真正的原因他将永远在看不见的力量的世界中去寻找，在我们叫作自然的那种东西以外的地方去寻找，在真正“形而上的”王国中去寻找。简而言之，我们的问题对他们说来不成问题，而他们的问题也是我们所素昧平生的。这就是为什么假如我们绞尽脑汁去追问他会给我们的什么问题作出什么解答，假如去想象这样的解答并企图从这种解答中做出能够解释这个或那个原始制度的结论，我们就会发现我们是在钻牛犄角。

例如，詹姆斯·弗雷泽想把图腾崇拜的理论用于解释原始人对受孕的生理过程的无知。关于最低级的原始人怎样想象人的生殖机能以及他们以什么方式来形成怀孕的观念的问题，曾进行了长时期的争论。然而，先来研究一下原始思维能不能以一种可以让上述争论获得不论什么肯定的结论的形式来提出受胎的问题,也许是不无好处的。

可以毫不踌躇地断言,假如具有这种趋向的思维把自己的注意力集中在受胎现象上,则它并不停留在这一现象的生理条件方面。它知道这些生理条件也罢,不知道或者很少知道也罢,反正它是要忽视它们的,因为它必定要在另外的地方,在看不见的力量的世界中去寻找原因。要不然,它看待这个现象时的观点必须与它看待自然界其他一切现象时的观点不同。这样一来,这个问题就成了一个特殊的例外;原始思维必须采取反常的立场来对待它,必须努力弄清它的第二性原因;但是,没有任何东西可以使我们这样来认为。如果说在原始人看来,任何人的死都不是"自然的"死,则根据同样的理由,任何人的生也不可能是自然的生。

事实上,即使在与白种人有任何接触以前,原始人(例如澳大利亚土人)当然也观察到了受胎的某些生理条件,特别是性交的作用。但是,在这种场合中,如同在其他场合中一样,我们叫作第二性原因的那种东西,亦即我们所认为是必需的和足够的前件,在他们看来仍然是次要的;受胎的真正原因本质上是神秘的。即使他们也发现了,只有受了孕小孩才能出世,他们也不会从这里面得出我们觉得是完全合乎自然的结论。他们会继续认为,假如妇女怀了孕,这是因为有某个"魂"(通常是等待着转生并在现在准备着诞生的某个祖先的魂)进入了她的身体,这当然又必须以这个妇女与这个魂同属于一个氏族、亚族和图腾为前提。在阿龙塔人那里,害怕怀孕的妇女,当她们不得不走过这些魂——尘世生活的候补者所在的地方时，都竭力尽快跑过去，并采取一切可能的预防措施来妨碍这些魂中的某一个进入自己的身体中①。但是，斯宾塞和纪林根本没有说她们因为害怕怀孕而完全放弃性交。在他们看来，性交以后受孕，只是在"魂"进入这个妇女的身体中的场合下才有可能。

福克斯(Fox)提出所罗门群岛之一的圣克立斯托巴尔岛上的土人们是否知道受孕的生理原因的问题。他回答说："现在大概是知道了。当问到土人们为什么他们有把婚后生的第一个孩子给活埋了的风俗，……他们差不多总是回答说，这是因为这个孩子大概不是从她的丈夫那儿来的，而是从其他男人那儿来的。但是，无疑有许多事实有利于相反的假设。土人们说，胎儿是由住在瓜达尔卡纳尔(Guadalcanar)的马劳桑德(Marau Sound)的一座山上(马劳桑德是人死后魂去的地方)的名叫胡地艾瓦维(Hau-di-Ewavi)的某个亚达罗(adaro)或者由考拉哈(Kauraha)蛇魂放进妇女的肚子里去的。"②两个假设并行不悖。圣克立斯托巴尔岛的居民能够从白种人那里知道或者自己观察到性交与受胎之间的密切联系，但是，在他们看来，受胎的实际原因仍然是神秘的，这原因乃是那个决定进入某某妇女的身体中去的魂的行动。

在大量原始民族中，特别是在班图人中间，妇女不妊是一种真正的灾难，它是离婚的充足理由。由于上面指出过的我们十

① Spencer and Gillen, *The Native Tribes of Central Australia*, p. 125.

② C. E. Fox, "Social Organization in San Cristoval", J. A. I., xlix, p. 119 (1919).

分熟悉的那个互渗，妻子不妊的土人的庄稼将受到颗粒无收的威胁，因此，他必须和她离婚。不妊永远被看成是妻子的过错。这些土人知道性交的生理作用，但是因为他们并不认为怀孕实际上是取决于性交，所以他们连想也没有想到有时也应当把不受胎的原因归在受孕的参加者的另一方——男人身上。不受孕是由神秘原因来解释的，即没有一个婴儿魂愿意投胎成为这个妇女可能生下的那个婴儿。由于不妊而陷入绝境的妇女，认为自己只有在祷告了祖先和看不见的力量使他们同情她的愿望以后，才能治好她的病，因此，她加倍地献上供物和祭品。

原始人的思维的这种样式使我们难于弄清所与部族实际上是怎样想象我们叫作受胎的生理条件的那种东西。由于原始人并不注意这一点（因为这对他没有重要意义），所以，他可能对受胎的生理条件没有清楚的观念，而且，他自己也不大知道他在这方面想的是什么。某些社会集体在这个问题上可能有比它们的邻居稍微确定的传说，不过我们不能从这里面得出任何结论。研究者们提出的证据可能彼此不符，但它们仍然可能与事实相符。根据同样的理由，像我们所知的这个对矛盾律不关心的思维，可能既认为性交是受胎的寻常条件，又认为没有性交也可以受胎。非性交生育（Lucina sine concubitu）也许被认为是特殊现象，然而，这个现象本身对原始人来说是没有任何特殊之点的。假如魂进入妇女身体中，比如说在梦中进入，那她必定怀孕，小孩一定会生出来。原始人的童话、传说、神话充满了这类故事，而且，这些故事并不使他们感到惊奇。但是，我们不应当由此得出结论说，原始人不知道性交的作用，只应当说，即使他知道性

交的作用，或者对性交有或多或少模糊的观念，[1]他也绝不认为受胎实际上是取决于性交的。

III

因而，原始思维面对着自然现象时并不提出像我们提出的那样的问题，或者甚至根本就不提出问题。一个研究者在叙述苏门答腊的萨卡伊人（Sakais）时说："这些野蛮的部落对因果关系只有极其微弱的需要。……他们只是对最强烈和最直接的印象才有反应……"[2]"对因果关系的需要"，在这里意味着由他们周围出现的现象"引起的兴趣"。这种漠不关心和智力迟钝的样子常常在大多数原始社会中见到，特别是在南美的某些部族那里。这种情形很容易导致关于一般原始思维的错误结论。要避免错误，就应当不在这些民族中间去寻找和我们相同的那个类型的"对因果关系的需要"，不管这些民族是最低等的还是稍许开化点的。从本书中研究的事实和制度中，我们已经见到，原始民族有它们自己的因果关系，那是唯一适合它们的需要的因果关系，尽管心粗气浮的或者抱有成见的研究者不容易看到它。原始人的思维本质上是神秘的和原逻辑的思维，它趋向于其他一些客体，走着和我们的思维不同的

① 在刚果河上游的阿赞迭人（Azanda）那里，"有关受胎的观念，至少在欧洲人看来是非常奇怪的……他们认为，胎儿的根本不是一次受孕种下的，而是在拖延许多天数的几次连续的卵巢受精中完成的。"——H. Reynolds, "Notes on the Azanda Tribe of the Congo", *Journal of the African Society*, xi. p. 239 (1904). 在兰特曼（Landtman）研究的巴布亚人那里，也见到了这种观念："要想有个小孩，丈夫必须定期与自己的妻子同居，直到孩子作好的时候为止。"——"The Folk-tales of the Kiwai Papuans", *Acta societatis scientiarum fennicae*, xlvii. p. 460(note).

② Moszkowski, *Auf neuen Wegen durch Sumatra*, p. 90.

道路。只要看一看占卜和巫术在他们眼中所占的重要地位，就足可说明这一点。要探溯原始思维的趋向并弄清它的原则，我们就必须强制我们的智力习惯并适应原始人的智力习惯。对我们来说，这种强制差不多是办不到的，但不这样，我们就不能理解原始思维。

除了那个迫使我们不以我们的意志为转移而将原始思维设想为与我们的思维是相似的差不多是不可克服的趋向，还有一个情况也使得原始思维的真正特征很难于被我们发现。在实践上，原始人为了生存不得不遵循一些很容易为我们所理解的目标；我们还见到，为了达到这些目标，他们的所作所为差不多完全像我们处在他们的地位上时应当做的那样。在这些情况下他们像我们那样行动，这个事实立刻诱使我们去做出一个肤浅的结论，即原始人的智力活动与我们的大致相像。只有更精细地观察和更细致地分析，才能使我们看出差别来。

上面我们试图指明，这个对矛盾律常常毫不关心的原始思维又怎样在行动需要的时候十分善于避免矛盾。[①] 同样，对最明显的因果关系似乎毫无兴趣的原始人，又十分善于利用这些关系来获得必需的东西，比如获得食物或者某些专门的器具。实际上，在任何类型的社会中，不论这社会多么低级，在那里总可以见到生产或艺术领域中的发明创造，见到值得钦佩的产品：独木舟、食具、筐篮、织物、饰物，等等。那些差不多是一无所有的、似乎处于文化的阶梯的最低一级的人们，却在某些物品的生产中达到惊人的精致

① 参看第二章，第81页。

和精密。例如，澳大利亚土人善于制作飞去来标，布希曼人和巴布亚人是画图的能手，美拉尼西亚人善于作最巧妙的鱼套，等等。

有关原始人的工艺学的许多报告，无疑能大大地帮助我们确定他们的智力发展的阶段。现在，由于发明创造的心理过程在我们这里研究得很少，而在原始人那里则研究得更少，所以只能做出一般的评断。与原始人的整个文化的粗糙和原始性形成如此鲜明对比的他们的某些产品和方法的特殊价值，并不是深思或推理的结果。假如不是这样，就不会表现出这样悬殊的差别，而这个一般的技能就会不止一次地为他们服务。我们毋宁说是靠了一种直觉使他们的手获得熟练的，这是为原始人对他们特别感兴趣的客体的敏锐观察所指导的直觉。有了这种直觉，就可以把他们引导向前了。精细地应用适于所追求的目的的全部方法，并不一定要求缜密的理解，也不一定要求拥有一种能够进行分析和综合并适应预见不到的情况的知识。这可能只不过是一种通过应用而形成和发展起来的实践技能，又因为应用而得以保持。它可以和一个好台球手的技艺相比。一个好台球手可以对几何学和力学一窍不通，但他能够获得在特定位置的条件下所应完成的运动的迅速而可靠的直觉，而不需要对自己的击球法做深思熟虑。

可以对许多原始人在各种情况中表现出来的灵巧和机智作同样的解释。例如，据封·马尔齐乌斯的报道，巴西最低等的部族的印第安人善于分辨棕榈的一切种和变种，对每个种都有名称。澳大利亚土人认得出自己集体的每个人的足印，以及诸如此类。我们常常听说，在许多不文明社会中，土人们在伦理问题上表现了天生的辩才，他们在讨论中提出了丰富的论据，他们在辩论中进行驳斥和辩护时显示了敏捷。他们的童话和谚语常常说明了观察的精细入微，他们的神话则说明了丰富的、有时是诗意的想象。这一切是那些绝不抱着有利于“野蛮人”的成见的观察者多次指出过的。

因此，当我们看到原始人是像我们那样的、有时还比我们更好的相面家、道德家、心理学家（在这些词的实际意义上说）时，我们很难相信，以其他观点看来，他们又几乎是解不开的谜，又会有深刻的差异把他们的思维和我们的思维分隔开来。然而，必须注意，相似点始终是在这样一些智力过程方面，在那里，原始人和我们一样，是根据直接的直觉、直接的知觉、对所感知的东西迅速的几乎是瞬息之际的解释而行动的；例如，在人的面部表情上看出他自己可能了解得不清楚的打算，找到言词来打动他人心中的那根合乎自己的希望的心弦，看出什么行动和情况的可笑方面，以及诸如此类。在这些情形下，原始人是受着一种特殊的感觉或者触觉的支配。经验发展了这个触觉并使之精细，使它能够变得正确无误而又与真正的智力机能没有丝毫共同之处。当智力机能一出场，则这两类思维之间的差别就显得如此清楚，以至使我们倾向于夸大这些差别。懵头转向的观察者昨天还认为把原始人的理性与其他任何人的理性相提并论是可能的，而今天，当他看见他们甚至不能作最简单的推理，他又要责难他们的令人难以置信的愚钝了。

谜底隐藏在原始思维的神秘的和原逻辑的性质中。我们的逻辑的和概念的思维在遇到表现原始思维的集体表象时，在遇到把这些集体表象连在一起的前关联时，在遇到体现这些集体表象的制度时，真是一筹莫展，就像是面对着一种与它陌生的甚至是敌对的思维。而实际上，原始思维所生活的世界只有一部分和我们的世界相符合。对我们的思维方式来说，第二性原因的网络可以扩张至无限大，但在他们的思维方式中则找不到这种网络或者是隐藏在背后，而秘密力量、神秘影响、形形色色的互渗则混进知觉所直接提供的材料中，组成了实在世界和看不见的世界的合而为一。在这种意义上说，他们的世界比我们的宇宙更复杂；但另一方面，他们的世界又是完整的和闭塞的。在大多数原始人的观念中，天空就像是扣在陆地或海洋的平面上的一口钟，因而，世界止于地平线的一周。在这里，与其说空间是被想象到的，还不如说是被感觉到的；空间的各个方向都包含着属性，如我们见到的那样，它的每个区域都与通常留在它里面的一切东西互渗。原始人关于时间（主要具有量的性质）的观念一直是混乱的；差不多所有的原始语言表现时间关系的手段都非常贫乏，但表现空间关系的手段却又十分丰富。将来的事件，假如它被认为可信，假如它引起强烈的情感，常常被感觉成现在的事件。

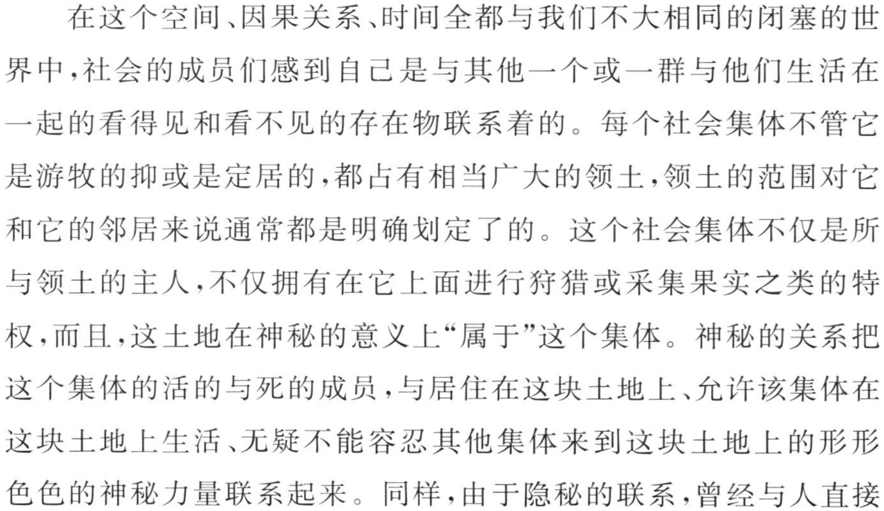

在这个空间、因果关系、时间全都与我们不大相同的闭塞的世界中，社会的成员们感到自己是与其他一个或一群与他们生活在一起的看得见和看不见的存在物联系着的。每个社会集体不管它是游牧的抑或是定居的，都占有相当广大的领土，领土的范围对它和它的邻居来说通常都是明确划定了的。这个社会集体不仅是所与领土的主人，不仅拥有在它上面进行狩猎或采集果实之类的特权，而且，这土地在神秘的意义上“属于”这个集体。神秘的关系把这个集体的活的与死的成员，与居住在这块土地上、允许该集体在这块土地上生活、无疑不能容忍其他集体来到这块土地上的形形色色的神秘力量联系起来。同样，由于隐秘的联系，曾经与人直接而经常接触过的任何东西——他的衣服或饰物，他的武器和牲畜，都是这个人的，因此，人死后这些东西常常不能属于其他任何人，而要随他一起去过新生活。同样，人类集体所居住的土地也是这个集体本身的：它不能在其他任何地方居住，而其他任何集体假如想要占据这块土地并在它上面定居下来，就会遭到最严重的危险。因此，我们可以见到相邻部族之间由于侵略、攻击、侵犯边界而发生冲突和战争，但真正的占领却是见不到的。可以消灭敌对集团，但不能占领它的土地。既然在这块土地上不免要遇到作为这个领土的主人、一定要为战败者报仇的各种各样的“神灵”、动物和植物种的可怕的仇恨，占领了它又有什么好处呢？征服者在这片领土上是活不了的，是一定要被害死的。也许，正应当在人类集体或亚集体与一定的生物种的实质和所在的地区之间的这些互渗关系中去看出所谓图腾亲族关系的根源之一。

在这个神秘的互渗和排斥的一团混乱中，人所拥有的关于自身、活人或死人以及他所“属”的集体的印象，与真正的观念或概念只是依稀相仿而已。与其说他们在思维，还不如说他们在感觉和体验。这些印象的内涵和它们的联想都不是严格服从于矛盾律的。因而，不论是个人的自我，还是社会集体，还是周围的看得见和看不见的世界，在这些集体表象中都不是“确定的”，都不是我们的概念思维在试图把握住它们时所见到的那样。不管我们怎样努力，我们的思维总是不能使它们与它所知的“普通的”客体同化。因而，我们的思维剥夺了它们里面的基本上具体的、情感的和有生命力的东西。这也使得那些表现了原始人的神秘的和极少逻辑性的思维的制度如此难于被理解，如此常常被理解得似是而非。

第十二章

向更高的思维类型过渡

绪　　论

对前面几章中所研究的事实的分析，似乎证实了本书试图确定的下述基本论点：

1）原始人的制度、风俗、信仰必须以在趋向上不同于我们的思维的原逻辑的和神秘的思维为前提。

2）构成这个思维的集体表象及其相互的关联是受互渗律支配的，就已知而言，它们极少考虑逻辑矛盾律。

我所竭力阐明的东西，乃是此种论点的自然结果。试图根据我们所知的那种“人类精神”的心理学的和智力的分析来解释不发达民族的制度、风俗、信仰，是徒劳无益的。对它们的解释，如果不是以那个支配着原始人的形形色色的活动方式的原逻辑的和神秘的思维作为其出发点，是不能令人满意的。

而且，对原逻辑的和神秘的思维的理解不只是有助于对低等民族的研究。这个思维类型是后来的各种思维类型的源头。而后来的各种思维类型又不能不以或多或少明显的形式再现它的某些特征。因而，要理解这些后来的类型，就必须先从这个比较“原始的”类型着手。这就给各种社会集体的智力机能以及我们的思维

规律的实证研究开辟了广阔的场所。最后，我觉得可以就几个重要之点来指出，假如这种研究采用了本书中所确定的原逻辑思维的概念作为其工作假说，则它现在就已经能够提供丰硕的成果了。

I

在与我们的类型距离最远的社会集体中，作为集体的思维表现的集体表象，严格说来并不经常是表象。在我们所习惯于给表象这个词赋予的那种意义上说，甚至直接的和直觉的表象，也包含着统一中的两面。客体为主体所感知，在一定的意义上说，这客体是不同于主体的；但在神魂颠倒那样一些状态中就不是这样了，这是一些边缘状态，在这些状态中，由于主体和客体完全合并，真正的表象是见不到的。但是，我们从对原始人的最有特征的制度（如图腾亲族关系、英迪修马仪式、成年礼仪式，等等）的分析中已经看出了，原始人的思维在把客体呈现给他自己时，它是呈现了比这客体更多的东西：他的思维掌握了客体，同时又被客体掌握。思维与客体交融，它不仅在意识形态的意义上而且也在物质的和神秘的意义上与客体互渗。这个思维不仅想象着客体，而且还体验着它。仪式和典礼在极多的场合中具有这样一种后果：它们给予比如图腾集团与其图腾之间的真正的共生以实在性。因而，在这一阶段，还谈不上集体表象，还不如说它们是以极端强烈的情感为特色的集体心理状态，在这些状态中，表象还没有从那些帮助集团实现它所追求的互渗的运动和动作中分化出来。它们与表象的互渗是如此实在地被体验着，以至它还没有真正被想象。

因而，我们不会奇怪：斯宾塞和纪林没有在他们研究的澳大利

亚土人那里发现"可以描写成祖先崇拜的那种东西的一丝一毫的痕迹，"……[①]没有见到真正的崇拜的对象、自然力或动植物种的人格化，只见到了关于动物起源的很少一点传说、一点神话。[②] 艾林芮希(Ehrenreich)[③]在南美大多数原始民族中，在那些可惜比澳大利亚的民族研究得少得多的民族中也发现了这种贫乏。这个事实说明了，原逻辑的和神秘的集体思维在社会集体中还占很大优势。在集体的成员之间或者在一定的人类群体与本质上是动物或植物的群体之间实现的共生感，则由制度和仪式直接表现出来。在这时，除了在这些仪式中使用的象征外，社会集体不需要其他象征。例如澳大利亚土人的珠灵卡、举行仪式时登场人物用以遮身的饰物和服装、舞蹈、面具、手势、有关阿尔捷林加时代的祖先们的传说，就是这样一些象征；又如在巴西的印第安人(波罗罗人、巴卡伊利人，等等)那里，以库瓦迭为名的全套风俗也是这样的象征，在这些风俗里，父母和孩子之间的神秘的同时又是身体上的互渗很明显地被感觉到和实现出来。

这种与我们有机会研究的我们社会集体的那些智力活动形式截然不同的智力活动形式，还没有打算去理解或解释自己的对象。它趋向于根本不同的方面；它与那些使它的互渗有效的神秘的风俗和仪式分不开。存在物的无处不在或者许多存在，一个与许多、一个与另一个、个体与种等等的同一，——这一切会使服从于矛盾律的思维感到深恶痛绝和陷入绝境的东西，却是原逻辑思维所绝

① *The Northern Tribes of Central Australia*, p. 494.

② *The Northern Tribes of Central Australia*, p. 442.

③ *Die Mythen und Legenden der Süd-Amerikanishen Urvölker*, pp. 12,15.

对能容忍的。此外,我们叫作经验的那种东西,亦即由观察现象之间的客观联系而得出的教训,对这种思维也是行不通的。它有自己的经验,这是彻头彻尾神秘的经验,它比真正的思维必定要接受的,甚至试图控制的那个常常是模棱两可的经验完全得多、彻底得多、明确得多。原逻辑思维完全满足于自己的经验。

在这方面意义最为重大的莫过于前面已经提到的引起了杜尔克姆和莫斯注意的原始分类,因为在某种意义上说,这些分类在原始人的思维中所占的地位相当于范畴在逻辑思维中的地位①。那些为社会集体的成员所感觉的并在他们的划分和组合中表现出来的互渗,扩及这个思维想象所及的一切实体。动物、植物、天体、无机物、空间的方位,——这一切都顺应着某种社会体制的划分。我们在这里只举一个例子。豪维特说:"在这个部族里,天地万物都可说是以两个主要的等和四个亚等来分类的。两个主要的等是马列拉(Mallera)和伍迪拉(Wuthera);因而,一切东西要么是马列拉,要么是伍迪拉。这个习惯达到如此极端的程度,以至比如说是马列拉的巫医只能利用那些和他属于同一等的东西来进行自己的巫术活动。而且,当他死了以后,停放他的尸体的尸架也必须用属于马列拉等的树木来制作。"②

因而,不仅在同一个图腾系的成员之间,而且在所有构成同一个等并在神秘的共处中连接在一起的不论什么存在物之间,都立刻感到了某种实在的共同性。这个包围着尚未分化的表象的感

① 参看第三章第138-41页。

② Howitt, "Notes on Australian Message Sticks", J. A. I., xviii. p. 326.

觉，必须伴随着不与其他等的人和物互渗的感觉（和尚未分化的表象）。对这样一种思维来说，不感觉自己是由什么神秘的联系而与相邻的其他存在物联系着，这不只是一种否定的想法；在某些场合中这可能是十分确定的绝对的感觉。我们可以指出现时叫作种族敌对的那种东西，指出那些由于是“外国的”东西而可能（甚至在文明民族中间）激起的情感，来在一定程度上与上述感觉类比。因而，从行动的立足点来看，原始人感到有必要求助于那些唯一有资格举行典礼、表演舞蹈或仪式或者只不过有资格出席这种表演的一定的个人或者一定集体的若干成员。从这些仪式和典礼那里获得的结果，首先取决于人和物的等之间的神秘的互渗。

II

克雷特在其近著《印度尼西亚的万物有灵论》中，认为必须在原始社会的进化中划分两个连续的阶段：一个是，人格化的灵被认为处于每个人和每个物（动物、植物、圆石、星球、武器、用具，等等）中，并使他（它）们有灵性；另一个阶段在这一个之先，那时还没有进行人格化，那时，好像有一个能够到处渗透的弥漫的本原，一种遍及宇宙的广布的力量在使人和物有灵性，在人和物里发生作用并赋予他（它）们以生命。[①] 我们在这里见到了杜尔克姆和莫斯也坚决予以支持的马利特（Marett）的那个“前万物有灵论”阶段。克雷特补充说（这个补充对我们所涉及的问题有十分重要的关系），这两个阶段的划分符合于社会集体的思维中的差别。在灵魂和灵

① Kruijt, *Het Animisme in den Indischen Archipel*, pp. 66-7. (1906).

还没有人格化的时候，集体的每个成员的个人意识仍然是与集体意识紧密联系着的。它不是与这个集体意识明确分开，而是完全与它结合，甚至不和它矛盾；在它里面占统治地位的是不间断的互渗感。只是在后来，当个体开始清楚地意识到作为个人的自我，当个人开始清楚地把自己和他感到自己所属的那个集体区别开来，只是在这时候，自己以外的人和物才开始被个人意识觉得是在活着的期间和死后都具有个体的精神或灵。①

因此，当社会集体与构成它的个体之间的关系发展了，集体表象、集体的观念也就随之而改变。最纯粹的形式的原始思维包含着个体与社会集体之间以及社会集体与周围集体之间的可感觉和可体验的互渗。这两种互渗彼此间紧密联系着，其一的变化也在另一身上反映出来。随着集体的每个成员的个人意识趋于确立，社会集体与周围的存在物和客体群体之间的神秘的共生感就变得不太完全、不太直接、不太经常了。在这里，和在其他地方一样，或多或少清楚表现出的联系力图占据直接的互渗感的位置。一言以蔽之，互渗力图成为意识形态的东西。比如说，当个人意识开始感知作为自我的自己，从而开始在周围的人群中分清作为个体的个体时，这些观念也或多或少明确地规定了作为集体的集体观念，进一步也规定了关于把一个集体的各个体以及依次把各种集体彼此联合起来的神秘联系的观念。那个已经不再真实地被体验但仍然被感到迫切必要的互渗，可以借助一些中间环节来获得。波罗罗人将不再断言他们是金刚鹦鹉了。他们将说他们的祖先曾经是金

① Kruijt, *Het Animisme in den Indischen Archipel*, pp. 2-5.

刚鹦鹉，他们具有和金刚鹦鹉同样的本质，他们死后会变成金刚鹦鹉，除了严格规定的场合（如图腾祭祀等等），他们禁止杀死金刚鹦鹉和吃它的肉，等等。

这时，我们会看到，我刚指出过的在阿龙塔人、波罗罗人以及其他最原始的社会集体那里的那种贫乏，在较进步的社会中，比如说在回乔尔人、新墨西哥的朱尼人、新西兰的毛利人那里，则代之以日益丰富的真正的集体表象和象征。在前一些社会集体中，神秘的共生感还是强烈而经久的。这种感觉只是利用社会集体的组织本身和那些保证集体的繁荣和它与周围集体的联系的仪式来表现自己。在后一些社会集体中，对互渗的需要可能是同样迫切的。但是由于社会集体的每个成员已经不再直接感到这个互渗了，所以它是靠不断增加的宗教或巫术仪式、神圣的和有神的人和物、祭司和秘密社团的成员们举行的仪式、神话等等来获得的。例如，喀申关于朱尼人的杰出著作就向我们说明了，已经稍有提高的一类原逻辑的和神秘的思维怎样在那些目的在于表现甚或产生已经不再被直接感到的互渗的集体表象的极盛时期表现自己。

这些互渗的"媒介"具有最多种多样的本性。我们在许多社会中除了发现一些与美拉尼西亚的邪气[1]相似的表象外，还发现一些关于或多或少人格化了的灵、关于或多或少明确意识到的灵魂、关于具有动物的、人的或半人的形状的生物、关于英雄、保护神和神的集体表象。观察者们给它们配上名字并不难。然而，困难恰

① Cf. Hubert and Mauss, "Mélanges d'Histoire des Religions", *Année Sociologique*, p. xx et seq.

恰是在于不要让这些名字把自己骗了，是在于从这些名字背后去揭露和恢复那些对我们来说已经不存在的神秘的和原逻辑的集体表象。

这个困难比起给我们已知的最原始的民族的“宗教”下定义这样一个问题来，并不算太严重。因为我们可以同样正确地说：那个在原始人的集体表象中得到其表现的思维乃是彻头彻尾宗教的思维；但在另一种意义上说，它又是极少宗教性的。由于与宗教感情和宗教仪式的对象的神秘而实际的互渗乃是宗教的本质，所以原始思维应当被叫作宗教的思维，因为在这里，这种互渗甚至是以我们所能想象的最高程度实现的。但是另一方面，说它是“宗教的”思维又似乎不恰当，因为它至少由于这种互渗的直接性而不能脱离自身去最好地认识那些使它感到与自己有亲密无间的神秘的互渗的存在物。我们可以回忆一下斯宾塞和纪林在这一点上的毫不含糊的说法。

事实上，原始人的“宗教”观念对我们来说永远是误解和混乱的根源。我们自己的思维方式使我们把他们的思维对象想象成神人或神物的样子，而且只是由于这些对象的神的性质，才对它们产生虔敬、祭祀、祷告、崇拜和真正的宗教信仰。但对原始思维来说则相反，这些人和物只是在他们所保证的互渗不再是直接的互渗时才变成神的。阿龙塔人感到他既是他自己同时又是这个或那个祖先，在他行成年礼时把这个祖先的珠灵卡传给他，但他是不知道祖先崇拜的。波罗罗人也没有使那些就是波罗罗人的金刚鹦哥成为宗教崇拜的对象。只是在较进步的社会集体中我们才遇见了祖先崇拜，对英雄、神、神圣的动物等等的崇拜。因而，我们所说的真正宗教的观念乃是一种来源于先前的智力活动形式的分化的产物。那个起初是靠神秘的共生和保证这共生的仪式来实现的互渗，后来则是靠了与崇拜的对象、真正宗教信仰的对象的结合，与祖先、神的结合来获得的。我们知道，这些对象的个体是由变化无穷的等级组成的，从那些说不出是一个力量呢还是一些力量的神秘力量起，直到各有其身体与精神的确定属性的众神如美拉尼西亚或希腊的诸神为止。宗教对象的人格化主要决定于所研究的社会集体的发展程度，亦即决定于它的制度的类型，同时又决定于它的智力类型。

III

当我们把神话与作为它们的来源的社会集体的思维联系起来考察时，我们就会得出同一些结论。在个体与社会集体的互渗仍然被直接感觉到的地方，在一个集体与周围集体的互渗实际上被体验着的地方，亦即在继续着神秘的共生的时期中，神话的数量很少而且内容贫乏（如在澳大利亚土人、巴西中部和北部的印第安人等等那里）。相反的，在比较进步的一类社会集体中（如在朱尼人、易洛魁人、美拉尼西亚人等等那里），神话的枝叶越来越繁茂。那么，能不能把神话看成同样是原始思维的产物，它们是在这个思维力图实现那种已经不再被直接感到的互渗时出现的，是在这个思维求助于中间环节、媒介，以确保那个已经不再是活生生的现实的互渗的时候出现的呢？这样的假设可能显得大胆，因为我们看待神话，与那些在神话中反映了自己的思维的人们是不一样的。我们在这些神话中看见了他们所没有看见的东西，看见了他们所想象的而我们已经体会不到的东西。比如说，当我们读着毛利人的、朱尼人的或者其他部族的神话时，我们读的是译成了我们自己的语言的神话，而这个译文本身就是一次背叛。因为原作中的词对原始人来说具有彻底神秘的气氛，但在我们的思维中，这些词则主要是引起一些来源于经验的联想，更不用说句子结构了，因为译文中的句子即使从词序上说也是反映我们思维的习惯。我们思维和说话都要借助概念。但对原始人来说，词，特别是那些表现了神话中描写的集体的观念的词，则是神秘的实在，而其中每一个实在又决定着一个力场。从情感上看，就是听神话，对他们来说和对我们来说，也是根本不同的。他们在神话中听到的东西在他们身上唤起了一种和声的全音域，但在我们这里却不存在这种现象。

此外，在我们所认识的神话中，我们首先感到兴趣的和我们力图理解与解释的东西，乃是故事的内容本身、事件的联系、情节的发展、故事的线索、主人公或神话动物的惊险遭遇以及诸如此类。由此产生了一度被认为是经典的学说，这些学说在神话中看见了某些自然现象的象征的描写或者一种“语言病态”的结果；由此也产生了如恩德鲁·兰那样的分类，即根据神话的内容来把它们纳入一些范畴中。[①] 然而，这样做则是不顾原逻辑的和神秘的思维在趋向上与我们不同的事实。毫无疑问，这个思维对神话中谈到的事件、惊险场面和盛衰荣枯的变迁不是无动于衷的；这些东西无疑会使原始人的思维感到兴趣，甚至使它很开心。但这个思维主要不是对神话的实际内容感到兴趣。原始人不是把这个内容看成

---

① *Encyclopædia Britannica*, *Mythology* (9th ed.), xvii. pp. 156-7.

一种孤立的东西；它无疑并不比我们看见的活的动物的皮肉中包着的骨头架子更多，尽管我们清楚地知道那里面是有骨头的。包围着故事的实际内容的神秘因素完全攫住了他，吸引了他的注意，使他产生情感。只是这种因素才给神话赋予了价值，赋予了社会意义；而且我甚至可以补充说赋予了力量。

现时要感觉这种特点已经不容易了，这正是因为这些神秘因素对我们来说是消失了，而我们叫作神话的那种东西只不过是一具没有生命力的死尸而已。如果说对原始人的思维来说，对自然界中的人和物的知觉乃是彻头彻尾神秘的知觉，那么，关于神话中出现的这些同样的人和物的表象难道就不是神秘的吗？两种场合中的趋向不是必然相同吗？为了用一个尽管是不太精确的比喻来帮助我们理解这个问题，我们来看看几世纪前在我们欧洲教历史只教圣史的那个时代吧。不论对于学生还是对于教师来说，这种历史的最高价值和意义难道就在于事实材料本身，在于知道接二连三的士师、国王或先知以及以色列人在与他们的邻人的斗争中的一切灾难吗？当然不是的。圣经故事不是作为历史而是作为圣史而使那时代的人们感到无比的兴趣。圣经故事之所以有意义和价值，是因为在它的故事里不断进行干预的上帝随时随地都可出现，而这在基督徒看来又会引起所预期的基督降世。简而言之，圣经故事之有意义应归因于它的神秘气氛，这个气氛笼罩了故事中叙述的事实，使这些事实不至成为平凡的战斗、屠杀或革命。最后，还因为基督徒们在它的故事中发现了他们与其上帝互渗的神的证明。

相应地说，神话则是原始民族的圣经故事。不过，在神话的集

体表象中神秘因素的优势甚至超过我们的圣史。同时，由于互渗律在原始思维中还占优势，所以伴随着神话的是与它所表现的那个神秘的实在的极强烈的互渗感。例如，当神话叙述着什么仁慈而有教化的英雄的冒险故事、功勋、善行、死而复活时，这时使听众感到兴趣的特别是引起共鸣的主要不是他怎样使部落学会取火或者耕种玉蜀黍之类的事实本身。这里，问题在于在神话中也如同在圣史中一样，原始人获得社会集体与其自身的过去的互渗，他感到社会集体可说是实际上生活在那个时代，他感到他与那个使这部族成为现在这样子的东西有一种神秘的互渗。简而言之，对原始人的思维来说，神话既是社会集体与它现在和过去的自身和与它周围的存在物集体结为一体的表现，同时又是保持和唤醒这种一体感的手段。

可能有人反问，这些见解用于有社会集体的人的或半人的祖先、它的有教化的英雄或保护神出现的神话犹可，但它们怎么能够适用于那些谈的是日、月、星、雷、海、河、风、方位等等的神话呢？这种反诘只是对于与我们相似的智力来说才是可怕的。而原始人的思维则是按照它所固有的途径来行动的。对他来说，他的观念中的神秘因素比我们看来作为一切种类的存在物的确定和分类之基础的那些客观特征重要得多。因而，我们觉得最明显的分类原始思维却注意不到，而我们认为毫无道理的分类又恰恰是它所要求的。例如，社会集体与这个或那个动物或植物种、与雨和风一类的自然现象、与星座的亲族关系和互渗，在原始人看来是和它与祖先或神话英雄的互渗一样简单。我们只举一个例子。斯宾塞和纪林研究过的澳大利亚土人认为太阳是巴依加女人，属于一定的亚等，因而它是以一定的亲族关系与部族的其他所有氏族联系着。我们再参看一下上面指出过的类推吧。在原始人的圣史中也包括了一部分自然史。

假如这个对神话的基本意义和它们在一定智力类型的社会集体中的特殊功能的观点是正确的，那就可以得出几个相当重要的结论来。当然，这个观点绝不排除仔细研究神话的必要。这个观点既不给我们提供把神话分成种和类的分类原则，也不提供解释神话的精确方法，也不对神话与宗教仪式的关系做出肯定的说明。但是它能够使我们避免某些经常性的错误，至少它可以使我们提出问题时不至于在措词上就预先歪曲了问题的解决。这个观点给我们提供了一般的方法原则：不应当相信那些“解释性”假说，它们会用一种与我们相似的心理的和智力的活动来解释神话的起源，甚至会把这种活动说成是儿童似的和非理性的。

例如，那些早已被认为是最容易解释的神话，那些被认为是浅显易懂的神话，如印度的自然神话，其实反而是最难弄懂的。既然在这些神话中先就可以看出那个被伟大的自然现象所感动的素朴的想象的自然产物，所以对这些神话的解释实际上是不辨自明的解释。然而，假如一旦承认了产生神话的那个思维在趋向上与我们的不同，它的集体表象服从于自己的规律，其中主要是互渗律，那么，这些神话的可懂性本身就提出了一个新问题。我们会认为，这些神话以它们到达我们这里时的那种形式出现，根本不是原来的样子，而是一种完全伪造的东西，它们已经受到极高度地有意识地推敲了，以致弄得面目全非。另一方面，那些最直接地表现了社会集体或者是与其传说的但现在已不存在的成员之间的亲族关系，或者是与其周围生物群体的亲族关系的神话，却可能是最容易解释的神话。因为这些神话在它们最容易与文化最低的社会集体所特有的原逻辑的和神秘的思维联系的意义上说乃是最原始的神话。其中，图腾神话就是这样的神话。

但是，假如社会集体属于即使稍微进步一点的类型，则对它们的神话的解释很容易陷入冒险，也许根本不能解释。首先，这些神话的日益增长的复杂性减少了我们正确追索那个产生了这些神话的思维的连续作用的机会。这个思维不仅不约束自己遵守矛盾律，——在大多数神话中这个特征可说是第一个引人注目的特征，而且它也不像我们的思维那样去进行抽象、联想、从而采用象征。因而，我们的最敏锐的猜测也总是会冒着陷入迷途的危险。

假如喀申没有从朱尼人自己那里得到对他们的神话的解释，那么，任何一个现代的聪明人能不能在这座史前的迷宫中找到路径呢？即使是对稍微复杂点的神话的精确注释，也要求再现那个产生这些神话的思维。除了像喀申这样的学者能够例外地养成"原始"思维，而且能够忠实地记下他的结义同胞的私房话，我们的思维习惯甚至不允许我们去希望达到这样的结果。

此外，即使在最有利的条件下，我们搜集神话时神话所处的状态，也可能把它们弄得不可理解，而且根本不能对它们做出有条有理的解释。我们往往没有方法来弄清这些神话产生的时代。假如它们不是新近的产物，那么，谁有根据来假定这些神话的某些段落绝对没有失掉，或者相反，那些原先单独存在的神话不会混成一个不协调的整体？当社会集体的思维连同它的制度、它对周围集体的关系一起进化了，则在创作神话的那个时刻具有优势的神秘因素可能失掉自己的意义。逐渐不为这个变化了的思维所理解的神话难道不可能变复杂、被补充、被改造，以便使它适应那些统治着集体的新的集体表象？难道这种修改不会忽略神话最初表现的那些互渗，而走到相反的意义上去？让我们假定（绝不是没有道理的假定），神话遭到了这样连续几次的变化，那么，我们究竟能够希望用什么分析来追溯已完成的进化，来恢复消失了的因素，来校正彼此嫁接的谬误呢？在风俗习惯方面也出现了同样的问题，这些风俗习惯往往保持了许多世纪，它们甚至常常被曲解，补充了相反的意义，或者用新的意义来替换那种已经不再能理解的东西。

IV

当社会集体认为那些最重要的互渗是借助中间环节或者“媒介”来保持而不是更直接地被感知和实现的时候，这种变化就在集体的思维中反映出来。比如说，假如在某个部落里，由某个家族或者某个人、首领、巫医充当季节序代、正常降雨、保持良种等等事项的“主管人”——简言之，充任一个与部族生活息息相关的现象的周期更替的管理者的角色，则这种集体表象将是特别神秘的，它将在极高程度上保持着原逻辑思维所固有的特征。这样一来，集中在这些作为媒介、被选定的工具的人身上的互渗，其本身就成了意识形态的东西。相形之下，该社会集体的其他家族、其他个人以及相邻的社会集体则对这个互渗不感兴趣，他们对它就不那么关心，不大有切身之感，他们是以不大神秘因而更为客观的方式来看待它的。这意味着趋向于把神圣的人和物与世俗的人和物之间的越来越明确、越来越稳定的差别确定下来。前者由于是互渗的必然的媒介，所以他们本质上是神圣的，并且永远是神圣的。后者只是由于与前者互渗才暂时成为神圣的，在其余时间里则只有微弱的和派生的神秘特征。

由此得出两个相连的结果。首先，由于社会集体所生活于其中的人和物不再被感到是与这个集体直接互渗着，所以，表现这个互渗的原始分类渐渐趋于绝迹，让位给那些神秘性较少的、奠基在一种与社会集体的分类根本不同的东西上的分类。关于动物和植物的生活、星辰等等的观念无疑还具有神秘的因素，但其程度是不相等的。其中一些的神秘性很显著，另一些则在程度上差得多，这种差别引出了新的分类。人们必然把那些充当神秘力量的“容器”、互渗的媒介的人和物，与那些不给社会集体提供这种最高兴趣的人和物分开来。这后一类人和物开始被按照另一类兴趣来分类了；而这些人和物的特征则是神秘性较小而客观性较大。换句话说，关于这些人和物的集体表象开始向着我们叫作“概念”的那个方向发展了。这表象还远不是概念，但把它引向概念的那个过程已经开始了。

此外，关于这些实体的感觉也同时丧失了自己的某些神秘性质。

我们所说的客观属性，我们据以来给一切实体下定义和进行分类的那些属性，对原始人来说则是包围在其他一些重要得多的因素的复合中，原始人的注意差不多专门针对着这些因素，至少在生活需要所允许的程度上是如此。这就是为什么我认为可以说原始人丝毫也不像我们这样来感知。然而，假如这个复合变得比较简单，假如神秘因素丧失了自己的优势，那么，客观属性事实上也就吸引着和保持着人们对自己的注意。随着神秘的集体表象的减少，真正知觉所起的作用则增大。这种变化有利于我们谈过的那种分类的改变，而这种改变又反作用于知觉方法，如同感应电流反作用于原电流一样。

因而，随着互渗开始较少被直接感到，集体表象也开始更加接近我们叫作真正的“表象”的那种东西，即是说智力的、认识的因素在这些表象中开始占着越来越大的地位了。这个因素力图摆脱那些最初包围着它的情感的和运动的因素，从而使自己分化出来。结果，原始思维也在另一方面发生变化。我们已经见到，在这种思维的优势最充分，最不可动摇的社会集体中，经验对它是行不通的。集体表象及其相互关联的力量是如此之大，以至可感知的最明显的证据也无力与它抗争，而现象之间的最不寻常的相互依存性则成了不可动摇的信念。但当知觉变成较少神秘性时，当前关联不再拥有至高无上的权威时，人们就会以较少成见的眼光来看待周围的自然界，而进化着的集体表象就会开始感到经验的影响了。并不是所有集体表象都同时以同等程度受到经验的影响：相反的，这些集体表象的变化无疑是根据极多种多样的情况，特别是根据社会集体对客体感到的兴趣的程度而各不相同。在互渗变得最弱的地方，神秘的前关联最快地让出自己的位置，而客观关系则第一次出头露面。

当原始民族的思维成长到比较能让经验进得去，这时，这种思维也变得对矛盾律比较敏感了。从前它差不多是以绝对不关心的态度来对待矛盾律的，当它在根据互渗律来决定自己的趋向时，对我们认为绝对矛盾的论断接受起来是毫不困难的。对它来说，同一个人既是他自己，同时又是其他什么人；这个人在这个地方；同时又在另一个地方；他既是个体的东西，同时又是集体的东西（当个体与其集体同一时），如此等等。原逻辑思维完全满足于这些论断，因为它不仅看见了并理解了它们的真实性，而且由于我叫作神秘的共生的那种东西，它还感觉了、体验了它们的真实性。但当这种感觉的强度在集体表象中减弱时，逻辑的困难就开始让人感觉出来了。于是，渐渐出现了一些中间物、互渗的媒介。它们使互渗成为可想象的：它们以最多种多样的方法——神秘属性的传达、接触、转移的方法来实现与本质与生命的互渗，从前这种互渗是以直接的方式被感觉到的，但现在当它已经不再被体验时，它就冒着不为人理解的危险。

实在说来，原始思维所难于看出的谬误往往有两类，这两类无疑彼此有密切联系，但对我们的思维方式来说，它们之间的差别仍然是很显著的。一类谬误和我们刚刚指出的那些一样，是由于我们觉得违反了逻辑的矛盾律而产生的。当从前可以感觉到的互渗以确定的论断的形式“凝结起来”时，这些谬误就逐渐显露出来了。当互渗感仍很强烈时，语言就遮盖了这些谬误；但在互渗感丧失了自己的某种强度时，语言就暴露了它们。另一类谬误则来源于那些由集体表象在人、物、事件之间确定的前关联。然而这些前关联只是在它们与这些人、物和事件的明白确定的用语相矛盾时、与那些为原逻辑思维在最初所不拥有的用语相矛盾时，才显出是谬误的。只有当这个思维变得比较注意经验的教训，只有当我们所说的客观属性在集体表象中胜过了神秘因素，事件或存在之间的这样一种相互依存关系才会被看成不可能的和荒谬的而被拒绝。

休谟(Hume)的论断——“任何东西可以产生任何东西”可以作为早期原始思维的一个座右铭。对这个思维来说，没有一种变化、没有一种成因、没有一种远距离作用是如此奇怪和不可想象以至不能接受的。人可以从山岩里生出来，火可以不燃烧，死的可以是活的。我们不会相信妇女能够生出蛇或鳄鱼，因为这种观念是与自然规律矛盾的，即使最畸形的生育也受自然规律的支配。但那个相信人类的社会集体与鳄鱼或蛇的社会集体之间的密切联系的原始思维，则看不出这里面有什么比幼虫与成虫或蛹与蝴蝶的等同更难想象的地方。此外，让已经变成没有生命的尸体(即尸体的组织在化学上已经证明其不能维持生命)复活，也恰恰是与“自然规律”不相容的；可是千千万万的文明人却仍然绝对相信拉扎路斯(Lazarus)的复活。[①] 让这些人的头脑里关于基督的表象包括一种创造奇迹的能力就够了。但对原始思维来说，一切都是奇迹，或者更正确地说，一切又都不是奇迹；因而，一切都是可信的，没有什么东西是不可能或者荒谬的。

然而，实际上，包括在原始思维的集体表象中的前关联并不像它们显出的那样是随意的东西，在这种意义上说，休谟的论断只是部分地适用于原逻辑思维。当前关联不关心我们所说的本质与现象之间的实在和客观的关系时，它们表现的是对这个思维来说更为重要的另一些关系，亦即神秘的互渗关系。在前关联中实现的正是这些关系，而不是其他关系，因为原逻辑思维关心的只是这些关系。试给原始人暗示人、物和事件之间的其他一些想象的或实

① 见《圣经·路加福音》，第16章，第20节。——汉译者注

在的关系吧:他会不理睬它们,他会把它们作为虚假的或者极不重要的或者荒谬的东西而拒绝接受。他会对它们毫不注意,因为他有自己的经验指引着他;这是一种神秘的经验,在它继续存在的时期,真正的经验是无力反对它的。因而,原始人的思维似乎不为任何实际的不可能性所阻碍,这不仅是因为本质与现象之间的不论什么联系如同其他联系一样,在抽象上和在其本身上都是它所能接受的,而且主要是因为互渗律容许了神秘的前关联。

然而,假定在某个社会中,思维连同制度一起进化了,假定这些前关联削弱了并且不再具有摆脱不掉的性质,则人和物之间的另一些关系将被感知,表象将具有一般的和抽象的概念的形式,同时,关于实际上可能或不可能的感觉和观念也将变得更加明确。从前,实际的谬误与逻辑的谬误没有区别,因为同一些原因使原逻辑思维对这二者无感觉。现在,同一些变化,同一个进化过程使原始人感觉到同时肯定两种矛盾的说法是不可能的,而那些与经验不相容的关系也是不能相信的。

这种巧合不可能纯粹是偶然的。这两种不可能性只是在一个共同的条件下才会被感觉到:要做到这一点,必须使集体表象趋向于获得概念的形式,而且,有了这个条件也就够了。实际上,一方面,如我们在上面见到的那样,以这种形式表现出来的互渗只是在为避免矛盾而经受了一些变化以后才有可能被保留下来。另一方面,只有形成了关于人和物的足够明确的概念,某些神秘的前关联的谬误才开始被感觉出来。当石头的本质特征可说是记录在和固定在“石头”的概念中时(这个概念又是包括在关于自然物的一系列其他概念中,这些自然物以其同样明白而稳定的属性而有别于石头)，再要想象石头说话、山岩随意移动、它们生出人来等等，就成为不可能了。概念越是明确起来，固定下来，它们的分类越是清楚，则那些不顾上述关系的论断越加显得矛盾。因而，由智力造成的逻辑要求随概念的明确性和限定性一起增长，而这种明确性和限定性的一个必要条件则是集体表象的神秘的前关联的减弱。于是，逻辑要求与那些靠经验获得的知识一齐增长了。这些因素中一个因素的进步有利于另一个因素，反之亦然，而且我们不能说它们中间的哪一个是原因和哪一个是结果。

V

然而，不必把这个继续着的过程想象成进步的过程。概念在其进化过程中并不服从那种把它们引向最好的发展的“内部终极目标”。神秘的前关联和神秘因素并不必然也不永远弱化下去。原始民族的思维即使在变得比较能接受经验的教训时，在长时期里仍然继续是原逻辑的，并在自己的大多数观念中保留着神秘的痕迹。此外，抽象的和一般的概念一经形成，任何东西也不能阻止它们在自己身上保留着属于前一时期的仍然可辨的痕迹的因素。经验所无力破坏的那些前关联仍然继续保留着，神秘属性仍然为人与物所固有。即使在最进步的社会集体中，彻底清除了这一类的混合物的概念也是一个例外，因此，在其他社会中，这样的概念更是很难见到。概念仿佛是它的先行者——集体表象的“沉淀”，它差不多经常带着或多或少的神秘因素的残余。

怎么能够不是这样呢？即使在相当低级的社会集体中，抽象概念就已经形成着了，尽管它们在一切方面都不能与我们的概念

相比，但它们终究是概念。可是，它们仍然必须遵循产生它们的那个思维的一般趋向。所以，它们也是原逻辑的和神秘的，它们只是逐渐地、十分缓慢地消除原逻辑的和神秘的因素。甚至可能出现这样的情形：它们在某个时期作为进步的辅助工具以后，自己又成了进步的障碍。因为，假如概念的限定性给意识的理性活动提供了一个它在受互渗律支配的集体表象中找不到的杠杆，假如意识习惯于把那些与概念的定义不相容的论断作为不可能的东西而抛弃，那么，当它习惯于把与实际的距离很远的概念的想象和陈述看成是符合于实际的，则它对这种特权经常要付出高昂的代价。要使进步不致停息，必须使关于一切种类的实在的概念成为可塑的、易变的，以便让它们在经验的教训的影响下不停地扩展、限制在固定的范围内、变形、分解与重新结合。但假如概念凝结了，僵化了，使自己形成一个趋向于自足的体系，则应用这些概念的智力活动便会无限期地运用这个体系，而与概念所要求表现的那些实在不发生任何接触，这些概念会变成捕风捉影、空洞无物的议论的主因，变成抱残守缺的根源。

中国的科学就是这种发展停滞的一个怵目惊心的例子。它产生了天文学、物理学、化学、生理学、病理学、治疗学以及诸如此类的浩如烟海的百科全书，但在我们看来，所有这一切只不过是扯淡。怎么可以在许多世纪中付出这样多的勤劳和机智而其结果却完全等于零呢？这是由于许多原因造成的，但无疑主要的是由于这些所谓的科学中的每一种都是奠基在僵化的概念上，而这些概念从来没有受到过经验的检验，它们差不多只是包含着一些带上神秘的前关联的模糊的未经实际证实的概念。这些概念所具有的抽象的和一般的形式可以容许一种表面上合逻辑的分析与综合的双重过程，而这个永远是空洞的自足的过程可以没完没了地继续下去。最了解中国人的思维的人，如格罗特，对于什么时候看到他们的思维摆脱这种过程的束缚，什么时候停止这种自转的运动，几乎感到绝望了。思维习惯太顽固了，它已经产生了号令一切的需要。要使欧洲厌恶中国的学者是容易的，但要让中国弃绝她的那些物理学家、医生和风水先生却很难。

在印度，智力活动形式与我们的比较接近。她有自己的语法学家、数学家、逻辑学家、形而上学家。但是为什么她一点儿也没有创造出类似我们的自然科学那样的东西呢？除了其他一些因素外，这无疑是因为在那里概念也一般地保持着它们所由产生的集体表象的大量神秘因素，同时这些概念也僵化起来了。因此它们变成了继续进化的绊脚石，而这种进化本可以使它们逐渐摆脱神秘因素，如希腊人在同样情况下所成功地实现的那样。从那时起，他们的观念即使在变成概念的观念时，也注定了仍然主要是神秘的，极难于接受经验的教训。假如他们也集成了科学知识的材料，则他们的科学也只能是象征的和幻想的，或者是议论性的和纯粹抽象的。在那些尽管已经相当文明但发展仍然较差的民族那里（如在埃及、墨西哥），即使已经“凝结”成概念的集体表象也明显地保留着自己的原逻辑的和神秘的性质。

最后，我们来看一个最有利的场合，即逻辑思维直到现在还在继续进步，它的概念仍然是可塑的并能够在经验的影响下不断地变化。即使在这种情形下，逻辑思维也不完全排除原逻辑思维。后者之得以保存是有种种原因的。首先，在大量概念中，仍然存在着它的不可磨灭的痕迹。比如说,要使一切通用的概念都只表现事物和现象的客观属性和关系,那是根本办不到的。实际上,只有极少数概念能做到这一点,这就是科学理论中所使用的概念。此外,这些概念一般说来是很抽象的,它们只表现现象的某些属性和它们的某些关系。但其他概念,即我们最熟悉的那些概念,则差不多永远保持着符合于原逻辑思维中的集体表象的那种东西的某些痕迹。比如说,假定我们在分析灵魂、生命、死亡、社会、秩序、父权、美的概念或者其他随便什么概念,假如分析得很充分,无疑会发现这种概念包含着若干取决于尚未完全消失的互渗律的关系。

其次,即使假定神秘的和原逻辑的因素终于从大多数概念中排除出去了,这也不意味着神秘的和原逻辑的思维必然随之而绝迹。实际上,那个力求通过纯粹概念的和智力的加工而使自己表现纯粹的概念的逻辑思维,不是与那个在早期的表象中得到表现的思维齐头并进的。如我们所知,后者并不仅仅由一个机能组成,或者由一个纯粹智力的机能的系统组成。它当然包括这些机能,但它是把它们作为还没有分化的因素而包括在一个复杂得多的总和里,其中,认识还掺杂着运动的和主要是情感的因素。假如在进化过程中认识的机能力图从集体表象中所包含的其他因素中分化出去,离析出去,那么,它是能够达到某种独立,但它并不提供相当于它所排除的那些机能的东西。因而,这些因素的一部分将无限期地保持在它之外和与它并存。

逻辑思维的特征如此明显地不同于原逻辑思维的特征,以至一方的进步似乎事实上必陷另一方于退步。我们禁不住要做出这样的结论:当逻辑思维硬把自己的规律加在一切智力运算之上时,原逻辑思维归根到底必将彻底消失。但这样的结论是草率的，站不住脚的。毫无疑问，理性要求变得越强，越是习以为常，逻辑思维就越不能容忍那些能够被证实的矛盾和谬误。在这种意义上，要说逻辑思维愈进步，它对那些在互渗律支配下形成的、包含着矛盾或者表现着与经验不相容的前概念的观念的斗争就愈严重，这是完全正确的。这些观念迟早会绝灭，亦即迟早会瓦解。然而不相容并不是说彼此都不相容。如果说，逻辑思维不能容忍矛盾，它只要一发现矛盾，就为消灭它而斗争，那么，原逻辑的和神秘的思维则相反，它对理性要求是不关心的。它不寻找矛盾，但也不避免矛盾。即使与一个严格符合逻辑定律的概念系统为邻，对它也毫不发生作用或者只有很小的作用。因而，逻辑思维永远也不能继承原逻辑思维的全部遗产。那些表现着被强烈感觉和体验的互渗、永远阻碍着揭露逻辑矛盾和实际的不可能性的集体表象，将永远保存下来，甚至在极多的场合中，它们仍将保留下来，而且有时还十分长久地无视这种揭露。生动的内部的互渗感足可以抵消甚至超过智力要求的力量。在我们已知的一切社会中，作为许多制度的基础的集体表象，尤其是其中包含了我们的信仰和我们的道德与宗教习惯的那许多集体表象，就是这样的集体表象。

在逻辑思维最进步的民族中间，这些集体表象和这个思维类型（这些集体表象就是这个思维类型的证明）的无限持久性，可以使我们理解到，为什么从最完美的知识（除了那些纯粹抽象的知识）那里得到的满足永远是不完全的。与愚昧无知比较，至少与有意识地愚昧无知比较，知识无疑意味着对它的对象的占有；但是，与原逻辑思维所实现的互渗比较，则这种占有永远是不完整的、不

完全的而且可说是表面上的。一般说来，知识就是客观化，客观化就是把自己以外的必须知道的东西作为一种外在的东西而加以具体化。相反的，原逻辑思维的集体表象所保证的彼此互渗的实体之间的联系又是多么密切呵！互渗的实质恰恰在于任何两重性都被抹煞，在于主体违反着矛盾律，既是他自己，同时又是与他互渗的那个存在物。要了解这种完全的占有与包含着真正的认识的客观化的理解不同到什么程度，甚至不需要把原始民族的集体表象与我们的实证科学的内容作比较。看看一个思维客体，比如上帝，看看进步民族的逻辑思维是怎样探究它以及它又是以什么样子出现在另一系统的集体表象中的，这就够了。认识上帝的任何合理企图似乎都必须是既把思维着的主体与上帝联合起来，同时又把它推离很远。合乎逻辑要求的必要性，是与人和上帝的那些不可能不带着矛盾来想象的互渗对立的。这样一来，对上帝的认识则少得微不足道。但是，对于那种感到自己是与上帝合一的教徒来说，这个合理的认识又有什么必要呢？难道他所具有的与神的本质互渗的意识不能使他获得这样一种对信仰的保证，面对着这种保证，逻辑可靠性不会永远是一种苍白的、平淡的和差不多是无所谓的东西吗？

这种对客体的完全占有的经验，这种比来源于智力活动的占有更为完全的占有的经验，可能是那些所谓反唯智论的源头，而且无疑是它们的主要来源。这些学说周期性地重新出现，而每次出现都获得了新的支持。因为它们所给出的东西是纯粹实证科学以及其他哲学学说都不能指望达到的东西：它们通过直觉、相互渗透、主体与客体的互通，完全的互渗与包含，简而言之，通过普罗提诺(Plotinus)描写成神魂颠倒的那种东西来保证着与上帝的本质的直接而密切的联系。它们教导说,服从于逻辑定律的认识无力克服两重性,它不是真正的占有,它只不过停留在表面上。然而要知道,即使在我们这样一些民族中,对互渗的需要仍然无疑比对认识的渴望和对符合理性要求的希望更迫切更强烈。在我们这里,对互渗的需要扎根更深,它的来源更为久远。在史前的许多世纪中,当理性要求刚露苗头甚或刚被觉察的时候,对互渗的需要无疑是一切人类社会集体中控制一切的需要。即使现在,那个由于完全的互渗而占有自己的客体、给它以生命、与它共生息的智力活动,仍然在这种占有中获得完全的满足,而不企求更多的东西。而且,与理性要求相符合的实际的知识永远是不完全的知识。它经常求助于一个拖得更远的认识过程,并使人觉得,似乎灵魂是在追求一种比简单的知识更为深刻的东西,它将使这种东西更圆满和更完善。

这就是说,"唯智论"学说及其反对者之间的论战可能还要互有胜负地继续无限期地进行下去。对不发达民族的神秘的和原逻辑的思维的研究,也许能让我们证明,使两派对立的那些问题提得不正确,从而预见到这一论战的结局。由于未能采用比较方法,哲学家、心理学家和逻辑学家们全都容许一个共同的公设。他们把永远是和处处是同源的人类精神,亦即把那种使自己的智力机能服从于一些到处相同的心理和逻辑的规律的思维着的主体的唯一类型作为自己研究的出发点。因而,他们认为必须用各种社会集体对这些共同规律的或多或少儿童式的和无知的应用来解释制度和信仰之间的差别。这样一来,由单一的个体所完成的反省性的自我分析,足可发现智力活动的规律,因为一切主体就思维而言都被想象成结构上相同的。

可是要知道,这个公设是与各种人类集体的思维的比较研究所发现的事实不相容的。这种比较研究给我们指出了:原始民族的思维具有本质上神秘的和原逻辑的性质;它在趋向上不同于我们的思维;这就是说,它的集体表象是受互渗律支配的,因而它们不关心矛盾律,它们是靠一些为我们的理性所难于接受的关联与前关联彼此结合起来的。

这个比较研究也阐明了我们自己的智力活动。它引导我们去认识:大多数哲学家所视为当然的思维着的主体的理性统一只是一个迫切的要求,而不是事实。即使在我们这样的民族中间,受互渗律支配的表象和表象的关联也远没有消失。它们或多或少独立地存在着,受到了或多或少的损害,但并没有被根除,而是与那些服从于逻辑定律的表象并行不悖的。真正的智力倾向于逻辑统一,它宣告这种统一的必然性;然而实际上,我们的智力活动既是理性的又是非理性的。在它里面,原逻辑的和神秘的因素与逻辑的因素共存。

一方面,逻辑要求力图把自己强加给一切被想象和被思维的东西。另一方面,社会集体的集体表象,即使在它们具有明显的原逻辑的和神秘的性质的时候,它们也要像宗教与政治制度那样(集体表象是这些制度的表现,在另一种意义上说也是它们的基础),倾向于无限期地保持下去。由此产生了像敌对义务之间的冲突那样剧烈的有时是悲剧性的心理冲突。陈旧的和较新的趋向不同的集体习惯之间的斗争,也是这些冲突的根源,它们彼此争夺着对心灵的控制，如同不同的道德要求割裂着良心一样。毫无疑问，我们正应当这样来解释理性与自身的所谓战斗，来解释理性的二律背反中的实在的东西。假如我们的思维既是逻辑的又是原逻辑的，假如确实是这样，那么，各种宗教教义和哲学体系的历史今后就可以用新的观点来阐明了。

附　录

苏联“无神论者”出版社编辑部的话

1922年末，在《在马克思主义的旗帜下》杂志上，展开了斯切潘诺夫(И. И. Стеланов)和波克罗夫斯基(М. Н. Нокровский)的一场关于原始宗教信仰的根源问题的十分有趣的论战。

论战双方都提出了针锋相对的见解，语气也很激烈，后来都因为大家对宗教史上这一最主要问题缺乏足够的实际研究而停滞下来。“关于宗教的最早的、萌芽阶段的材料，一般都是不能令人满意的，这些材料大都支离破碎，在搜集的时候就被有意无意地窜改了，歪曲了……如果说我们在宗教史问题上一再滑到这方面来(即滑到已经清算了的“自然主义”理论方面——俄编者注)，那仍然是因为人种志学材料的不足，而且大部分都不能用。”

斯切潘诺夫的这个见解得到了波克罗夫斯基的支持，后者发现，马克思主义者们关于宗教起源问题的全部争论的弱点，乃是以架空的、“在空转中”制造出来的假设来代替事实。他认为“每个追求真理的人”的首要义务，就是“要用马克思主义的铁锹来更深地挖掘，直到我们可以说：我们不需要假设，因为我们知道事实。”

马克思主义者的宗教研究家能够从什么地方获得事实呢？

资产阶级人种志学在关于那些受到白种人的“文明”宽赦的少数落后民族的宗教信仰方面积累了不少原材料。这些材料从质量、典型性、学术价值以至朴实可靠方面来说，都是极为出色的。对这些材料的马克思主义的研究还只是刚刚开始。在研究宗教起源问题时，我们不得不借助于那些与马克思主义距离很远，根本看不见宗教里面有什么必须消除的东西，而且有时甚至相信“宗教的统治将永无止境”的原始宗教信仰的研究家们，这是不足为奇的。

以本社在这方面的第二种出版物弗雷泽的《金枝》一书[①]为例，我们也可以从另一方面看出，资产阶级人种志学家们搜集的事实材料，比起那些与自己的资产阶级联系着的学者们所作的力图用以摆脱“低级真理的愚昧”的模棱两可的假设和残缺不全的结论来，不知要生动、高明、确切和深刻多少倍。

我们求助于资产阶级人种志学，不是为了要弄清原始宗教是什么东西。对我们来说，恩格斯的下述论点是毋庸争辩的：“一切宗教都不过是支配着人们日常生活的外部力量在人们头脑中的幻想的反映。”[②]恩格斯的另一论断（见 1890 年 10 月 27 日致施米特的信），对我们来说也是毋庸置疑的：“史前时期的低级经济发展有关于自然界的虚假观念作为自己的补充，但有时也作为条件，甚至作为原因。”[③]

我们借助于资产阶级人种志学的材料和它所提出的假设，是为了要以历史唯物主义的原理来阐明“关于自然界的虚假观念”的产生和演变的过程，阐明它在原始社会中的社会职能，阐明它的组成部分，阐明它的心理本性。对于我们战斗的无神论者来说，这不

---

① 这一著作为“无神论者”出版社于 1929 年出版。——俄编者注

② 恩格斯：《反杜林论》，人民出版社 1971 年版，第 311 页。

③ 《马克思恩格斯书信选集》，人民出版社 1962 年版，第 473 页。

只是个理论问题:要同我们现代生活中的野蛮遗产做斗争,就必须研究那些对于阴间、超感觉的存在、鬼神主事、阴魂不散、巫术的力量的信仰的原动力,一言以蔽之,必须研究那以各种形式和面貌构成摇篮期中的宗教之财产的一切。正是为无神论而斗争的利益指导我们出版这部关于原始人意识的著作。

可以毫不夸大地说,列维-布留尔关于原始思维的著作在人种志学中开创了一个新的纪元。

当大多数老的和新的原始心理研究家——赫伯特·斯宾塞及其心理进化论,万物有灵论学派的奠基人泰勒和他的最大的弟子弗雷泽,我们熟知的《神话与宗教》一书的作者冯特(W. M. Wundt),美国著名人种志学家博厄斯,弗洛伊德的精神分析学派,最新的研究家瑞维尔斯(W. H. Rivers)和马林诺夫斯基(B. Malinowsky)等等,尽管他们有各种各样的意见分歧,但全都倾向于认为人类只有唯一的思维类型,我们的心理与原始人的心理之间只有量的差别,没有质的差别,而列维-布留尔却以完全不同的观点看待原始人的思维和行动,成为这种观点的奠基人。

列维-布留尔在其主要著作 *Les fonctions mentales les sociétés inférieures* (1910 年初版)中,力图证明这样一种对待原始人的立场没有科学根据,这就是想要在他们身上发现"与我们相同的心理机制,这种机制能产生与我们相同的表象"。

列维-布留尔根据大量实例,指出了不能把原始思维看成是儿童的或者神经病人的思维那样的思维;现代心理学必须终止把"白种成年文明人"作为自己研究的出发点,作为自己研究的唯一对象;原始人和我们在思维方面(因而也在行为方面)存在着不是量的差别，而是原则上的、质的差别；任何企图解释原始人的观点和行为，如果根据我们的思维的观点解释得愈是讲得通，就愈加不可靠。列维-布留尔认为，其他人种志学家和心理学家（特别是英国人类学派）的主要错误，就是他们把个体的人、单独的个体、个体心理学的定律作为研究的出发点。

实际上，原始人的意识是彻头彻尾社会化了的，原始社会中的个性完全受集体表象的支配，也就是受这样一些表象的支配：它们首先与个体心理学没有牵挂；其次，它们是从原始人最年幼时期起就把他套上了；第三，它们是世代相传的。这样的集体表象就是宗教信仰、风俗、语言。如果说在感觉和运动方面原始人与我们相近；如果说原始人像我们这样（也像动物那样），会设法避雨防寒，绕过或者搬开路途中的障碍，追捕和拾起猎物，等等；那么，在思维方面，在我们称之为世界观的方面，原始人则与我们根本不同：在这方面，他是完全受集体表象支配的；在这方面，从他诞生之日起，就因为自己属于某个窄小的、同族的原始狩猎或捕鱼社会而必然适应于那世世代代套住整个社会的所有成员的感觉、思维和行为的方式。

原始人的集体表象与我们习惯上理解的表象很少相似之点。对我们来说，表象主要是智力和认识方面的现象，我们的表象达到了这样的可分化程度，使得我们能够去实现抽象化和逻辑分类这样一些最复杂的运算。

在原始人那里，却不是这样。

在他们那里，在集体表象中，客体的形象与情感和运动因素水乳交融；在那里，人在意识中拥有客体的形象，同时又体验着必然与客体形象一同产生的恐惧感、希望感、逃跑的愿望、感谢、请求等等感觉和愿望。我们“白种成年文明人”已经不能再现那种能符合原始人集体表象的意识状态了。不论我们的体验多么混乱，不论我们的运动反应多么迅速和不可克制，我们总不能把这些体验和运动反应与对于引起它们的那些客体的认识融合起来，混淆起来。看见了熊，我们就打它或者躲开它：这对我们来说无论如何是可以区分的可分化的因素。甚至在突然感知的片刻，我们也能把事件、感觉、运动加以区分和分析。原始人则不然：在他们那里，这三个因素是紧密融合着的。只有观众厅里的人群在听到“起火啦！”的叫声时体验到的那种状态，或者在沙漠中迷失方向的商队看到绿洲时的狂喜，才能对这些集体表象得到某种观念。

白种人观察者在直接接触土人的日常生活时，常常发现他们的思维和行为的方式是我们所完全不能理解的。例如斐济人认为踩了谁的影子就是给谁极大的侮辱，也就是他们把人与影子同一起来了。巴西的波罗罗人一本正经地硬要封·登·斯泰因相信他们是阿拉拉（金刚鹦哥），就像如果我们说大猩猩是猿一样。

这说明，我们能够清楚地区别开来的东西，例如人和他的名字或者画像，人和什么动物或者植物等等，而原始人则把它们同一起来，联合起来，融合起来。

但是另一方面又有无数例子表明，我们不能区分的东西，原始人却有清楚的区分。

例如，对我们来说，人死的瞬间是与停止心跳和呼吸的瞬间相吻合的，但在斐济人或者西非土人那里，上面指的那些特征与死是不相干的：根据这些土人的观念，灵魂离开身体才是死，而灵魂离开身体又与停止心跳和呼吸完全不相吻合，这样一来，常常就把仍然活着或者甚至离死还早得很的人当成死人埋葬掉了。

最后，无数事实说明，原始人见到什么现象的原因和根源所在的地方，常常是我们连想都没有想到要去寻找这原因和根源的地方。例如在刚果，有一次把旱灾归咎于传教士的帽子和长袍；在新几内亚，流行病的根源被认为是隐藏在传教士餐厅里挂着的维多利亚女皇的肖像中；圭亚那土人在出发去打猎以前，为要碰上好运气，先让有毒的蚂蚁咬自己，或者把自己的皮肤擦得稀烂。

有时候，土人的奇怪行为简直使观察者瞠目咋舌。例如新西兰土人是最老实不过的。他们从来没有动过欧洲人和邻居的东西。但是只要谁的房屋着了火，房主人的好朋友就会冲进屋去把他的财产掳个精光。在刚果，一个土人掉进河里，开始往下沉了。一个过路的欧洲人把他救了起来。这个土人向恩人要礼物，当受到拒绝时，土人就把他臭骂了一顿。凡此种种诸如此类的事实，证明了原始人的思维(因而行为)的趋向与我们的不同。

怎样解释这种现象呢？

列维-布留尔在支配原始人思维的集体表象中找到了解释。

我们的意识能够把关于事物的概念和我们用来对事物发生反应的情感与行为明晰地区别开来；在由于知觉而在我们身上产生的心理复合中，我们总可以或多或少清楚地分辨出什么是客观的东西和什么是主观的东西。原始意识则不然：在它那里没有主观和客观之分；那里，任何知觉都是被充满了运动冲动的情感直接裹住了的；那里，人“在所与时刻中不仅拥有客体的映象并认为它是实在的，而且还希望着或者害怕着与这客体相联系的什么东西，它们暗示着从这个东西里发出了某种确定的影响，或者这个东西受到了这种影响的作用。”对原始意识来说，人的情感比起情感的对象，并无任何不客观不实在之处；一个盛怒的原始人在感知外部世界时，必然感到被感知的客体会发出什么有益或有害的行动（以上面提到的恐惧或者希望的形式感到），这个行动尽管也是外部感觉所不能觉察的，但它仍然与它所引起的情感一样是实在的。

对原始意识来说，它的集体表象是什么样子，宇宙就是什么样子。

在集体表象中，知觉和情感、客观的东西和主观的东西、明显的东西和隐蔽的东西，这一切彼此之间都是紧密融合着的。原始人对构成他的世界的一切客体都感到实在的属性与隐蔽的属性的紧密融合。由于任何不为外部感觉器官所感知的实在，以及同样的对这些实在的认识（至少是想象的认识），一向都被叫作神秘的东西，所以列维-布留尔也把“神秘的”这个形容语用在集体表象上。他把原始人的集体表象和以集体表象为基础的思维叫作神秘的东西，但同时又提醒我们不要把原始神秘主义与我们的神秘主义混为一谈，因为我们的神秘主义，不论它使我们多么真诚而深刻地相信在我们所能感知的世界以外隐藏着什么秘密的力量和特性，但我们终究可以明晰地区分出两个世界来：一个是看得见、触摸得到的受一定法则支配的实在的世界；另一个是秘密的、看不见的、“神灵的”实在的世界；而原始神秘主义却不知道这种区分：对它来说，只有一个彻头彻尾的神秘的世界，对它来说，“如同任何作用一样，任何实在都是神秘的，因而任何知觉也是神秘的。”

因此，做梦和清醒时的知觉，对原始人来说差不多同样是实在

的，尽管他们一般说来也能区分梦与清醒。因此，任何东西，不论是日常习见的还是非同寻常的，对他们都具有某种神秘的力量，他们随时会不顾实在的现实，在这种力量中去寻求这个或那个现象的原因和根源。

原始意识中的集体表象是根据什么原则彼此联系起来的呢？为什么旱灾会与传教士的长袍、流行病会跟维多利亚女皇的肖像等等一类的东西联系在一起呢？列维-布留尔分析了许多事例，指出了人种志学家们根据定向的接近联想或者类似联想的假说，把“Post hoc ergo propter hoc”（在这个之后，所以因为这个）的原则用于原始思维，而对野蛮人的联想和分类所作的解释，是完全没有根据的，因为这个解释不能对于极大量的事实一一适用。

列维-布留尔提出了一个特别的定律，这个定律是以原始意识在极其多种多样的人和物之间确立的神秘关系为基础的。

他把这个定律叫作互渗律。

由于原始意识不是关心事物中的客观特征和属性，而是关心它里面的神秘力量（事物本身就是神秘力量的媒介）；由于神秘力量不是某一事物的特殊属性，而是一系列有时甚至在客观属性上非常悬殊的事物的某种共性；所以，与表象相结合相联系的原始意识对事物的实在属性是不加注意的，它只注意神秘的力量，这些神秘的力量好像是包含在事物中，它们在事物中起原因的作用，而且它们也是宇宙中唯一真正起作用的原因。

所以，波罗罗人认为自己是金刚鹦哥（金刚鹦哥是波罗罗人的图腾，因而，存在于这种红鹦鹉中的神秘力量，也存在于整个部落及组成部落的个人里面）；所以，墨西哥的回乔尔人把鹿、圣树吉库里、云、羽毛等同起来;所以,一般的,土人们在确定事物和现象之间的因果依存性时,都完全无视于它们的实在联系。在事物和现象之间确定互渗,亦即确定神秘属性的共性,是通过转移、接触、传染、亵渎、远距离作用以及其他许许多多方法和行动来实现的。原始思维专注意神秘力量的作用和表现,完全不顾逻辑及其基本定律——矛盾律的要求。原始思维不寻求矛盾,但也不回避矛盾。它看不出把两个客观上不同种类的事物等同起来,把部分与整体等同起来,有什么荒谬之处;如果用神学的语言来表示,它可以毫不为难地容许一个客体的许多存在;它不考虑经验的证据;它只是关心事物和现象之间的神秘的互渗,并受这互渗的指导。在这种意义上说,原始思维不只是神秘的,而且也是原逻辑的。从它表象的内容来看,它是神秘的;从它表象的关联与纠缠的性质来看,它是原逻辑的。

原始人的原逻辑的和神秘的思维对空间、时间、因果关系、机遇等等的看法,显然与我们的思维的看法根本不同。它服从于互渗律,同时具有具体的性质,它不像我们的思维那样能够进行抽象、概括和分类。分析许许多多的土著部落和民族的语言和记数法,令人信服地证明了这一点。列维-布留尔对自己的每个论断都用丰富的事实材料加以阐明,他利用了历代观察者们的报告。特别引人入胜的是,许多文明民族至今仍然保留着的言语和数字的巫术在列维-布留尔的理论中得到了解释。

大体说来,这就是列维-布留尔这部主要著作前五章的内容。后面三章是根据互渗律理论来分析原始的宗教和巫术的风俗。列维-布留尔研究了原始猎人、渔人、武士的神秘方法,著名的库瓦迭以及与妊娠和生育有关的其他风俗，对疾病及其治疗方法的观念，葬礼，占卜和象征巫术，祭仪，等等。这里，特别有趣的是，列维-布留尔力图给原逻辑的和神秘的意识所想象的人的存在的循环勾画一幅图式。在这几章里，揭露了现代宗教中包含的许多非常重要的宗教信仰的根源。在最后一章里，列维-布留尔对原逻辑的和神秘的意识向更高类型的思维的过渡，做了紧凑而又十分严整的概述。列维-布留尔认为，在低级社会的进化中划分两个连续的阶段是可以的："一个是，人格化的灵被认为是赋予每个人和每个物（动物、植物、圆石、星球、武器、用具，等等），并使他（它）们有灵性；另一个阶段在这一个之先，那时还没有进行人格化，那时，好像有一个能够到处渗透的弥漫的本原，一种遍及宇宙的广布的力量在使人和物有灵性，在人和物里发生作用并赋予他（它）们以生命。"较晚的一个阶段符合于集体的分解，符合于个人意识的发生和成长，符合于客观思维的发生和成长。在这一章里，关于神话的本性，关于原始"神秘主义"和宗教的相互关系，关于现代人类意识中原逻辑思维因素的存在等等，提出了不少非常精辟的见解。

1922 年出版了列维-布留尔的第二部著作：*La mentalité primitive*；1929 年出版了第三部：*L'ame primitive*。这两部著作没有对第一部中的理论原理做出什么新的补充，而是根据互渗律理论对人种志学材料做进一步的研究。在这两部著作中研究了原始人关于个人与社会的关系、个人的生与死、神秘的看不见的力量、白种外来人等等的观念。列维-布留尔力图用新的事实、对这些事实的分析和系统化来巩固自己关于原逻辑的和神秘的思维的学说。

本版选译了列维-布留尔的头两部奠基性的著作。① *Les fonctions mentales* 全部译出(只在第五章——关于数的一章里删掉了几页,这几页尽是一些冗繁重复的例子)。这一著作的最后一章以前的三章,列维-布留尔用了一个共同的标题:"以受互渗律支配的集体表象为基础的制度",我们把这三章合并成一章(俄文版第六章),改标题为:"以受互渗律支配的集体表象为基础的原始人的宗教和巫术的风俗"。在 *Les fonctions mentales* 一书的最后一章以前,我们插进去列维-布留尔的第二部著作中的两章(第一和第二章)。② 其中第一章的标题保留原样;第二章的标题除保留原样外尚补充:(阴间)。本书插图是"无神论者"出版社编辑部搜集的。列维-布留尔引用的所有文献都由尼柯尔斯基在书末列出目录。正文中的数字表示引文的出处;其中第一数字表示作者,第二数字表示卷数,第三数字表示页数。③

"无神论者"编辑部出版这部著作时,认为有必要着重指出,本编辑部对列维-布留尔的理论以及他书中搜集的事实材料持有不同的看法。

不管列维-布留尔的理论结论怎样,这些事实材料对于反宗教的人们都是可贵的。经过列维-布留尔分类的材料(他还引用了不少较新的材料),可以在某种程度上弥补我们在事实材料知识方面的缺陷,使我们避免因事实材料不足而对原始宗教信仰问题只谈

① 关于汉译本的编排,请参看译后记。——汉译者注

② 实际上插进去三章,另一章系第二部著作的最后一章——"结论",俄编者在这里漏提了这一章。这一章在汉译本中为第十一章,改标题为"原始思维的基本特征"。——汉译者注

③ 汉译本中的注释采用英译本的脚注。——汉译者注

空洞的理论。列维-布留尔在挑选有关原始人宗教、巫术和风俗的资料方面所进行的浩大工程，节省了年轻的马克思主义者的宗教研究家们不少的劳动和精力。经验丰富的反宗教宣传家也常常参考列维-布留尔搜集的材料，以便从里面吸取生动的实例，来对比和阐明那些仍然侵蚀着我们农民的关于三位一体、圣餐、阴间生活以及各种迷信的现代宗教信仰的野蛮性质。

谈到列维-布留尔学说的本身，事情就稍微复杂一些。

布哈林（Н. Бухарин）在其《唯物史论》中，在引用鲍哥金（А. Погодин）的“在动物与人类的界线上”（载《社会学中的新观念》，第4册，1914）一文中对列维-布留尔学说的叙述时，写道：“现在可以认为思维类型的可变性是完全证实了的……”布哈林接受列维-布留尔的关于原则上与我们不同的原逻辑思维的存在的论点，他认为只需要着重指出它的社会基础：“列维-布留尔提出了这个与一定社会生活类型相联系的思维类型，在那里，个人与社会浑然不分；也就是说，列维-布留尔把这种思维类型与原始共产主义联系起来。”维德拉（Р. Выдра）在《在马克思主义的旗帜下》杂志上发表了两篇文章（“互渗的思维中的客观因素”，1924年，第12期；“原始思维的谜及其谜底”，1925年，第7期）。他在这两篇文章中除了指出列维-布留尔的理论中有唯心主义因素外，仍然承认它有巨大意义，并认为“正是列维-布留尔成功地做出了原始思维的特殊规律和形式的精辟而明晰的公式”。已故的莱斯涅尔（М. А. Рейснер）在其《社会心理学问题》中，发表了绝对有利于列维-布留尔学说的意见。米勒（А. Д. Миллер）在《心理学》第2卷初版（1929）中，把列维-布留尔的学说和其他人种志学家的观点做了比

较，完全拥护关于"原逻辑思维"的理论，他还号召用这个理论来研究我们联盟的落后民族。

但是，在马克思主义学术界中也有反对列维-布留尔的。梅辛（Ф. Месин）在其"列维-布留尔及其原逻辑主义"的长文（载《科学的话》，1929年，第9期）中，详细论述了列维-布留尔的学说，批判了他的基本论点，拒绝承认野蛮人有特别的思维类型，并认为列维-布留尔的理论是"摇摇欲坠的概括"，不能进入马克思主义世界观的体系中。然而，就是梅辛也承认列维-布留尔的著作有巨大的意义："他对浩繁的材料作了宏伟的概括，吸引了所有的原始社会研究者特别注意他所提出的问题。要忽视这些问题，已经是不行了，不管怎样对待列维-布留尔对它们的解答。"

所有这一切说明了一点：如果整个说来列维-布留尔的假说和他的人类思维发展略图还需要进行细致的检验和深入的研究（特别是列维-布留尔对这个学说的社会学加工只露了一点苗头）；如果列维-布留尔的个别公式现在已经可以说是不精确的、牵强的或者夸大的（特别是"神秘的"这个术语附加在原始思维上，这应该说是不恰当的）；那么，列维-布留尔的学说中也仍然有许多东西，特别是他的互渗律，毫无疑问将成为原始宗教信仰史的坚如磐石的财产。

列维-布留尔的三本书都已经成为经典著作，不是没有缘故的。

Les fonctions mentales 早已译成英文和德文（列维-布留尔著作选集已有日文版）。我们认为，苏联读者已经不能满足于对列维-布留尔学说的通俗介绍和一般介绍了，这位在人类意识发展的

研究中开辟了新道路的学者,至少应当有一部主要著作和我们的读者直接见面。

马　尔　序

最谦逊的和对自己的社会环境来说又是最能革命地思维的现代法国科学工作者之一列维-布留尔的著作，乃是一部皇皇巨制，同时也是我们所迫切需要的。在“无神论者”出版社出版的俄译本中，实际上包括下面两部著作：《低级社会中的智力机能》和《原始人的心灵》一书的最主要部分。

值得注意的是，只是现在，俄国学术思想才把自己的兴趣转向了，更确切地说，正在转向这位作者的一系列著作中这两部最有益的著作（原著前者还在1923年就印行了第五版，后者在1925年印行第四版）。

其实，就是现在，对这两部著作的需要也不是来自具有旧思想倾向的科学界（要不然，我们可能还要等上不止一个十年），而是来自积极的无神论者和人种志学家们的需要，他们在社会变动的压力下，像一股新鲜的气流冲进了宗派主义的老干部们中间，竭力去满足那种用生动的话来说乃是从我们的经济文化建设的一切气孔中冒出来的吸力。

新思想体系的各界广大读者感到了这种吸力，他们寻找着经过唯物地论证了的关键性的东西，即使是一个理论体系中的个别原理，他们为全人类的创造的全体参加者的利益寻找着科学的世界观和在科学的高峰上至今仍处于被轻视地位的东西，以代替这个或那个过时的学说的陈旧公式。

从《原始思维》的主题来说，这本书的巨大社会意义甚至是无法估量的，尽管它用了这样一个在俄译书籍中唯一无二的抽象的书名，尽管这书名能使人想到这本书与我们现代生活的紧迫的社会建设问题毫无关系，尤其是，在它里面研究的材料由于其原出处离我们很远而为我国所陌生。

现在实际上既没有必要对列维-布留尔的这部有益的著作进行批判；也没有必要去深究下面一点，即在列维-布留尔那里，思维的最古老状态不是用“巫术的”术语而是用“神秘的”这个其实很成问题的有时代错误的术语来说明的；尤其没有必要去明确规定他所讨论的原始性的程度（由于不能弄清这种程度而书中用了静止的研究方法就谈不上真正的原始思维）。

作者本人相当清楚地解释了“原始的”这个词的一般含义，但关于原始程度的明确规定的问题仍然存在。仅仅一般地用比较法，离开古生物学，因而离开辩证法，能够达到什么样的原始程度呢？谁也不想去肯定这位法国科学院院士、索邦[①]的教授的研究道路与苏维埃国家里有效理论的科学探求是相同的或者可能是相同的，然而书中提出的原理，那些由于公正地考虑到的事实的群众性而迫使人接受的以及由于摆脱了传统的落后性的世界观而使人客观敏锐地感觉出的原理，在我们这里却得到了最积极的反应，它们不能不成为打破残余观点对不只是广大读者的压迫的一个强有

① 巴黎最古老的著名学府。1852 年起成为巴黎大学的一部分，包括文学、理学两院及一系列研究所。——汉译者注

力的棒槌。

仅仅这样一个事实:关于思维的哲学问题是建立在所谓“原始的”或“野蛮的”民族,用作者的话来说——“低级社会”的活生生的材料上,就值得作为时代的表征!在这方面,用俄文编译的列维-布留尔的《原始思维》一书,以其作为他的著作的组成部分的这个书名本身就具有特殊的兴趣。这个书名本身说明了这位法国人种志学家的著作的社会意义:这就是——“低级社会中的智力机能”。

在这部著作中,总的说来,思维的可变性惊人鲜明地被揭露出来了。作者在俄文版序言中表示“在这一点上争论一下,是不无好处的”,这是对的。

同时,这也是对旧的语言学说投出了一块致命的巨石,因为思维和语言是兄妹,是同母所生,是生产和社会结构的产物;投出一块巨石,——这就是在那个必须决定(假如对什么人来说还没有决定的话)新的语言学说,雅弗语学说方面的优势的天平上加砝码,因为,不仅语言的进化的变异,而且它的革命的变异都是与思维的变异密切联系着的。

由于一些不决定于我们的情况,这位法国学者远非以充分的程度去接近雅弗语学说方面的著作,这在我说来自然是不能不感到遗憾的;而且在这里,由于雅弗语学说的观念(他是大有机会熟悉这些观念的),用他在跟我们的私人谈话中的话来说,他不觉得是不可接受的,由于这一点,也用不着向作者致敬意。

对于那种对待事实不是像对待不可预知的魔力,不是像对待定数那样,而是像对待历史珍品,而且是按照生活而不只是按照思维来充分分析现象的人,是很难期待另一种态度的。我们愿意在这里以一种对言论完全负责的态度表示，尽管列维-布留尔由于谦逊也在私人谈话中否认作为一个语言学家的光荣，但与他本人的宣称相反，他的著作，其中也包括这本书中的那些著作，正是在语言学说方面有助于并在最近的将来更多地有助于那个必然的进展，有助于对那个在西方唯一占统治地位的作为理论体系的印欧语学说的更新。

在这个意义上说，不管语言学的兴趣怎样，对每个科学地思维的语言学家来说，当然，首先是对每个雅弗语学说的语言学家来说，这部有益的著作应当成为一本案头书。

苏联科学院院士　Н. Я. 马尔

1930 年 1 月 1 日于莫斯科

“原逻辑思维”——列维-布留尔的“工作假说”[①]

还在1896年，在《法国大百科全书》(*La Grande Encyclopédie*)第22卷中就已经出现了冠以“法国哲学家”的称号的路先·列维-布留尔的名字。据该书报道，他在“道德观念的分析，对它们的形成、进化和历史作用的描写方面”[②]特别出色。

列维-布留尔于1857年生于巴黎，1879年毕业于高等师范学校，其后在外省中等学校(先在普瓦提埃，后在亚眠)教哲学。他在1884年答辩博士学位论文:《责任观念》和《谢涅卡人[③]是怎样想象神的》(后一篇用拉丁文写成)。1885年受任于巴黎路易一世中学。从1899年起在索邦(巴黎大学)任教。1905年在索邦获教授衔，直至今日仍是索邦的教授，并兼任“人种志学研究所”所长职务。

列维-布留尔在自己研究工作的前期，在哲学史方面提供了一系列宝贵著作。这就是:《莱布尼茨时代以来的德国，试论民族意

① 本文于1930年1月31日在人种志学研究所原始意识形态组(列宁格勒)报告过。本文后面附重要文献54种。文中引用书目用黑体数字标出。(汉译者按:汉译未用黑体，所引书均在括号中标出该书编号及页码。凡引本书者均直接标汉译本页码。)

② La Grande Encyclopédie, 1894, v. 22, p. 149.

③ 北美印第安人一部族。——汉译者注

识的形成》(1890 年)、《雅柯比的哲学》(1894 年)、《法国近代哲学史》(1899 年,用英文写成)[①]、《弥勒给孔德的未发表过的信》(1899 年)、《奥古斯特·孔德的哲学》(1900 年)和《道德与关于道德的科学》(1903 年)。

列维-布留尔这最后一部著作出版那年,正是那个把社会归结为彼此模仿的个体的总和的塔尔德(1843-1903)的观点最得势的一年。塔尔德在巴黎举行的第五届国际社会学会议上宣布了一个口号:"社会学的进步是在于它日益扩大的心理学化。"[②]

但列维-布留尔却相反,他在自己的著作中承认集体存在的原始性,而不承认个体存在的原始性。他感到兴趣的是"怎样通过进步的分化来确立真正个体的意识"的问题。因而,还在 1903 年,列维-布留尔就成了塔尔德的唯心主义的"唯心理主义"[③]的敌人,而倾向于它的反对者、承认"社会事实"的研究是社会学的对象的杜尔克姆的比较进步的"社会学观点"。[④]

然而,尽管有上述著作的全部价值,还不能给列维-布留尔造成国际声誉。是他的"原始思维"的研究才给他带来这种声誉的。在 1929 年为讨论这个问题而召开的"法国哲学协会"会议上,列维-布留尔回顾了使他从近代欧洲哲学史的研究转向"自然民族"的思维的研究的两个情况。著名汉学家艾道尔德·沙

① 列维-布留尔的这部著作有汉译本,题为:雷维不鲁尔著《法国哲学史》(彭基相译,1924 年 2 月商务印书馆出版)。——汉译者注

② Annales de l'Institut de Sociologie, 1904, v. 10.

③ 参看基尔波金:《塔尔德社会学的阶级和方法论基础》(《在马克思主义的旗帜下》,1926, № 6)。

④ 参看杰列日尼科夫:《杜尔克姆论社会学的对象和方法》(《共产主义科学院通报》,1929,第 30 册,第 159 页及其后)。

(E. Chavnnes)把他从汉文译成法文的《司马迁的史记》[①]一书寄赠给他:这位中国史家的独特的、与欧洲背道而驰的思维方式使他大为惊讶。

弗雷泽的皇皇巨著《金枝》又把他引到更为离奇的思维习惯的世界中。结果,列维-布留尔醉心于人种志学材料的研究,其成果则是他在1910年的“划时代”的巨著《低级社会中的智力机能》(21)。

从那时起直到今日,列维-布留尔一直不倦地研究着原始思维。1922年他出版了《原始人的心灵》(22),1927年出版了《原始人的灵魂》(23)。

列维-布留尔的这三部著作构成了一个整体。他在其中的第二部书的序言中说,原来打算把第一部的书名也叫作《原始人的心灵》(*La mentalité primitive*),[②]之所以没有这样做,只是因为那时候这些术语(即 mentalité 和 primitive)还没有通用(22,1)。实际上,这三部著作都是研究“原始思维”的(22,1),这种研究涉及了它的一切方面,采用了多样的术语。杜尔克姆用过“前概念”(Prénotion)这个术语,那时他是想表现一种不借助科学而形成的因而是培根(1561-1626)早就预告过的那些“偶像”或偏见之一的概念。

列维-布留尔认为,原始社会实在说来是没有概念的,它们只有这样一些“前概念”或者一些彼此间不是由认识的内涵而是由情

---

① Chavnnes E. *Les mémoires historiques de Se-ma-Tsien*, Paris, 1895-1905, vols 1-5.

② 俄译本把“mentalité”一词译成“思维”。——汉译者注

感意志的(情感运动的)内涵联系起来的判断。他在自己的第三部著作中研究了人们关于“自己的生命、自己的灵魂和自己这个人”的那些“有条件地叫作原始的”“前概念”(23,1)。他在第二部著作中分析了几个问题,其中最重要的是关于原始因果关系的“前概念”。

至于第一部著作,则其中不仅研究了原始思维在语言、记数、各种制度中的表现,而且还提出了一个打算从总的方面来解释“原始思维”的“工作假说”(第 491-2 页)。

为了避免误解,必须牢记:列维-布留尔根本没有提出全面研究原始思维的任务。他只是对“低级社会”的“集体表象”感到兴趣,而且就是从对这些表象的分析来开始自己的著作(参看第 5-6 页)。“集体表象”的概念构成了杜尔克姆的全部社会学体系的基础,列维-布留尔借用了这个概念。但是,列维-布留尔借用它时,却善于克服杜尔克姆的社会学的一个最大的缺点。

皮亚杰(K. Piaget)(31)在把塔尔德和杜尔克姆作比较时,指出前者把社会归结为个体,而后者则相反。皮亚杰认为,事实上“既没有自在的个体,也没有自在的社会”,他称赞列维-布留尔善于凌驾塔尔德和杜尔克姆之上提出问题。

实际上,列维-布留尔是否认存在着“某种不同于构成社会集体的各个体的集体主体”(第 5 页)。而杜尔克姆却相信这种“集体主体”——“集体表象”的负荷者。

杜尔克姆的这个形而上学的“集体主体”使他不能理解各种“社会类型”中集体表象的变化的全部力量(杜尔克姆承认存在着各种“社会类型”)。

1906年，杜尔克姆和他的外甥莫斯一起研究了“分类的某些原始形式”，正确地看出了其中的“集体表象”的变种。然而，他们得出结论说，“原始分类并不是不同于最文明民族所使用的那些分类的特殊怪事；相反的，它们似乎是与最早的科学分类衔接着，没有不间断性的中断。实际上，尽管在某些方面它们与后者有深刻的差别，但它们仍然是不停地拥有后者的全部本质特征”（10，66）。

所以，杜尔克姆认为各种社会类型的范畴之间没有质的差别，只有量的差别。他的抽象社会（实际是资产阶级社会的一块碎片）披上人类社会的形形色色的外衣，制约着人类精神的统一、不变性。

列维-布留尔研究集体表象，却得出根本不同的结论。他宣称：“不同的思维样式将与不同的社会类型相符合”（第22页）。

他在用生物学对不同的种的研究作比较时，要求“摈弃用同一个不变的逻辑的和心理的机制来解释一切集体表象”。“如果实际上存在着一些结构上彼此不同的人类社会，如像无脊椎动物与脊椎动物的不同那样，那么，对集体思维的各种类型的比较研究，其对于人类学的必要，并不亚于比较解剖学和生理学之对于生物学的必要”（第23页）。对列维-布留尔来说，这些质的差别的存在，并不妨碍承认，由于“存在着一些为一切人类社会所共有的特征”，因而一切社会中的“高级智力机能”“具有某种共同的基础”（第22-23页）。遗憾的是，列维-布留尔没有足够注意地揭示出这种阐明的可能性。他仅仅指出了一切生物或者至少是一切动物的“基本机能相同”以及各种“器官”或“结构”的不同（第22页）。

上面提过的皮亚杰(31)解释了列维-布留尔的这种区分:“在一切进化边缘上,机能可以仍旧是共同的,但结构或器官则可改变。例如一切生物都有同化作用,这是不变的机能,是生命的基础。然而,一些生物有胃,另一些则没有。同化作用的器官(结构)可以有无穷的变化。”皮亚杰同时指出,列维-布留尔从结构(即集体表象)方面研究原始思维,比从机能(它们是相同的)方面来研究的要多得多。

我们可以补充一句:杜尔克姆则相反,他仅限于后者。因此,列维-布留尔的片面性比杜尔克姆的片面性要好得多,因为列维-布留尔靠了这种片面性克服了人类精神的形式逻辑的同一原则。

列维-布留尔虽胜过杜尔克姆,但却不能超越他那时代的社会学水平。应当着重指出,列维-布留尔在其第一部著作(1910 年)中肯定地宣称:“比较研究正遇着暂时不能克服的困难”(第 23 页)。

不仅在这部著作中,而且在他的第二部著作中他也补充说,他只是提供了一个“试论或者引论”,因为确定社会类型和确定与之相应的思维类型一样困难(第 23 页)。不但第一部,就是他的后两部著作也都只是“对于在文化落后的民族中……集体表象所服从的最一般规律的初步探讨”(第 23 页)。

列维-布留尔并不满足于确定一个明确的“思维类型”,而满足于确定“一些彼此相近的类型所共有的特性”。其结果是在他的所有著作中都对“不发达民族所固有的思维的一些本质特征”(第 23 页)作了十分概括的分析,同时把不同高度、不同经济时代的社会都纳入这个框子中。

在这方面，列维-布留尔与他所批判的泰勒和弗雷泽相去不远，他们也是从极不同类的社会中选取例子，也是把这些社会置于同一发展阶段上。

列维-布留尔把“我们的”亦即把作为发展了唯理论哲学和实证科学的地中海文明的产物的那些民族的思维（第 23 页）与不发达民族的思维作比较，结果只确定了两个思维类型。

列维-布留尔在肯定彼此距离最大的两个思维类型时，想要容易地把握住它们之间的“本质差别”并“较便于转入对中间的或者过渡的形式的研究”（第 23 页）。

借助这种方法，列维-布留尔还想揭示出那个支配着“原始人的集体表象”的“智力机制”。

1932 年，在法国哲学协会的讨论会上，列维-布留尔用两个术语来表征原始思维的特殊性：mystique（神秘的，没有自然的和超自然的区别）和 prélogique（前逻辑的，对矛盾不关心）。他从 1910 年起使用这两个术语，他虽然多次指出过这两个术语的条件性和不精确性，但它们仍然引起了极大的误解。

例如，鲁塞尔（Rüssel）就前一个术语写道：“这不论在原始人方面，还是在神秘主义方面，都会引起误解和造成模糊。神秘主义是前进了的文化的较晚的现象”（36，113）。我们知道，神秘主义的意思是神魂颠倒的状态，信教的人在这种状态中想象着好像他的灵魂是与神合而为一的。神秘主义的最新研究家之一美利斯（G. Mehlis）着重指出的正是神秘主义的“联想”性质，亦即非社会性质，而把玄秘主义之类的对神秘的东西的集体态度排除在神秘主义之外[1]。

因此,列维-布留尔的批评者不止一次地建议他用其他术语来代替“神秘的思维”,如用“巫术的”(格耐布尼尔,见 14;鲁塞尔,见 36;马尔,见序言)或者“宗教的”(克利格林格尔,见 16)。

“prélogique”这个术语则引起了更大的怀疑。这个术语从法文翻译过来可以有各种译法。鲍戈金把它译成俄语的“дологический”(逻辑前的)(52)。在其他国家里也有人不止一次地这样理解它,如德国的卡尔·考茨基,英国的瑞维尔斯。

最可悲的是,这样做的后果则是试图给列维-布留尔的这个术语不仅赋予存在于逻辑思维之前的意义,而且还赋予它与逻辑思维对立的意义。考茨基就特别强调它似乎具有这样的内容(15)。

列维-布留尔徒劳无功地在 1910 年解释说,“prélogique”这个术语绝不意味着“不合逻辑的”亦即非逻辑的。他在 1928 年的俄文版序言中又不得不警告读者,要他们不要在“非逻辑的”意义上来理解这个术语。同时他还不得不否认这个术语的时代意义。他在这篇序言中宣称:“在人类中间,不存在为铜墙铁壁所隔开的两种思维形式(在思维机能意义上说)……但是,在同一社会里,常常(也可能是始终)在同一意识中存在着不同的思维结构”(第 3 页)。

为了避免这种混乱,俄译本中把列维-布留尔的这个术语译成“пралогический”(“原逻辑的”),亦即“原始逻辑的”,现代逻辑的始祖。法语前缀“pré”的涵义相当灵活,既可译成“пред”(……之

[1] Mehlis G., *Die Mystik in der Fülle ihrer Erscheinungstormen in allen Zeiten und Kulturen* . München, s. a., S. 26.

前），又可译成“до”（到……以前），又可译成“пра”（最初、原始）。例如法语的“préhistoire”一词就相当于德语的“Vorgeschichte”（史前史）和“Urgeschichte”（原始社会史）。我们把 prélogique 译成“原逻辑的”（也可以译成“пред-логическое”〔“前逻辑的”〕，但这个词在俄语中念起来别扭），是要想着重指出，列维-布留尔承认“思维结构”的质的差异时，也承认其中的思维机能的不间断性。因此，以他的观点看来，逻辑思维的根必须扎在原逻辑思维中（参看第 70、81 页），如同原逻辑思维的蘖至今还生长在逻辑思维中一样。他写道：“‘原逻辑的’这个术语，并不意味着我们主张原始人的思维乃是在时间上先于逻辑思维的什么阶段”（第 81 页）。

只有在低级社会中，原逻辑的“思维结构”才显得大为突出，所以，只有研究这种类型的社会的思维，才能弄清它的本质特征。

按照列维-布留尔的见解，“原逻辑思维”的趋向不同。它不像我们的思维那样必须避免矛盾（第 81 页）。这个思维所运用的原始人的集体表象“乃是与我们的概念大不相同的东西”（第 82 页）。它们“不像我们的概念那样是真正智力过程的结果。它们的组成部分包括了情感的和运动的因素，而且，尤其是它们暗示着我们的概念的包括和排除是被一些或多或少明确限定的、通常都能被鲜明感觉出来的‘互渗’所代替”（第 82 页）。原始人的思维“对我们叫作自然和经验的那种东西的解释必然与我们不同。它处处见到的是属性的传授（通过转移、接触、远距离作用、传染、亵渎、占据……）”（第 105 页）。例如，孩子与父亲互渗，所以父亲的所作所为（其中也包括他吃的食物）对孩子有影响。波罗罗族印第安人感到自己与其图腾的联系，所以坚决地宣称他们是红鹦鹉。男人在狩猎中的成功取决于他们的妻子在他们离家期间对各种规定，特别是食物禁忌的遵守。“在原始人的思维的集体表象中，客体、存在物、现象能够以我们不可思议的方式同时是它们自身，又是其他什么东西”(第 79 页)。

按照列维-布留尔的见解，那个对矛盾完全不关心的特殊的“互渗律”不仅支配着集体表象的形成，而且也支配着它们之间的关联。“原逻辑思维本质上是综合的思维”，这里，列维-布留尔是想说，原逻辑思维的综合与逻辑思维的综合不同，它不要求预先分析。他写道：“集体表象不是孤立地在原始人的思维中表现出来的，它们也不为了以后能够被安置在逻辑次序中而进行分解。它们永远是与前知觉……紧密联系着，差不多也可说是与前判断紧密联系着；原始人的思维正因为是神秘的，所以也是原逻辑的”(第 115 页)。我认为，在列维-布留尔的这个公式中，有必要用“互渗的”这个术语来代替“神秘的”。互渗是列维-布留尔相当充分地表述过了的，它恰恰只是原逻辑思维所特有，所以它无疑是这个思维的本质特征。它着重指出了原始思维中的不分化性，指出了它对矛盾律的不关心和它自身的混乱。因此，使用这个术语，可以足够明确地把思维的原逻辑结构与现代的逻辑结构对立起来。列维-布留尔在其第二部著作中，在把它们作比较时，说到原逻辑思维“比我们的思维广阔，如果不说比我们的丰富。它在一次里包括的东西更多。它的范围比较不太严格，这使它能够把看得见的东西和看不见的东西，换句话说，把我们叫作自然和超自然的东西纳入同一个现实中，纳入这个世界中”(22，225)。

指出下面一点是很重要的：我们已经见到，列维-布留尔不仅

承认互渗律与矛盾律共存，而且还断言“这两种东西是互相渗透的”（第 114 页）。用列维-布留尔的形象的话来说，“逻辑的东西与原逻辑的东西并不是各行其是，泾渭分明的”（第 114 页）。他提出这样的问题：“能不能认为，比如说，凡属于个人的表象的东西都是逻辑思维的产物，而集体表象则只服从于原逻辑思维所特有的规律呢？个人的表象和集体表象之间的这种不可逾越的鸿沟是不可想象的”（第 113 页），很难说能够在个人的表象和集体表象之间划一条明确的分界线，特别是在低级社会中，在那里，“个人的全部精神生活，和在我们的社会里一样，也许还要更强地达到深刻的社会化”（第 113 页）。

承认思维的原逻辑型与逻辑型的因素互相渗透，也使列维-布留尔大大接近了人类思维的变化、发展的问题。诚然，原逻辑思维对矛盾不关心，而逻辑思维又“绝对排斥一切直接与它矛盾的东西”（第 114 页）。

遗憾的是，我们在列维-布留尔那里，在他的第一部书的最后一章里，只见到了这个“向更高的思维类型过渡”的最一般的和极不明确的概述（见第 491-519 页）。按耶路撒冷（W. Jerusalem）（14a）的正确意见，“他在这里仅仅指出了若干界石，而界石之间的地带仍然是一片模糊。”“是否曾有过这样一些人类群体或者前人群体，他们的集体表象还没有服从过逻辑定律呢？”——列维-布留尔这样问，并且自己回答说：“这一点我们不知道，无论如何这看来是很少可能的”（第 81 页）。用他的话来说：“最纯粹的形式的原始思维包含着个体与社会集体之间以及社会集体与周围集体之间的可感觉和可体验的互渗”（第 496 页）。按照列维-布留尔的见解，

“在这一阶段，还谈不上集体表象，还不如说它们是以极端强烈的情感为特色的集体心理状态”（第492页），……“互渗是如此实在地被体验着，以至它还没有真正被想象”（第492页）。

随后，列维-布留尔利用了荷兰人克雷特提出的低级社会发展的二项式分解。列维-布留尔写道：“在灵魂和灵还没有人格化的时候，集体的每个成员的个人意识仍然是与集体意识紧密联系着的。它不是与这个集体意识明确分开，而是完全与它结合，甚至不和它矛盾”（第495-6页）。列维-布留尔在这里见到了杜尔克姆和莫斯也坚决予以支持的马利特的那个“前万物有灵论”阶段（第496页）。“只是在后来，当个体开始清楚地意识到作为个人的自我，当个人开始清楚地把自己和……集体区别开来，只是在这时候，自己以外的人和物才开始被个人意识觉得是……具有个体的精神或灵”（第496页）。按照泰勒的说法，我们可以把这第二个时期叫作万物有灵论时期。关于前一个时期，可以“同样正确地说”，那个思维是“彻头彻尾宗教的思维”，同时它又是“极少宗教性的”（第498页）。在万物有灵论时期，互渗感的“强度在集体表象中减弱”（第508页），“渐渐出现了一些中间物、互渗的媒介”（第508页）。“真正宗教的”观念产生了，这种观念“乃是一种来源于先前的智力活动形式的分化的产物”（第499页）。列维-布留尔研究了神话的发展（第499-505页），他根据这些材料，也画出了向我们的思维类型运动的同一幅图画。这条道路上的下一阶段则是逻辑思维的成分增大。当“互渗的媒介”与其他人或物分开，则社会集体对后者失去了自己的原逻辑兴趣，并开始按照另一类兴趣（第505页），联系着“经验”的材料（第507页）来对后者进行分类。列维-

布留尔详细描写了思维的逻辑成分与原逻辑成分之间的顽强斗争（第 500-519 页）。他不认为这个斗争是以逻辑成分的胜利而告终。他写道："即使在我们这样的民族中间，受互渗律支配的表象和表象的关联也远没有消失。它们或多或少独立地存在着，受到了或多或少的损害，但并没有被根除，而是与那些服从于逻辑定律的表象并行不悖的。……我们的智力活动既是理性的又是非理性的"（第 518 页）。

列维-布留尔避免明确地表示人类思维的这两种结构是不是将永远共存下去。他这样写道："要使进步不致停息，必须使关于一切种类的实在的概念成为可塑的、易变的，以便让它们在经验教训的影响下不停地扩展、限制在固定的范围内、变形、分解与重新结合"（第 512 页）。然而他觉得，"服从于逻辑定律的认识无力克服两重性，它不是真正的占有……即使在我们这样一些民族中，对互渗的需要仍然无疑……更迫切更强烈……它的来源更为久远"（第 517 页）。

列维-布留尔既不是唯物主义辩证论者，甚至也不是唯心主义辩证论者，他不能克服形式逻辑，因此，他不能从他所收集的那些最宝贵的事实材料中得出一切结论来。

列维-布留尔用自己的实证论伪装起来，只拜倒于事实的脚下，断然拒绝在他的"原始思维"的工作假说的基础上做出总结。他好像是给旧大陆和新大陆的整个学术界出了一个"谜语"，而企图揭开"谜底"的也不止一个维德拉同志。

我在巴黎的时候，在跟列维-布留尔谈起他的关于"原始思维"的著作的俄译本选集时，曾请他给我指出，在对他的大量批判著作中他认为哪一些最重要。他在一片纸上给我写道：博厄斯、戈登维塞(A. Goldenweiser)(以上为美国人)；瑞维尔斯、马利诺夫斯基(B. Malinowsky)、巴特勒(F. C. Bartlett)(以上为英国人)；杜恩瓦尔德(德国)；黎鲁埃(O. Leroy)和"法国哲学协会"的"讨论"。

我在熟悉了他们对列维-布留尔的批判以后，又在这个名单上加进一些新人物，如维纳(H. Werner)(汉堡)、勃来斯(J. Preuss)(柏林)(见31)、李诺埃(R. Lenoir)(巴黎)、格耐布尼尔(科隆)、威廉·施米特红衣主教(P. W. Schmidt)(维也纳)、克利格林格尔(布鲁塞尔)、亚立埃(R. Allier)(巴黎)、娄夫(G. Leeuw)(哥罗宁根)(17)，等等，等等。我可以从他们的著作中找出许多有趣的细节，但在总的方面则很少指出什么东西。

列维-布留尔的观点遭到了伪科学的教权派人种志学家们的疯狂反对；反对他的还有彬彬有礼的新教徒亚立埃(1和2)(尽管他无疑受到了列维-布留尔的影响)，有威廉·施米特(37和38)、林德沃尔斯基(J. Lindworsky)(26)和黎鲁埃(20)等天主教徒。黎鲁埃甚至发表了一部题为《原始理性，试驳原逻辑理论》的大部头著作(巴黎，1927年，316页)专门反对列维-布留尔。列维-布留尔引起教堂派的仇恨的原因有三：1)他是一个实证论者(用黎鲁埃的话来说是一个"孔德主义者")；2)他是一个犹太人；3)他是饶勒斯的密友，列维-布留尔根据未发表过的书信给这位伟大的法国社会主义者立过传。

黎鲁埃无力推翻他，只是有助于原始思维理论的加速普及。法国著名的"杜尔克姆主义者"布隆德尔(Ch. Blondel)在他那本普及列维-布留尔的理论的小册子《原始思维》(1922年)中完全正确地说："今天在法国对原始人所固有的思维和行为的方式的研究，像列维-布留尔那样的东西是不多见的"(4,12)。无怪乎"法国道德与政治科学院"在1917年选举列维-布留尔作院士。

在法国以外的国家中，美国和英国对列维-布留尔的理论表示冷淡；在那里，作实地调查研究的人种志学家(博厄斯，见43；马利诺夫斯基，见28和29；瑞维尔斯，见35)与书房理论家(戈登维塞，见11、12和13；巴特勒，见3)联合起来反对非逻辑主义(原文如此！)。

但是，在德国，列维-布留尔则获得极大成功：维纳(42)、杜恩瓦尔德(39、40和41)、卡西尔(E. Cassierer)(5和6)、格耐布尼尔(部分地)(14)都受到了列维-布留尔的理论的或大或小的影响。

有趣的是，在奥地利，除了牧师学者以外，列维-布留尔却引起了很大的兴趣：耶路撒冷(14a)出版了他的1910年著作的德译本(1921年)；1928年，马克思主义的叛徒考茨基(15)试图在他的《唯物主义历史观》第一卷中批判列维-布留尔的观点，可是他批判不了，因为他不懂得这些观点，结果不是在跟它们做斗争，而是以列维-布留尔为由与他自己的胡说八道的东西做了斗争。

列维-布留尔的著作也在苏联引起了巨大的兴趣：革命前对他的著作感兴趣的有鲍戈金教授(52)和尤什凯维奇(П. Юшкевич)(54)，他们把自己的每一个特点都带进列维-布留尔的著作中。十月革命以后，布哈林(45)，以后又有他的鼓吹者、臭名昭著的波格丹诺夫(А. Богданов)(44)企图利用列维-布留尔来支持自己的体系。波格丹诺夫的乱七八糟的东西引起了马尔院士和维德拉(46和47)的公正的批判，后者又招来了梅辛的愤怒(49)。列维-布留尔的热烈的崇拜者是莫斯科的弥勒(50)、基辅的卡特琳娜·格鲁雪芙斯卡娅(Катерина Грушевская)(47б)。

评论过列维-布留尔的研究者有这样多,所以,即使极粗略地叙述一下他们的见解,也谈不完这些论题(它们远非全部列出),而且,占很多篇幅也会使读者感到太厌倦。遗憾的是,在对列维-布留尔的批评中,批评者们不但没有弄清他的理论体系,反而使它混乱起来。因此,我们不把注意力停留在一些专门问题上,只来考察一下那些应当能够帮助列维-布留尔在他的研究道路上迈进的最重要建议。

杜尔克姆的继承者莫斯在1923年的讨论会上(25)责备列维-布留尔不够个历史学家,责备他没有考虑各个所谓原始社会之间的深刻差异,同时忽略了这些社会与我们的、现代的社会的血统关系,而这种关系比列维-布留尔所想象的要密切得多。换句话说,莫斯建议他按照杜尔克姆学派所确定的"社会类型"来进行思维的研究。

这个学派的另一位代表者福空耐也在同一次讨论会上宣称,最好不要"en bloc"(笼统地)谈"原始思维",因为这没有任何确定的社会类型与它相适应。他认为,这个思维如果不在一定的社会中拥有体现者,就会有变成类似孔德的"神学"阶段那样的"抽象的统一"的危险。

初看起来,不能不承认这些责难是完全有根据的。但只要稍微想一想,就会相信他们的建议是根本做不到的。

莫基(Mochi)于1929年写道:"一个大哲学家(他的尊敬使我感到荣幸,我向他宣布了我要开始批判现代社会学)问我,我与烟雾战斗难道会感到愉快!”①

在资产阶级社会学的这种状况下,列维-布留尔如果按照“施米特神甫”的文化范围论的框框,或者按照杜恩瓦尔德给“自然民族”臆想出的三阶梯,或者按照另一些人为的分类根据来安排自己的宝贵材料,那就更糟了。

对列维-布留尔的理论来说,更重要得多的是他的原逻辑结构的始与终的问题,这是他没有回答的。他的两个同胞——皮耶隆(Piéron)和我们已经熟悉的皮亚杰试图帮助他弄清这两个问题。

动物心理学家皮耶隆在那次1923年的讨论会上(25)提出一个问题:“逻辑思维是不是从一定的社会结构中产生出来的,或者它是不是人的有机体的机能作用的自然结果?”他自己对这个问题是这样回答的:“从人类社会形成的时刻开始,可以假定在它里面有两个为它的存在所必需的特征:1)社会成员的相互行为中的一定的平衡,以防止集体分裂;2)这些成员对于与环境的胜利斗争的适应。为了保持平衡,‘原逻辑思维’可能是必要的,它可以是一个‘社会特征’。但是,生活需要特别会以技术积极性的形式支持原逻辑思维接受经验的教训。当‘实验精神(esprit experimental)在地中海文明中居于最高地位以前,‘经验’的成就是要受到‘原逻辑思维’的阻碍的。”皮耶隆在提出自己的假说时,比列维-布留尔说得更明确,但他对问题的解决却归结为承认原逻辑思维与逻辑思维的始终存在的二象性,同时他给逻辑思维指出了生物学根源。在自己的原始思维的研究中彻底避免生物主义的列维-布留尔,在

① *Revue philosophique*, 1929, v. 54, No. 7-8, p. 105.

这方面不是落在皮耶隆的后面，而是站在他的前头。

有趣的是，我们已故的波格丹诺夫在1925年试图把列维-布留尔的理论与巴甫洛夫院士提出的条件反射学说牵扯在一起，但他遭到了特别是马尔的非常有力的批判(48)。梁赞诺夫院士(Д. Б. Рязанов)写道："条件反射论解释了动物，其中也包括人的心理世界……但它无力向我们解释为什么一种动物能思维，另一种则不能，为什么各种思想形式改变着和替换着。正因为它在自己的领域中作了一个普遍的解决，所以它不能解释人类历史所归结的和由之决定的那种特殊的东西。"[①]所以，皮耶隆不是教训了列维-布留尔，只是警告了他。

我们已经熟悉的皮亚杰更适于担任列维-布留尔的继承人的角色。他拥有一种超过列维-布留尔的优点，即善于克服形式逻辑。当批评列维-布留尔的大多数资产阶级批评家都对他的"互渗律"所固有的对矛盾律的不关心态度表示惊骇，皮亚杰却指出也有矛盾律对现代社会丧失力量的例子。他写道："当事情涉及法律的时候，逻辑学家要我们习惯于谈矛盾律(31,175)……应用矛盾律的绝对必需的条件，乃是稳定的和同义的概念定义。因而，形式逻辑的利用要求把认识归结为定理。只要我们一脱离名义上确定的概念，矛盾律就不再起作用了"(31,177)。……这种如愿以偿地抛弃形式逻辑的框子的能力，使皮亚杰能够在列维-布留尔宁愿保持沉默的地方说话。皮亚杰继续谈他对原始思维演化成科学的思维的看法，同时补充说明，列维-布留尔可以拒绝他皮亚杰根据列维-

① 见恩格斯，《自然辩证法》俄文版序，国立出版社，1929年版，第 lx-x 页。

布留尔的前提作出的结论。“假如我们的逻辑与我们的社会状况的联系，像原始思维与分节的和协调的[①]社会的组织的联系一样，那就应当有能产生‘第三种’逻辑等等的另一种社会组织”(31，180)。但是，皮亚杰说出了这个见解以后，自己又赶快推翻了它。他的理由之一是说，在分化的社会中思维与社会状况之间的关系，与在分节的社会中根本不一样(31，181)。但是，十分明显，皮亚杰提出了一个对资产阶级社会致命的关于它必将灭亡的问题以后，自己不知不觉地钻进了死胡同。因此，教育家皮亚杰与动物心理学家皮耶隆、社会学家莫斯等人一样，遭到了同一个命运。他们不能战胜列维-布留尔，他的出版不久并已成为“经典的”三部著作仍然是他的资产阶级同行们所望尘莫及的。列维-布留尔自己把他的“原逻辑思维”的理论谦逊地说成只是一个“工作假说”(第428页)。他特别着重指出，在这个领域中要做的工作，比已经做了的仍然多得不能比，他的研究只是一个开端而已。

他在指出“传统心理学在形式逻辑的影响下企图用来限制思想的活动的那些过分狭窄的框子”(第6页)时，表示了一个希望，即借助“比较方法”，使这项“艰巨任务”“通过整整一系列连续不断的努力”来完成(第6页)。他相信，“各种宗教教义和哲学体系的历史今后就可以用新的观点来阐明了。”(第452页)甚至这条道路无疑会引向“新的、实证的认识论”。

苏联学者们至少要加上两项修正才能同意这些愿望。“比较方法”必须代之以“历史方法”，“实证主义”应当由唯物主义来代

① “分节的和协调的社会”(杜尔克姆的用语)一般上符合于无阶级的原始社会。

替。

只有在这些条件下才能保证列维-布留尔的愿望实现，甚至超过他的计划。

发生学派[①]的代表者列维-布留尔不仅善于搜集最丰富最宝贵的事实材料，而且还善于以自己的“原逻辑思维”来给弗雷泽所研究的前万物有灵论时期的巫术宗教以及随后由泰勒发现的万物有灵论奠定坚实的基础，而且把这两位大研究家对这些现象所做的解释作为远非完善的解释而加以“取消”。

辩证唯物主义的代表者们如果把这种研究掌握在自己手中，那结果可能宏伟得多！他们将从社会经济结构和具体的社会出发，来代替公式化的“社会类型”。对他们来说，下面一点将是清楚的，即所谓集体表象（因而也有思维的整个原逻辑结构）乃是被意识形态包围着的，这是一种“脱离实际的思维，它丧失了与实际联系的意识并以颠倒的形式不正确地反映实际”。[②] 意识形态不是素来就有的。马克思、恩格斯、列宁的出发点是“黑格尔在《精神现象学》中天才地论证了的那个简单情况，即知识是作为客体——我们周围的自然界和社会的反映而产生的，客体的发展也推进了知识的发展，而知识的发展又揭示出认识的客体中的日新又新的方面。”（卡列夫）[③]

① 关于发生学派，参看我著的“原始经济发展的现代理论综述”一文（《在马克思主义的旗帜下》，1929 年，10-11 月号）。

② 见阿多拉茨基（В. Адоратский），“论意识形态”（《在马克思主义的旗帜下》，1922 年，第 11-12 期，第 199-210 页）。

③ 卡列夫（Н. Карев），“组织形态学或辩证法”（《在马克思主义的旗帜下》，1926 年，第 1-2 期）。

意识形态是历史的产物。在马克思与恩格斯论费尔巴哈的著作中这样写道:"意识在任何时候都只能是被意识到了的存在,而人们的存在就是他们的实际生活过程。如果在全部意识形态中人们和他们的关系就像在照相机中一样是倒现着的,那么这种现象也是从人们生活的历史过程中产生的,正如物像在眼网膜上的倒影是直接从人们生活的物理过程中产生的一样。"①马克思在他论费尔巴哈的著名的论纲第四点中,以"这个世俗基础的自我分裂和自我矛盾"来解释那时曾经是意识形态的开始的那种把世界分为宗教的和世俗的两重。社会史现在也可以确定地说出是在什么时代世界分为这两重的。尼安得特人的殡葬(随葬莫斯特人〔斯科洛特人〕的工具)乃是意识形态产生的遗迹;而原始人群体的自行衰亡则是那个产生意识形态的实在的"历史过程"。

意识形态有自己的特殊的东西,同时,它也有自己的辩证的发展,但这种发展是受最高规律——社会发展的辩证法所支配的。因此,一般说来和总的说来与无阶级的原始社会(图腾的和氏族的结构)的意识形态的思维相符合的列维-布留尔的"原逻辑思维",也有其在质上不同于阶级社会的意识形态发展的特殊性。列维-布留尔的"互渗律"无疑反映了前阶级社会的意识形态的思维中的一个独特的原始辩证因素。在阶级社会中,意识形态的发展主要是在形式逻辑的范围中进行的。

作为革命的无产阶级的强有力的武器的辩证唯物主义,在"革

① 《德意志意识形态》,转引自《马克思恩格斯选集》第一卷,人民出版社 1972 年版,第 30 页。

除"形式逻辑的同时,也在"革除着意识形态"。在将来的无阶级社会中,思维将变成没有意识形态的思维,从而变成辩证的思维,这是因为它将直接反映客观的辩证过程。那时,意识形态中最可怕的一种——宗教和它赖以维生的"原逻辑思维"也将消亡。苏联无产阶级正在自己的宏伟的社会主义建设中把人类从这两种东西中解放出来。

B. K. 尼科尔斯基

重要文献

1. Allier, R. *La psychologie de conversation chez les peuples non-civilisés*, Paris, 1925, Vols 1-2.

2. *Idem*. *Les non-civilisés et nous. Différence irréductibles ou identité foncière*? Paris, Payot, 1927.

3. Bartlett, F. C., *Psychology and primitive culture*, Cambridge, 1923.

4. Blondel, Ch., *La mentalité primitive*, Paris, 1922.

5. Cassierer, E., *Die Begriffsformen im mythischen*, Denken, 1922.

6. *Idem*. *Philosophie der symbolischen Formen. Zweiter Teil. Das mythische Denken*. Berlin, 1925.

7. Danzel, Th., *Kultur und Religion des primitiven Menschen*, Stuttgart, 1924.

8. Durkheim. E., *Les formes élémentaires de la vie réligieuse*, Paris, 1912.

9. Idem. Levy-Bruhl. Les fonctions ... Durkheim. E. Les formes ... (*Année sociologique*, 1913, v. 12, pp. 33-37).

10. *Mauss*, M. De quelques formes primitives de claissification (*Année sociologique*, 1903, v. 6.)

11. Goldenweiser, A. Levy-Bruhl. Les fonctions mentales … (*American Anthropologist*, 1911, v. 13, № 1, pp. 121-130).

12. *Idem*. *The Knowledge of primitive man* (Ibidem, 1915, v. 17, № 2, pp. 240-244).

13. *Idem*. *Early Civilization*, New York, 1922.

14. Gräbner, F., *Das Weltbild der Primitiven*, München, 1924.

14a. Jerusalem, W., *Vorbemerkungen des Herausgebers* (in Levy-Bruhl. Das Denken der Naturvölker. Wien und Leipzig, 1921).

15. Kautsky, Karl., *Die materialistische Geschichtsauffassung*, 1927, Bd. 1.

16. Kreglinger, R., *La mentalité primitive et la signification première des rites* (*Actes du congres international d'histoire des religions*, Paris, 1925, v. 1, pp. 187-197).

17. Leeuw, G. van der., *La structure de la mentalité primitive*, Strasbourg, 1928 (Extrait de la Revue d'histoire et de philosophie religieuses, v. 8, pp. 49-161).

18. Lenoir, R., *L'âme primitive* (*Revue de synthèse historique*, 1927, décembre).

19. Idem. *La mentalité primitive* (*Congrès international de Psychologie appliquée*, 27 Mars 1929, sous presse).

20. Leroy, O., *La raison primitive. Essai de réfutation de la théoire du prélogisme*, Paris, 1927.

21. Lévy-Brühl, Lucien, *Les fonctions mentales dans les sociétés inférieures*, Paris, 1922.

22. *Idem* . *La mentalité primitive*, Paris. 1922.

23. *Idem* . *L'âme primitive*, Paris, 1927.

24. *Idem* . *La numération chez les Bergdama* (Africa, 1929, v. 2, № 2, pp. 162-173).

25. *Idem* . *La discussion. La mentalité primitive* (*Bulletin de la société française de Philosophie*, 1923, Année 23, pp. 17-48).

25a. Idem. *L'âme primitive. Thèse. Discussion. Appendice* (*Ibidem*, 1929, Annee 29. № 4, pp. 105-139).

26. Lindworsky, J., *Die Primitiven und das kausale Denken* (in *Internationale Woche für Religionsethnologie*, IV Tagung, Paris, Geuthner, 1926).

27. Lowie, K., *Primitive Religion*, New-York, 1924.

28. Malinowsky, B., *Myth in Primitive Psychology*, New-York, 1926.

29. *Idem*. *Anthropology* (in *Encyclopoedia Britannica*, 1926[13], v. 1); vide p. 132.

30. Mayer-Gross, *Zur Frage der psychologischen Eigenart des sogenannten Naturvolker* (VIII *International Congress of Psychology* 1926, *Proceedings and Papers*. Groningen, 1927, pp. 206 ss).

31. Piaget, J., *Logique génétique et sociologie* (*Revue philosophique*, 1928, № 3 et 4, pp. 167-205).

32. Preuss, K., *Die Geistige Kultur der Naturvolker*, Leipzig-Berlin, 1914 (Aus Natur-und Geisteswelt. № 452).

33. Idem. *Glauben und Mystik im Schatten des höchsten Wesen*, Leipzig, 1926.

34. Radin, P., *Primitive Man as Philosopher*, New York, 1927.

35. Rivers, W. H., *The Primitive Conception of Death* (Hibbert Journal, 1912, v. 10 pp. 393-407); reedited in Rivers W., *Psychology and Ethnology*, London, 1926.

36. Rüssel, H., Levy-Bruhl L. Die geistige Welt der Primitven. München, 1927 (Kölner Vierteljahrhefte für Soziologie, 1928, H. l. pp. 112-113).

37. Schmidt, P. W., *Der Ursprung der Gottesidee*, Münster i. W., 1926.

38. Idem und Koppers. P. W., *Völker und Kulturen*, Regensburg, 1924.

39. Thurnwald, R., *Psychologie des primitiven Menschen* (*Handbuch*

der Vergleichenden Psychologie, 1922, Bd. 1, Abt. 2, pp. 147-320).

40. Idem. *Primitives Denken* (Ebert, M., *Reallexikon der Vorgeschichte*, 1927, Bd. 10, S. 294-317).

41. Idem. Levy Bruhl. Les fonctions … La mentalité … L'âme … (*Zeitschrift für Völkerpsychologie und Soziologie*, 1928, H. 4).

42. Werner, H., *Einführung in die Entwicklungspsychologie*, Leipzig, Barth, 1926.

43. *Ђоас*, *Ф.* Ум первобытного человека. Гиз, 1925.

44. *Богданов*, *А.* Учение о рефлексах и загадки первобытного мышления. ("Вестник Коммунистнческой Академии", 1925 г. кн. 10).

45. *Бухарцн*. *Н.* Теория исторического материализма.

46. *Выдра*, *Р*. Обьективный момент в парциалъном мышлении ("Под знаменем марксизма". 1924, № 12).

47. *Выдра*, *Р*. Загадки первобытного мышления и их разгадка (Там же, 1925, № 7).

47а. *Выгоцкйй и Лурья*. Очерки по истории поведения, 1929.

47б. *Грушевская*, Катерина. З примітивноі кудьтури. Київ, Державне Видавниптво Україна, 1924, 224 стр.

48. *Марр*, *Н. Я.* К вопросу о первобытном мыщдении в связи с языком в освешении А. Богданова (Вестник Коммунистической Академии, 1926, кн. 16, стр. 133-139).

49. *Месии*, *Ф.* Леви-Брюлъ и его теория прелогизма (Научное слово, 1929, № 9).

50. *Миллер*, *А. Д.* Проблемы первобытного мышления (Псnхологня, 1929, т. 2, в. 1, стр. 140-147).

51. *Никольский*, *В. К.* Очерк первобытной культуры. Харьков, "Пролетарий" 1928, 4 изд.

52. *Погодин*, *А.* На грани животного и человеческого (Новые идеи в социологии СПБ., 1914, сборннк 4. стр. 1-32).

53. *Рейснер*, *М. А.* Проблемы соцнальной психологии. Ростов на

Дону, “Буревестник 1926.”

54. *Юшкевич*, *П.* Леви-Брюлв и его теория мистического типа мысли (“Северные записки”, 1916, № 10).

В. К. Никольский

专名译音对照表

Abipones 阿比朋人
Adio 阿地奥人
Africa，Central 中非
Africa，East 东非
Africa，Equatorial 赤道非洲
Africa，South 南非
Africa，West 西非
Akele 艾凯里族
Alcheringa 阿尔捷林加
Aleutian Language 阿留申语
Amatongo 亚马东果
America，Central 中美洲
America，North，Indians of 北美印第安人
America，South 南美洲
Andaman Isl. 安达曼群岛
Angola 安哥拉
Arungquiltha 阿龙魁尔塔
Aruntas 阿龙塔人
Ashanti 阿散蒂人
Assyro-Babylonians 亚述巴比伦人
Australian Aborigines 澳大利亚土人
Azande 阿赞迭人
Aztecs 阿兹特克人

Badi 巴地
Bafioti 巴菲奥蒂人
Baganda 巴干达人
Bahima 巴希马人
Baining 拜宁人
Balogi 巴洛吉
Bancroft，H. 班克洛弗特
Bangala 班加拉人
Ba-Nkuma 巴恩库马人
Bantus 班图人
Baralong 巴雷郎族
Ba-Ronga 巴隆加人
Basutos 巴苏陀人
Ba-yaka 巴亚卡族
Bengal 孟加拉
Bennett，A. 宾尼特
Bentley，Mrs. H. M. 宾特里夫人
Bentley，W. H. 宾特里
Bergaigne，A. 柏尔根
Bergson，H. 柏格森
Berkeley 贝克莱
Best，E. 柏斯特
Bismark Archipelago 俾士麦群岛
Boas，F. 博厄斯
Borneo 婆罗洲
Bororo 波罗罗人
Bosman 波斯曼
Bougainville 布根维尔岛
Brazil 巴西

British Columbia 英属哥伦比亚
Brooke, E. 布鲁克
Brooke (Rajah) 布鲁克大公
Brough Smyth 布劳·斯密特
Brown, W. H. 白劳恩
Brun 布伦
Buin 布因
Bushmen 布希曼人

Caingua 该隐瓜人
Calabar 卡拉巴尔
California 加利福尼亚
Callaway, C. H. 卡拉威
Cameroons 喀麦隆
Canada 加拿大
Catlin, G. 凯特林
Cavazzi 卡瓦茨
Ceylon 锡兰
Chaco 恰科
Chamers, J. 乔梅尔斯
Chamberlain, A. 钱伯兰
Charlevoix 查理瓦
Cherokees 契洛基人
China, Chinese 中国,中国人
Chiriguanos 直利瓜尼人
Churinga 珠灵卡
Codrington, R. H. 柯德林顿
Comte, A. 孔德
Conant 柯南特
Congo 刚果
Couvade 库瓦迭
Crawfuld 克劳福德
Crooke, W. 克鲁克
Cushing, F. 喀申

Dacota 达科他人
Dahomey 达荷美
Dapper, O. 德柏尔
Dayaks 达雅克人
De Groot, J. J. M. 格罗特
Dènè-Dindjié 地尼丁杰人
Dennet, M. 邓尼特
Dobrizhoffer, M. 多布尼茨霍菲尔
Dorsey, A. 多尔赛
Du Chaillu 杜·查鲁
Durkheim, E. 杜尔克姆

Edelfelt, E. D. 艾德费尔特
Egypt 埃及
Ehrenreich, P. 艾林芮希
Ellis, A. B. 艾利斯
Eskimo 爱斯基摩人
Ewe-Language 埃维语
Eylman, E. 艾依尔曼
Eyre, E. J. 埃尔

Fang 芳人
Fetich, Fetish 灵物
Fiji, Fijians 斐济,斐济人
Fischer, G. A. 菲雪尔
Fison 费松
Fletcher, A. 弗勒捷尔
Fox, C. E. 福克斯
Frazer, J. 弗雷泽

Gaboon 加蓬河

Gage 盖吉
Callatin 加拉丁
Gatschet，A. 盖捷特
Gillen 纪林
Gordon，E. M. 戈登
Gottschling，E. 戈特什林
Grey，Geo. 格莱
Grierson 格利尔森
Guaranis 瓜拉尼人
Guevara，T. 桂瓦拉
Guiana 圭亚那

Haddon，A. 海顿
Hagen 哈根
Hahn，Thos 韩
Hartland 哈特兰
Hawtrey 豪特利
Hennepin 恩聂平
Henry，V. 亨利
Hertz，R. 赫兹
Hetherwick 赫特维克
Hewitt 赫维特
Hidatsa 希达查人
Hikuli 希库里
Hill Tout 希尔·陶特
Hopi 戈壁
Hottentots 霍屯托茨人
Howitt，A. W. 豪维特
Hubert 胡伯特
Huichols 回乔尔人
Hume 休谟
Hurons 休伦人

Igorots 伊哥洛人
India，Indian Tribes 印度，印度的部族
Indian Archepelago 印度尼西亚
Indo-China 印度支那
Inhamba 英哈姆巴
Initiation 成年礼
Intichiuma 英迪修马
Iroquois 易洛魁人
Iruntarinia 伊隆塔利尼亚
Itongo 伊东果

Japan，Japanese 日本，日本人
Java 爪哇
Jetté，Fr. 热弟
Jewitt，J. A. 杰维特
Junod，H. A. 玖诺

Kafirs 卡弗尔人
Kai 卡伊人
Kant，I. 康德
Kingsley，Mary 金斯黎小姐
Kirengo 基林果
Klamath 克拉马特人
Kombo 柯姆波
Korea 朝鲜
Kourita 库利他
Kruijt，A. C. 克雷特
Kurdaitcha 库尔达伊恰
Kurnai 库尔纳依人
Kwei 鬼

Lang，A. 恩德鲁·兰
Laos 老挝

Lapps 拉伯人
Law of participation 互渗律
Lawes, W. G. 劳斯
Leibnitz 莱布尼茨
Leonard, A. G. 列奥纳德
Le Testu, G. 迪斯秋
Lisoka 里佐卡
Livingstone, D. 李文斯通
Loango 罗安哥
Local relationship 地方亲属关系
Lumholtz, C. 鲁蒙霍尔茨

Macdonald 麦克唐纳
MacGee 马克吉
Madagascar 马达加斯加
Maier, H. 迈尔
Malaya, Malays 马来亚,马来人
Malebranche 马勒布朗士
Mallery, G. 马列利
Mandans 曼丹人
Mansfeld, A. 曼斯菲尔德
Maoris 毛利人
Marimo 马利莫
Marett 马利特
Marshall Archipelago 马绍尔群岛
Masoka 马卓卡
Mathews, R. 麦秋斯
Mauss 莫斯
Meinhof, K. 敏霍夫
Mexico 墨西哥
Melanesians 美拉尼西亚人
Microncsia 密克罗尼西亚
Moffat 莫法特
Moloki 莫洛基
Mooney, J. J. 孟尼
Monteiro 蒙泰罗
Moquisies 莫亏纪
Mossi 莫希人
Motu 摩图族
Muimu 穆伊木
Mulogi 穆洛吉
Mulungu 穆隆古
Muzimu 穆齐木

Namaquas 纳马奎人
Narrinyeri 纳利涅利人
Nassau, R. H. 纳骚
Nekedzaltara 尼凯德查尔达拉
Neuhauss, R. 纽豪斯
New France 新法兰西(加拿大)
New Guinea 新几内亚
New Hebrides 新赫布里底群岛
New Mexico 新墨西哥
New Pomerania 新玻麦拉尼亚
New South Wales 新南威尔士
New Zealand 新西兰
Nganga 恩甘加
Nias 尼亚萨湖
Nicobar Isl. 尼科巴群岛
Nurtunja 鲁尔通涅

Ondaqui 翁达克
Orenda 奥连达

Papua, Papuans 巴布亚,巴布亚人
Paraguay 巴拉圭

Parkinson，R. 巴金松
Pechuël-Loesche 柏惠尔-勒舍
Philipenes 菲律宾人
Pia 彼亚族
Polynesians 波里尼西亚
Powell 波威尔

Quanza River 宽查河
Queensland 昆士兰

Ribot，Th. 瑞柏
Rivers，W. H. R. 瑞维尔斯
Rohde，E. 罗德
Roscoe，J. 罗斯科伊
Roth，W. E. 罗特

Sagard，Fr. 萨加尔
Samoa 萨摩亚
San Cristoval 圣克立斯托巴尔
Santals 散塔尔人
Sarawak 沙捞越
Saretas 萨利塔族
Savage Island 塞威吉岛
Schomburgk，R. 索蒙堡克
Schoolcraft，H. R. 斯库尔克拉弗特
Sierra Leone 悉拉雷奥尼
Sioux，Siouans 苏兹人
Skeat，W. W. 斯凯特
Smithsonian Institute 斯密孙学院
Socratcs 苏格拉底
Solomon Isl. 所罗门群岛
Spencer，Herbert 赫伯特·斯宾塞
Stevenson，Mrs. 斯蒂文森夫人
Sumatra 苏门答腊

Tamaur，Tamate 塔毛尔，塔麻提
Tanna 塔讷岛
Tarahumares 塔拉胡马尔人
Tasmanians 塔斯马尼亚人
Torres Straits 托列斯海峡
Totem 图腾
Turner 图涅尔
Thurnwald，R. 杜恩瓦尔德
Tylor，E. B. 泰勒

Usener，H. 乌西尼尔

Victoria 维多利亚(澳)
Von Martius 马尔齐乌斯
Von den Steinen 封·登·斯泰因
Von de Wall 封·德·瓦尔

Wachaga 瓦萨加人
Wakan，Wakanda 瓦康，瓦康达
Webster 韦伯斯特
Westermann，D. 魏斯台尔曼
Westermarck 魏斯特马克
Wyatt，Gill 希尔·怀特

Yahgans 耶更人
Yakuts 亚库梯人
Yaos 瑶人
Yoruba 约鲁巴人

Zambesi 赞比西河
Zulu，Zulus 祖鲁人
Zuñis 朱尼人

译后记

法国资产阶级社会学家路先·列维-布留尔（Lévy-Brühl, Lucién，1857-1939）于1910年发表了他的《低级社会中的智力机能》（*Les fonctions mentales dans les sociétés inferieures*）一书。他在这本书中把"地中海文明"所属民族的思维与不属于"地中海文明"的民族的思维进行了比较，实际上是把近代西欧发达的资本主义社会的"白种成年文明人"的思维与被他叫作"原始人"*、"野蛮人"、"不发达民族"、"低等民族"的广大亚洲、非洲、大洋洲、南北美洲的有色人种民族的思维进行了比较，结果确定了"原始人的智力过程，与我们惯于描述的我们自己的智力过程是不一致的"，① 他还自认为"能够发现它们之间的差别在何处，并能够确定出原始人的思维的最一般的规律。"②

列维-布留尔给原始人的思维确定的最一般规律是什么呢？他认为，"原始人"的思维是具体的思维，亦即不知道因而也不应用抽象概念的思维。这种思维只拥有许许多多世代相传的神秘性质

---

* 列维-布留尔所说的"原始人"实际上指的是德语中的Naturvölker（自然民族），亦即近代亚洲、非洲、大洋洲和南北美洲的有色人种民族（见本书第1页）。——译者

① 见本书第6页。

② 同上。

的“集体表象”*，“集体表象”之间的关联不受逻辑思维的任何规律所支配，它们是靠“存在物与客体之间的神秘的互渗**”来彼此关联的。尤其是，这种思维完全不关心矛盾（它不追究矛盾，也不回避矛盾，它可以容许同一实体在同一时间存在于两个或几个地方，容许单数与复数同一、部分与整体同一，等等），所以，从表象关联的性质上看，列维-布留尔又把这种思维叫作“原逻辑的”***思维。总起来说，“原始人”的思维就是以受互渗律支配的集体表象为基础的、神秘的、原逻辑的思维。这就是列维-布留尔给“原始人”的思维下的定义。

还需要说明，列维-布留尔一面把人类的思维分为两大类型，一面又肯定人类思维的机能相同，不同的只是思维的结构（类型）。二十年后，他在“作者给俄文版的序”中又说：“在人类中间，不存在为铜墙铁壁所隔开的两种思维形式——一种是原逻辑思维，另一种是逻辑思维。但是，在同一社会里，常常（也可能是始终）在同一意识中存在着不同的思维结构。”①这又显然是指的全人类，其中也包括“地中海文明”。

另外，列维-布留尔还含糊地表示了，在涉及生产和生活方面

---

* 列维-布留尔一再指出，所谓“集体表象”实际上不能说是表象，因为它不是“智力过程的产物”，在它的组成中还包括了情感和运动因素。——译者

** “互渗”，英译本为 participation，意即“共同参加”，列维-留布尔用这个术语指的是存在物或客体通过一定方式（如通过巫术仪式、接触等）占有其他客体的神秘属性。——译者

*** “原逻辑的”（prélogique）按字面应译为“前逻辑的”或“逻辑前的”。由于引起了误解，俄译本译成“原逻辑的”（见本书第 540-541 页）。中译本的译法同俄译本。——译者

① 见本书第 3 页。

的事物时，“原始人”是运用逻辑思维的。只是在涉及认识问题上，特别是涉及因果律和矛盾律时则是运用原逻辑思维，集中地表现在寻求神秘原因上。

以上是本书的主要论纲。

列维-布留尔是以杜尔克姆为首的法国社会学派的代表者之一。这个学派坚持马赫主义的“社会存在和社会意识同一”的原则，力图通过对所谓“集体表象”的分析来建立它自己的“社会心理学”。杜尔克姆的社会学理论就是建立在集体表象的概念上。同时，这种集体表象并不是社会存在的反映，而是通过记忆和摹仿一代一代传下来的。“集体表象”等于马赫主义著作中的“集体经验”或波格丹诺夫的“社会地组织起来的经验”。列宁在《唯物主义和经验批判主义》一书中对这些观点早已作了揭露和批判。列维-布留尔就是具体地运用杜尔克姆的“集体表象”的概念来研究所谓原始人的思维。

列维-布留尔抱着资产阶级的偏见，从实证主义立场出发，把“地中海文明”从全人类文明中分离出去，而把其余一切社会，不管它们处于什么发展阶段，统统纳入一个所谓“低级社会”的模式中。这样一来，全人类只有两个社会类型，与此相对应的正好是两种思维类型。这也并非偶然。因为列维-布留尔的历史观是唯心史观。我们知道，在史学中曾经有个“欧洲中心主义”，这个主义认为，苏伊士以东，整个亚、非、拉美的有色人种地区都是一片原始蛮荒之地，没有历史，更谈不上文明史。列维-布留尔无疑是“欧洲中心主义”的信奉者，这使他很难进行客观的历史考察。

我们认为，自有人类社会以后，思维的发展也是一个进化的过程。可以想见，刚脱离动物界的最古人类自然不会有逻辑思维。后来，由于劳动中共同的需要产生了言语，进而形成简单的语言和同样简单的语法，这就给逻辑思维开辟了道路。不过，在原始社会中，逻辑思维仍处于萌芽状态，思维中直观的因素、非逻辑的因素在一个漫长的历史时期还占着压倒的优势。但是逻辑思维对于人类的生存和发展至关重要，所以它有强大的生命力；随着社会生产力的发展，它必将日趋巩固。果然，进入奴隶制社会以后，逻辑思维取得了第一次重大的突破，无论在西方或东方都创造了灿烂的文化，怎么能说逻辑思维只是“地中海文明”的特产呢？

通观全书，列维-布留尔引用来论证原逻辑思维的材料，除了语言、计数等少数几章外，差不多全是我们叫作迷信的那种东西。我们知道，各种宗教、迷信的产生都有其社会经济基础。大抵说来，在原始社会后期才有可能产生宗教、迷信。这是因为那时的人们对相当多的自然现象与人们的生产、生活之间的关系有了一定的正确知识，但是由于知其然不知其所以然，这就不可避免地把自然力神化，加以崇拜，从而产生宗教、迷信。恩格斯指出，宗教、哲学等等“都有它们的……史前内容”，史前时期的“这些关于自然界、关于人本身的本质、关于灵魂、魔力等等的形形色色的虚假观念，大都只有否定性的经济基础；史前时期低级经济发展有关于自然界的虚假观念作为自己的补充，但有时也作为条件，甚至作为原因。”①由此看来，任何民族（包括“地中海文明”在内）的最早祖先都曾经历过产生宗教、迷信的时期，而且至今仍然有相当多的人为

① 《马克思恩格斯书信选集》，人民出版社，1962 年版，第 473 页。

宗教、迷信的阴云所笼罩，大概要到共产主义社会才能彻底摆脱这些消极因素吧。

有趣的是，列维-布留尔是在读过了司马迁的《史记》法文译本以后才萌发了要研究“原始人”的思维的念头。他对于《史记》中关于星象与人事直接有关的记述大为震惊。由于有了《史记》的“启发”，列维-布留尔十分热心地进一步注意有关旧中国的材料，他研究了长期在旧中国传教的一位传教士德·格罗特撰写的一部巨著《中国的宗教制度》，列维-布留尔经常在下结论前的关键时刻引用这些材料。可是，他竟然利用这些材料来抹煞我国人民对人类文明发展的贡献，否定全部中国科学，宣称“所有这一切只不过是扯淡”，这就清楚不过地暴露了他的根深蒂固的种族偏见。

关于本书的材料问题。材料的事实部分看起来大都是真实的，可以说确有其事。列维-布留尔搜集的大量材料，对我们研究思维的发展是有用的，特别是来自那些最落后的社会（原始部落）的材料很有价值。关于语言和计数等章中的材料生动地论证了“具体的思维”（即不运用抽象概念的思维）。所以说，这部书仍然有研究的价值。

关于列维-布留尔和他的著作的情况，读者可以参看“作者给俄文版的序”和后面的三篇附录。这四篇文章原来都是俄文本《原始思维》一书的序言，是 1930 年随该书的出版一同发表的。特别值得注意的是“作者给俄文版的序”。这篇序的第一句话就是：“‘原始思维’一语是某个时期以来十分常用的术语。”这里的“某个时期”是指列维-布留尔的第一本书《低级社会中的智力机能》1910年发表以后的一段时期。显然，这个术语是本世纪二十年代苏联人首先使用的，到1930年俄文本出版时就干脆用它作书名。而这又是预先取得列维-布留尔本人的同意的。译者这次仍然采用俄文本的书名，除了因为初稿是从俄文本译出的以外，更重要的是想要保持历史的线索。

另外，在这篇序言里，列维-布留尔再一次明确表示：“‘人们把原逻辑的’一语译成‘不合逻辑的’这个术语，这不是为了要说明原始思维是非逻辑的，亦即与任何思维的最基本定律背道而驰的，它不能像我们的思维所做的那样去认识、判断和推理。”[①]这个术语法文原文为 prélogique，本来可以译成“前逻辑的”或“逻辑前的”，但是，俄文本编译者之一 В. К. 尼科尔斯基认为，在法语中，pré这个前缀涵义相当灵活，有时也有“最初”、“原始”的意义。因此俄文本把它译成“пралогический”（“原始逻辑的”）。列维-布留尔在本书第二章中也说：“我们用原逻辑的……这个术语，并不意味着我们主张原始人的思维乃是在时间上先于逻辑思维的什么阶段。”[②]所以，他常常宁愿用“低级社会”这个术语来代替“原始社会”。尼科尔斯基的译法避免了在时间阶段上表态，而着重于这种思维的性质。中译本从俄译本，译成“原逻辑的”，除了意在保持历史的线索外，还有更加着重于性质方面的含义，因为列维-布留尔毕竟不是研究逻辑思维前的什么阶段。

① 见本书第2页。
② 见本书第81页。

第一篇附录是"'无神论者'出版社编辑部的话"。

第二篇附录是马尔的一篇无题短文,可视为代序。* 马尔利用列维-布留尔的思维类型假说来论证他自己的"语言发展的阶段论",把列维-布留尔引为同道,所以恭维备至。

最后一篇附录是本书编译者之一 B. K. 尼科尔斯基的"'原逻辑思维'——列维-布留尔的工作假说"一篇长文。这篇论文是尼科尔斯基于 1930 年 1 月 31 日在人种学研究所原始意识形态组(列宁格勒)做的一篇报告。这篇报告把列维-布留尔其人、他的著作、有关讨论和各方面的反应等等作了详细的介绍和分析。可以从这篇报告中了解一些历史情况。可是,尼科尔斯基的观点是暧昧的,主要倾向于肯定列维-布留尔的"功绩"。

最后谈谈本书的翻译编排问题。

这本书最初是从俄文本译出。俄文本译者是 B. K. 尼科尔斯基和 A. B. 基辛。他们实际上是采用编译的方法,所以在"版本记录页"上写的是编,不是译。因为是编译,个别地方难免走样。另外,译文也比较粗糙。所幸,以后找到了英文本(*How natives think*, 1926; *Primitive mentality*, 1923),我又按英文本从头到尾逐字逐句校订了一遍,改动很多。因此,中译本实际上是据俄文本译出,又据英文本校订定稿的。

列维-布留尔关于原始思维的著作有三本书。第一本就是前面说过的《低级社会中的智力机能》。第二本书叫《原始人的心灵》(*La mentalité primitive*, 1922)。第三本叫《原始人的灵魂》

* 本书"马尔序"的标题是汉译者加的。——译者

（*L'âme primitive*，1927）。列维-布留尔的全部理论原理都是在第一本书中提出的，第二、三两本只是用更多的材料来对第一本书中提出的理论作补充论述。俄文本《原始思维》实际上是列维-布留尔的著作的第一个俄文版选集，其中除了把《低级社会中的智力机能》全部译出（有几处作了较大的删节，另外删去第四章中的第三节），还把第二本书《原始人的心灵》中的第一、二两章和最后一章译出，放在《低级社会中的智力机能》一书的最后一章的前面。除此以外，俄编者还给俄文本搜集了53幅插图并补充了一些编者注。经过这样编排以后，俄文本改书名为《原始思维》（《Первобытное мышление》，Под редакцией проф. В. К. Никольского и А. В. Киссина，Атеист，Москва，1930г.）。中译本采用了俄文本的编排方法，*还采用了书中的某些编者注，按英文本补足了缺译的地方，把俄文本卷首的四篇序中的三篇作为附录放在书末。但是，中文本采用了英文版的比较详细的目录以代替俄文本的目录。

译者水平不高，不论是这篇后记还是全书的译文都难免有错误不妥之处，敬希读者批评指正。

译　者

1980年1月于北京

* 从本书附录尼科尔斯基的论文中可以看出，作者是预先知道俄文本的编排方法的。——译者

图书在版编目(CIP)数据

原始思维/(法)列维-布留尔著;丁由译.—北京:商务印书馆,2017
(汉译世界学术名著丛书:120年纪念版:珍藏本)
ISBN 978-7-100-14629-6

Ⅰ.①原… Ⅱ.①列… ②丁… Ⅲ.①原始思维 Ⅳ.①B80-05

中国版本图书馆CIP数据核字(2017)第153247号

汉译世界学术名著丛书
(120年纪念版·珍藏本)
原始思维
〔法〕列维-布留尔 著
丁由 译

商务印书馆出版
(北京王府井大街36号 邮政编码100710)
商务印书馆发行
北京市松源印刷有限公司印刷
ISBN 978-7-100-14629-6

2017年12月第1版 开本710×1000 1/16
2017年12月北京第1次印刷 印张36¾
定价:185.00元